CENTRO E
FREMONT STREET

**Centro e
Fremont Street**
pp. 68-79

North Strip
pp. 54-67

South Strip
pp. 38-53

GUIA VISUAL · FOLHA DE S.PAULO

LAS VEGAS

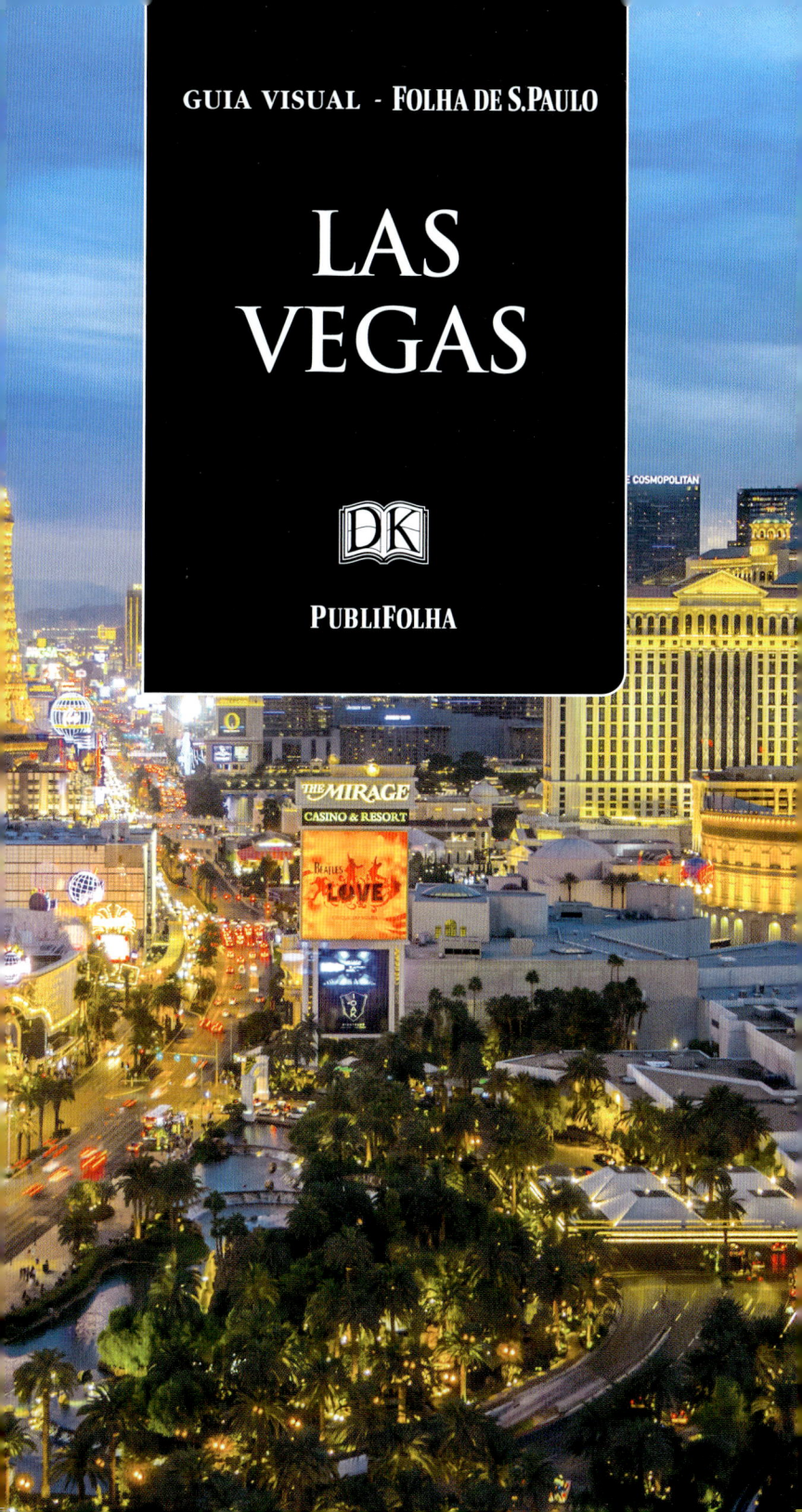

www.dk.com

Título original: *Eyewitness Travel Guide – Las Vegas*

Copyright © 2005, 2014 Dorling Kindersley Limited

Copyright © 2015 Publifolha Editora Ltda.

Publicado originalmente na Grã-Bretanha em 2005 pela Dorling Kindersley Limited, 80 Strand, Londres WC2R 0RL, Inglaterra, uma empresa da Penguin Random House.

2ª edição brasileira: 2015
ISBN 978-85-7914-383-0

O *Guia Visual Las Vegas* inclui um mapa da cidade de Las Vegas que não pode ser vendido separadamente.

Todos os direitos reservados. Nenhuma parte desta obra pode ser reproduzida, arquivada ou transmitida de nenhuma forma ou por nenhum meio sem a permissão expressa e por escrito da Publifolha Editora Ltda.

Proibida a comercialização fora do território brasileiro.

COORDENAÇÃO DO PROJETO
PUBLIFOLHA
Editora-assistente: Fabiana Medina
Coordenadora de produção gráfica: Mariana Metidieri

PRODUÇÃO EDITORIAL
PÁGINA VIVA
Edição: Tácia Soares
Tradução: Carlos Rosa
Revisão: Luciana Baraldi

PRODUÇÃO GRÁFICA
PÁGINA VIVA
Direção de arte: José Rodolfo Arantes de Seixas
Assistência: Bianca Galante

Atualização da 2ª edição: Página Viva
Revisão: Denise Camargo

DORLING KINDERSLEY
Diretora do projeto: Aruna Ghose
Diretora de arte: Benu Joshi
Editora: Shahnaaz Bakshi
Diagramação: Shahnaaz Bakshi
Pesquisa iconográfica: Taiyaba Khatoon
Cartografia: Uma Bhattacharya, Alok Pathak
Produtores gráficos: Shailesh Sharma, Vinod Harish
Colaborador principal: David Stratton
Fotografia: Nigel Hicks
Ilustrações: Pramod Negi, Arun Pottirayil, Madhav Raman, Ashok Sukumaran

Este livro segue as regras do Acordo Ortográfico da Língua Portuguesa (1990), em vigor desde 1º de janeiro de 2009.

Impresso na L. Rex, China.

PUBLIFOLHA
Divisão de Publicações do Grupo Folha
Al. Barão de Limeira, 401, 6º andar
CEP 01202-900, São Paulo, SP
Tel.: (11) 3224-2186/2187/2197
www.publifolha.com.br

Foi feito o possível para garantir que as informações deste livro fossem as mais atualizadas disponíveis até o momento da impressão. No entanto, alguns dados, como telefones, preços, horários de funcionamento e informações de viagem, estão sujeitos a mudanças. Os editores não se responsabilizar por qualquer consequência do uso deste guia, nem garantir a validade das informações contidas nos sites indicados.

Os leitores interessados em fazer sugestões ou comunicar eventuais correções podem escrever para a Publifolha, Al. Barão de Limeira, 401, 6º andar, CEP 01202-900, São Paulo, SP, ou enviar um e-mail para: atendimento@publifolha.com.br

Imagem principal da capa: Cassinos de Las Vegas ao anoitecer

◀ As brilhantes luzes da Strip

Lucky, o Palhaço, na frente do Circus Circus *(pp. 66-7)*

Sumário

Como Usar Este Guia **6**

Introdução a Las Vegas

Roteiros em Las Vegas **10**

Las Vegas Dentro do Mapa **14**

A História de Las Vegas **18**

Las Vegas em Destaque **26**

Las Vegas Mês a Mês **32**

Espetáculo de luzes fascinante, Fremont Street Experience *(p. 74)*

O luxuoso Venetian, com vista para a Strip *(pp. 60-1)*

Las Vegas Área por Área

South Strip **38**

North Strip **54**

Centro e Fremont Street **68**

Fora do Centro **80**

Dois Passeios a Pé e Um de Carro **86**

Arredores de Las Vegas **94**

Indicações ao Turista

Onde Ficar **112**

Onde Comer e Beber **118**

Compras **126**

Diversão **134**

Esportes e Atividades ao Ar Livre **146**

Cassinos **150**

Casamentos **158**

Para Crianças **162**

Manual de Sobrevivência

Informações Úteis **168**

Informação de Viagem **176**

Guia de Ruas **182**

Índice Geral **188**

Agradecimentos **197**

Frases **199**

Comboio de viajantes em mulas explora as estreitas trilhas do Grand Canyon *(p. 98)*

Bellagio *(pp. 50-1)*

COMO USAR ESTE GUIA

Este guia foi feito para que você aproveite ao máximo sua viagem a Las Vegas. Ele traz informação detalhada e recomendações de especialistas. *Introdução a Las Vegas* delineia a cidade e a região e as situam em seu contexto histórico e cultural, descrevendo os acontecimentos ao longo do ano. *Las Vegas em Destaque* traça um panorama das principais atrações da cidade. *Las Vegas Área por Área* começa na página 36. É a principal seção de atrações turísticas e contém todos os locais importantes, com fotos, mapas e ilustrações. *Fora do Centro* enfoca as atrações vizinhas à cidade, enquanto *Arredores de Las Vegas* explora outros lugares convidativos mais distantes e de fácil acesso. As informações sobre hotéis, restaurantes, lojas, diversão e esportes encontram-se em *Indicações ao Turista*. O *Manual de Sobrevivência* dá dicas que vão desde agências do correio e serviço telefônico até atendimento médico e sistema de transporte público da cidade.

Las Vegas Área por Área

Cada uma das três áreas de atrações turísticas em Las Vegas tem uma cor para facilitar a consulta. Cada capítulo começa com uma introdução à região da cidade abrangida, contando sua história e apontando suas características, e tem um *Mapa Rua a Rua* que ilustra seus pontos típicos. A numeração ajuda a localizar as atrações mencionadas no capítulo. Os lugares mais importantes são explicados em detalhes em duas ou mais páginas.

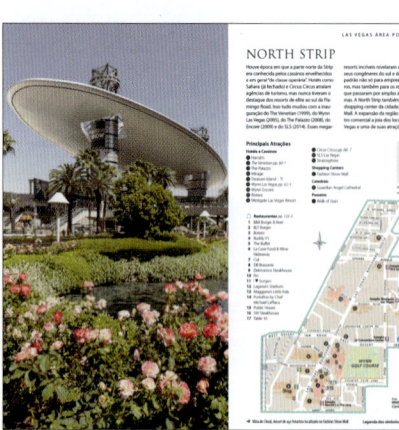

1 Introdução à Área Para facilitar a consulta, as atrações em cada área são numeradas e marcadas no mapa. Este mapa mostra também as estações do monotrilho. As principais atrações da região aparecem por categoria, como Museus e Galerias, e figuram ainda no *Guia de Ruas (pp. 182-7)*.

Localize-se mostra onde você está em relação a outras regiões do centro da cidade.

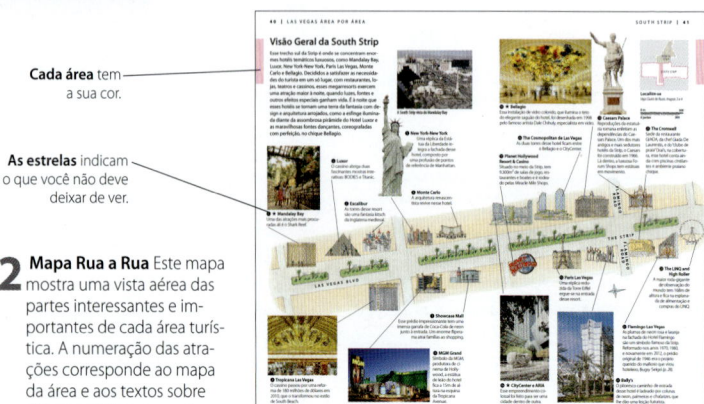

Cada área tem a sua cor.

As estrelas indicam o que você não deve deixar de ver.

2 Mapa Rua a Rua Este mapa mostra uma vista aérea das partes interessantes e importantes de cada área turística. A numeração das atrações corresponde ao mapa da área e aos textos sobre elas nas páginas a seguir.

COMO USAR ESTE GUIA | 7

Mapa das Áreas de Las Vegas

As áreas coloridas deste mapa *(veja o verso da capa)* são as três principais deste guia. Cada uma é apresentada em um capítulo de *Las Vegas Área por Área (pp. 36-93)* e está realçada em outros mapas do guia. Em *Las Vegas em Destaque*, por exemplo, ajudam a encontrar as principais atrações. Também são usadas para situar a localização de dois passeios a pé e um de carro *(pp. 86-93)*.

Os números remetem à posição de cada atração no mapa da área e seu lugar no capítulo.

Boxes trazem informações sobre temas históricos e culturais relacionados com a atração.

3 Informação Detalhada Todas as atrações importantes de Las Vegas têm a sua descrição. São listadas na ordem da numeração do mapa ilustrado no começo da seção. Entre as informações úteis há referências cartográficas, horários de funcionamento e telefones. A legenda dos símbolos está na orelha da contracapa.

Prepare-se contém toda a informação necessária para planejar a visita às atrações.

Os blocos de informação trazem tudo que você precisa saber para ir a cada atração. As referências cartográficas indicam a localização da atração no *Guia de Ruas (pp. 182-7)*.

4 Principais Atrações
Os edifícios históricos são dissecados para mostrar o que contêm. Algumas atrações icônicas têm plantas com código de cores para facilitar a localização do visitante.

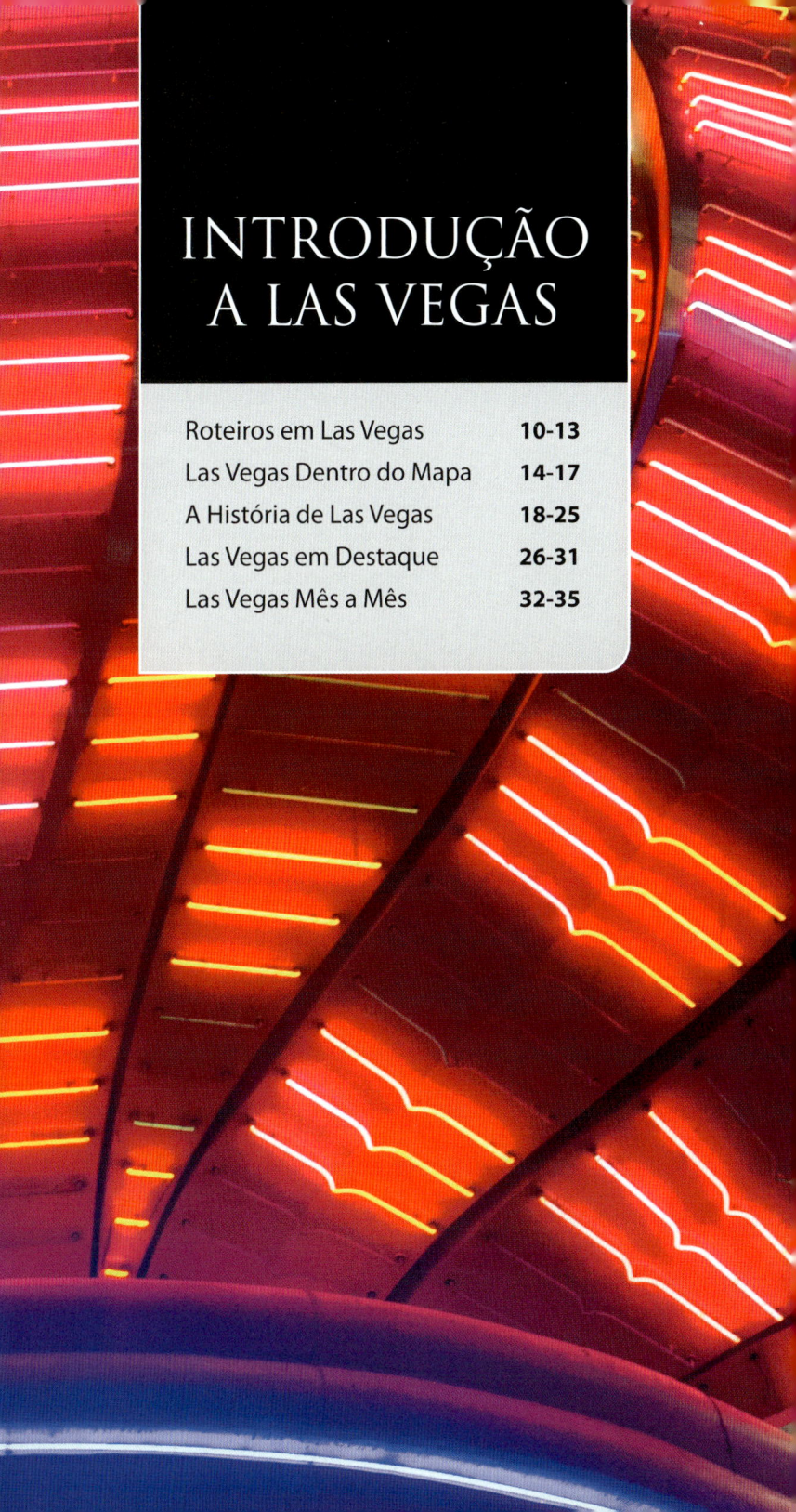

INTRODUÇÃO A LAS VEGAS

Roteiros em Las Vegas	**10-13**
Las Vegas Dentro do Mapa	**14-17**
A História de Las Vegas	**18-25**
Las Vegas em Destaque	**26-31**
Las Vegas Mês a Mês	**32-35**

ROTEIROS EM LAS VEGAS

Um dos destinos turísticos mais procurados do mundo, Las Vegas oferece praticamente de tudo – hotéis grandiosos, espetáculos, lojas e restaurantes excelentes, parques temáticos e a beleza natural de lagos, reservas e cânions das redondezas. Mas, como os turistas em sua maioria vão para ficar pouco tempo, é preciso planejar a visita muito bem se o objetivo for aproveitar o que há de melhor na cidade. Os roteiros a seguir trazem sugestões para passar quatro dias explorando pontos turísticos, com dicas de onde comer, o que ver e onde se divertir.

Porém, essas indicações podem ser alteradas conforme você quiser. Os preços referem-se ao custo com transporte e ingressos (se houver) para dois adultos ou uma família de dois adultos e duas crianças.

Cenário espetacular na Grand Canal Shoppes, no Venetian

Compras e Atrações

2 adultos mínimo de US$300

- Compre na Via Bellagio
- Almoce na famosa Grand Canal Shoppes
- Participe da Fremont Street Experience
- Assista ao espetáculo "O", no Bellagio

Manhã
Comece na **Via Bellagio** (p. 129), uma luxuosa esplanada comercial que conta com algumas das lojas mais exclusivas do mundo, como Giorgio Armani, Gucci, Prada, Tiffany & Co., Hermès e Fred Leighton. Mais ao norte na Strip está o **Forum Shops** no **Caesars Palace** (p. 128), uma mistura eclética de lojas de grife. Atravesse a rua e vá ao **Venetian** (pp. 60-1). Admire por um tempo a magnífica arquitetura, que recria muitos locais famosos de Veneza. Depois de uma breve sessão de fotos, vá à **Grand Canal Shoppes** (p. 129), uma galeria chique com lojas junto ao canal. O complexo também oferece uma variedade de lanchonetes ótimas para um almoço rápido.

Tarde
Pertinho da Grand Canal Shoppes encontra-se o **Fashion Show Mall** (p. 128), maior shopping da cidade, que abriga lojas de departamentos caras.

Quem prefere garimpar mercadorias deve ir ao centro, até a **Retro Vegas** (p. 133), uma loja especializada em peças retrô retiradas de antigas residências de Las Vegas. Assista também aos espetáculos de luz e som na **Fremont Street Experience** (p. 74).

No fim da tarde, descanse os pés e mergulhe na produção **"O"** do Cirque du Soleil (p. 136), no Bellagio. É importante fazer reserva para esse espetáculo esplêndido e fantástico que tem por tema a água.

Louco, Estranho e Maravilhoso

2 adultos mínimo de US$175

- Visite a CSI: The Experience
- Experimente a vibração da Stratosphere Tower
- Faça a tirolesa VooDoo Zip Line, no Rio

Manhã
Comece no **MGM Grand** (p. 46) fingindo ser um perito criminal na superfamosa **CSI: The Experience** (p. 46). Depois, siga para o norte pela Strip em direção à **LINQ Promenade** (p. 53), que abriga restaurantes, lojas e opções de entretenimento, além da maior roda-gigante do mundo. Do outro lado da rua encontra-se o **The Mirage** (p. 58). Finalize a manhã vendo os tigres brancos e os golfinhos divertidos do **Siegfried & Roy's Secret Garden and Dolphin Habitat** (p. 58).

Golfinhos-nariz-de-garrafa brincam no Dolphin Habitat, Mirage

Tarde

Almoce em um dos muitos restaurantes do **Encore** (p. 64). Caminhe até a **Stratosphere Tower** (p. 65) e experimente um dos empolgantes passeios a quase 305m do chão. Perto de lá, ficam a **Viva Las Vegas Wedding Chapel** (p. 160), que realiza casamentos temáticos, e a **Little White Chapel** (p. 160), com um drive-thru para casamentos rápidos. No fim da tarde, faça a tirolesa **VooDoo Zip Line,** uma emocionante descida a partir do topo da torre Masquerade, de 51 andares. As opções para comer no Rio são variadas, e muitos restaurantes próximos – como o **Buzio's Seafood Restaurant** (p. 124) – também são ótimos.

Penhascos de arenito vermelho no Red Rock Canyon

Beleza Natural

2 adultos mínimo de US$50

- Ande no Red Rock Canyon
- Faça piquenique nas Willow Springs
- Dirija até o monte Charleston

Manhã

Vá de carro da Strip até o **Red Rock Canyon** (p. 82) em 20 minutos. Faça o passeio panorâmico circular de 21km para ver as imponentes formações rochosas de arenito vermelho. Reserve pelo menos uma hora para caminhar por um dos muitos cânions dali. As **Willow Springs** (p. 82) são um bom lugar para um piquenique. Se preferir, almoce no café da **Bonnie Springs** (p. 83).

Tarde

Após o almoço, pegue a direção noroeste na Highway 95 até a **Toiyabe National Forest** (p. 83). Suba o **monte Charleston** (p. 83), que se localiza dentro da floresta e proporciona agradáveis caminhadas, excursões, piqueniques e acampamentos o ano inteiro. Parte da Spring Mountain Range, esse é também um destino popular para quem quer esquiar e praticar snowboard durante o inverno. Pare na **Mount Charleston Ranger Station** (p. 146) para pegar mapas e obter informação sobre a ecologia e a história da região. Então, escolha um dos restaurantes nas montanhas para jantar pratos fartos em um ambiente rústico e confortável, ou retorne para as luzes da cidade e deguste um banquete de consumo livre no **Bacanal Buffet** (p. 120).

Um Dia em Família

2 adultos e 2 crianças mínimo de US$430

- Vá ao Adventuredome
- Coma confeitos no M&M's World
- Visite a Bodies: the Exhibition, no Luxor
- Assista ao Torneio de Reis

Manhã

É bom chegar cedo ao **Circus Circus: Adventuredome** (pp. 66-7), a maior das atrações infantis em Las Vegas. Esse parque de diversões coberto tem muitos

Diversão e emoção garantidas no Chaos, no Adventuredome

brinquedos rápidos ou para crianças pequenas, e uma variedade de fliperamas. Dê um pulo na grande tenda, **Carnival Midway** (p. 66), para se divertir com números circenses de palhaços e trapezistas. Depois, pegue um ônibus para o sul em direção ao Showcase Mall e saboreie confeitos no **M&M's World** (p. 46).

Tarde

Pare no **New York-New York** (p. 45) para um almoço tipicamente nova-iorquino em um dos diversos cafés, bares e restaurantes em um cenário que recria os prédios do Greenwich Village. Pegue um bonde grátis do **Excalibur** (p. 44) ao **Shark Reef** de Mandalay Bay (pp. 42-3), aquário enorme com tubarões, répteis e outros espécimes marinhos. Volte em uma viagem rápida de bonde até o **Luxor** (p. 44) para conhecer a anatomia humana na **Bodies: The Exhibition** (p. 44). No começo da noite, caminhe de volta para o **Excalibur** para jantar assistindo a corridas de charretes, justas de cavaleiros e lutas de espada no espetáculo **Tournament of Kings** (Torneio de reis, p. 164).

Visitantes observam a vida marinha em Shark Reef, Mandalay Bay

2 Dias em Las Vegas

- Aprecie as vistas da cidade a partir da roda-gigante mais alta do mundo
- Encante-se com a deslumbrante dança das fontes do Bellagio
- Entenda o papel fundamental dos gângsteres na origem de Las Vegas

Cena do espetáculo *Zarkana*, apresentado pelo Cirque du Soleil no ARIA

1º Dia
Manhã Comece o dia no **Mandalay Bay** *(pp. 42-3)*, um resort com belo tema tropical na South Strip. Caminhe nas areias de sua praia artificial e depois visite o **Shark Reef Aquarium** *(p. 43)*, que abriga mais de 2 mil espécies de seres marinhos, incluindo tubarões, tartarugas-verdes e crocodilos.

Tarde Vá a pé ou de bonde ao **Luxor** *(p. 44)*, instalado em uma enorme pirâmide de vidro inspirada no Egito Antigo. Visite uma das grandes atrações do hotel, a **BODIES: The Exhibition** *(p. 44)*, exposição com corpos humanos e espécimens reais preservados por meio de dissecação. Siga para o norte pela Strip até o resort **The LINQ** *(p. 53)*, que tem lojas, diversão e gastronomia. Aprecie lindas vistas da cidade a partir da **High Roller** *(p. 53)*, a roda-gigante mais alta do mundo, e depois relaxe com um jantar na esplanada ao ar livre. Encerre o dia nas **fontes do Bellagio** *(p. 51)*, um show de jatos de água sincronizados com luzes e música.

2º Dia
Manhã Explore a história do centro de Las Vegas em uma visita guiada ao **Neon Museum** *(p. 79)*, que expõe placas da década de 1950. Poucas quadras adiante fica o **Mob Museum** *(p. 79)*, que aborda a história da luta da polícia contra o crime organizado nos primórdios de Las Vegas.

Tarde Almoce no **18b Las Vegas Arts District** *(p. 78)*, nas proximidades, depois explore as galerias de arte, os murais de arte de rua, os antiquários e os brechós dessa área animada.

Ao anoitecer, veja um dos deslumbrantes shows de luzes no teto da **Fremont Street Experience** *(p. 74)*. A seguir, assista alguma apresentação no **Smith Center for the Performing Arts** *(p. 140)*, nos arredores. Caso ainda tenha energia, rume para o **Fremont East District** *(p. 75)*, que reúne bares, clubes e cafés com antigas placas de néon.

3 Dias em Las Vegas

- Admire o cenário de tirar o fôlego do Grand Canyon
- Veja relíquias resgatadas do Atlântico em Titanic: The Artifact Exhibition
- Surpreenda-se com acrobacias incríveis em um show do Cirque du Soleil

1º Dia
Manhã Inicie o passeio no fabuloso Shark Reef Aquarium, no Mandalay Bay, então vá ao **Luxor** para ver a **Titanic: The Artifact Exhibition** *(p. 44)*. Essa exposição dispõe mais de 250 relíquias do célebre navio que naufragou, assim como partes reconstituídas do Titanic, como a imponente escadaria e o elegante convés.

Tarde Almoce na esplanada do LINQ, então suba na High Roller e aprecie as vistas magníficas. À noite, siga pela passarela elevada para pedestres até o Bellagio. Veja o show maravilhoso das fontes antes de mergulhar no espetacular universo floral dos **Conservatory & Botanical Gardens** *(p. 50)*, dentro do hotel.

2º Dia
Manhã Uma das maravilhas naturais do mundo, o **Grand Canyon** *(pp. 98-103)* fica relativamente perto de Las Vegas – a viagem até a South Rim leva cerca de cinco horas, e há muitas excursões de ônibus disponíveis. A melhor maneira de observar a grandeza dos cânions é de helicóptero, mas o passeio custa bem caro.

Tarde Se houver tempo disponível após sua volta a Las Vegas, visite o resort **The Mirage** *(p. 58)*, que imita uma ilha da Polinésia. Uma de suas atrações é o **Siegfried & Roy's Secret Garden and Dolphin Habitat** *(p. 58)*, que abriga tigres-brancos ameaçados de extinção, leões e golfinhos-nariz-de-garrafa. Jante no resort e veja a erupção do enorme vulcão artificial, que ocorre das 18h às 23h.

O encantador show coreografado das fontes do Bellagio

ROTEIROS EM LAS VEGAS | 13

3º Dia
Manhã Embarque no **Big Bus Tour** (p.178), ônibus turístico que circula pela Las Vegas Strip e passa por muitos marcos famosos. Desça no **MGM Grand** (p. 46) e teste suas habilidades como detetive na atração **CSI: The Experience** (p. 46).

Tarde Visite o **Downtown Container Park** (p. 78), na Fremont Street, que reúne lojas, bares e restaurantes instalados em contêineres de navio. Continue descendo a rua até a vibrante Fremont Street Experience e encerre o dia com uma apresentação de Zarkana, espetáculo do extraordinário Cirque du Soleil no **ARIA** (p.136).

5 Dias em Las Vegas

- Admire Las Vegas a partir do topo da Torre Eiffel local, réplica da original
- Presencie um tiroteio do século XIX na réplica de uma cidade do Velho Oeste
- Observe a Hoover Dam, um feito assombroso de engenharia

1º Dia
Manhã Faça a primeira parada do dia no **Circus Circus: Adventuredome** (pp. 66-7). Com 25 brinquedos e atrações, esse é o maior parque temático coberto dos EUA. A seguir, veja a Strip de cima da roda-gigante High Roller, no resort The LINQ.

Tarde Vá de ônibus até o **Paris Las Vegas** (p. 48) e pegue o elevador de vidro até o topo da réplica de tamanho reduzido da **Torre Eiffel** (p. 48), que proporciona vistas de todo o vale de Las Vegas. Siga então para o Bellagio.

2º Dia
Manhã Rume para o oeste de Las Vegas até o **Red Rock Canyon** (p. 82). Percorra a Scenic Loop Drive, um percurso de 20km repleto de formações de arenito. Siga para o sul até o **Spring Mountain Ranch State Park** (p. 83), lar de alguns dos edifícios mais antigos do sul de Nevada.

Tarde Mais adiante no sentido sul, o **Bonnie Springs Ranch** (p. 83) reconstitui uma velha cidade de garimpo do Oeste, com encenações e tiroteios ao vivo em uma evocação do século XIX. Volte a Las Vegas para jantar e, se der tempo, vá à **Stratosphere** (p. 65). Aprecie as lindas vistas a partir do mirante e, se tiver coragem, embarque em uma das aventuras eletrizantes.

3º Dia
Manhã Procure pechinchas em mais de 150 lojas de estilistas e grifes no **Las Vegas Premium Outlets Mall** (p. 130), no centro.

Tarde Veja seres marinhos no Shark Reef Aquarium, no Mandalay Bay, e depois vá à Bodies: The Exhibition, mostra instalada no Luxor. À noite, assista a um show no **Smith Center for the Performing Arts** (p. 140).

4º Dia
Manhã Viaje de carro ou de helicóptero até o Grand Canyon. Reserve tempo para apreciar o cenário a partir da **Grand Canyon Skywalk** (p. 99), uma passarela de vidro em forma de ferradura acima do rio Colorado.

Tarde Se sobrar tempo quando voltar do Grand Canyon, veja um dos espetaculares shows de luzes na Fremont Street Experience.

5º Dia
Manhã Faça um cruzeiro pelo **lago Mead** (p. 84), o maior reservatório de água do país. Depois, visite o interior da usina hidrelétrica da **Hoover Dam** (p. 85), considerada uma das dez construções mais importantes do século XX. A seguir, cruze a **Mike O' Callaghan-Pat Tillman Memorial Bridge** (p. 84), a ponte em arco mais longa da América do Norte.

Tarde Visite o Siegfried & Roy's Secret Garden and Dolphin Habitat, no Mirage, e rume para o **New York-New York** (p. 45), onde, entre outras atrações, encontram-se réplicas do skyline de Manhattan e da loja Hershey's Chocolate World, a principal da marca. Quem busca muita adrenalina deve dar uma volta na montanha-russa **Big Apple** (p. 45), que faz mergulhos em alta velocidade acima da Las Vegas Strip. Para encerrar o passeio, nada melhor do que um jantar relaxante em algum dos restaurantes que evocam a atmosfera de Manhattan.

O resort New York-New York reproduz símbolos da Big Apple

Insanity, uma atração alucinante no topo da Stratosphere Tower

14 | INTRODUÇÃO A LAS VEGAS

Las Vegas Dentro do Mapa

Conhecida como capital mundial da diversão, Las Vegas ocupa 292km² do deserto de Nevada, no sudoeste dos Estados Unidos. Situada a 434km a nordeste de Los Angeles, a cidade tem uma população que aumenta constantemente. São mais de 39 milhões de visitantes todo ano, atraídos pelos cassinos e outros locais de interesse. Um aeroporto internacional e rodovias interestaduais ligam Las Vegas ao restante do país e do mundo. Lagos, cânions e vastos planaltos desérticos estão a curta distância de carro.

Legenda
— Rodovia
— Estrada principal
--- Ferrovia
— Fronteira internacional
- - - Fronteira estadual

Legenda dos símbolos *na orelha da contracapa*

LAS VEGAS DENTRO DO MAPA | 15

América do Norte

CANADÁ
ESTADOS UNIDOS DA AMÉRICA
Las Vegas
MÉXICO
Golfo do México
Oceano Atlântico
Mar do Caribe
Oceano Pacífico

CANADÁ
Saskatoon
Regina
Medicine Hat
Great Falls
Lewistown
Williston
MONTANA
Missouri
Miles City
Billings
Bowman
Sheridan
WYOMING
Rapid City
Murdo
Aberdeen
DAKOTA DO SUL
Sioux Falls
Minneapolis
St Paul
Minneapolis-St Paul
Riverton
Casper
NEBRASKA
North Platte
Platte
Lincoln
Des Moines
IOWA
Omaha
ESTADOS UNIDOS DA AMÉRICA
Denver
Denver
COLORADO
Colorado Springs
Colby
Salina
Topeka
Kansas City
KANSAS
Pueblo
Dodge City
Arkansas
Wichita
Lebanon
Rio Grande
OKLAHOMA
Tulsa
Albuquerque
NOVO MÉXICO
El Paso
MÉXICO

Grande Las Vegas

NEVADA
Desert National Wildlife Range
Mt. Charleston 3632m
Norte de Las Vegas
Veja página seguinte
Paradise
Muddy Mountains
Mountain Springs
Enterprise
Henderson
Sloan
Boulder City
Lake Mead
ARIZONA
Hoover Dam
Colorado

0 km 20
0 milhas 20

Centro de Las Vegas

O vale de Las Vegas divide-se nas zonas leste e oeste, com o Las Vegas Boulevard, ou Strip, servindo de eixo central. A Strip costuma servir de ponto de partida para os turistas que querem conhecer as atrações da cidade, muitas das quais se localizam ao longo do bulevar ou a poucas quadras dele. Entre elas estão resorts luxuosos e grandiosos, museus, espetáculos fantásticos, shoppings colossais, parques temáticos e muito mais. Perto da extremidade norte da Strip está a região do centro, onde fica a Fremont Street Experience e o centro Neonopolis.

Letreiros de Neon, Centro de Las Vegas
A região central e a Fremont Street *(pp. 68-79)* têm uma coleção interessante de letreiros de neon restaurados, como o cavaleiro e a montaria da velha Hacienda.

Fashion Show Mall
A joia dos shopping centers da cidade, o Fashion Show abriga lojas de departamentos finas como Nordstrom, Saks Fifth Avenue e Neiman Marcus, e ainda mais de 225 lojas, butiques e restaurantes *(p. 59)*.

Flamingo Las Vegas
A placa reluzente rosa e laranja à frente desse hotel é um dos símbolos mais perceptíveis de Las Vegas *(p. 53)*. Nada restou do resort original de Bugsy Siegel, a não ser um pilar de pedra e uma plaquinha no jardim do cassino.

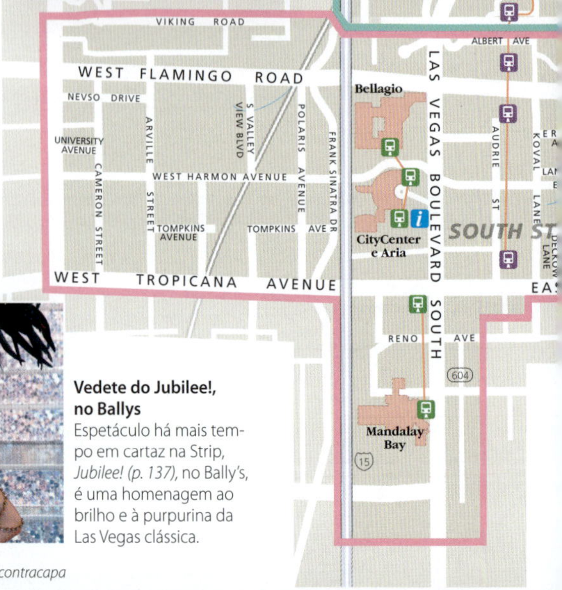

Legenda
- Atração principal
- Monotrilho

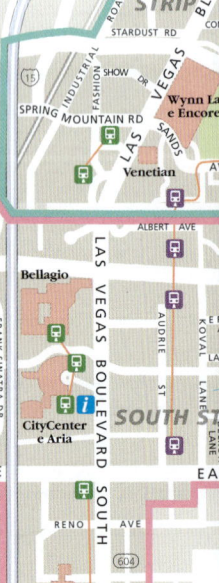

Vedete do Jubilee!, no Ballys
Espetáculo há mais tempo em cartaz na Strip, *Jubilee! (p. 137)*, no Bally's, é uma homenagem ao brilho e à purpurina da Las Vegas clássica.

Legenda dos símbolos *na orelha da contracapa*

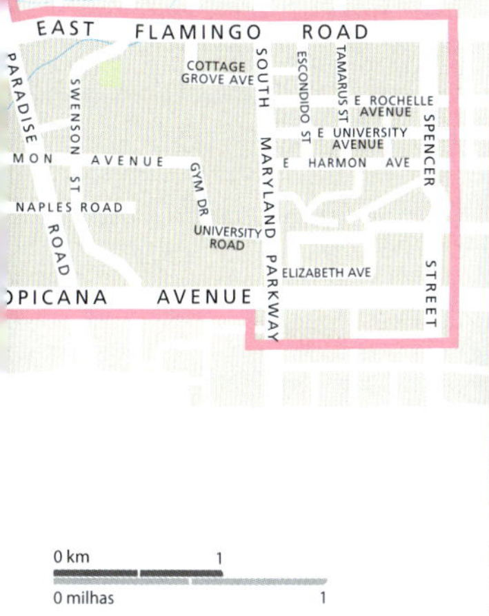

Fremont Street Experience
A noite vira dia para que centenas de visitantes passem sob esse teto ultrailuminado e vejam shows incríveis de luz e som (pp. 74-5).

Madame Tussaud's
A filial em Vegas dessa famosa exposição londrina de estátuas de cera está no Venetian (pp. 60-1). Estão expostas mais de cem celebridades, entre elas gente de Hollywood, artistas do rock e esportistas. Há peças especiais de lendas como Elvis Presley, Frank Sinatra e Liberace.

Mystère no Treasure Island
Show do Cirque du Soleil há mais tempo em cartaz em Las Vegas, essa produção espetacular mostra números de circo fantásticos e é uma celebração surrealista de música, dança, acrobacia, mímica e comédia (p. 136).

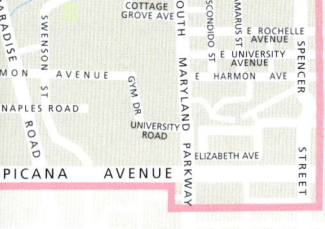

The Orleans
Esse hotel e cassino conta com infraestrutura completa de diversão, incluindo dezoito salas de cinema, boliche, spa e ampla arena usada para shows musicais e eventos especiais (p. 45).

A HISTÓRIA DE LAS VEGAS

Uma das cidades mais modernas dos Estados Unidos, Las Vegas nem existia antes do século XX. De início um oásis para os viajantes do deserto, dizem que só depois de Bugsy Siegel ter erigido o hotel Flamingo, em 1946, a cidade trocou a imagem provinciana pelas luzes da modernidade. Então o crescimento de Vegas centrou-se na fama de capital mundial da diversão.

A maior parte do Sudoeste e da região hoje chamada Las Vegas já esteve sob um lago enorme alimentado pela água das geleiras que recuaram na Era Glacial, há 25 mil anos. Os primeiros vestígios de atividade humana nesse lugar datam de 11 mil anos atrás, no período Paleoamericano. Hábeis caçadores de mamutes e outros animais grandes, os paleoamericanos vagaram pelo território em grupos pequenos de 10000 a.C. a 8000 a.C.

Aos poucos, o clima mudou e tornou-se cada vez mais quente. O lago secou devagar, e a região ao redor da Las Vegas atual virou deserto. Para sobreviver nesse ambiente, os paleoamericanos passaram por um longo período de adaptação. À medida que os animais grandes desapareciam, os indígenas passaram a caçar bichos menores e coletar raízes e frutos. Esses caçadores e coletores ficaram conhecidos como índios antigos. Embora os lugares que eles ocuparam fossem áridos, as nascentes eram abundantes em certos pontos. Os antropólogos acreditam que, com o crescimento da população, apareceram colônias de agricultores. Em cerca de 800 d.C., os índios anassazes, "os antigos", fixaram-se nas margens de arroios, nos leitos secos de rios sazonais e nos vales ao norte e a leste de onde é hoje Las Vegas. Civilização bastante avançada, eles cultivavam milho, feijão e abóbora, caçavam com arco e flecha, faziam cestos e viviam em palafitas. Porém, em 1050, a região foi abandonada inexplicavelmente, talvez por causa de seca.

Primeiros Exploradores

Com o passar do tempo, a tribo sulina paiute, pacífica e seminômade, chegou à região e a ocupou nos sete séculos seguintes. Cultivava milho e abóbora e caçava animais silvestres. Os petróglifos indicam que os paiutes tinham aldeias no Red Rock Canyon *(p. 82)* e no Valley of Fire *(p. 83)*. Em 1776, ocorreu o primeiro contato com os europeus, quando Francisco Garces, frade franciscano, viajava pela Velha Trilha Espanhola, que ligava as missões católicas ao Novo México e à Califórnia.

Cinquenta anos depois apareceu o mercador de peles e explorador Jedediah Smith, que passou pelo atual sul de Nevada e abriu uma trilha que cortava as monta-

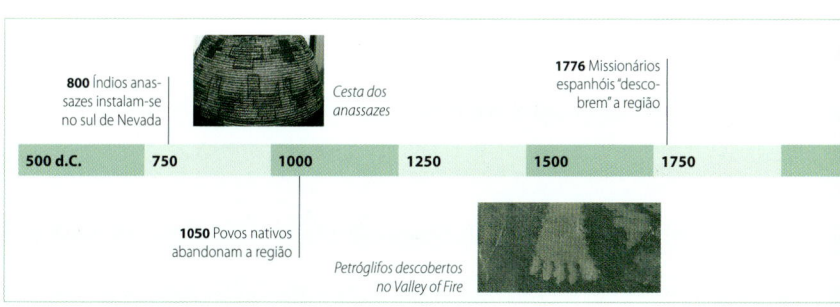

800 Índios anassazes instalam-se no sul de Nevada

Cesta dos anassazes

1776 Missionários espanhóis "descobrem" a região

| 500 d.C. | 750 | 1000 | 1250 | 1500 | 1750 |

1050 Povos nativos abandonam a região

Petróglifos descobertos no Valley of Fire

◀ Elvis Presley no filme *Viva Las Vegas*

Pioneiros mórmons na penosa viagem para o oeste

nhas da Sierra Nevada. Em 1829, o comerciante espanhol Antonio Armijo e seu batedor Rafael Rivera percorreram a Trilha Espanhola e descobriram o caminho para uma região com nascentes, como um oásis. Eles a chamaram Las Vegas, ou "As Várzeas".

Em meados dos anos 1800, a região virou local de acampamento muito procurado por causa da água. Em 1845, John C. Fremont, cartógrafo do Corpo Topográfico dos EUA, levou uma expedição pela região e desenhou mapas precisos do território de Nevada.

A exploração científica tornou-se exploração econômica, e os paiutes perderam as terras quando a popularidade do vale de Las Vegas resultou em sua colonização. Em 1855, Brigham Young (p. 107), presidente mórmon, enviou um grupo chefiado por William Bringhurst para instalar uma missão em Las Vegas, onde erigiram um forte e cultivaram a terra. A descoberta de chumbo no monte Potosi atraiu mineiros de Salt Lake City e levou os mórmons a iniciar a mineração. Sua falta de experiência e o crescente conflito entre missionários e mineiros, além de safras perdidas e verões rigorosos, forçaram os mórmons a deixar a missão em 1858. A mineração continuou, e em 1861 a descoberta de prata no Potosi gerou nova onda de exploradores, como Octavius Gass, garimpeiro de ouro falido.

Os Primórdios da Cidade

Um assentamento permanente desenvolveu-se em 1865, quando Gass aproveitou a oportunidade de ser o dono do Velho Forte Mórmon e instalar uma fazenda – Las Vegas Ranch – e um entreposto. Gass teve sucesso na lavoura abrindo canais de irrigação. Em 1872, possuía a maior parte das terras de Las Vegas. Porém, acabou se endividando e teve de vender tudo a Archibald Stewart, rico fazendeiro. Após a morte de Stewart, em 1884, sua esposa, Helen, passou a comandar a propriedade. Nos vin-

Helen Stewart, fazendeira local

1826 O explorador Jedediah Smith atravessa o sul de Nevada

Pioneiros mórmons

1845 John C. Fremont comanda uma expedição a Las Vegas

1855-58 Mórmons instalam colônia no vale de Las Vegas

1864 Nevada reconhecido como 36º estado da União

1884 Helen Stewart torna-se proprietária do Las Vegas Ranch

1825 — 1840 — 1855 — 1870 — 1885

te anos seguintes, ela comprou terras e fez da fazenda um balneário lucrativo. Em 1903, vendeu o Las Vegas Ranch a William A. Clark, dono da Ferrovia San Pedro-Los Angeles-Salt Lake, que pretendia aproveitar sua localização estratégica para uma estação de trens. Em 1905, a ferrovia foi concluída, e o serviço ferroviário, iniciado. Em janeiro desse ano, foi encontrado ouro logo a sul de Las Vegas, atraindo mais especuladores para a região. A publicidade gerada pela ferrovia criou enorme procura de terras, e em 15 de maio de 1905 a companhia ferroviária leiloou 1.200 lotes. Da noite para o dia a cidade se transformou com o aparecimento de construções e empresas.

Sessão de roleta em um cassino de Las Vegas

Desenvolvimento

A cidade de Las Vegas, com cerca de 1.500 habitantes, tornou-se município oficialmente em 1911. No mesmo ano, a companhia ferroviária construiu ali uma oficina de locomotivas. Os empregos resultantes duplicaram a população. Mas a cidade não era modelo: não tinha esgotos, a prostituição reinava no Block 16 e a jogatina, mesmo ilegal, era disseminada. Todavia, houve certa modernização. Em 1915, os moradores tinham eletricidade 24 horas, e a Companhia de Terras e Água de Las Vegas começou a pavimentar as ruas com cascalho e lançar a rede de água. Em 1931, os vereadores de Nevada legalizaram os divórcios rápidos e o jogo – este, para aumentar a receita de impostos.

A Grande Depressão não afetou muito Las Vegas. As obras da Hoover Dam (p. 85), inicialmente chamada de Boulder Dam, começaram em 1931 e empregaram 5.100 operários, despejando milhões de dólares na economia. Originaram até Boulder City (p. 84), para alojar os operários da represa. Concluída em 1937, a hidrelétrica passou a ser a primeira fonte segura de água e eletricidade barata para a cidade e formou o lago Mead (p. 84).

Durante esse período, novos cassinos surgiram no centro e se espalharam para o sul do Las Vegas Boulevard. El Rancho abriu em 1941, seguido do Last Frontier em 1942. Por volta dessa época, o exército dos EUA instalou uma base em Las Vegas. Numa estranha reviravolta nos acontecimentos, a construção da base levou ao fechamento do Block 16, pois o Departamento da Guerra ameaçou impedir a entrada de militares em Las Vegas enquanto a "Cidade do Pecado" não tomasse vergonha.

A construção da Hoover Dam

1920 Anderson Field, primeiro aeroporto de Las Vegas, é inaugurado

1905 Criado o município de Las Vegas

1931 Jogo e divórcios rápidos legalizados em Nevada

1941 El Rancho Vegas é o primeiro resort na Strip

El Rancho Vegas

1948 Inaugurado o Campo McCarran, depois Aeroporto McCarran

1900 — **1915** — **1930** — **1945**

1911 A cidade de Las Vegas é constituída oficialmente

1920 A Lei Seca entra em vigor

1915 Moradores têm 24 horas de eletricidade

1931 Começam obras da Hoover Dam

 Cartão-postal da Hoover Dam

1946 Bugsy Siegel inaugura o Flamingo

1941 Exército cria escola de artilharia perto de Las Vegas

Ascensão e Queda da Máfia

Embora o jogo tenha sido legalizado em Las Vegas em 1931, só uma década depois ele atraiu a atenção de criminosos, que reconheceram o potencial desse setor crescente na cidade. A chegada de Bugsy Siegel, mafioso de Nova York, marcou o surgimento da Máfia em Las Vegas, e durante muitos anos, de 1940 em diante, crime organizado e Las Vegas andaram de mãos dadas. A maré começou a mudar nos anos 1960, quando as autoridades estaduais de Nevada sancionaram novas leis a fim de enfraquecer o poder dos mafiosos na cidade. No entanto, foi a chegada do bilionário Howard Hughes e o subsequente advento de empresas legalizadas que finalmente assinalaram o fim da Máfia.

A Chegada da Máfia
Bugsy Siegel *(esq.)* abriu o Hotel Flamingo *(p. 53)* em 1946 usando recursos de mafiosos de Nova York.

Segunda Inauguração do Flamingo
Após a morte de Bugsy, o mafioso Gus Greenbaum, de Phoenix, assumiu o Flamingo. A segunda inauguração do cassino e resort de US$5 milhões foi um sucesso. Muitos outros hotéis-cassinos mantidos pelo crime organizado surgiram nos anos 1950.

Operador de Cassinos Moe Dalitz
Nas décadas de 1950 e 1960, o mafioso Moe Dalitz abriu vários cassinos na Strip com a ajuda de Jimmy Hoffa, chefe do sindicato Teamsters. O fundo de US$269 milhões do sindicato foi usado para comprar o Circus Circus, o Dunes e o Stardust, entre outros.

Salões de Jogo e Boates na Fremont Street
Luzes fortes e letreiros de neon de vários cassinos e boates iluminam as calçadas da Fremont Street (1948). Situada no coração do centro, essa rua era a região mais visitada e popular da cidade até a ascensão da Strip.

Cassinos Financiados pelos "Rapazes"
Em 1959, os americanos começavam a perceber o domínio da Máfia sobre Las Vegas. Um artigo da *Reader's Digest* revelou que cassinos como Desert Inn, Flamingo, Frontier, Sands, Riviera, Sahara e muitos outros eram financiados pelos "rapazes", ou seja, pelos mafiosos, em Detroit, Minneapolis, Cleveland, Miami, Nova York e New Jersey.

A HISTÓRIA DE LAS VEGAS

O Rat Pack
Frank Sinatra, Dean Martin, Sammy Davis Jr. e outros membros do "Rat Pack" eram artistas regulares do Sands e do Desert Inn e confirmaram a fama de Las Vegas como meca da diversão. As relações de Sinatra com o chefe mafioso Sam Giancana logo chamaram a atenção das agências federais que tentavam livrar a cidade da influência da Máfia nos anos 1960.

O Hotel Apache foi comprado pelo contrabandista texano e jogador Benny Binion, que mudou o nome dele para Binion's Horseshoe.

Howard Hughes (1905-1976)

O bilionário Howard Hughes chegou a Las Vegas em novembro de 1966 e se instalou em uma luxuosa suíte no nono andar do Hotel Desert Inn. Quando a gerência tentou expulsá-lo alguns meses depois, Hughes comprou o hotel por US$13,25 milhões. Apesar de nunca ter saído do quarto em quatro anos, ele gastou cerca de US$300 milhões na compra de imóveis em Vegas. Entre eles estava o cassino-hotel Silver Slipper, do outro lado da Strip, cujo chinelo piscante de neon o incomodava. Ele mandou desligar a luz.

Hughes é considerado o responsável pelos negócios legais e pela nova imagem de Las Vegas, decretando assim a morte do investimento de mafiosos na cidade. No entanto, ainda nos anos 1970 e 1980 mafiosos foram presos lucrando com alguns hotéis da cidade.

O empresário bilionário Howard Hughes

Anthony Spilotro e Esposa
O mafioso Anthony "Formiga" Spilotro e sua mulher, Nancy, saem de sessão judicial em que foram acusados de formação de quadrilha (1986). Houve indiciamentos por corrupção e sonegação de impostos de vários mafiosos de Las Vegas nos anos 1970 e 1980.

Sociedades Anônimas
Em 1967, uma nova lei de Nevada permitiu às sociedades anônimas obter licenças de jogo. Isso abriu caminho para que empresas como Hilton, MGM e Holiday Inn iniciassem obras legais em Las Vegas. Afinal, a influência das SAs americanas reduziu o controle dos mafiosos nos cassinos.

A Nova Face de Las Vegas

Em 1950, o recém-criado Campo de Provas de Nevada, depois chamado Local de Testes de Nevada, levou a era atômica a Vegas. As periódicas explosões nucleares somaram-se às diversões da cidade. Las Vegas comemorava os testes com o concurso da Miss Bomba Atômica e piqueniques em pontos com visão panorâmica das explosões.

Estrelas do cinema e celebridades debandam para Las Vegas

Ao mesmo tempo, um frenesi imobiliário, que durou mais de uma década, tomou conta da cidade. Logo o centro e o Las Vegas Boulevard – mais tarde conhecido por Strip – ficaram repletos de hotéis-cassinos construídos em ritmo alucinante. Cada um tentava superar o outro em tamanho e extravagância. Artistas como Frank Sinatra (p. 29) e o Rat Pack realizaram shows lotados no Hotel Sands, que abrira em 1952. O Hotel Riviera (p. 64), de nove andares, inaugurado em 1955, foi o primeiro prédio alto do gênero na cidade, seguido pelo Fremont Hotel (p. 74), de quinze andares, no centro de Las Vegas.

Em 1960, a população chegou a 65 mil habitantes. Com o advento do ar-condicionado, das rodovias interestaduais e das viagens transcontinentais, Las Vegas logo se tornou um grande destino turístico e lugar predileto de estrelas do cinema, milionários e outras celebridades.

O setor do jogo de Las Vegas também passou por uma revisão. Nos anos 1980, empresas grandes implementaram normas contábeis mais rígidas em seus cassinos. Isso deu aos órgãos estaduais ímpeto para insistir no mesmo em todo o estado. Os vestígios da influência mafiosa foram apagados gradativamente. Devagar e sempre, a imagem da cidade estava mudando. Em meio ao brilho das luzes e às hordas de turistas, Las Vegas tornava-se um lugar para famílias.

Local de Testes de Nevada

O campo de tiro da Força Aérea dos EUA na Segunda Guerra Mundial passou a servir a testes de armas nucleares no final da guerra. O primeiro teste no local, a 145km ao norte de Vegas, ocorreu em janeiro de 1951 em uma parte do deserto chamada Baixada do Francês. Nos onze anos seguintes, 126 bombas atômicas foram detonadas ao ar livre. Esses testes foram proibidos pelo Primeiro Tratado de Proibição de Testes Nucleares, mas no subsolo continuaram por 30 anos. Em 1996, o presidente Bill Clinton assinou o Tratado Amplo de Proibição de Testes, que deu fim aos ensaios nucleares.

Nuvem radioativa no deserto de Nevada

Cidade Explosiva

Las Vegas passou por altos e baixos nos anos 1970. O MGM Grand – hoje Bally's (p. 49) –

1951 Primeiro teste com bomba atômica no deserto de Nevada

1955 Criada a Comissão de Controle do Jogo para regular a atividade

Howard Hughes

1966 Howard Hughes chega a Las Vegas

1968 Circus Circus, primeiro hotel de Vegas para famílias, é aberto

1985 Realiza prime Natio Finals Roc

1950 — 1955 — 1960 — 1965 — 1970 — 1975 — 1980

1955 Inaugurado o Riviera, primeiro edifício alto da cidade

1960 O Rat Pack sobe ao palco no Sands Hotel

1966 Aberto o Caesars Palace, primeiro grande resort temático

Estátua de mármore, Caesars Palace

1975 Receita do jogo em Nevada ultrapassa marca de US$1 bilhão

abriu em 1973 e deu início à era dos grandes hotéis. Com 2.100 quartos, ele ganhou o título de "maior hotel do mundo". No entanto, em 1975, inundações repentinas espalharam o caos pela Strip, e em 1978 o jogo foi legalizado em Atlantic City. Esses dois acontecimentos tiveram um efeito adverso sobre o turismo de Las Vegas, mas não demorou para a cidade se recuperar e entrar numa fase de grande expansão. Em 1989, o empresário e hoteleiro Steve Wynn *(p. 26)* inaugurou o Mirage *(p. 58)*, de US$620 milhões, o maior e mais custoso resort que a cidade jamais viu. Seu sucesso fenomenal estimulou a construção de muitos mega-hotéis temáticos, como Excalibur *(p. 44)*, Luxor *(p. 44)*, Treasure Island *(pp. 58-9)* e um novo MGM Grand *(p. 46)*, que tinha mais de 5 mil quartos. Wynn achou ouro de novo em 1998 quando lançou o Bellagio *(pp. 50-1)*, de US$1,6 bilhão, que, junto com o Venetian *(pp. 60-1)*, é considerado um dos mais luxuosos e extravagantes hotéis do mundo.

Estátua de leão no MGM Grand

Liberada pelos decretos de crescimento lento impostos pela vizinha Reno, Las Vegas continuou sua expansão intensamente até 2010. Enquanto lustrava sua reputação de capital do lazer, ela se tornou lar de uma crescente legião de moradores permanentes. Em 2007, o New Frontier, segundo hotel e cassino a abrir na Strip, foi demolido ao som de fogos de artifício para dar lugar a um novo grande hotel, embora o projeto até hoje esteja engavetado.

A Las Vegas atual é uma das cidades dos Estados Unidos que crescem mais rápido. Céu azul, cassinos, comida barata, parques de diversão e diversas opções de lazer atraem milhões de turistas todo ano. Em 2008, foi inaugurado The Palazzo *(p. 58)*, que custou US$2,7 bilhões, e em 2009 o Encore, com 2.304 suítes, surgiu próximo ao já incrível Wynn Las Vegas *(pp. 62-3)*.

Em meio a esse panorama dinâmico, só duas coisas continuam constantes: a aparência da cidade e o tipo de gente que a habita.

O panorama cintilante de Las Vegas no ano do centenário

INTRODUÇÃO A LAS VEGAS | 27

LAS VEGAS EM DESTAQUE

Cidade sem igual no mundo, a espetacular Las Vegas cintila no deserto de Nevada. Só ela pode pegar os marcos mais reconhecidos de outras cidades e recriá-los com grandeza e brilho maior. Movida a turismo, Vegas é mais conhecida pelos hotéis – enormes resorts vistosos com museus, shows, passeios e cassinos próprios. As atrações ultrapassam os limites de Las Vegas e contam com o esplendor natural do Grand Canyon (pp. 98-103) e do Hoover Dam, um feito da engenharia.

Para que você aproveite muito bem a sua viagem, as páginas a seguir são um guia rápido do que Las Vegas tem de melhor, destacando as mais procuradas capelas matrimoniais e os moradores e visitantes mais consagrados. Abaixo há uma seleção das dez principais atrações turísticas da cidade, que ninguém deve perder.

Principais Atrações Turísticas de Las Vegas

Fontes do Bellagio
p. 51

Shows do Cirque du Soleil
pp. 136 e 139

Shark Reef
p. 43

Passeios de Gôndola no Venetian
pp. 60-1

Red Rock Canyon
p. 82

Adventuredome
pp. 66-7

Vale da Morte
pp. 108-9

Fremont Street Experience
pp. 74-5

Hoover Dam
p. 85

Grand Canyon
pp. 98-103

◀ Fontes do Bellagio

Visitantes e Moradores Famosos

Por ser um dos destinos de lazer mais procurados do mundo, Las Vegas é associada com muitas personalidades sedutoras. Entre elas estão os astros do cinema Mickey Rooney, Lana Turner e Leonardo DiCaprio; cantores famosos como Frank Sinatra e Elvis Presley; bilionários excêntricos como Howard Hughes; e mafiosos como Benjamin "Bugsy" Siegel. Alguns foram atraídos a Las Vegas de outros lugares do país, mas outros a consideram seu berço. Todos deixaram uma marca na cidade e, pode-se dizer, no mundo.

Placa de acolhida a Howard Hughes, perto do Hotel Landmark, Las Vegas

Empresários e Bilionários

A famosa Las Vegas Strip nasceu quando Thomas Hull (1893-1964), hoteleiro de Los Angeles, decidiu construir o El Rancho na rodovia poeirenta, poucos quilômetros ao sul da Fremont Street. A ideia lhe ocorreu ao contar o número de carros que passavam pela rodovia enquanto consertavam seu pneu furado. O hotel foi sucesso imediato e fez ainda mais com as celebridades de Los Angeles. O bilionário excêntrico Howard Hughes (1905-1976) chegou a Las Vegas em 1966 e se instalou em uma suíte do Desert Inn. Alguns meses depois, quando a gerência do hotel lhe pediu que saísse, Hughes comprou o hotel por S$13,25 milhões. Isso originou uma sucessão de compras de hotéis e uma era de cassinos pertencentes a grandes sociedades anônimas que marcou o fim dos investimentos de mafiosos na cidade. O pai dos mega-hotéis de Las Vegas, Kirk Kerkorian, construiu o maior resort do mundo três vezes.

A primeira foi em 1969, quando surgiu o International, de 1.500 quartos, mais tarde Las Vegas Hilton (p. 64). Porém, sua maior façanha foi o MGM Grand (p. 46), de 5 mil quartos, que ele erigiu em 1993.

Steve Wynn, presidente e diretor dos Wynn Resorts

Com espírito pioneiro de verdade, Kerkorian planejou a construção de uma "metrópole urbana" de muitos bilhões de dólares entre os hotéis Monte Carlo e Bellagio. Aberto em 2010, o CityCenter (p. 49) abrange um resort de 4.004 quartos e um cassino, três hotéis de 400 quartos, 1.650 condomínios de luxo e um amplo espaço de varejo, diversão e restaurantes.

O empresário e hoteleiro bilionário Steve Wynn tem a seu crédito a construção de hotéis dos mais opulentos de Las Vegas, como o Bellagio (pp. 50-1) e o Wynn Las Vegas (pp. 62-3).

Gângsteres e Criminosos

O mal-afamado mafioso nova-iorquino Benjamin "Bugsy" Siegel (1905-1947) levou o status de celebridade de Hollywood a Las Vegas, muito embora as luzes tenham brilhado mais após sua morte violenta em 1947. Em uma de suas viagens pelo país, ele parou em Las Vegas e teve a ideia de construir um hotel-cassino como os de Miami no meio do deserto, onde é hoje a Strip. Erigido ao custo descomunal de US$6 milhões, o Flamingo (p. 53) foi inaugurado em 1946 com instalações luxuosas nunca vistas na cidade. Hoje, está entre os resorts mais emblemáticos de Las Vegas.

O chefão do crime Morris "Moe" Dalitz (1899-1989) chegou a Las Vegas nos anos 1940 e logo se tornou protagonista no ramo de cassinos. Em 1950, ele inaugurou o luxuoso Desert Inn, que elevou o padrão dos cassinos de Vegas ao oferecer os melhores e mais extravagantes serviços e instalações. Nos anos seguintes, Dalitz comprou vários cassinos na Strip, como Stardust, Dunes e Sahara, e tornou-os empreendimentos de enorme sucesso.

O jogador e contrabandista

Benjamin "Bugsy" Siegel, gângster que virou hoteleiro em Vegas

Andre Agassi, tenista de nível internacional, nasceu em Las Vegas

texano Benny Binion (1904-1989) abriu o cassino Binion's Horseshoe em 1951 e transformou os cassinos com piso de serragem em salões de jogos acarpetados, onde os jogadores eram estimulados a fazer apostas bem altas. Na década de 1970, ele aumentou o limite de apostas para US$10.000. Para os jogadores com muitos fundos, retirava o limite com alegria. Em seu auge, no final dos anos 1980, o Horseshoe era o cassino mais lucrativo da cidade. Binion criou ainda a World Series of Poker (p. 33) em 1970, um dos eventos mais famosos de Vegas.

Famosos do Esporte

Andre Agassi, tenista de fama internacional, é natural de Las Vegas, nascido em 1970. Foi considerado prodígio do tênis aos 3 anos e tornou-se profissional aos 16. Agassi ganhou praticamente todos os principais torneios de tênis e chegou ao primeiro lugar em meados dos anos 1990. Em 2001, casou com a célebre tenista Steffi Graf, que venceu 22 campeonatos importantes. O casal, que hoje está aposentado das quadras, mora em Las Vegas com seus dois filhos.

A patinadora francesa Surya Bonaly ganhou nove campeonatos nacionais na França e medalhas de prata em três campeonatos mundiais. Recebeu cidadania americana em 2004 e hoje reside em Las Vegas.

O famoso ex-lançador de beisebol Greg Maddux, que ganhou quatro vezes consecutivas o Prêmio Cy Young nos anos 1990 e teve o recorde de dezoito Luvas de Ouro, também mora em Las Vegas.

A lenda do golfe Tiger Woods frequentava a cidade e fazia apostas altas no MGM Grand. Isso também aconteceu com o ex-jogador de basquete Charles Barkley, que se viu obrigado a largar o vício do jogo por causa de dívidas extremamente altas.

Artistas

A ostentação tornou-se parte do perfil de Las Vegas quando Wladziu Liberace (1919-1987) estreou ali em 1944. Ótimo pianista, era um dos artistas mais extravagantes da cidade, que levava multidões à loucura com sua teatralidade e sua representação de "personagens" bizarras. Liberace conquistou fama com suas roupas multicoloridas e cheias de lantejoulas e com sua inteligência cativante. Depois disso, passou a morar em Las Vegas e ganhou o próprio museu.

Entretanto, foi a lenda da música popular Frank Sinatra (1915-1998) que deu a Las Vegas a imagem de luxo e refinamento. Em 1953, ele se apresentou no Hotel Sands, hoje demolido, e foi sucesso instantâneo. Sinatra, Dean Martin, Sammy Davis Jr. e Joey Bishop formaram o Rat Pack e reiteraram a fama de Las Vegas como parque de diversões para adultos.

Mais de uma década depois, o indiscutível Rei do Rock 'n' Roll, Elvis Presley (1935-1977), aportou em Las Vegas. Sua apresentação de estreia, em 1969, no International Hotel, hoje Las Vegas Hilton, foi um sucesso desmedido. Elvis fez o recorde de 837 shows esgotados no local.

Outros artistas associados a Las Vegas são o renomado comediante Jerry Lewis, os cantores Celine Dion, Wayne Newton e Barbra Streisand e os ilusionistas Siegfried e Roy. Astros como Elton John fazem contrato para alguns shows durante certo período.

Celebridades

A proximidade entre Las Vegas e o sul da Califórnia fez dela um retiro e meca de diversões muito procurados pela turma de Hollywood desde o início dos anos 1940. Mesmo quando Vegas era apenas um balneário de estilo agreste, boa parte da elite mundial do cinema gostava de se refugiar no deserto do sul de Nevada. Alguns dos visitantes assíduos foram Mickey Rooney, Humphrey Bogart, Rosemary Clooney, Maurice Chevalier, Gary Cooper e Lana Turner, para mencionar alguns.

Hoje, a nova geração de celebridades de Hollywood fez de Vegas uma espécie de extensão de Los Angeles – lugar para ver shows de rock, torneios de golfe ou lutas de boxe. Paris Hilton, Britney Spears, Tara Reid, Leonardo DiCaprio e Eminem vão sempre às boates da cidade. E outros, como a cantora Gladys Knight, fixaram residência nela.

Frank Sinatra recebe o Pied Piper Award no Caesars Palace

O Melhor de Las Vegas: Capelas

Os casamentos são um ótimo negócio em Las Vegas *(pp. 158-61)*. Mais de 120 mil certidões são emitidas todo ano. Celebridades como Elvis Presley, Richard Gere, Paul Newman, Bruce Willis, Michael Jordan, Clint Eastwood e Britney Spears se casaram em Vegas. É tão grande a opção de capelas matrimoniais que as cerimônias podem ser feitas tanto de passagem, dentro de um carro, como em festanças com passeio de helicóptero sobre a cidade, e em recepções civis ou eventos temáticos em meio a sósias de Elvis. A maioria dos resorts tem ao menos uma capela matrimonial e muitos também oferecem pacotes requintados de casamento.

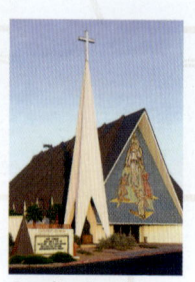

Guardian Angel Cathedral
A igreja católica do Anjo da Guarda realiza missas e costuma aceitar cupons de cassino como donativo *(p. 59)*.

Paradise Falls
A capela em jardim tropical se localiza no Flamingo Las Vegas *(p. 53)*. Belas cascatas, palmeiras e vizinhança chique criam um ambiente romântico para casamentos.

Bellagio's Wedding Chapel
Vitrais e flores naturais fazem parte da decoração dessa capela elegante. Os casais gastam até US$18 mil em uma cerimônia luxuosa que conta com grande variedade de serviços *(pp. 158-9)*.

Little Church of the West
A Igrejinha do Oeste foi inaugurada em 1942, o que a torna a mais antiga capela matrimonial da cidade. Cercada de sequoias, tem um jardim florido, e mais de cem casais se casam nela toda semana.

LAS VEGAS EM DESTAQUE | **31**

Graceland Wedding Chapel
Essa capelinha no estilo de Cape Cod realiza casamentos com um sósia de Elvis como mestre de cerimônias, que no final faz uma homenagem musical de quinze minutos ao Rei do Rock 'n' Roll.

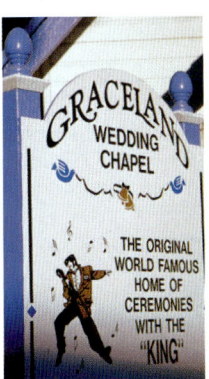

Hartland Mansion
Visitada por Elvis Presley, essa ampla mansão está em um bairro residencial tranquilo. O salão de banquetes realiza casamentos e recepções para até 700 pessoas *(p. 92)*.

Chapel of the Flowers
A pitoresca Capela das Flores está em um terreno encantador, com cascatas, bela vegetação, flores cheirosas, uma curiosa ponte de madeira e um gazebo. Gente de todo o mundo oficializa os laços ali.

Chapel of the Bells
Em funcionamento desde os anos 1960, a acolhedora Capela dos Sinos recebeu o casamento de muitas celebridades, como Pelé, Mickey Rooney, Ernest Borgnine, Kelly Ripa e Beverly D'Angelo.

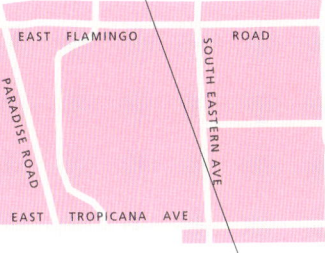

LAS VEGAS MÊS A MÊS

Las Vegas desfruta mais de 312 dias de sol todo ano, o que permite aproveitar com frequência as muitas atividades ao ar livre. A primavera e o outono são as estações mais amenas, e tanto turistas como moradores deleitam-se com os dias agradáveis, cheios de eventos esportivos, como os campeonatos de golfe e boxe, torneios de beisebol e corridas da Nascar. Junho anuncia quatro meses quentes de verão, com temperatura média de 39ºC e diversos festivais. O fim de setembro marca o início de um outono muito curto, com uma variedade impressionante de cores nas florestas e nos parques nacionais da região. O inverno é uma estação bem diferente e quase sempre tem temperaturas perto de zero grau. No entanto, em dezembro, o National Finals Rodeo e as comemorações de Ano-Novo atraem multidões para essa que é a época mais movimentada do ano. A cidade também é procurada para convenções durante o ano todo.

Primavera

Os meses da primavera costumam ser amenos, com dias geralmente de céu sem nuvens. Quem gosta de atividades ao ar livre pode escolher entre desfiles, parques de diversão e numerosos eventos esportivos.

Março
Nascar Weekend *(início mar)*, Las Vegas Motor Speedway. As corridas da Série Busch e da Nextel Cup são realizadas em três dias. É o maior evento esportivo do ano, que atrai mais de 150 mil fãs de automobilismo.
March Madness *(meados mar-início abr)*. A temporada de basquete universitário deslancha na disputa pela liderança até a final do Campeonato da NCAA (Associação Atlética Universitária Nacional).
St. Patrick's Day Parade *(17 mar)*. Mais de cem participantes

Corrida da UAW-Daimler Chrysler 400 Series, Nextel Cup, Las Vegas

e carros alegóricos saem no maior desfile da cidade, no Saint Patrick's Day. Os resorts fazem pratos típicos à base de carne moída e repolho e cerveja irlandesa.
Big League Weekend *(fim mar ou início abr)*, Cashman Field. A temporada de beisebol entra em ação com partidas entre seis grandes times.

Abril
Native American Arts Festival *(1º fim de semana)*, Clark County Heritage Museum. Apresenta espetáculos de dança, teatro e música. Mercado de artesanato ao ar livre conta com mais de 40 vendedores de arte e comida nativas americanas.
Mardi Gras *(início abr)*. A Fremont Street Experience e vários hotéis se arrumam para as festividades especiais de Carnaval, com jazz, blocos de rua e culinária cajun.

CineCon Convention *(meados mar)*. Grande evento da indústria do cinema atrai diversas celebridades a Las Vegas.

Maio
Cinco de Mayo *(dom mais próximo a 5 mai)*. Comemoração anual mexicana com atividades divertidas em parques de toda a cidade. Cassinos e hotéis oferecem pratos e bebidas especiais e brindes.
Helldorado Days *(início mai)*. Esse evento, que se tornou beneficente, tem torneio de golfe, campeonato de pôquer, tiro ao alvo e dois rodeios. Há também um desfile com carros alegóricos e queima de fogos de artifício.
Memorial Day Weekend *(último fim de semana)*. A cidade se anima em três dias de festas, shows ao ar livre com artistas internacionais, espetáculos eletrizantes, eventos esportivos e gastronomia.

Gwyneth Paltrow na CineCon Convention (antes ShoWest)

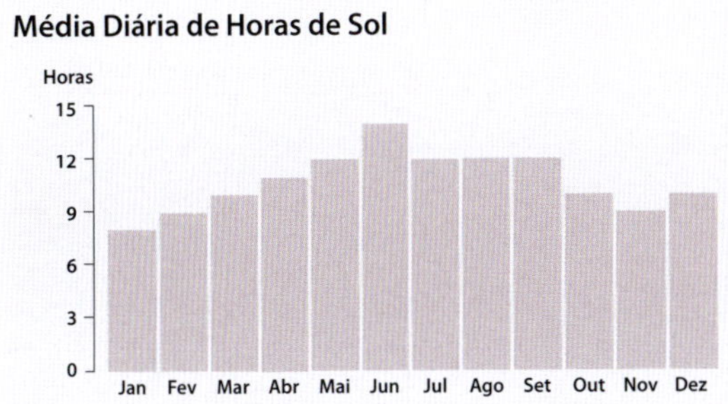

Média Diária de Horas de Sol

Dias de Sol
O tempo ensolarado é uma das maiores atrações de Las Vegas. São poucos os dias sem sol, mesmo no inverno. Como o sol de verão pode ser muito forte, proteja-se contra queimaduras e insolação. Filtro solar, chapéu e óculos escuros são extremamente aconselháveis, assim como beber bastante água.

Verão

O verão começa de verdade de meados ao fim de junho, quando a temperatura ultrapassa os 32ºC. É também tempo de festa em Las Vegas, com dois festivais de culinária e um de cinema. Para os fãs de corridas, a Nascar Camping World Truck Series é um prato cheio, e os amantes do carteado ficam com o torneio anual World Series of Poker.

Junho
World Series of Poker *(2 jun-15 jul)*, Rio. Mais de 20 mil jogadores disputam nesse torneio anual de pôquer. As apostas vão de US$1.000 no jogo feminino a US$10.000 no No-Limit Texas Hold'em World Championship.
The Electric Daisy Carnival *(meados jun)*. O festival de três dias é uma celebração à música eletrônica com arte, blocos carnavalescos e os melhores DJs de dance music. Ocorre na Las Vegas Motor Speedway e atrai uma multidão de mais de 400 mil pessoas.

Julho
Fourth of July *(4 jul)*. Fogos, bebidas, jogatina, churrascos e shows ao ar livre, além da temperatura alta, marcam o dia da pátria dos Estados Unidos. Os parques urbanos promovem competições esportivas, desjejum com panquecas e outros eventos.

Agosto
Men's Apparel Guild in California (MAGIC) *(3ª semana)*. A última palavra em moda masculina e feminina é apresentada duas vezes por ano – fevereiro e agosto. Algumas celebridades também mostram suas últimas coleções.

Setembro
San Gennaro Feast and Street Fair *(meados set)*. O ponto principal da famosa festa de San Gennaro é o banquete de comida italiana vendida em mais de 60 barracas. Em meio aos quatro dias de festejo também há feira, concurso de Miss San Gennaro, jogos, música ao vivo e várias bancas de artesanato.

Greek Food Festival *(meados set)*, St. John's Orthodox Church. Confeitos e pães deliciosos e comida grega de dar água na boca são oferecidos nessa festa de comemoração da independência grega. Entre os eventos, música grega genuína, danças folclóricas, um enorme bazar e muitas outras formas de diversão – tudo isso realizado no belo terreno da Igreja Ortodoxa de São João, que fica perto da Hacienda Road com o Jones Boulevard.

Pão trançado do Greek Food Festival

Nascar Camping World Truck Series *(fim set/início out)*, Las Vegas Motor Speedway. Esse evento especial da Nascar é só para caminhonetes. Mais de 70 picapes Chevrolet, Ford e Dodge correm à velocidade de até 257km/h nessa competição emocionante.

Hóspedes participam da festa de abertura do Magic no Hard Rock Hotel and Casino

Média Mensal de Chuva

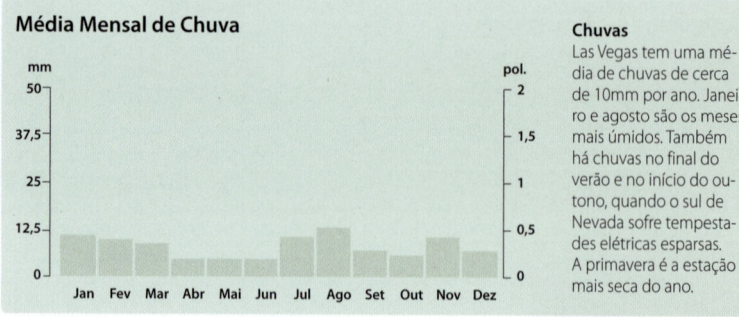

Chuvas

Las Vegas tem uma média de chuvas de cerca de 10mm por ano. Janeiro e agosto são os meses mais úmidos. Também há chuvas no final do verão e no início do outono, quando o sul de Nevada sofre tempestades elétricas esparsas. A primavera é a estação mais seca do ano.

Outono

Ainda que essa talvez seja a estação mais curta em Las Vegas, é também uma das mais agradáveis. O período da metade de outubro à metade de novembro tem muitos dias quentes e noites frias, e o chão se cobre de folhas com lindas cores. O clima fica festivo com a proximidade do Halloween e do Dia de Ação de Graças. O clima temperado faz desse um momento ideal para jogar golfe e praticar outras atividades ao ar livre.

Folhas coloridas de outono

Outubro

Art in the Park *(início out)*, Bicentennial Park, Boulder City, centro. É uma das maiores feiras do ano, em que centenas de artesãos e artistas expõem suas obras.

Espectadores do Shriners Hospitals for Children Open

Shriners Hospitals for Children Open *(início out)*, Summerlin. Golfistas profissionais do mundo inteiro misturam-se a jogadores amadores nesse campeonato de uma semana.

Las Vegas Age of Chivalry Renaissance Festival *(início out)*, Sunset Park. Três dias de apresentações e concursos de fantasias com tema medieval.

Pro Bull Riders Final *(fim out)*, Universidade de Nevada, Las Vegas *(pp. 88-9)*. Esse emocionante evento de quatro dias apresenta os melhores peões de touro do país.

Life is Beautiful *(fim out)*, Downtown (Centro). Festival com músicos famosos, comida e arte.

Halloween *(31 out)*. Milhares de foliões com fantasias assustadoras abarrotam as ruas de Las Vegas. Cassinos, hotéis e boates realizam festas durante toda a noite, com música, comida, muita bebida e dança.

Novembro

Rock 'n' Roll Las Vegas Marathon *(meados nov)*. Mais de 10 mil atletas do mundo todo participam dessa maratona anual.

Ação de Graças *(24 nov)*. Turistas e moradores entram no espírito do feriado prolongado com entretenimento, comidas deliciosas, bebidas e clima festivo.

Inverno

Como muitos balneários do deserto, Las Vegas tem invernos amenos com dias de sol luminosos, enquanto as noites são literalmente congelantes. A cidade se cobre de enfeites

Truques perigosos no National Finals Rodeo

cintilantes com os preparativos para a comemoração do Natal e do Ano-Novo, e os fãs de futebol americano se aprontam para o Super Bowl.

Dezembro

National Finals Rodeo *(início dez)*, Thomas & Mack Center. Esse festejo de treze dias é o mais rico rodeio do país. Traz quinze dos melhores peões em sete eventos – montaria a pelo, corpo a corpo, laço por equipe, montaria em cavalo selvagem, em touro, atar novilho e corrida de tambores.

Parade of Lights *(meados dez)*, marina do lago Mead *(p. 84)*. Evento de luzes no lago com apresentação de 50 barcos. Há troféus, como o de melhor espetáculo para a exibição mais bonita. Os desfiles anteriores atraíram 20 mil espectadores na orla.

Royal Purple Las Vegas Bowl *(3ª semana)*, Sam Boyd Stadium. A temporada de futebol americano universitário começa com os melhores times da Pac-12 Conference e da Mountain West Conference.

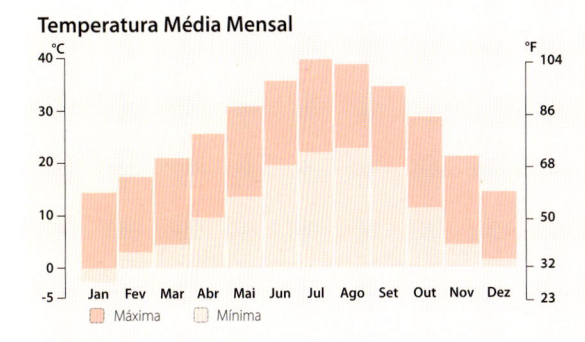

Temperatura Média Mensal

Temperatura
Bem de acordo com uma terra de extremos, a temperatura em Vegas pode ir de abaixo de zero, em muitas noites de dezembro a fevereiro, a incômodos 40°C, em julho e agosto. São raras as ocasiões em que neva na cidade. A primavera e o outono têm o clima mais confortável do ano.

Natal *(25 dez)*. Como a Ação de Graças, esse é outro feriado em que um grande número de famílias visita Las Vegas, e a cidade transborda de gente. Os shoppings ficam lotados, os restaurantes fazem ceias de Natal requintadas e os hotéis realizam festas chiques por toda a noite.

Ano-Novo *(31 dez)*. É difícil encontrar um local para se hospedar durante o feriado mais concorrido do ano. Os cassinos promovem festanças extravagantes, embora boa parte seja só para convidados entre os melhores clientes. Uma das maiores festas é a da Fremont Street, pois a quadra fica bem animada com fogos de artifício, apresentações de raios laser e bandas ao vivo para celebrar o Ano-Novo.

Ano-Novo Chinês, Bellagio

todo mundo reúnem-se para expor os mais novos dispositivos eletrônicos de ponta, entre eles câmeras digitais, aparelhos de áudio e vídeo, home theaters, sistemas por satélite, comunicação sem fio e muito mais. Espera-se a presença de cerca de 150 mil visitantes todo ano.

Ano-Novo Chinês *(fim jan ou primeira metade fev)*. Comemore o novo ano ao estilo oriental. A ocasião é marcada por festividades que contam com artistas da Ásia e apresentações de dança autênticas, entre elas a Dança do Leão, que, segundo se diz, teria o poder de exorcizar espíritos do mal. Também há mostras culturais, culinária asiática e torneios mahjong. As datas mudam de um ano para o outro.

Janeiro
Consumer Electronic Show (CES) *(início jan)*. Mais de 3.200 revendedores e fabricantes de

Fevereiro
Super Bowl Weekend *(último fim de semana jan ou 1º fim de semana fev)*. A loucura pelo fu-

Decoração no Valentine's Day, Chapel of Love

tebol americano toma a cidade no fim de semana do Super Bowl, que determina o campeão da Liga Nacional. Vários cassinos e resorts comemoram com festas especiais.

Valentine's Day *(14 fev)*. Casais correm para alguma das centenas de capelas matrimoniais *(pp. 30-1)* de Las Vegas nesse dia para se casar ou renovar os votos. Quem quiser realizar a cerimônia nessa data deve fazer reserva com boa antecedência.

Feriados
Ano-Novo (1º jan)

Dia de Martin Luther King Jr. (3ª seg jan)

Dia do Presidente (3ª seg fev)

Dia do Soldado Memorial Day (última seg mai)

Dia da Independência (4 jul)

Dia do Trabalho (1ª seg set)

Nevada Day (última sex out)

Dia do Veterano (11 nov)

Dia de Ação de Graças (4ª qui nov)

Natal (25 dez)

A comemoração do Ano-Novo faz brilhar o céu de Las Vegas

A Strip, Las Vegas ▶

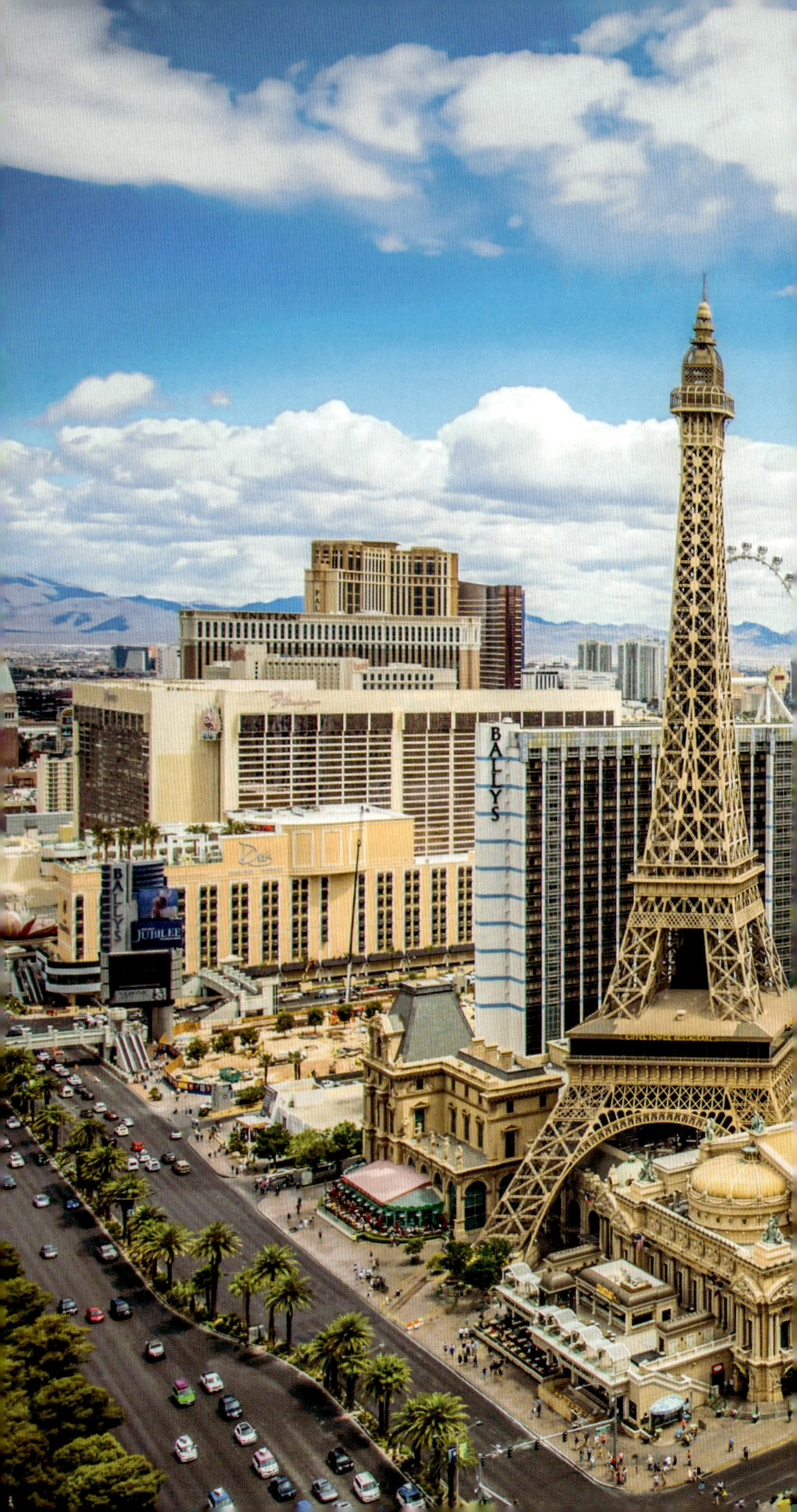
VENETIAN
BALLYS
BALLYS
JUBILEE

LAS VEGAS ÁREA POR ÁREA

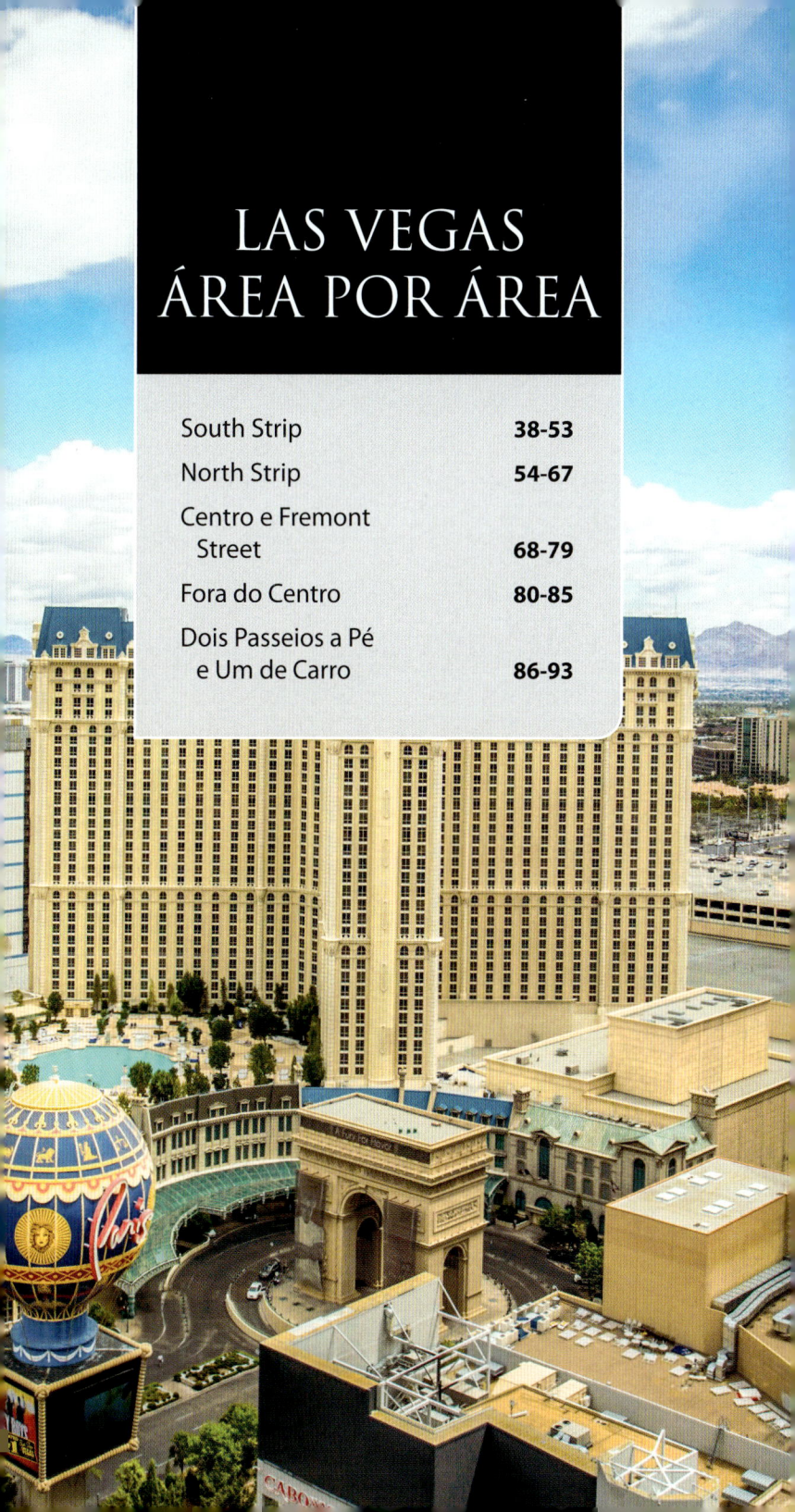

South Strip	**38-53**
North Strip	**54-67**
Centro e Fremont Street	**68-79**
Fora do Centro	**80-85**
Dois Passeios a Pé e Um de Carro	**86-93**

Fileira de anjos trompetistas ao longo do portão de entrada do Caesars Palace

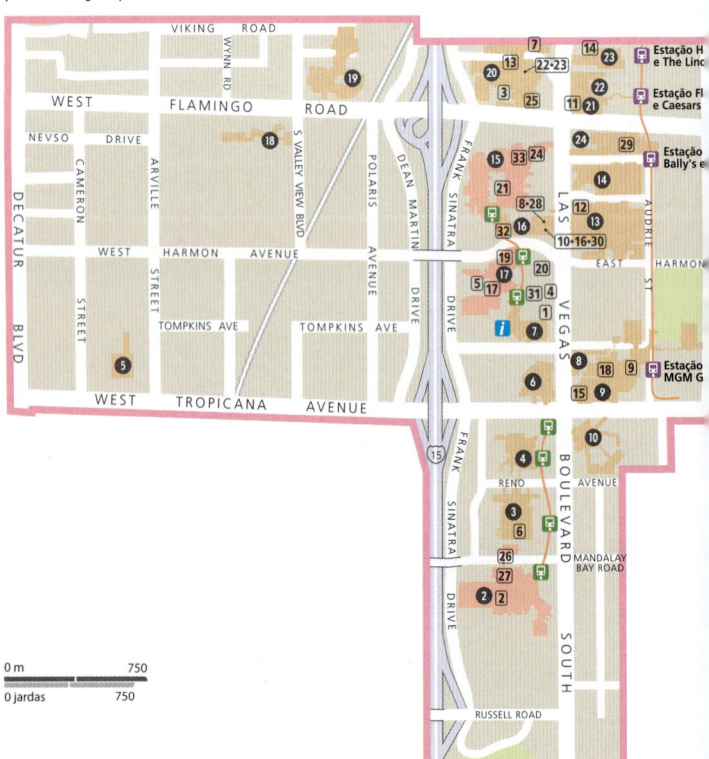

SOUTH STRIP

A parte sul da famosa Las Vegas Strip é uma meca de atrações que variam do sublime ao exótico, do escandaloso ao fascinante. O trecho que desce desde Flamingo Road até a Mandalay Bay abriga alguns dos mais novos e mais requintados cassinos e resorts famosos de Las Vegas. Entre os destaques estão o Bellagio, um dos hotéis-cassino mais caros e opulentos da cidade, e o MGM Grand. Vários dos resorts remontam aos primeiros tempos de Las Vegas. Esse é o caso do Flamingo Las Vegas, construído pelo mafioso Bugsy Siegel em 1946, e o Caesars Palace, que foi inaugurado em 1966. Muitos outros conseguiram recriar não só a aparência como também a ambientação das grandes cidades, como Paris, Nova York, Roma e Monte Carlo, por meio de reproduções surpreendentemente meticulosas. A uma pequena distância da Strip encontra-se o campus de Las Vegas da Universidade de Nevada (UNLV), o centro educacional da cidade.

Principais Atrações

Hotéis e Cassinos
- ❷ *Mandalay Bay pp. 42-3*
- ❸ Luxor
- ❹ Excalibur
- ❺ The Orleans
- ❻ New York-New York
- ❼ Monte Carlo
- ❾ MGM Grand
- ❿ Tropicana Las Vegas
- ⓬ Hard Rock Hotel & Casino
- ⓭ Planet Hollywood Resort & Casino
- ⓮ Paris Las Vegas
- ⓯ *Bellagio pp. 50-1*
- ⓰ The Cosmopolitan de Las Vegas
- ⓱ *CityCenter e ARIA p. 49*
- ⓲ Palms Casino Resort
- ⓳ Rio
- ⓴ Caesars Palace
- ㉑ The Cromwell
- ㉒ Flamingo Las Vegas
- ㉓ The LINQ Hotel & Casino
- ㉔ Bally's

Marcos Históricos
- ❶ Letreiro Welcome to Fabulous Las Vegas

Museus e Galerias
- ⓫ UNLV Barrick Museum

Shopping Centers
- ❽ Showcase Mall

☐ **Restaurantes** *pp. 120-2*
1. Andre's Monte Carlo
2. Aureole
3. Bacchanal Buffet
4. Bobby's Burger Palace
5. The Buffet@ARIA
6. Burger Bar
7. Carmine's
8. D.O.C.G.
9. Emeril's New Orleans Fish House
10. Estiatorio Milos
11. Giada
12. Gordon Ramsay BurGR
13. Gordon Ramsay Pub
14. Guy Fieri's Kitchen & Bar
15. Hakkasan
16. Holstein's
17. Jean-Georges Steakhouse
18. Joël Robuchon
19. Julian Serrano Restaurant
20. Mastro's Ocean Club
21. Michael Mina Bellagio
22. Nobu Caesars Palace
23. Old Homestead
24. Prime
25. Restaurant Guy Savoy
26. Rí Rá Irish Pub
27. RM Seafood
28. Scarpetta
29. Sterling Brunch
30. STK
31. Twist by Pierre Gagnaire
32. The Wicked Spoon
33. Yellowtail Restaurant & Lounge

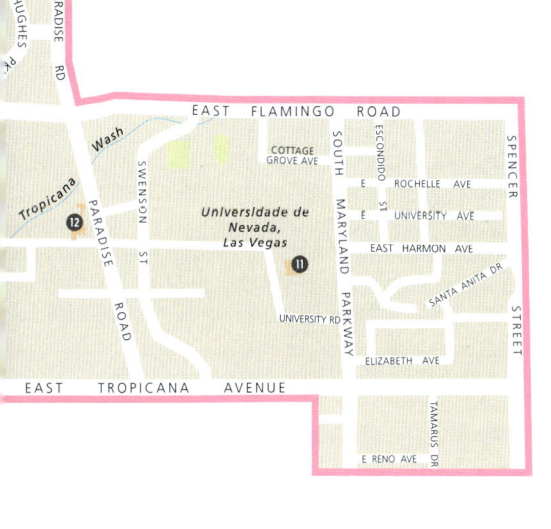

Veja Guia de Ruas, mapas 3 e 4

Legenda dos símbolos *na orelha da contracapa*

Visão Geral da South Strip

Esse trecho sul da Strip é onde se concentram enormes hotéis temáticos luxuosos, como Mandalay Bay, Luxor, New York-New York, Paris Las Vegas, Monte Carlo e Bellagio. Decididos a satisfazer as necessidades do turista em um só lugar, com restaurantes, lojas, teatros e cassinos, esses megarresorts exercem uma atração maior à noite, quando luzes, fontes e outros efeitos especiais ganham vida. É à noite que esses hotéis se tornam uma terra da fantasia com design e arquitetura arrojados, como a esfinge iluminada diante da assombrosa pirâmide do Hotel Luxor e as maravilhosas fontes dançantes, coreografadas com perfeição, no chique Bellagio.

A South Strip vista do Mandalay Bay

❶ ★ Mandalay Bay
Uma das atrações mais procuradas ali é o Shark Reef.

❷ Luxor
O cassino abriga duas fascinantes mostras interativas: BODIES e Titanic.

❸ Excalibur
As torres desse resort são uma fantasia kitsch da Inglaterra medieval.

❹ New York-New York
Uma réplica da Estátua da Liberdade integra a fachada desse hotel, composto por uma profusão de pontos de referência de Manhattan.

❻ Monte Carlo
A arquitetura renascentista revive nesse hotel.

❼ Showcase Mall
Esse prédio impressionante tem uma imensa garrafa de Coca-Cola de neon junto à entrada. Um enorme fliperama atrai famílias ao shopping.

❽ MGM Grand
Símbolo da MGM, produtora de cinema de Hollywood, a estátua de leão do hotel fica a 15m de altura na esquina da Tropicana Avenue.

❾ Tropicana Las Vegas
O cassino passou por uma reforma de 180 milhões de dólares em 2010, que o transformou no estilo de South Beach.

SOUTH STRIP | 41

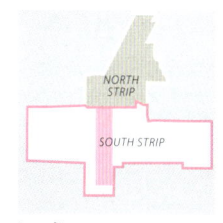

Localize-se
Veja Guia de Ruas, mapas 3 e 4

⓮ ★ Bellagio
Essa instalação de vidro colorido, que ilumina o teto do elegante saguão do hotel, foi desenhada em 1998 pelo famoso artista Dale Chihuly, especialista em vidro.

⓯ The Cosmopolitan de Las Vegas
As duas torres desse hotel ficam entre o Bellagio e o CityCenter.

⓬ Planet Hollywood Resort & Casino
Situado no meio da Strip, tem 9.300m² de salas de jogo, restaurantes e boates e é rodeado pelas Miracle Mile Shops.

⓳ Caesars Palace
Reproduções da estatuária romana enfeitam as dependências do Caesars Palace. Um dos mais antigos e mais sedutores hotéis da Strip, o Caesars foi construído em 1966. Lá dentro, a luxuosa Forum Shops tem estátuas em movimento.

㉑ The Cromwell
Sede do restaurante GIADA, da chef Giada De Laurentiis, e do "clube de praia" Drai's, na cobertura, esse hotel conta ainda com piscinas cintilantes e ambiente praiano chique.

⓭ Paris Las Vegas
Uma réplica reduzida da Torre Eiffel ergue-se na entrada desse resort.

㉓ The LINQ and High Roller
A maior roda-gigante de observação do mundo tem 168m de altura e fica na esplanada de alimentação e compras do LINQ.

⓴ Flamingo Las Vegas
As plumas de neon rosa e laranja na fachada do Hotel Flamingo são um símbolo famoso da Strip. Reformado nos anos 1970, 1980, e novamente em 2012, o prédio original de 1946 era o projeto querido do mafioso que virou hoteleiro, Bugsy Seigel *(p. 28)*.

㉑ Bally's
O pitoresco caminho de entrada desse hotel é ladeado por colunas de neon, palmeiras e chafarizes, que lhe dão uma feição futurista.

⓰ ★ CityCenter e ARIA
Esse empreendimento colossal foi feito para ser uma cidade dentro de outra.

❷ Mandalay Bay

Las Vegas está no meio do deserto, mas os turistas podem sentir um gostinho tropical nesse megarresort com tema de ilha. O hotel é construído em torno de uma imensa lagoa, cercada de samambaias viçosas e outras plantas tropicais, e dispõe de uma praia para banho de sol e surfe, com máquina de fazer ondas. Nos meses de verão, na praia são realizados shows ao vivo de grupos conhecidos, entre eles Beach Boys e B-52's. O Mandalay Bay contém ainda uma das atrações mais populares da cidade, Shark Reef, um aquário especializado em tubarões e outros predadores aquáticos.

Aureole
Restaurante famoso com especialidades europeias e uma torre de vinho de quatro andares *(p. 121)*.

★ Praia do Mandalay Bay
Banhistas desfrutam sol, areia e surfe, graças a uma máquina que faz ondas. Além de espreguiçadeiras, os hóspedes podem usar chalés e cabanas privativos ou relaxar num sofá-cama.

Lazy River
Esse rio lento e sinuoso permite aos banhistas flutuar pela lagoa enquanto bebem um coquetel tropical.

LEGENDA

① **Cascatas** As quedas-d'água feitas em meio a palmeiras e arquitetura mística criam um ambiente relaxante e tranquilo.

② **Shark Reef**

③ **Centro de convenções**

④ **O Four Seasons Hotel** ocupa quatro andares do Mandalay Bay. Seus restaurantes e academia ficam ali.

SOUTH STRIP | **43**

★ **Entrada de Pedestres**
Do lado de fora, o hotel ostenta elementos arquitetônicos asiáticos, como pagodes. Esculturas em pedra de dragões alados montam guarda na calçada que leva da Strip à entrada do resort.

PREPARE-SE

Informações Práticas
3950 Las Vegas Blvd S.
Mapa 3 C5. **Tel** (702) 632-7777.
hotel: 24h; Shark Reef: 10h-20h diariam (até 22h sex e sáb).
Shark Reef.
W mandalaybay.com

Transporte
The Deuce/RTC. MGM Grand Station; bonde grátis do Excalibur.

House of Blues
Essa casa de espetáculos intimista é excelente para apreciar música ao vivo tocada por artistas famosos *(p. 143)*.

Fachada
O edifício dourado do hotel, em forma de Y, cintila à luz do sol e constitui um fundo atraente do jardim tropical à sua frente.

Shark Reef

Esse aquário enorme com exposições contém mais de 1.200 espécies, entre elas tubarões, peixes exóticos, tartarugas, crocodilos e mais. A atração começa com uma mostra ao ar livre sobre os mortais predadores amazônicos, como a pirarara, o aruanã e a piranha-preta, além do dragão-de-komodo. Os visitantes descem por túneis para a parte do aquário em que se veem de perto diversos tubarões, enguias e outros peixes tropicais. Um dos lugares preferidos das crianças é o laguinho onde elas podem acariciar arraias e tubarões-australianos.

Visitantes olham de perto a vida marinha no Shark Reef

❶ Letreiro "Welcome to Fabulous Las Vegas"

5100 Las Vegas Blvd S.

Erguido em 1959 na Strip, logo ao sul do Mandalay Bay, esse letreiro de neon com 7,5m de altura é tão disputado que em 2008 foi construído um pequeno estacionamento com doze vagas para acomodar o constante fluxo de turistas em busca de uma foto. O letreiro diz "Welcome to Fabulous Las Vegas, Nevada" (Bem-vindo à fabulosa Las Vegas, Nevada) na parte da frente e "Drive Carefully" (Dirija com cuidado) e "Come Back Soon" (Volte logo) na de trás. Para chegar ao estacionamento, siga ao sul pelo Las Vegas Boulevard a partir do Mandalay Bay.

❷ Mandalay Bay

pp. 42-3.

❸ Luxor

3900 Las Vegas Blvd S. **Mapa** 3 B5. **Tel** (702) 262-4444; (877) 386-4658. 24h (p. 114). luxor.com

Com forma de pirâmide e baseado em temas do Egito antigo, o Luxor é sem dúvida o mais singular e reconhecível hotel de Las Vegas. A entrada magnífica é marcada por um enorme obelisco de arenito, e o portal do resort é uma réplica de dez andares de altura da Grande Esfinge.

Construída em 1993, a pirâmide, de 106m de altura, é recoberta de vidro escuro. No topo, há um farol de 42,3 bilhões de candelas – o mais forte existente –, com um facho de luz que alcança mais de 16km no espaço toda noite. Por dentro, a pirâmide tem um átrio aberto que é o maior do mundo; não existem pilares que obstruam a vista dos hóspedes. Os quartos do hotel são construídos nas laterais inclinadas da pirâmide e são conectados por "inclinadores" – elevadores que sobem a um ângulo de 39°.

Entre as muitas atrações do hotel destaca-se a **Bodies: The Exhibition**, que exibe onze corpos reais inteiros, além de 275 órgãos e outras partes, proporcionando aos visitantes uma visão detalhada e tridimensional do corpo humano – algo raramente visto fora do mundo da medicina.

Mais uma mostra, **Titanic: The Artifact Exhibition**, permite conhecer de perto como era estar a bordo do luxuoso transatlântico naufragado no início do século XX.

O Luxor também abriga um espetáculo do grupo internacional Cirque du Soleil, **CRISS ANGEL Believe**, uma apresentação inquietante sobre a mente inventiva do ilusionista Criss Angel, artista americano cujos espetáculos de mágica lhe renderam o prêmio de "Mágico do Século".

CRISS ANGEL Believe
Luxor. 19h ter-sáb; também 21h30 ter, sex e sáb.

Bodies: The Exhibition
Luxor. 10h-22h diariam.

Titanic: The Artifact Exhibition
Luxor. 10h-22h diariam.

❹ Excalibur

3850 Las Vegas Blvd S.
Mapa 3 B-C4. **Tel** (702) 597-7777; (877) 750-5464. 24h (p. 114).
excalibur.com

Construído para se parecer com um castelo medieval, o Excalibur tem na entrada torres e torretas brancas e um campanário de 81m de altura que se ergue junto ao fosso. Lá dentro, a temática medieval transparece no piso de pedra do saguão e nas paredes de pedra do átrio, que tem uma fonte de três andares de altura. O enorme balcão da recepção é guarnecido de armaduras e decorado com painéis vermelhos.

Um dos maiores hotéis da Strip, o Excalibur recebe principalmente famílias e em geral está lotado. No cassino, de 9.300m², tudo é rápido, frenético e muito barulhento.

O Octane Lounge, no piso Castle Walk, é um lugar ideal para tomar uma bebida antes do jantar ou de um show. Os atendentes e os garçons fazem uma dança vigorosa por toda a noite.

No andar abaixo do cassino, no calabouço, existe uma "área de diversão" para crianças, com fliperama, videogames, uma sorveteria tradicional e brinquedos divertidos.

As torres coloridas da imitação de castelo medieval no Excalibur

Réplica impressionante da Grande Esfinge na entrada do Luxor

SOUTH STRIP | 45

❺ The Orleans

4500 W Tropicana Ave. **Mapa** 3 A4.
Tel (702) 365-7111; (800) 675-3267.
⏰ 24h *(p. 115)*. ♿
🌐 **orleanscasino.com**

Esse hotel com temática cajun foi inaugurado em 1996 e de início era uma cópia de seu primo mais conhecido, o Gold Coast. Todavia, desde então sua popularidade com jogadores locais só cresceu, e o estabelecimento passou por três ampliações.

Em 2004, o Orleans concluiu o terceiro edifício, que aumentou a capacidade para 1.886 quartos. O cassino também foi expandido e hoje ocupa uma área de cerca de 12.542m². Sua estrutura conta com 2.600 máquinas de caça-níquel e 35 mesas de pôquer, nas quais os visitantes podem tentar sua sorte.

Como os demais resorts "voltados para moradores", o Orleans oferece diversas atrações para quem reside na cidade. Entre elas estão dezoito salas de cinema e um salão de boliche com 70 pistas. O hotel dispõe ainda de uma sala de espetáculos para grandes artistas, com 827 lugares, onde costumam se apresentar estrelas do rock dos anos 1960 e 1970, e dez restaurantes que servem uma variedade de culinárias. Há também uma arena para 8.500 pessoas que funciona como sede do Las Vegas Legends (time profissional de futebol de salão) e abriga vários shows e eventos ao longo do ano.

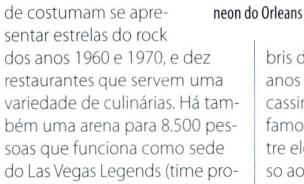

❻ New York--New York

3790 Las Vegas Blvd S.
Mapa 3 C4. **Tel** (702) 740-6969; (866) 815-4365. ⏰ 24h *(p. 116)*. ♿
🌐 **newyorknewyork.com**

A recriação do perfil de Manhattan feita por esse hotel domina a esquina da Tropicana Avenue com a Strip – façanha nada desprezível em uma rua com fachadas tão impressionantes. No

A sensacional montanha-russa Big Apple, no New York-New York

meio dos prédios do hotel há réplicas de famosos marcos da cidade de Nova York, tais como a Biblioteca Pública, o Empire State, os edifícios da Chrysler e da Seagram e uma Estátua da Liberdade de 46m de altura. À volta desses prédios passa rugindo a **Big Apple** – uma montanha-russa parecida com a de Coney Island –, que se retorce e mergulha a 108km/h e passa através do cassino. Cada detalhe do interior do hotel espelha um pedaço de Nova York, do saguão com lambris de madeira ao estilo dos anos 1930 às áreas em torno do cassino, com muitos dos mais famosos marcos da cidade, entre eles a Times Square. O acesso ao incrível cassino é por uma

A placa reluzente de neon do Orleans

réplica da ponte do Brooklyn, que tem um quinto do tamanho da original.

Para lembrar Manhattan ainda mais, há versões de lanchonetes populares de Nova York. Em meio às pedras marrons do Greenwich Village há uma boa variedade de cafés, restaurantes e bares com muita música ao vivo, do swing e do jazz à Motown e ao rock.

❼ Monte Carlo

3770 Las Vegas Blvd S.
Mapa 3 B-C4. **Tel** (702) 730-7777; (888) 529-4828. ⏰ 24h *(p. 116)*. ♿
🌐 **montecarlo.com**

O requinte europeu e a ostentação de Vegas compõem uma mistura única no Monte Carlo. Há colunas majestosas, estátuas ao estilo renascentista e fontes com cascata, mas a arquitetura resiste a cair em um Barroco excessivo.

Sua estrutura é composta por luxuosa área de lazer aquático (com piscina de ondas e um rio), lojas, capela para casamentos e spa. O hotel ainda é a sede do famoso Blue Man Group *(p. 138)*, cujas apresentações fantásticas combinam música, comédia e elementos multimídia.

O último andar do resort é ocupado por um hotel-butique à parte, o exclusivo HOTEL32, que tem 50 quartos e suítes na cobertura, acessíveis apenas por elevador expresso. Os hóspedes contam com serviço de mordomo e lounge privado com vistas panorâmicas da Strip.

As palmeiras combinam com as majestosas colunas do Monte Carlo

Showcase Mall, sede do M&M's World

❽ Showcase Mall

3785 Las Vegas Blvd S. **Mapa** 3 C4. **Tel** (702) 597-3117. ⏰ varia em cada atração. ♿

Esse prédio envolto em neon ostenta uma imperdível garrafa de Coca-Cola de 33m de altura. É excelente para crianças, mas também tem o suficiente para satisfazer os adultos que querem distância dos cassinos.

Sua principal atração é o **M&M's World**, um monumento de quatro andares aos famosos confeitos coloridos. O local tem como propósito óbvio promover os produtos da marca, mas também oferece um pouco de diversão e muitas oportunidades de provar chocolates no M&M's Tour. O visitante pode personalizar M&Ms com o próprio nome, com mensagens ou com uma ampla gama de ícones da cidade, como o letreiro "Welcome to Las Vegas".

Ligado ao M&M's World está o **Everything Coca-Cola**, sede da maior garrafa de coca-cola do mundo, com 30m de altura. A loja tem prateleiras repletas de milhares de suvenires da marca, que vão de ursos-polares de pelúcia a letreiros e roupas. Para uma experiência sensorial, encare a Around the World, seleção de dezesseis coquetéis com coca-cola provenientes de vários lugares do mundo.

O shopping abriga, ainda, restaurantes e cafés com preços razoáveis, além das oito salas do cinema United Artists.

🏬 M&M's World
Showcase Mall. **Tel** (702) 736-7611; (800) 848-3606. ⏰ 9h-0h diariam. ♿

🏬 Everything Coca-Cola
Showcase Mall. **Tel** (702) 270-5952. ⏰ 10h-23h diariam. ♿

❾ MGM Grand

3799 Las Vegas Blvd S. **Mapa** 3 C4. **Tel** (702) 891-1111; (800) 929-1111. ⏰ 24h (p. 116). ♿
🌐 mgmgrand.com

O prédio verde-esmeralda do MGM Grand tem à frente um leão de bronze de 15m de altura, o símbolo da produtora de cinema hollywoodiana MGM. O primeiro hotel MGM foi construído nos anos 1970 mais adiante na Strip, no lugar do atual Hotel Bally's (p. 53), e seu nome veio do filme *Grand Hotel*, da década de 1930, estrelado por Joan Crawford e Greta Garbo.

Atualmente, o MGM Grand tem nada menos que 5.044 quartos e um cassino enorme, que se espalha por 15.800m², mais de duas vezes a área do campo do Estádio Mário Filho (Maracanã), no Rio de Janeiro.

Autointitulado "Maximum Vegas", o MGM Grand dispõe de uma variedade estupenda de bares e restaurantes, inclusive os requintados L'Atelier, de Joël Robuchon, e o Centrifuge, bar agitado com boa música pop e diversão. O MGM Grand tem ainda spa e salão de beleza de luxo.

Uma das maiores atrações do resort é a exposição de sucesso avassalador **CSI: The Experience**, inspirada na famosa série de televisão. Nela, os visitantes podem investigar uma variedade de crimes fictícios orientados por cientistas forenses e vídeos com personagens da série.

A Grand Garden Arena é um auditório com 16.800 lugares famoso por realizar eventos especiais e megaconcertos para nomes de peso como Rolling Stones, U2, Paul McCartney e Alicia Keys, além de eventos esportivos importantes e o campeonato mundial de boxe. O Hollywood Theater, com 740 lugares, atrai grandes artistas, entre eles David Copperfield, Jo Koy e Tom Jones. À noite, o Hakkasan, um enorme complexo de cinco andares com casa noturna e restaurante, recebe os DJs Tiësto, Calvin Harris, Hardwell e Steve Aoki, de fama internacional.

🎬 CSI: The Experience
MGM Grand. ⏰ 9h-21h diariam. ♿

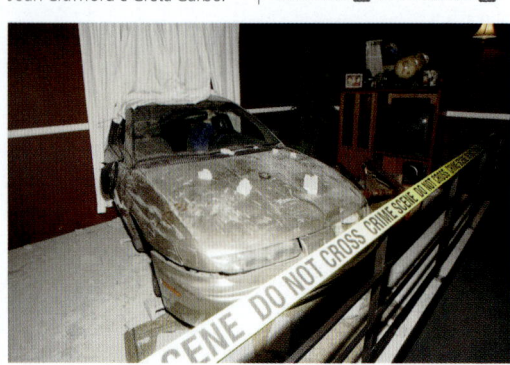

CSI: The Experience, atração em que o visitante encarna um investigador de polícia

SOUTH STRIP | 47

As luxuosas instalações da piscina no Tropicana Las Vegas

❿ Tropicana Las Vegas

3801 Las Vegas Blvd S.
Mapa 3 C4. **Tel** (702) 739-2222; (800) 634-4000. 24h (p. 116).
w tropicanalv.com

Uma reforma de US$180 milhões transformou o Tropicana, cuja atual decoração, inspirada em South Beach, conta com piso, mobília e colunas brancos.

Seu incrível parque aquático de 20 mil m² contém três piscinas, três spas e um tobogã. Cascatas e folhagem exótica formam o hábitat de flamingos, cisnes-negros e papagaios. Além do cassino principal, há mesas para jogar 21 dentro da piscina com tampo à prova d'água e secadoras de dinheiro. A enorme área da piscina conta com restaurante e um luxuoso clube, que se transforma em casa noturna à noite. Outras atrações noturnas são o clube de comédia Laugh Factory, os shows de mágica de Murray "Celebrity Magician" e *Raiding the Rock Vault*, um tributo à música das décadas de 1960, 1970 e 1980.

⓫ UNLV Barrick Museum

4505 S Maryland Pkwy, Universidade de Nevada, Las Vegas. **Mapa** 4 E4.
Tel (702) 895-3381. 9h-17h seg-sex (até 20h qui), 12h-17h sáb. feriados.
w barrickmuseum.unlv.edu

Localizado no campus de Las Vegas da Universidade de Nevada *(pp. 88-9)*, esse museu exibe a flora e a fauna do estado e algumas exposições antropológicas. A coleção do Sudoeste contém mamíferos e fósseis do deserto de Mojave *(p. 107)*. O ponto alto é a coleção de objetos indígenas norte-americanos e mesoamericanos, confecções guatemaltecas e máscaras mexicanas de dança. O museu expõe ainda várias obras de estudantes e docentes, além das mostras temporárias. À frente do museu vê-se o Xeric Garden (jardim de xerófitas), que tem plantas nativas resistentes a secas e usa métodos de irrigação eficientes para criar uma paisagem desértica atraente. Os bancos à sombra são um refúgio tranquilo a curta distância do pátio da faculdade.

Peça do Barrick Museum

⓬ Hard Rock Hotel & Casino

4455 Paradise Rd. **Mapa** 4 D4.
Tel (702) 693-5000; (800) 473-7625.
24h (p. 117).
w hardrockhotel.com

Como o nome sugere, a temática rock 'n' roll reina suprema nesse hotel. O tema vai bem além da decoração do resort, pois o próprio Hard Rock Hotel & Casino constitui um santuário do rock e de suas estrelas inesquecíveis.

O cassino, de forma circular, exibe vários tesouros inestimáveis, como o piano de Elton John, o macacão de Elvis Presley e um candelabro com 32 saxofones folheado a ouro. O cassino também tem vitrines iguais às de um museu, com peças como memorabilia dos Beatles, discos antigos, guitarras, baterias e muito mais.

Refletindo a influência do Sul da Califórnia, a piscina do hotel tem uma lagoa com praia de areia, jardim e uma fileira de barracas. Também há hidromassagem e spas.

Além disso, o auditório de 4 mil lugares, o Joint *(p. 140)*, é excelente para assistir a um show de rock.

O resort passou por obras de ampliação em 2009, que resultaram na criação de 860 quartos, restaurantes, uma academia de ginástica e spa e lojas de varejo.

A fachada com tema de rock 'n' roll do Hard Rock Hotel & Casino

Uma recriação bastante meticulosa da Torre Eiffel, no Paris Las Vegas

⓭ Planet Hollywood Resort & Casino

3667 Las Vegas Blvd S.
Mapa 3 C3-4. **Tel** (702) 785-5555;
(877) 333-9474. 24h.
w planethollywoodresort.com

Esse resort no centro da Strip tem mais de 9.300m² de espaço para jogos, restaurantes finos, casas noturnas, spa com serviço completo e suítes inspiradas em celebridades. Também sedia o show *Piece of Me*, da diva pop Britney Spears.

As PH Towers, de 52 andares e inauguradas em 2009, dispõem de piscina tropical, academia de ginástica ultramoderna e suítes luxuosas.

Uma das grandes atrações do resort é o shopping center **Miracle Mile** (p. 129), que abriga cerca de 170 lojas e quinze restaurantes. Moderno e inovador, o local tem um ótimo sistema de sinalização que ajuda os consumidores a se locomoverem, um chafariz multimilionário e instalações de vídeo com tecnologia de última geração.

O Theater for the Performing Arts (Teatro de Artes Cênicas, p. 140) é atualmente um dos melhores lugares da cidade para espetáculos. O cassino London Club é para "grandes apostadores".

Placa da loja Crazy Shirts no Miracle Mile

⓮ Paris Las Vegas

3655 Las Vegas Blvd S. **Mapa** 3 C3.
Tel (702) 946-7000. 24h (p. 116).
w parislasvegas.com

O Paris Las Vegas recebe os hóspedes em uma versão reduzida da Cidade das Luzes francesa. O resort exibe réplicas de marcos famosos de Paris, como Louvre, Hôtel de Ville, Ópera, Arco do Triunfo e uma Torre Eiffel de 50 andares.

A autenticidade chega aos manobristas, que gritam *allez, allez* entre si, e aos empregados do cassino, que soltam expressões como *bonjour* e *comment allez-vous?* aos hóspedes sempre deliciados, quando não surpresos, em ouvir expressões francesas de carregadores na orla do Pacífico. Os detalhes arquitetônicos do cassino recriam meticulosamente a vida urbana parisiense, até com postes de iluminação de ferro fundido, tudo isso com o fundo de um céu pintado fabuloso.

Ruas de paralelepípedos serpenteiam à volta do cassino, cheias de lojas vendendo uma grande variedade de produtos franceses caros, como roupas, vinhos, queijos e chocolates.

O resort também conta com cinco salões de estar, um spa e duas capelas matrimoniais.

⓯ Bellagio

pp. 50-1.

⓰ The Cosmopolitan of Las Vegas

3708 Las Vegas Blvd S.
Mapa 3 B-C4. **Tel** (702) 698-7000;
(877) 551-7778. 24h.
w cosmopolitanlasvegas.com

Espremido entre o Bellagio (pp. 50-1) e o conjunto do CityCenter (p. 49), o Cosmopolitan de Las Vegas foi inaugurado em dezembro de 2010 a um custo de US$3,9 bilhões. Dispõe de 2.995 quartos decorados em estilo urbano luxuoso, banheiros retrô e portas corrediças de vidro que dão para terraços amplos.

Os hóspedes aproveitam o cassino de 9.290m², treze restaurantes, entre eles a D.O.C.G. Enoteca, de estilo italiano, a Marquee Nightclub, com sistema de som de vários milhões de dólares, diversos bares e três áreas com piscina. Nos meses mais quentes, o Dayclub oferece cabanas com piscina individual de borda infinita, assim como lofts de três andares em bangalôs com spas privados e deque para festas na cobertura.

Um spa com banho turco inspirado em um oásis, com teto prateado de céu noturno, ocupa 4.000m². Oferece todo tipo de tratamento e tem ainda um salão de tranquilidade, uma caverna de monção e sauna e uma gigantesca laje de pedra aquecida para relaxar.

Bar deslumbrante, um de muitos no Cosmopolitan de Las Vegas

⑰ CityCenter e ARIA

O CityCenter abriu em 2010, feito para ser uma cidade dentro da cidade, com todas as comodidades da vida diária. Situado em 271 mil m² no coração da Strip, contém um cassino, hotéis (entre eles o Aria Hotel & Casino), spas, centro comercial, condomínio residencial e uma galeria de arte – tudo a curtas distâncias. A construção do centro visou à sustentabilidade, com elementos como iluminação natural, usina de cogeração de gás natural, operação de reciclagem em grande escala e uma frota de limusines movidas a gás natural comprimido sem emissões nocivas. Uma linha de bonde complementar liga o Bellagio, o Monte Carlo e o CityCenter.

PREPARE-SE

Informações Práticas
CityCenter: 3740 Las Vegas Blvd S. **Mapa** 3 B4. **Tel** (702) 590-9230.
24h.
W citycenter.com
ARIA Hotel & Casino: 3730 Las Vegas Blvd S. **Mapa** 3 B4. **Tel** (866) 359-7111. **W** arialasvegas.com

Transporte
Estação Bally's; bonde grátis no Crystals.

ARIA Hotel & Casino
O hotel dispõe de 4.004 quartos e suítes hi-tech com janelas do chão ao teto que dão vista panorâmica do horizonte de Las Vegas.

Sirio Ristorante
Um dos dezesseis restaurantes do ARIA, o Sirio Ristorante tem decoração felliniana.

CityCenter e ARIA
A arquitetura singular desse conjunto, assinada por oito arquitetos célebres em todo o mundo, conta com edifícios de vidro e aço curvilíneo, em forma de meia-lua e com revestimento de vidro padronizado. A ideia era o CityCenter ser diferente dos outros hotéis da Strip.

Crystals, no CityCenter
Esse vasto distrito comercial e de lazer oferece o máximo da alta costura, culinária e diversão.

Mastro's Ocean Club
Dentro do centro Crystals, o Mastro's Ocean Club está instalado em uma "casa de árvore" escultural a 24m de altura. Os hóspedes podem provar sua famosa Seafood Tower, com três camadas de frutos do mar sobre gelo.

⓯ Bellagio

Destaque máximo da South Strip, o luxuoso resort Bellagio foi inaugurado em 1998 e custou US$1,6 bilhão. A meta de Steve Wynn, que concebeu esse monumento ao lazer, era criar um hotel "que exemplificasse uma qualidade absoluta e ao mesmo tempo enfatizasse o romance e a elegância". Diante de um lago amplo e impecável, o resort foi construído para lembrar uma aldeia idílica na orla do lago de Como, na Itália. Dentro dele, belos tapetes e mosaicos delicados de mármore de Carrara adornam os pisos. O Bellagio também é o palco do impressionante espetáculo aquático "O", do Cirque du Soleil.

"O", do Cirque du Soleil
Nadadoras executam coreografias perfeitas nesse espetáculo aquático.

Bellagio Gallery of Fine Art
Único local da Strip com exposições de arte, essa galeria realiza mostras temporárias de pintura, escultura e obras-primas de artistas famosos em todo o mundo como Claude Monet.

Conservatory
Essa estufa enorme tem arranjos florais pitorescos, dispostos em bela e vistosa apresentação. As cores e os temas dessas exposições naturais mudam com as estações.

Entrada

★ **Saguão**
O teto do saguão do hotel é enfeitado com uma magnífica escultura de flores de vidro colorido, *Fiori di Como*, feita por Dale Chihuly, artista especializado em vidro reconhecido internacionalmente.

SOUTH STRIP | **51**

PREPARE-SE

Informações Práticas
3600 Las Vegas Blvd S.
Mapa 3 B-C3. **Tel** (702) 693-7111.
24h.
w bellagio.com

Transporte
ônibus The Deuce/RTC.
estação Bally's.

★ **Fachada Dianteira**
A elegância clássica da arquitetura italiana é homenageada nos prédios em tons terrosos de estilo mediterrâneo e nos caminhos de pedra que se voltam para um lago extenso.

★ **Via Bellagio**
Essa galeria comercial chique é uma versão fechada da famosa Rodeo Drive de Beverly Hills. Tem uma vasta variedade de lojas de estilistas e butiques, como Hermès, Prada, Giorgio Armani, Tiffany, Chanel, Dior e Gucci *(p. 129)*.

Restaurantes com Vistas do Lago
Panoramas espetaculares e ambiente romântico combinam-se com vários tipos de culinária nos melhores restaurantes da cidade, como o Todd English's Olives.

★ **Fontes do Bellagio**
Toda noite no lago há um balé magnífico de fontes dançantes com movimento sincronizado de música e luzes. Mais de mil jatos de água sobem a 76m ao som de Luciano Pavarotti, Andrea Bocelli, Frank Sinatra e Lionel Ritchie.

Carnaval e alegorias no *Show in the Sky*, no Rio

⑱ Palms Casino Resort

4321 W Flamingo Rd. **Mapa** 3 A3.
Tel (702) 942-7777. 24h *(p.117)*.
palms.com

Os serviços desse resort o tornaram preferido de muita gente, sobretudo do pessoal de 20 e 30 e poucos anos, atraídos por sua vibrante vida noturna.

Em uma das casas noturnas mais famosas do hotel, a Ghostbar, janelas cobrem os 4,25m que separam o chão do teto, proporcionando vistas espetaculares da cidade iluminada. Uma varanda com chão de vidro também permite aos frequentadores contemplarem lá embaixo a piscina e o clube diurno do resort, em uma experiência estonteante.

O Palms abriga, ainda, um restaurante estrelado pelo Michelin, um spa de luxo e suítes sofisticadas que já hospedaram inúmeros atores de Hollywood e outras celebridades.

⑲ Rio

3700 W Flamingo Rd. **Mapa** 3 B3.
Tel (702) 777-7777; (800) 752-9746.
24h. **riolasvegas.com**

A temática brasileira predomina nesse hotel animado e agitado só com suítes. Localizado a menos de um quilômetro da Strip, ele é facilmente identificado pelos edifícios destacados por neon vermelho e púrpura e pela placa muito iluminada.

O clima de Carnaval fica evidente na Masquerade Village – um centro para comer, fazer compras, jogar e se divertir. Quem busca altas emoções se realiza com a **VooDoo Zip Line**, tirolesa que desce do 51º andar da Masquerade Tower. Os aventureiros são transportados a velocidades de até 56km/h para a torre Ipanema do Rio e de volta, enquanto apreciam vistas panorâmicas da Strip e das cadeias de montanhas ao redor.

Uma das maiores atrações desse hotel é a competição anual **World Series of Poker**, que ocorre em junho e julho *(p. 33)* e atrai milhares de participantes. O Rio também sedia shows regulares de Penn & Teller, uma famosa dupla de comediantes ilusionistas.

VooDoo Zip Line
Rio. 11h-22h seg-qui, 11h-23h sex, 10h-23h sáb, 10h-22h dom.

⑳ Caesars Palace

3570 Las Vegas Blvd S.
Mapa 3 B3. **Tel** (702) 731-7110;
(800) 634-6661. 24h *(p.116)*.
caesarspalace.com

A grandiosidade da Roma Antiga vive hoje no Caesars Palace. Estátuas de mármore, fontes, ciprestes importados e garçonetes de toga ajudam a tornar realidade a opulência romana. A Roman Plaza, excelente exemplo da estatuária e arquitetura romanas, recebe os hóspedes que vêm da Strip. A Plaza também tem lojas e o The Spanish Steps Bar.

Fora da entrada palaciana, à direita da fonte principal, vê-se o Santuário de Brahma, réplica do conhecido templo budista da Tailândia, onde se pode rezar e deixar oferendas de frutas e flores.

Esse cassino clássico de Vegas foi o primeiro hotel temático da Strip, que logo ganhou fama por atrair grandes artistas. A tradição continua no **Colosseum** *(p.140)*, que apresenta artistas como Elton John e Rod Stewart. O Caesars Palace também sedia eventos esportivos internacionais.

Atualmente o hotel conta com três cassinos, quatro salões de estar e o Garden of the Gods (Jardim dos Deuses), de 20 mil m² – área projetada com fontes, três piscinas e uma capela matrimonial ao ar livre. O Qua Baths and Spa dispõe de banhos ao estilo romano, cascatas, academia de ginástica e uma sala com neve artificial e piso aquecido. Nos cassinos reformados, a arte mural da Olímpia, os tetos de caixotão e a decoração leve criam uma atmosfera elegante.

A **Forum Shops** *(p.128)* do Caesars Palace oferece mais de 160 lojas de grife e restaurantes chiques e é uma atração por si só. A entrada tem passagem direta para a calçada do Las Vegas Boulevard. Réplicas das belas Fontana de Trevi e Fontana del Tritone, em Roma, enfeitam a ampla praça, em cujo centro se encontra um grande espelho d'água.

A exclusiva Forum Shops, no Caesars Palace

SOUTH STRIP | 53

㉑ The Cromwell

3595 Las Vegas Blvd S.
Mapa 3 C3. **Tel** (702) 777-3777.
W thecromwell.com

O Cromwell abriu suas portas ao público em maio de 2014. Hotel-butique luxuoso, ele se distingue dos megarresorts de escalas desproporcionais, focando em detalhes como máquinas de café e chá de uso gratuito em todos os andares e chapinha nos quartos.

O GIADA é o único restaurante do hotel e o primeiro empreendimento da celebridade de TV Giada de Laurentiis. A comida italiana servida é feita com base nas receitas do livro da famosa chef. O local descortina vistas do Caesars Palace e das fontes do Bellagio, em frente.

O Cromwell abriga também um cassino e uma casa noturna de sucesso, situada no deque com piscina da cobertura.

㉒ Flamingo Las Vegas

3555 Las Vegas Blvd S. **Mapa** 3 C3.
Tel (702) 733-3111; (800) 732-2111.
⏰ 24h *(p.114).*
W flamingolasvegas.com

A pena de neon rosa e laranja na fachada do hotel Flamingo é para muitos o símbolo arquetípico de Las Vegas. A maioria não sabe que a placa não fazia parte do hotel original de 1946 – foi acrescentada muito depois. Nada restou do primeiro Flamingo: os últimos vestígios desse prédio, inclusive a suíte particular do mafioso Bugsy Siegel *(p.28),* foram demolidos em 1996. Um pilar de pedra e uma placa no jardim atrás do cassino lembram o gângster.

Nos anos 1990, uma reforma de US$130 milhões criou uma das mais elegantes áreas de piscina de Vegas. Em meio a jardins planejados, duas piscinas olímpicas ocultam-se atrás de palmeiras, ladeadas por ilhas que abrigam flamingos. O hotel tem ainda uma piscina infantil, duas com hidromassagem e um toboágua que conduz a três outras piscinas.

O icônico luminoso de uma pena rosa e laranja do Flamingo Las Vegas

㉓ The LINQ Hotel & Casino

3545 Las Vegas Blvd S. **Mapa** 3 C3.
Tel (800) 522-4700. **W** thelinq.com

O destaque desse resort é a **High Roller**, que, com seus 168m, foi considerada pelo Guinness a roda-gigante mais alta do mundo. Ela oferece vistas panorâmicas fantásticas de Las Vegas, principalmente ao pôr do sol. O acesso à roda é feito pela LINQ Promenade, uma passarela ao ar livre com opções de compras, alimentação e diversão.

Mas talvez a atração mais peculiar do LINQ seja a enorme exposição de carros antigos no estacionamento. Há mais de 250 automóveis clássicos disponíveis para apreciação e compra. A coleção conta com veículos dirigidos por Marilyn Monroe e o presidente John F. Kennedy.

O resort também abriga um extenso cassino, uma capela para casamentos, vários restaurantes comandados por chefs famosos e um parque aquático de tema tropical que oferece espreguiçadeiras e cabanas de luxo com ar-condicionado.

🎡 **High Roller**
The LINQ. ⏰ 12h-2h diariam.

㉔ Bally's

3645 Las Vegas Blvd S. **Mapa** 3 C3.
Tel (702) 739-4111. ⏰ 24h *(p.116).*
W ballyslasvegas.com

Quando construído, em 1973, o Bally's se chamava MGM Grand. Em 1980 o hotel sofreu um incêndio terrível, e em 1986 a Bally Gaming Corporation comprou o imóvel e o batizou de Bally's.

Seus 2.814 quartos são dos maiores da cidade e em geral decorados com mobiliário contemporâneo chique.

A Colorful Plaza é uma entrada que parece inspirada na Era Espacial, com enormes colunas de neon, palmeiras e fontes em cascata. Três esteiras rolantes de 61m de comprimento também conduzem os hóspedes que vêm da Strip.

Há muito tempo em cartaz, o espetáculo *Jubilee! (p.137),* do Bally's, é uma produção típica de Vegas, com um número de abertura longo e extravagante, coristas com penas e apresentações variadas.

Outro destaque é o spa – uma academia com equipamentos de última geração, hidromassagem e sauna, além de ofurôs para hidroterapia.

O hotel conta ainda com boa variedade de lojas e uma ampla área de piscina. Um monotrilho leva do hotel ao MGM Grand, mais adiante na mesma rua.

Vista de uma das 28 cabines da High Roller, que comportam até 40 pessoas

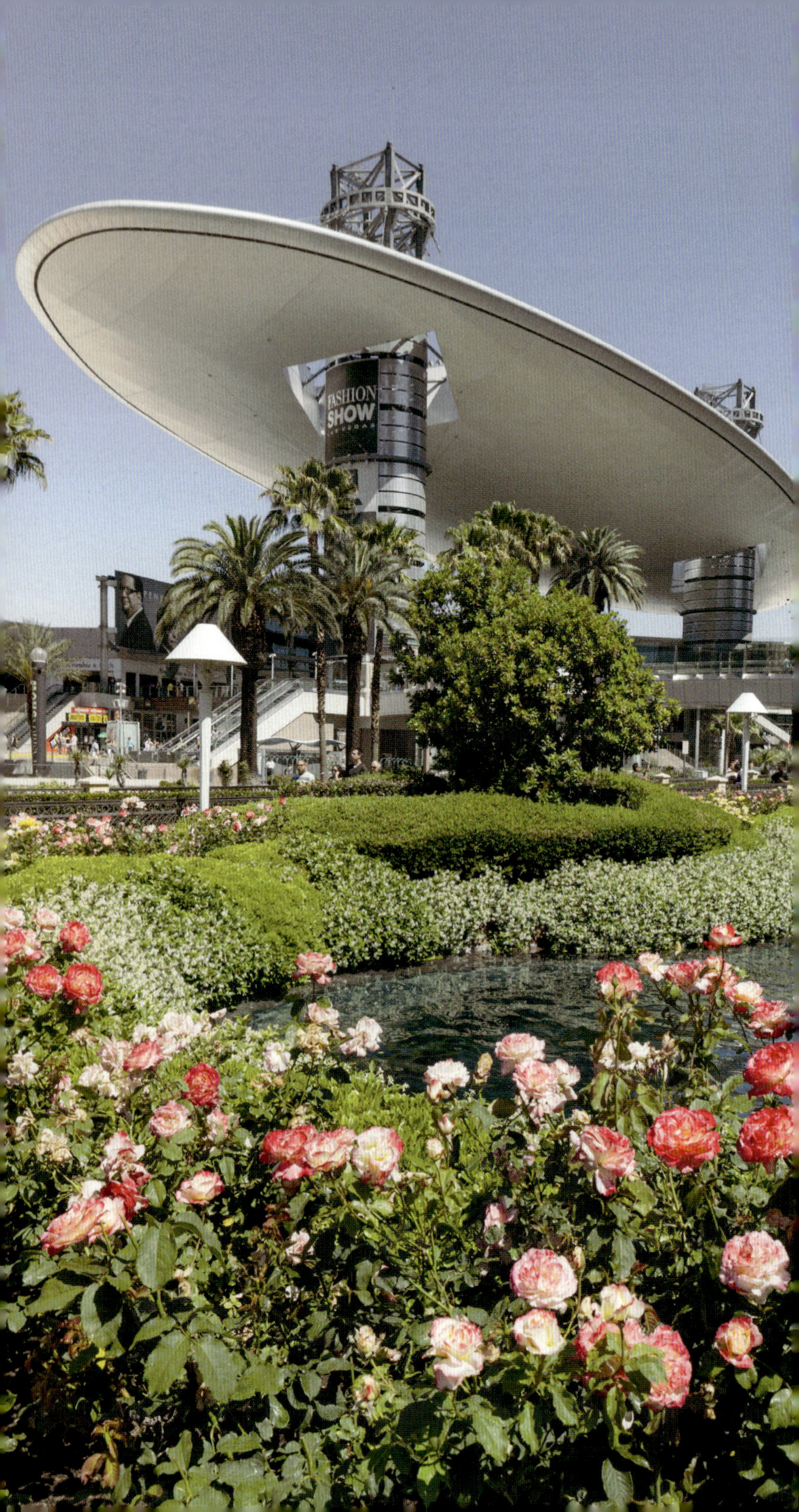
FASHION
SHOW

NORTH STRIP

Houve época em que a parte norte da Strip era conhecida pelos cassinos envelhecidos e em geral "de classe operária". Hotéis como Sahara (já fechado) e Circus Circus atraíam agências de turismo, mas nunca tiveram o destaque dos resorts de elite ao sul do Flamingo Road. Isso tudo mudou com a inauguração do The Venetian (1999), do Wynn Las Vegas (2005), do The Palazzo (2008), do Encore (2009) e do SLS (2014). Esses megarresorts incríveis nivelaram a situação com seus congêneres do sul e determinaram o padrão não só para empreendimentos futuros, mas também para os resorts mais antigos que passaram por amplas alterações e reformas. A North Strip também abriga o principal shopping center da cidade, o Fashion Show Mall. A expansão da região tornou esse centro comercial a joia dos locais de compras de Vegas e uma de suas atrações mais visitadas.

Principais Atrações

Hotéis e Cassinos
1. Harrah's
2. The Venetian pp. 60-1
3. The Palazzo
4. Mirage
5. Treasure Island – TI
9. Wynn Las Vegas pp. 62-3
10. Wynn Encore
11. Riviera
12. Westgate Las Vegas Resort
13. Circus Circus pp. 66-7
14. SLS Las Vegas
15. Stratosphere

Shopping Centers
6. Fashion Show Mall

Catedrais
8. Guardian Angel Cathedral

Passeios
7. Walk of Stars

Restaurantes pp. 122-3
1. B&B Burger & Beer
2. BLT Burger
3. Botero
4. Buddy V's
5. The Buffet
6. La Cave Food & Wine Hideaway
7. Cut
8. DB Brasserie
9. Delmonico Steakhouse
10. Fin
11. i ♥ burgers
12. Lagasse's Stadium
13. Maggiano's Little Italy
14. Portofino by Chef Michael LaPlaca
15. Public House
16. SW Steakhouse
17. Table 10

Veja Guia de Ruas, mapas 3 e 4

◀ Vista do Cloud, dossel de aço futurista localizado no Fashion Show Mall

Legenda dos símbolos na orelha da contracapa

Visão Geral da North Strip

O primeiro cassino-hotel inaugurado na Las Vegas Strip, em 1941, foi El Rancho Vegas Hotel & Casino, que se localizava no trecho norte da Strip, na esquina da Sahara Avenue. Seguiu-se uma corrida imobiliária nos anos 1950, resultando em uma fileira de resorts. Os hotéis The Sands, Desert Inn, Sahara e Stardust iniciaram o processo que transformou a Strip em um parque temático adulto de grande porte. A maior parte da North Strip foi reurbanizada e hoje é irreconhecível se comparada com suas versões anteriores – graças aos projetos milionários de reconstrução.

Hoje, resorts como The Venetian, SLS e Mirage firmaram a reputação de qualidade de luxo da Strip, e quase nada resta da atmosfera poeirenta que a cidade teve.

The Palazzo e The Venetian

❺ **Treasure Island – TI**
O Treasure Island atrai os transeuntes com sua lagoa e o popular restaurante Señor Frog's.

❹ **Mirage**
Estilosos e enfeitados, os lindos jardins desse hotel, voltados para a Strip, têm um vulcão em "erupção".

❻ **Fashion Show Mall**
Maior de Vegas, esse shopping center tem mais de 250 lojas, uma área de diversões e praça de alimentação.

❼ **Walk of Stars**
Cem estrelas com o nome de celebridades estão incrustadas na calçada.

❶ **Harrah's**
Um mural pitoresco enfeita a fachada desse resort. O hotel tem o Carnaval Court – complexo de diversão, alimentação e compras com temática carnavalesca.

❸ **The Palazzo**
Esse elegante cassino-hotel abriu em 2008, possui um teatro próprio e 60 butiques de luxo.

❷ ★ **The Venetian**
Tido como um dos mais luxuosos hotéis do mundo, The Venetian tem canais artificiais que atravessam sua área comercial.

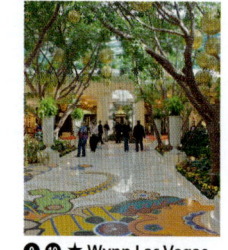

❾ ❿ ★ **Wynn Las Vegas**
Esse hotel luxuoso, com uma entrada impressionante, fica ao lado de seu irmão, o também luxuoso Wynn Encore.

NORTH STRIP | **57**

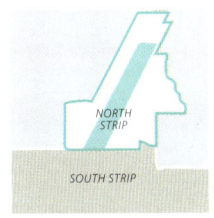

⓯ Stratosphere
O terraço no alto desse hotel, a 350m de altura, proporciona vistas ótimas. Há brinquedos adultos como o Big Shot *(p. 65)*.

Localize-se
Guia de Ruas, mapas 3 e 4

⓭ ★ Circus Circus
Lucky the Clown recebe os hóspedes desse resort, que oferece números de circo e brinquedos típicos de parque de diversões no mezanino, acima do cassino.

⓮ SLS Las Vegas
Inaugurado em 2014 após obras que custaram US$415 milhões, esse é o resort mais novo de Las Vegas, situado no local do antigo e icônico Sahara.

⓫ Riviera
A fachada colorida do Riviera, iluminada com neon e aparentemente incrustada de joias, destaca os shows de sucesso do hotel e é um dos pontos de referência mais ofuscantes da North Strip.

⓼ Guardian Angel Cathedral
Situada na Desert Inn Road, essa capela tem piso de mármore elegante e imponentes arcobotantes.

A fachada do Harrah's, um grande conjunto de cassino e hotel

❶ Harrah's

3475 Las Vegas Blvd S. **Mapa** 3 C3.
Tel (702) 369-5000. ⬤ 24h (p. 116).
♿ harrahs.com

O Harrah's, o maior Holiday Inn do mundo em outros tempos, hoje pertence à Harrah's Entertainment, que desde 1983 não só é dona desse resort de 2.579 quartos como também o gerencia. Entretanto, só em 1992 o nome foi mudado, a fim de realçar a imagem da empresa no setor de cassinos. Até meados dos anos 1990, o tema do hotel era um barco fluvial, que em 1997 deu lugar a uma temática de carnaval europeu, com um centro de diversões e compras – Carnaval Court –, artistas ambulantes e murais externos coloridos.

O cassino, que parece estar sempre em reforma, espalha-se por mais de 9.300m² e encontra-se sempre lotado e barulhento. Existe um livro de corridas e esportes para orientar apostas.

As ofertas de diversão do hotel giram em torno do The Improv Comedy Club *(p. 138)*, que apresentam humoristas menos conhecidos, com rodízio semanal.

❷ The Venetian

pp. 60-1.

❸ The Palazzo

3325 Las Vegas Blvd S. **Mapa** 3 C3.
Tel (702) 607-7777. ⬤ 24h. ♿
♿ palazzolasvegas.com

Após uma inauguração festiva em 2008, o Palazzo procura atingir uma elegância contemporânea luxuosa sem igual na Las Vegas Strip. Esse resort-cassino-hotel une o design sofisticado aos confortos caseiros. Junto com o Venetian *(pp. 60-1)* e o Sands Expo and Convention Center, o Palazzo contribui para criar o maior complexo de hotel e convenções em todo o mundo.

❹ The Mirage

3400 Las Vegas Blvd S. **Mapa** 3 C3.
Tel (702) 791-7111; (800) 627-6667.
⬤ 24h *(p. 117)*. ♿
♿ mirage.com

Talvez mais que qualquer outro, o Mirage revolucionou a Strip quando abriu em 1989, atraindo visitantes com outras opções além do cassino.

Do lado de fora apresenta-se o tema do complexo, uma ilha dos mares do sul, com jardins tropicais, lagoa azul e cascatas. Porém, o destaque do espetáculo é um vulcão enorme que entra em erupção toda hora, do anoitecer à meia-noite.

Dentro do prédio há um átrio cheio de plantas exóticas e, atrás do balcão da recepção, um aquário de 90 mil litros está repleto de peixes coloridos. O hotel também abriga o **Siegfried & Roy's Secret Garden and Dolphin Habitat**. Esse local é o lar de diversas espécies raras e de uma família de golfinhos do tipo mais conhecido. A área ainda permite ver de perto animais raros ou ameaçados, como tigres-brancos, leões e panteras, e é feito para lembrar seu ambiente natural. O maravilhoso Hábitat dos Golfinhos, de 9,5 milhões de litros de água, é suficientemente espaçoso para eles.

Siegfried & Roy's Secret Garden and Dolphin Habitat
Mirage. ⬤ ligue (702) 791-7188 para saber horário e preço. ♿

❺ Treasure Island – TI

3300 Las Vegas Blvd S.
Mapa 3 C2. **Tel** (702) 894-7111;
(800) 944-7444. ⬤ 24h *(p. 117)*.
♿ treasureisland.com

Localizado perto do Mirage, o Treasure Island (Ilha do Tesouro) tem ambiente animado e contemporâneo e dispõe de serviço excelente. Entre os seus estabelecimentos estão dez restaurantes, cinco bares, um salão de beleza, piscina externa e uma cabana.

O antigo tema do hotel – piratas – foi inteiramente reformulado. A enseada tem agora um lago azul diante da Strip e é cercada de penhascos altos, arbustos e palmeiras.

Faz parte da vida noturna o *Mystère (p. 136)*, espetáculo do Cirque du Soleil apresentado em uma sala preparada para ele. Esse admirável circo contemporâneo é uma celebração surrealista com música, dança,

Cascata de dia, vulcão de noite – a impressionante entrada do Mirage acrobacias sensacionais, mímica e humor.

Entre outras atrações do Treasure Island está a agitada boate Kahunaville, onde os divertidos bartenders servem bebidas típicas do lugar com misturas exóticas. Há ainda o Gilley's Saloon (p. 143), cujo tema é o Velho Oeste dos Estados Unidos, e o Señor Frog's, um bar e restaurante que incorpora a atmosfera estridente e festiva de Las Vegas.

❻ Fashion Show Mall

3200 Las Vegas Blvd S. **Mapa** 3 C2. **Tel** (702) 369-0704. variado. thefashionshow.com

Esse amplo shopping center de vários andares (p. 128), o maior da Strip, espalha-se por mais de 185 mil m². Tido como um dos principais locais de compras de Las Vegas, o Fashion Show Mall contém mais de 250 estabelecimentos e butiques e é reforçado por lojas de departamentos como Macy's, Saks Fifth Avenue, Dillard's, Neiman Marcus, Forever 21 e Nordstrom. O shopping tem ainda ótimas galerias de arte, restaurantes, cafés e praça de alimentação.

Na última ampliação, surgiu o Great Hall (Salão), com uma passarela de 24m de comprimento que sedia com bastante frequência desfiles de moda e

O saguão modernista estiloso do Fashion Show Mall

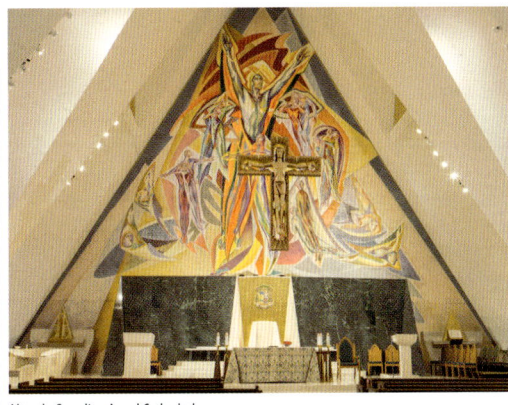

Altar da Guardian Angel Cathedral

exibições. Uma das mais recentes atrações do local é um enorme dossel de aço chamado The Cloud, que oferece sombra aos visitantes durante o dia e atua como tela de projeção de imagens à noite. A área serve também de palco para eventos especiais, exposições e outras apresentações.

❼ Walk of Stars

Mapa 3 C2. 24h.

Seguindo o exemplo da Walk of Fame (Calçada da Fama) de Hollywood, Las Vegas batizou a sua Walk of Stars (Calçada de Estrelas), na famosa Strip, em 2004.

Localizada entre a Sahara Avenue e a Russell Road, a Calçada homenageia pessoas que obtiveram fama em diversas áreas, como entretenimento, esportes e forças armadas. Cada estrela está incrustada em uma placa quadrada de granito polido, de 90cm e pesando 159kg, onde está escrito o nome do agraciado e sua área de especialização.

O primeiro honrado foi o cantor e artista Wayne Newton – sua estrela está na calçada próxima ao local do antigo hotel New Frontier, onde Newton se apresentou por quinze anos. Outros nomes que receberam a honraria de Las Vegas foram o Rat Pack (pp. 22-3), Siegfried & Roy e Liberace (p. 29). A Calçada tem espaço para acomodar até 3 mil estrelas.

❽ Guardian Angel Cathedral

336 Cathedral Way. **Mapa** 3 C2. **Tel** (702) 735-5241. 7h-16h seg-sex, 10h-19h sáb, 7h-19h dom.

Das muitas igrejas de Las Vegas, a que recebe mais visitantes é a Guardian Angel Cathedral (Catedral do Anjo da Guarda). Um de seus mais famosos fiéis era Danny Thomas, comediante e artista de sucesso, cujos donativos ajudaram a mobiliar a igreja.

Situada logo a leste da Strip, perto da Desert Inn Road, a enorme igreja com estrutura em "A" foi construída em 1963 e tem pisos recobertos de mármore e colunas de sustentação. Um traço incomum do santuário é o vitral, que retrata um arlequim pairando sobre um hotel e dois dados ao pé de um cruz.

Entretanto, as missas são realizadas de modo convencional, e diversas são celebradas nos fins de semana, além de duas por dia durante a semana. Os turistas costumam deixar vouchers de cassino entre os donativos, e um funcionário é enviado periodicamente para resgatá-los.

Turistas católicos podem se casar no local, porém não existe uma cerimônia de casamento "expressa" nessa religião – a preparação para a consagração deve ocorrer na paróquia local, e a documentação necessária, enviada depois para a diocese de Las Vegas.

❷ The Venetian

Um dos mais espetaculares megarresorts de Las Vegas, The Venetian (O Veneziano) recria meticulosamente a grandiosidade e a beleza de Veneza. Boa parte da arquitetura conta com reproduções quase precisas de marcos bem conhecidos, como a praça de São Marcos, o Palácio do Doge, a ponte do Rialto e um Campanile de 96m de altura, voltado para a água do Grande Canal, que tem até gôndolas autênticas de madeira e gondoleiros cantando. A fantasia continua lá dentro, onde se encontram recintos amplos com piso de mármore, tetos pintados com afrescos, estátuas e réplicas de pinturas venezianas famosas.

★ **Cassino**
O interior desse cassino de 11 mil m² é repleto de detalhes arquitetônicos italianizados.

Grande Canal
Esse gracioso curso de água passa por lojas, butiques e restaurantes e brilha sob a imitação do céu do Adriático, pintado e iluminado para simular o anoitecer em qualquer hora do dia.

★ **Passeios de Gôndola**
Esses passeios românticos são uma das principais atrações do Venetian. As gôndolas são autênticas, assim como os gondoleiros cantores, muitos dos quais foram da Itália para Vegas.

NORTH STRIP | **61**

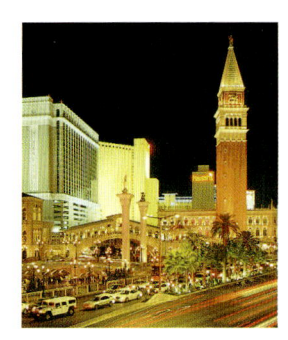

Entrada na Strip
Pontes delicadas, praças de tijolo, canal sinuoso e reproduções fiéis da arquitetura clássica italiana cativam quem passa na Strip.

PREPARE-SE

Informações Práticas
3355 Las Vegas Blvd S.
Mapa 3 C3. **Tel** (702) 414-1000; (888) 283-6423. 24h.
w venetian.com

Transporte
ônibus The Deuce/RTC.
estação Harrah's.

LEGENDA

① **A Ponte Rialto** é uma reprodução precisa da Ponte di Rialto de Veneza, a mais antiga da cidade. As calçadas rolantes, porém, são um toque exclusivo de Las Vegas.

② **O Campanile (Campanário)** é outra réplica excelente de monumento veneziano e funciona como entrada da Grand Canal Shoppes.

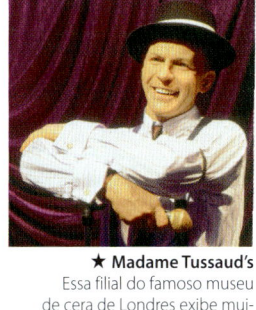

★ **Madame Tussaud's**
Essa filial do famoso museu de cera de Londres exibe muitas das figuras lendárias de Las Vegas, como Frank Sinatra.

O Saguão
O impressionante saguão é decorado com mármore polido e lâmpadas cintilantes e tem um teto abobadado, com bela iluminação e afrescos emoldurados com ouro 24 quilates.

Wynn Las Vegas

Com a inauguração do Wynn Las Vegas, em 2005, a Strip ganhou mais um imponente cassino-resort. O conjunto do hotel é o primeiro elemento do que se tornará o suprassumo de resort-cidade. Uma etapa da construção foi concluída em dezembro de 2008, com a abertura do Encore, novo complexo turístico do Wynn. Os arredores luxuosos – um cassino com paredes de mármore, restaurantes premiados, lugares e baladas deslumbrantes e uma galeria com lojas – estão abertos ao público. Durante a semana, o spa é disponível para os hóspedes de qualquer hotel da Strip, assim como o campo de golfe.

Fachada curva de vidro e bronze do hotel de 60 andares

Decoração e Design

Enquanto a maioria dos hotéis da Strip foi feita para exibir suas atrações, o Wynn Las Vegas preferiu escondê-las. Tudo que os transeuntes veem ao passar pelo Las Vegas Boulevard é a esplêndida fachada de vidro e bronze do gigantesco **edifício** do hotel, de 60 andares, e parte do morro arborizado. O fato de seus tesouros não estarem à mostra contribui para a fama de exclusividade do hotel e o preço mais alto da cidade.

Dentro do Wynn, a amplidão do design opulento, da qualidade da obra e dos materiais torna-se aparente. Pela entrada principal chega-se ao **Atrium**, um caminho pavimentado com mosaicos florais, no qual as árvores são enfeitadas com globos de flores de seda. No centro do resort encontra-se seu destaque arquitetônico: o cintilante **Lake of Dreams** (Lago dos Sonhos) e seu belo pano de fundo, um **morro artificial**. Coberto com mais de 1.500 árvores, esse morro ergue-se a 43m de altura acima do lago e lança cortinas de água numa cascata espetacular. Juntos eles formam um anfiteatro circundado por restaurantes e lojas, um ambiente incomum para as peças teatrais encenadas à noite.

Ao contrário da decoração de outros cassinos-hotéis de Las Vegas, unificada por um tema, a do Wynn exibe um estilo chique informal. Os quartos têm janelas do chão ao teto, proporcionando vistas impressionantes do horizonte de Las Vegas.

Jogos de Azar e Diversão

Apesar de o espaço para jogos totalizar 10 mil m², o **cassino** do Wynn é aconchegante. Tem dez áreas, entre elas bacará, apostas altas, pôquer, jogo privado e apostas em corridas e esportes, além de quatro salas com caça-níqueis e mesas de jogo. O cassino, cujo projeto se concentra em conforto e tecnologia de ponta, promove torneios de pôquer diariamente.

O resort contém dois locais de entretenimento. Um deles é o Wynn Theater – construído exclusivamente com esse fim –, palco de **Le Rêve** *(p. 139)*, espetáculo aquático com acrobacias aéreas, coreografias e efeitos tecnológicos deslumbrantes. O palco é cercado por um lago, do

Maravilhoso espetáculo de luz projetado na cascata do Lake of Dreams

NORTH STRIP | 63

qual emergem os atores e os cenários. Como o teatro é circular, de todos os lugares se tem uma ótima visão, sem obstáculos, de todo o show. O outro teatro do Wynn, o **Encore Theater**, recebe uma variedade impressionante de grandes artistas internacionais.

Os bares **Parasol Up/Down** estão entre os melhores lugares para assistir a um espetáculo no Lake of Dreams. As produções noturnas contam com 4 mil luzes que mudam de cor para projetar imagens na tela natural criada pela cortina de água que a cascata forma.

Alimentação e Vida Noturna

Os chefs célebres do Wynn, ao contrário daqueles da maioria dos restaurantes de renome, ficam na casa. O cardápio de jantar do **The Country Club**, de olho na clientela, oferece opções de churrascaria com inovações. No **Bartolotta Ristorante di Mare**, ótimos frutos do mar são trazidos diariamente da Europa. Para uma experiência romântica, os clientes podem comer em cabanas privadas junto ao lago. No elegante restaurante japonês **Mizumi**, as janelas que vão do chão ao teto oferecem vista para um tranquilo pagode com um ecojardim, uma cascata e um tanque de carpas.

Esferas de metal no lago diante do Bartolotta Ristorante di Mare

A **Tryst** (p. 142), abaixo do Mizumi, é uma boate muito elegante, cujo ponto central é uma cascata de 29m, que desce em um laguinho. Com paredes de veludo vermelho, luz baixa e pista de dança que vai de dentro até o pátio ao lado do lago, a Tryst é um programa bacana, mas caro.

Compras de Luxo

As fachadas de vidro, latão e cromado das lojas na **Wynn Esplanade** (p. 129) brilham com os nomes de peso do comércio de luxo – Chanel, Cartier, Christian Dior, Alexander McQueen, Louis Vuitton, Manolo Blahnik e Oscar de la Renta. Há ainda sete lojas exclusivas de Steve Wynn: Wynn & Co. Jewelry, Wynn & Co. Watches, Wynn Signature Shop, Wynn LVNV, Shoe In, Mojitos

PREPARE-SE

Informações Práticas
3131 Las Vegas Blvd S.
Mapa 3 C2. **Tel** (702) 770-7000; (888) 320-7123. 24h.
wynnlasvegas.com

Transporte
ônibus The Deuce/RTC.
estação Harrah's.

Resort Wear e San Georgio. Esta vende camas, lustres e artigos de mesa que se inspiram em características do design do hotel.

No entanto, o ponto alto das compras é sem dúvida a **Penske-Wynn Ferrari/Maserati Dealership**, próxima à parada dos manobristas. A loja exibe veículos que estão entre os mais requintados do mundo e até carros de Fórmula 1. Na lista da revendedora estão Ferraris e Maseratis novos e usados.

Carros esporte no showroom Penske-Wynn

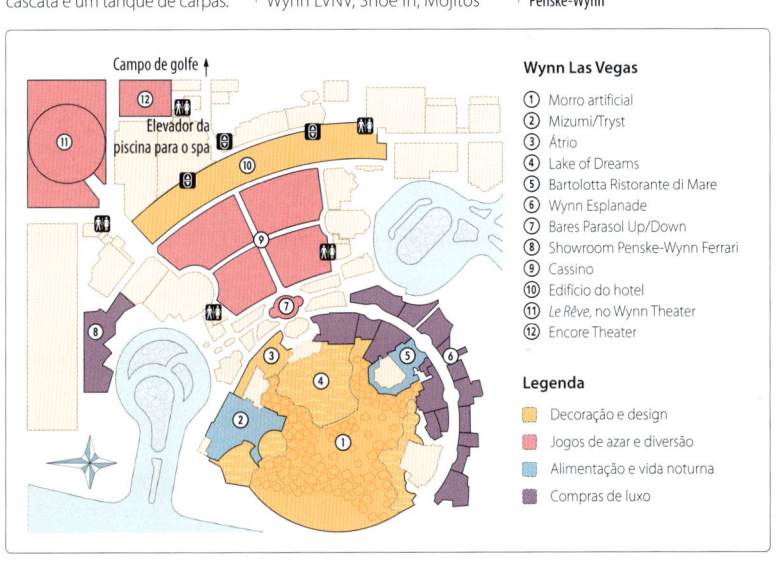

Wynn Las Vegas

1. Morro artificial
2. Mizumi/Tryst
3. Átrio
4. Lake of Dreams
5. Bartolotta Ristorante di Mare
6. Wynn Esplanade
7. Bares Parasol Up/Down
8. Showroom Penske-Wynn Ferrari
9. Cassino
10. Edifício do hotel
11. *Le Rêve*, no Wynn Theater
12. Encore Theater

Legenda

- Decoração e design
- Jogos de azar e diversão
- Alimentação e vida noturna
- Compras de luxo

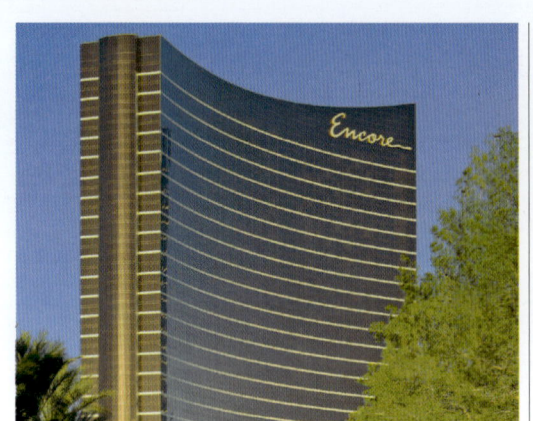

O prestigioso resort Wynn Encore

❿ Wynn Encore

3131 Las Vegas Blvd S.
Mapa 3 C2. **Tel** (702) 770-7100;
(877) 321-9966. ◔ 24h (p. 117).
♿ W **wynnlasvegas.com**

O luxuoso Encore de Steve Wynn localiza-se ao lado do seu irmão Wynn Las Vegas e no terreno do antigo Desert Inn. Inicialmente idealizado como extensão do Wynn Las Vegas, o Encore tornou-se um resort independente. Embora tenha 2.034 quartos espaçosos, o hotel mantém um clima intimista, residencial. Fato incomum nos hotéis de Las Vegas, o Encore tem uma boa quantidade de luz natural em suas áreas públicas porque é dotado de claraboias e átrios. Essa amplidão aumenta com as grandes piscinas – vistas de vários pontos do terreno –, a folhagem exuberante e a decoração com motivos de borboleta.

Os amplos quartos e suítes do Encore harmonizam a decoração sofisticada e sempre atual com elementos de alta tecnologia, como um controle remoto universal, que permite controlar luzes, ar-condicionado, TV e cortinas. As camas Wynn Dream proporcionam o que há de melhor para um sono reparador, e os luxuosos banheiros dispõem de banheiras e TVs de tela plana. As janelas do chão ao teto dão uma vista maravilhosa.

O Encore oferece todas as comodidades do Wynn Las Vegas, além de cinco restaurantes (inclusive uma churrascaria cujo tema é Frank Sinatra), sete bares, a superchique boate XS e a Surrender Nightclub (pp. 142-3). Dentro da Encore Esplanade localiza-se o Wynn Theater, que é usado tanto pelo Wynn Las Vegas quanto pelo Encore. O teatro apresenta o surpreendente espetáculo *Le Rêve* (p. 62).

O spa e o salão de beleza do Encore são um refúgio tranquilo para relaxar e recarregar as baterias. Há seções separadas para homens e mulheres em saunas, banhos turcos, piscinas de água quente ou fria e duchas, bem como diversos tratamentos personalizados.

⓫ Riviera

2901 Las Vegas Blvd S. **Mapa** 3 C2. **Tel** (702) 734-5110; (800) 634-6753. ◔ 24h (p. 114). ♿ W **rivierahotel.com**

Um dos muitos hotéis construídos na Strip durante a febre imobiliária após a Segunda Guerra Mundial, o Riviera foi inaugurado em 1955. Com seus nove andares, tornou-se o primeiro prédio alto da cidade. Algumas das personalidades do passado da cidade fizeram parte da história do resort. Liberace (p. 29) foi o primeiro artista fixo a se apresentar ali e apareceu com a lendária atriz hollywoodiana Joan Crawford, a anfitriã oficial na noite de inauguração.

Hoje o Riviera ocupa 300m da Strip de Las Vegas, conta com mais de 2 mil quartos e gastou vários milhões de dólares em reformas. Embora seu glamour tenha perdido a força, o Riviera mantém a atmosfera da "velha Vegas", simbolizada por seu cassino grande e sem rodeios. Esse é um dos mais baratos dos grandes hotéis da Strip, mas oferece boa infraestrutura, assim como quatro espetáculos, entre eles o famoso show de garotas fazendo topless Crazy Girls (p. 139). Já o Riviera Comedy Club apresenta os melhores humoristas em ambiente intimista (p. 139).

Estrelas cintilantes de neon iluminam a fachada do Riviera à noite

Os passeios no Big Shot levam os visitantes a 49m de altura na Stratosphere Tower

⓬ Westgate Las Vegas

3000 Paradise Rd. **Mapa** 4 D2.
Tel (702) 732-5111; (800) 732-7117.
◯ 24h. ♿ 🌐 westgatelasvegas resort.com

Elvis Presley é a estrela mais associada a esse hotel: apresentou-se nele 837 vezes, um recorde, e sempre com ingressos esgotados. Hoje o mesmo palco recebe um show de tributo a ele com o imitador Trent Carlini. Os turistas podem homenagear o Rei diante de sua estátua em tamanho natural, ao lado da entrada.

A proximidade do hotel com o Las Vegas Convention Center atrai muitos executivos. A passarela que leva dali a uma estação do monotrilho é outro chamariz para os participantes de convenções. O Westgate também é procurado pelas instalações luxuosas, por seu cassino de 9 mil m² e pela SuperBook, a maior casa de apostas em turfe e esportes do mundo, com 300 lugares e 29 telas gigantes.

Em 2008, em uma reforma de US$100 milhões, foi feita uma piscina na cobertura com cabanas privativas e um spa, enquanto a academia de ginástica conta com quadras de tênis oficiais. Os apostadores podem desfrutar uma *casinossage*, massagem relaxante, sem ter que abandonar o jogo.

O Westgate também dispõe de mais de 18.600m² de espaço para reuniões, com fácil acesso ao Las Vegas Convention Center.

Entre os catorze restaurantes, merece destaque o Benihana, que serve comida japonesa em um ambiente com belos jardins.

⓭ Circus Circus

pp. 66-7.

⓮ SLS Las Vegas

2535 Las Vegas Blvd S. **Mapa** 4 D1.
Tel (702) 737-2111 ◯ 24h *(p. 116)*.
🌐 slshotels.com/lasvegas.

O endereço do famoso Sahara Hotel ganhou vida nova com a inauguração do SLS em 2014. O edifício foi completamente transformado, de modo que seus 1.600 quartos e suítes agora ficam em três torres distintas com comodidades como TV-HD de 55 polegadas e chuveiros de luxo. Há um business center completamente equipado com mais de 2.790m² de espaço para reuniões, além de um cassino com 4.645m², piscina na cobertura e o clube noturno LiFE. Entre os restaurantes de chefs famosos que funcionam nele estão o Bazaar Meat, de Jose Andreas, o Katsuya, de Starck (administrado pelo master sushi chef Katsuya Uechi), e o Cleo, de Danny Elmaleh.

⓯ Stratosphere

2000 Las Vegas Blvd S. **Mapa** 4 D1.
Tel (702) 380-7777; (800) 998 6937.
◯ 24h *(p. 114)*. ♿
🌐 stratospherehotel.com

Um tanto isolado na ponta norte da Strip, longe das atrações principais, esse hotel-resort ostenta a **Stratosphere Tower** – torre de 350m que é um marco de Vegas e a mais alta construção a oeste do rio Mississippi. No topo há locais panorâmicos internos e externos (entre eles o restaurante Top of the World), que propiciam uma vista inigualável da cidade e dos arredores. Os elevadores levam os visitantes rapidamente ao topo, onde se pode escolher entre três passeios eletrizantes – para não dizer alarmantes: o **Big Shot**, que leva as pessoas a 49m de altura; o **X Scream**, veículo aberto que lembra uma serra enorme e sacode as pessoas pela beirada da torre; e o **Insanity**, que balança os corajosos por cima da beira da torre por meio de cabos.

O cassino do hotel Stratosphere ocupa uma área vastíssima – 9.500m² – e conta com um salão de pôquer e outro de *keno*.

🎰 Big Shot, X Scream e Insanity
Stratosphere. ◯ 10h-1h dom-qui, 10h-2h sex e sáb. 🎢 ♿ só no terraço panorâmico.

Stratosphere Tower, importante marco da cidade, no extremo norte da Strip

Circus Circus: Adventuredome

Maior parque temático coberto do país, o Adventuredome espalha-se por uma área enorme e tem brinquedos e atrações suficientes para deixar os visitantes ocupados uma tarde inteira. Se alguns brinquedos são suaves, ideais para crianças pequenas, o parque dispõe de muitos outros intensos, como uma montanha-russa alucinante, torre de queda livre de dar frio na barriga e passeio em corredeira artificial. Há ainda um parque de diversões e muitas atrações menores, como carros bate-bate, escalada em pedra e rede e minigolfe.

Diversão e emoção garantidas no Chaos, no Adventuredome

⓭ Circus Circus

2800 Las Vegas Blvd S. **Mapa** 3 C2.
Tel (702) 734-0410; (800) 634-3450.
24h *(p. 114).*
w circuscircus.com

Localizado no trecho norte da Strip, esse cassino inspirado no universo do circo abriu em 1968 como um local completo para famílias, contando com uma mistura incomum de jogos de azar e diversões infantis. As acomodações hoteleiras surgiram em 1972. Quando o Circus Circus foi comprado pelo empresário William Bennett, em 1974, o local se expandiu e assim continuou, com o acréscimo de vários edifícios de hotel. Hoje, é conhecido pela ampla variedade de atrações para adultos e crianças e tornou-se muito procurado por famílias.

Uma marquise grande com um palhaço colorido compõe a fachada dianteira do hotel, que tem três cassinos em uma área de 9.500m². O principal lembra um circo com lona rosa e branca. O piso acima dele abriga o Carnival Midway, que tem sala de diversões eletrônicas, jogos e números de circo gratuitos, além de trapezistas e outros acrobatas, que voam pelo ar sobre a cabeça dos jogadores. Na parte de trás do hotel fica o parque temático Adventuredome, sob um dossel rosa, com 25 brinquedos e atrações para agradar hóspedes de todas as idades.

Pike's Pass
Preferido de crianças e adultos, esse minicampo de golfe de 18 buracos é um local excelente para dar umas tacadas no ambiente fresco do domo, longe do calor excessivo dos meses de verão.

Cassino do Circus Circus

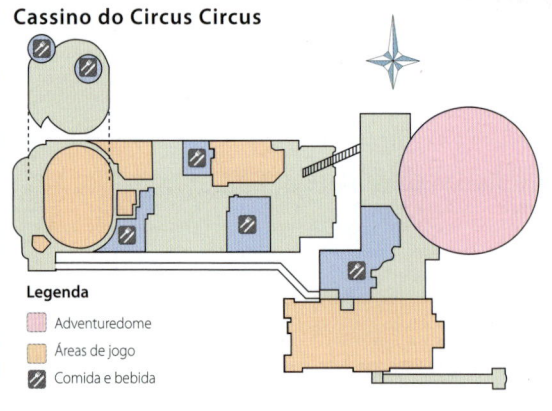

Legenda
- Adventuredome
- Áreas de jogo
- Comida e bebida

NORTH STRIP | **67**

★ **Sling Shot**
Essa torre de arrepiar lança os ocupantes a 30m de altura com uma força de aceleração incrível e depois os solta em queda livre até o chão.

PREPARE-SE

Informações Práticas
Circus Circus. **Mapa** 3 C2.
Tel (702) 794-3939.
diariam, horário variado.
adventuredome.com

Xtreme Zone
Aceite o desafio de escalar pedra e fazer rapel nessa formidável encosta de montanha.

★ **Canyon Blaster**
Essa é a maior montanha-russa coberta do país, com loop e parafuso duplo. Levando até 28 passageiros, o trem atinge 88 km/h ao despencar na vertical, dar giros e fazer curvas de deixar os cabelos em pé.

El Loco
Essa montanha-russa atinge a velocidade máxima de 72 km/h durante o percurso de 72 segundos e tem uma queda vertical arrepiante.

LEGENDA

① **Chaos** é um brinquedo circular que gira, rodopia e se movimenta em todos os sentidos em velocidades diferentes.

② **O Lazer Blast** cria um mundo futurista cheio de efeitos visuais especiais, em que as equipes lutam com armas a laser para ganhar mais pontos.

③ **Disk'O** é um brinquedo excitante que gira e sacode ao som de dance music. Os passageiros olham para fora de um assento alto, com braços e pernas soltos, deslocando-se a 35km/h.

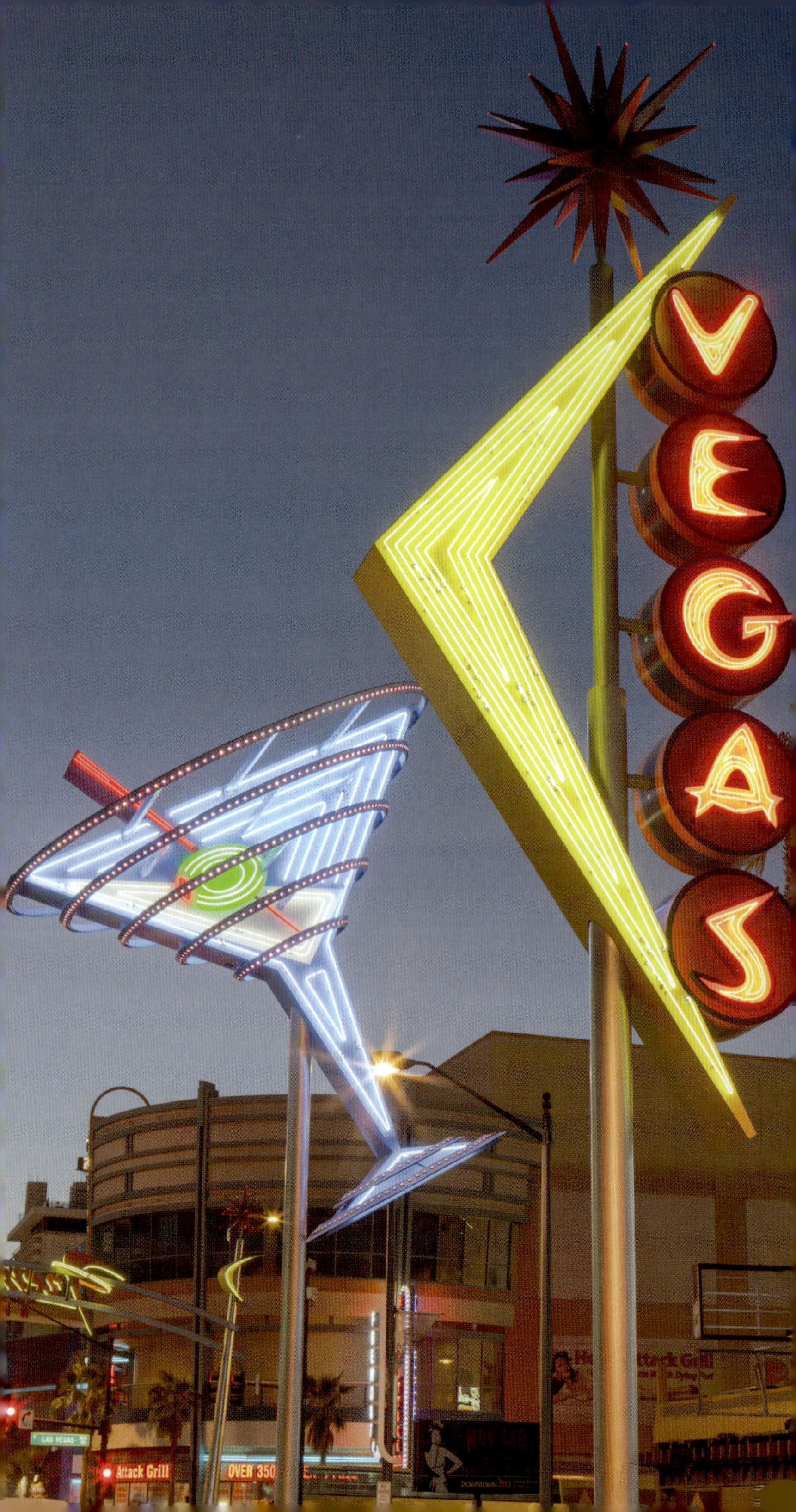
VEGAS

CENTRO E FREMONT STREET

A cidade de Las Vegas e seu setor de jogos hoje florescente cresceram em torno da Fremont Street no início dos anos 1900. Nela se estabeleceram os primeiros cassinos com placas coloridas de neon. Embora a região tenha mudado muito desde esse tempo, ainda se veem vestígios de sua herança. O hotel Golden Gate, por exemplo, está em pé na esquina da Fremont com a Main Street desde 1906, e marcos iluminados, como o Vegas Vic, continuam clareando o céu noturno. Entre as atrações mais recentes nessa rua, também chamada de Glitter Gulch (ravina cintilante), estão os shows de luz e som da Fremont Street Experience. Ainda que um programa de revitalização tenha originado restaurantes, bares e boates na região, o centro ainda oferece alimentação, hospedagem e diversão despretensiosas, por preços razoáveis.

Principais Atrações

Hotéis e Cassinos
1. Golden Gate Hotel
2. Plaza Hotel & Casino
3. California Hotel
4. Main Street Station
5. Golden Nugget
6. Four Queens
7. Fremont Hotel
8. The D Las Vegas
12. El Cortez

Diversão
9. Fremont Street Experience
10. Downtown Grand Las Vegas
11. Fremont East District

Museus e Galerias
13. Downtown Container Park
14. The Arts Factory and the 18b Arts District
15. Discovery Children's Museum
16. Las Vegas Natural History Museum
17. Old Las Vegas Mormon Fort
18. Neon Museum
19. Mob Museum

Veja Guia de Ruas, mapas 1 e 2

Restaurantes *p. 123*
1. Andiamo Steakhouse
2. Binion's Ranch Steakhouse
3. La Comida
4. MTO Café
5. Pizza Rock
6. WILD

◀ Placa de neon antiga no centro de Las Vegas

Legenda dos símbolos *na orelha da contracapa*

Arredores da Fremont Street

Inicialmente chamada de Glitter Gulch, a Fremont Street constituía o coração de Las Vegas quando a cidade foi criada, em 1905. Nela surgiram os primeiros cassinos, já com as estilosas placas de neon. Hoje a região superou sua herança, mas ainda exibe os melhores exemplos de iluminação com neon. As principais atrações são os shows da Fremont Street Experience e o Slotzilla Zip Line. Também tem dezenas de lojas e restaurantes, além do Fremont East Entertainment District, entre o Las Vegas Boulevard North e a Eighth Street.

Fachada do Main Street Station

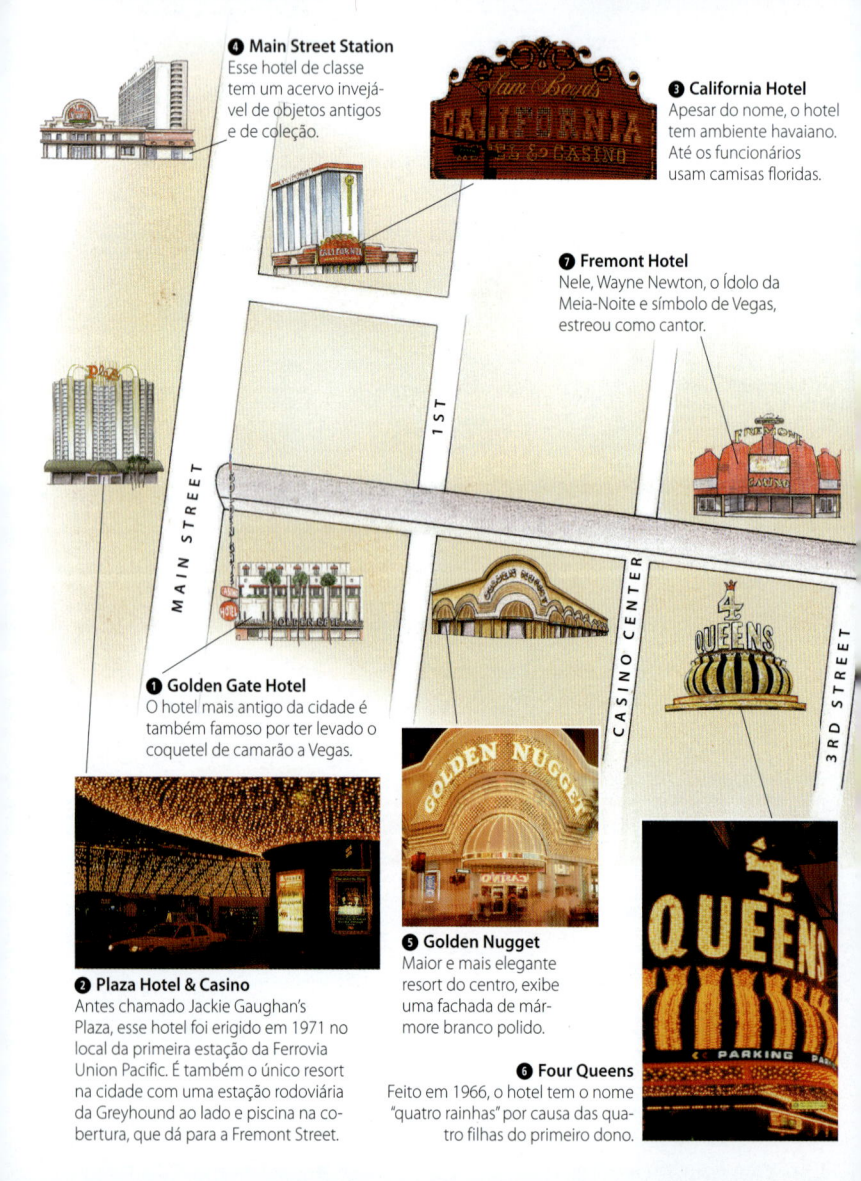

❹ Main Street Station
Esse hotel de classe tem um acervo invejável de objetos antigos e de coleção.

❸ California Hotel
Apesar do nome, o hotel tem ambiente havaiano. Até os funcionários usam camisas floridas.

❼ Fremont Hotel
Nele, Wayne Newton, o Ídolo da Meia-Noite e símbolo de Vegas, estreou como cantor.

❶ Golden Gate Hotel
O hotel mais antigo da cidade é também famoso por ter levado o coquetel de camarão a Vegas.

❷ Plaza Hotel & Casino
Antes chamado Jackie Gaughan's Plaza, esse hotel foi erigido em 1971 no local da primeira estação da Ferrovia Union Pacific. É também o único resort na cidade com uma estação rodoviária da Greyhound ao lado e piscina na cobertura, que dá para a Fremont Street.

❺ Golden Nugget
Maior e mais elegante resort do centro, exibe uma fachada de mármore branco polido.

❻ Four Queens
Feito em 1966, o hotel tem o nome "quatro rainhas" por causa das quatro filhas do primeiro dono.

CENTRO E FREMONT STREET | **71**

⓫ Fremont East District
Uma reforma de US$5,5 milhões da paisagem urbana faz parte do plano de revitalização do centro, incluindo a Neonopolis.

Localize-se
Veja Guia de Ruas, mapas 1 e 2

0 m — 300
0 jardas — 300

❾ Fremont Street Experience
Essa abóbada ao ar livre recebe toda noite um magnífico espetáculo de luz e som e protege os pedestres do sol forte durante o dia.

⓬ El Cortez
Com uma reforma multimilionária em 2008, El Cortez liderou o renascimento do centro de Vegas, mas ainda mantém parte da arquitetura dos anos 1950.

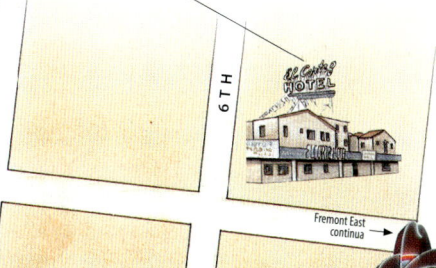

O Neon de Las Vegas

As placas de neon continuam sendo o ícone dominante de Las Vegas, apesar de muitos novos megarresorts e shopping centers terem optado por uma aparência mais sóbria. O gás neon foi descoberto pelo químico britânico Sir William Ramsey em 1898. Mas o inventor francês Georges Claude, em 1910, foi o responsável por revelar que, ao passar uma corrente elétrica por um tubo contendo gás neon, ele emitia uma luz forte cintilante. Nos anos 1940 e 1950, a criação de placas de neon ganhou status de arte em Vegas. Nas calçadas perto e à volta da Neonopolis, avistam-se vários desses interessantes letreiros históricos.

Neon de Sassy Sally

❽ The D Las Vegas
Antigo Fitzgeralds, o D Las Vegas conta com vários restaurantes, piscina, spa e um cassino de dois andares.

❶ Golden Gate Hotel

1 Fremont St. **Mapa** 2 D3. **Tel** (702) 385-1906. 🕐 24h *(p. 114)*. ♿
🌐 goldengatecasino.com

Situado à frente da Fremont Street Experience, o Golden Gate foi construído em 1906 e é o menor e mais antigo hotel da cidade. Foi chamado originalmente de Hotel Nevada e depois de Sal Sagev. O hotel tem também o mérito de ter apresentado a Las Vegas o coquetel de camarão, trazido de São Francisco pelo proprietário nos anos 1950. O Golden Gate foi ampliado e modernizado ao longo dos anos, mas o cassino e as áreas públicas conservam um ar da São Francisco do século XIX. Ainda se pode saborear um ótimo coquetel de camarão, servido em copo tulipa com uma fatia de limão. Porém, seus 122 quartos se afastaram muito do tempo das carroças puxadas por cavalos e dispõem dos confortos modernos. O cassino tem cerca de 500 máquinas caça-níqueis e videopôquer, além dos jogos comuns.

❷ Plaza Hotel & Casino

1 Main St. **Mapa** 2 D3. **Tel** (702) 386-2110. 🕐 24h *(p. 114)*. ♿
🌐 plazahotelcasino.com

Instalado em terreno que era da ferrovia, o Plaza Hotel tem como vizinha a estação rodoviária da Greyhound. Situado no começo da Fremont Street, foi aberto em 1971 pelo famoso hoteleiro Jackie Gaughan, que o vendeu em 2004 à Barrick Corporation.

O Plaza é mais reconhecido pela cascata de neon em sua fachada. Os 1.003 quartos e suítes são espaçosos, confortáveis e arejados. A decoração é agradável, com lambris de nogueira e estampas coloridas nas cortinas e na roupa de cama. Entre outras instalações há um deque de esportes com uma piscina, que costuma ser utilizado como local para festas junto à piscina e outros eventos ao ar livre nos meses de verão. O hotel conta também com muitos lugares para comer, que oferecem uma boa variedade de culinárias de todo o mundo, além de redes populares como Subway e McDonald's.

A enorme placa do California Hotel, vista da Strip

Equipe do California de camisa havaiana

❸ California Hotel

12 Ogden Ave. **Mapa** 2 D3.
Tel (702) 385-1222. 🕐 24h *(p. 114)*.
♿ 🌐 thecal.com

Apesar das influências hollywoodianas no estilo, o California Hotel esbanja sabor tropical e filosofia de vida havaiana. Integrante dos resorts da Boyd Gaming, esse hotel de 781 quartos é um chamariz de turistas havaianos desde a sua construção, em 1975 – cerca de 70% da clientela procede do país, aproveitando os pacotes especiais. Para manter o tema, a equipe do hotel usa as coloridas camisas aloha, os restaurantes oferecem especialidades polinésias e orientais, e os bares servem bebidas tropicais. Até o cassino, decorado com lustres de cristal, vidros jateados e mármore italiano, tem máquinas caça-níqueis e de videopôquer com nomes e motivos havaianos. Tem ainda um salão de *keno* animado e apostas em esportes.

Na ampliação realizada em 1996, foi construída sobre a Main Street uma passarela de pedestres, para ligar o California Hotel ao resort Main Street Station.

❹ Main Street Station

200 N Main St. **Mapa** 2 D3.
Tel (702) 387-1896. 🕐 24h. ♿
🌐 mainstreetcasino.com

Embora esse hotel tenha sido inaugurado em 1991, fechou depois de alguns meses por causa de sérios problemas financeiros. Mais tarde, o Main Street Station foi comprado pela Boyd Gaming e desde então se tornou um dos lugares mais classudos do centro de Las Vegas.

A arquitetura lembra a Nova Orleans dos anos 1890, com calçadão de tijolo, magnólias, cer-

Caça-níqueis enfileirados no cassino do Main Street Station

cas de ferro fundido e postes vitorianos da Bruxelas pré-Primeira Guerra Mundial. No interior, o hotel esbanja pisos de parquê e cerâmica, lamparinas a gás, acessórios de latão e antiguidades suficientes para encher uma mansão sulista.

O saguão tem bancos de madeira nobre da ferrovia e lustres de bronze com cúpula vindos do Hotel El Presidente de Buenos Aires. O vitral do cassino, logo na entrada, era da casa da cantora Lillian Russell, e o móvel de mogno entalhado atrás da recepção veio de uma farmácia do Kentucky. O hotel também exibe o vagão Pullman do presidente Theodore Roosevelt, uma lareira do castelo escocês de Preswick, o vagão particular de Buffalo Bill Cody, batedor do Exército dos EUA e artista, e ainda uma parte do Muro de Berlim. É também o único resort do centro com uma cervejaria e estacionamento para trailers e motorhomes *(p. 117)*.

❺ Golden Nugget

129 E Fremont St. **Mapa** 2 D3. **Tel** (702) 385-7111. ⏰ 24h *(p.114)*. ♿ 🌐 goldennugget.com

Piso de mármore no saguão do Golden Nugget

Com fachada de mármore branco e filetes dourados, o Golden Nugget destaca-se como joia entre as hospedarias do centro. É também o único cassino da região sem um letreiro de neon. Lá dentro, ele exibe uma das maiores pepitas de ouro do mundo, com inacreditáveis 27kg. O elegante saguão do hotel tem piso e colunas de mármore branco, painéis de vidro decorado, acessórios dourados e tapetes orientais de belas cores. O mármore branco e os filetes dourados da decoração se evidenciam em todas as áreas comuns. Os quartos do hotel estão entre os mais luxuosos da cidade, com carpetes e paredes bege.

Entre as instalações há um salão de pôquer e um complexo aquático de US$30 milhões, em cujo centro está o Tank. Essa piscina contém um aquário embutido, que dá aos hóspedes a oportunidade de praticamente nadar lado a lado com mais de 300 tubarões, raias e outros espécimes marinhos, e fazer um passeio emocionante pelo tanque de tubarões em um trole seguro de três andares. O hotel também oferece passeios pelo Tank guiados por uma equipe de biólogos marinhos. Longe dos tubarões (e das crianças) está o Hideout, uma piscina de borda infinita isolada e com luxuosas cabanas ao redor, apenas para maiores de 16 anos.

O letreiro iluminado e chamativo do Hotel Four Queens

❻ Four Queens

202 Fremont St. **Mapa** 2 D3. **Tel** (702) 385-4011. ⏰ 24h *(p. 117)*. ♿ 🌐 fourqueens.com

Inspirado em Nova Orleans, o Four Queens é a Grande Dama do centro de Las Vegas. Feito em 1966, o hotel leva esse nome em homenagem às quatro filhas do primeiro dono e tem um dos melhores arranjos de iluminação da Fremont Street.

A decoração do Four Queen lembra o bairro francês, com o balcão da recepção entalhado, arremates de latão, espelhos dourados e lustres gradeados. O hotel tem 690 quartos, reformados em 2008, bem iluminados, com carpetes de luxo, lindo papel de parede com brocado e mobília de madeira escura polida.

O cassino, com candelabros pendentes, é bastante movimentado e conta com o que todo turista de Vegas poderia esperar: jogos de mesa e máquinas de videopôquer e caça-níqueis.

❼ Fremont Hotel

200 Fremont St. **Mapa** 2 D3. **Tel** (702) 385-3232. ☐ 24h *(p. 114)*.
w fremontcasino.com

Esse cassino consagrado, erigido em 1956, foi o primeiro prédio de hotel alto no centro. O Fremont Hotel também teve a primazia de ser inteiramente acarpetado numa época em que o piso dos outros cassinos era coberto de serragem. Além do mais, foi ali que Wayne Newton, o famoso artista de Las Vegas, fez sua estreia como cantor.

Hoje, o letreiro de neon do hotel, que ocupa uma quadra, ajuda a iluminar a deslumbrante Fremont Street Experience. Costuma-se dizer que o hotel é o coração da Fremont Street e realmente fica perto do movimento de toda a região. Do outro lado da rua há um resort irmão do Fremont, o California Hotel *(p. 72)*.

O amplo cassino está sempre movimentado, e os jogadores pulam de máquina em máquina – são mais de mil entre caça-níqueis e videopôquer. Na temporada de futebol americano, as apostas do Fremont Hotel são muito concorridas.

A imponente fachada do The D Las Vegas

❽ The D Las Vegas

301 Fremont St. **Mapa** 2 D3.
Tel (702) 388-2400. ☐ 24h.
w thed.com

O prédio de 34 andares desse resort com 638 quartos fica próximo à Freemont Street Experience e é um ótimo ponto para ver os espetáculos de luzes que ocorrem ali toda noite.

A letra "D" no nome do resort significa "downtown" (centro) e também faz referência à inicial do proprietário, Derek Stevens.

O hotel tem apelo universal e atrai o público mais jovem com seus quartos modernos equipados com TV de tela plana, internet Wi-Fi de alta velocidade e base para iPod.

O cassino no segundo andar tem temática nostálgica, com máquinas clássicas operadas por moeda e as raras Sigma Derby – máquinas elétricas de corridas de cavalos, cultuadas na década de 1980.

O D oferece, ainda, uma seleção de opções de alimentação que vão do McDonald's à refinada Andiamo Steakhouse. O show com jantar *Marriage Can Be Murder*, apresentado regularmente, é muito concorrido.

❿ Fremont Street Experience

Mapa 2 D3. ☐ Shows de luz: toda hora 18h-0h diariam (até 1h sex e sáb; a partir de 20h no verão). ♿
w vegasexperience.com

A Fremont Street é o coração de Las Vegas desde que foi criada, em 1905. Quando se legalizou o jogo em Nevada, em 1931, nela se instalaram os primeiros cassinos. A rua ficou conhecida como "Glitter Gulch" (ravina cintilante) quando surgiu a iluminação de neon e os letreiros estilosos clarearam o céu à noite.

Nos anos 1980 e 1990, a Fremont Street sofreu a concorrência de atrações mais luxuosas na Strip e se tornou um centro urbano desgastado, em geral

Máquinas caça-níqueis no cassino do Fremont Hotel

CENTRO E FREMONT STREET | 75

evitado pelos turistas. Em 1994, deu-se início a um ambicioso programa de revitalização de US$70 milhões. Uma longa abóbada de aço hoje cobre cinco quadras da rua, e nela são exibidos os espetaculares shows de luz e som da Fremont Street, chamados em conjunto de Viva Vision. Entre as exibições estão *Kiss Over Vegas*, *Don McLean's American Pie* e *A Tribute to Queen*. O teto da abóbada exibe imagens de alta resolução transmitidas por mais de 12 milhões de módulos de LED sincronizados, com som de alta qualidade controlado por dez computadores. A rua é de pedestres, e se pode andar de um cassino a outro, parando para um lanche e compras nos quiosques pelo caminho. Alguns luminosos dos anos 1950 e 1960 deram lugar ao novo espetáculo, mas restam muitas fachadas deslumbrantes dos velhos cassinos mais admirados.

A mais recente atração da Fremont Street é a SlotZilla Zip Line, uma tirolesa que parte de um caça-níqueis gigante de doze andares e percorre 23,5m sobre o calçadão.

A fachada colorida de neon do centro de diversão Neonopolis

❿ Downtown Grand Las Vegas

206 N 3rd St. **Mapa** 2 D3. **Tel** (702) 719-5100. 24h *(p. 114)*.
w downtowngrand.com

No endereço do antigo Lady Luck Hotel & Casino, esse hotel é a peça central do Downtown3rd, o novo complexo de entretenimento do centro da cidade. Foi inaugurado em 2013 e está convenientemente localizado a poucos passos do Mob Museum, da Fremont Street Experience e do Fremont East Entertainment District. Conta com duas torres de hotel e outra de dezessete andares onde funciona o cassino, interligadas por uma passarela elevada e com decoração requintada contemporânea. Seus quartos têm todas as comodidades modernas, como TVs de alta definição. O maior atrativo do hotel é o Picnic, um retiro na cobertura com piscina, fogueira, cabanas, mesas de piquenique e um palco que apresenta shows nos fins de semana.

⓫ Fremont East District

Mapa 2 E3.

O Fremont East District se estende pela Fremont Street, do Las Vegas Boulevard à 8th Street. A região passou por tempos difíceis, mas houve melhora com o plano de US$5,5 milhões para renovação das ruas, com calçadas mais largas, portões iluminados e luminosos dos anos 1950 e 1960.

O local tem uma mistura eclética de cafés, bares e boates, como Beauty Bar, Downtown Cocktail Room *(p. 142)*, The Griffin e Take 1.

Na entrada do bairro, o Neonopolis é um centro de diversão, alimentação e compras ao ar livre. Restaurantes como Toy Shack, Denny's, Heart Attack Grill e Banger Brewing foram abertos recentemente. A Hennessey's Tavern e o Mickie Finnz Fish House & Bar ficam do outro lado da rua.

O espetáculo de luz e som da Fremont Street Experience

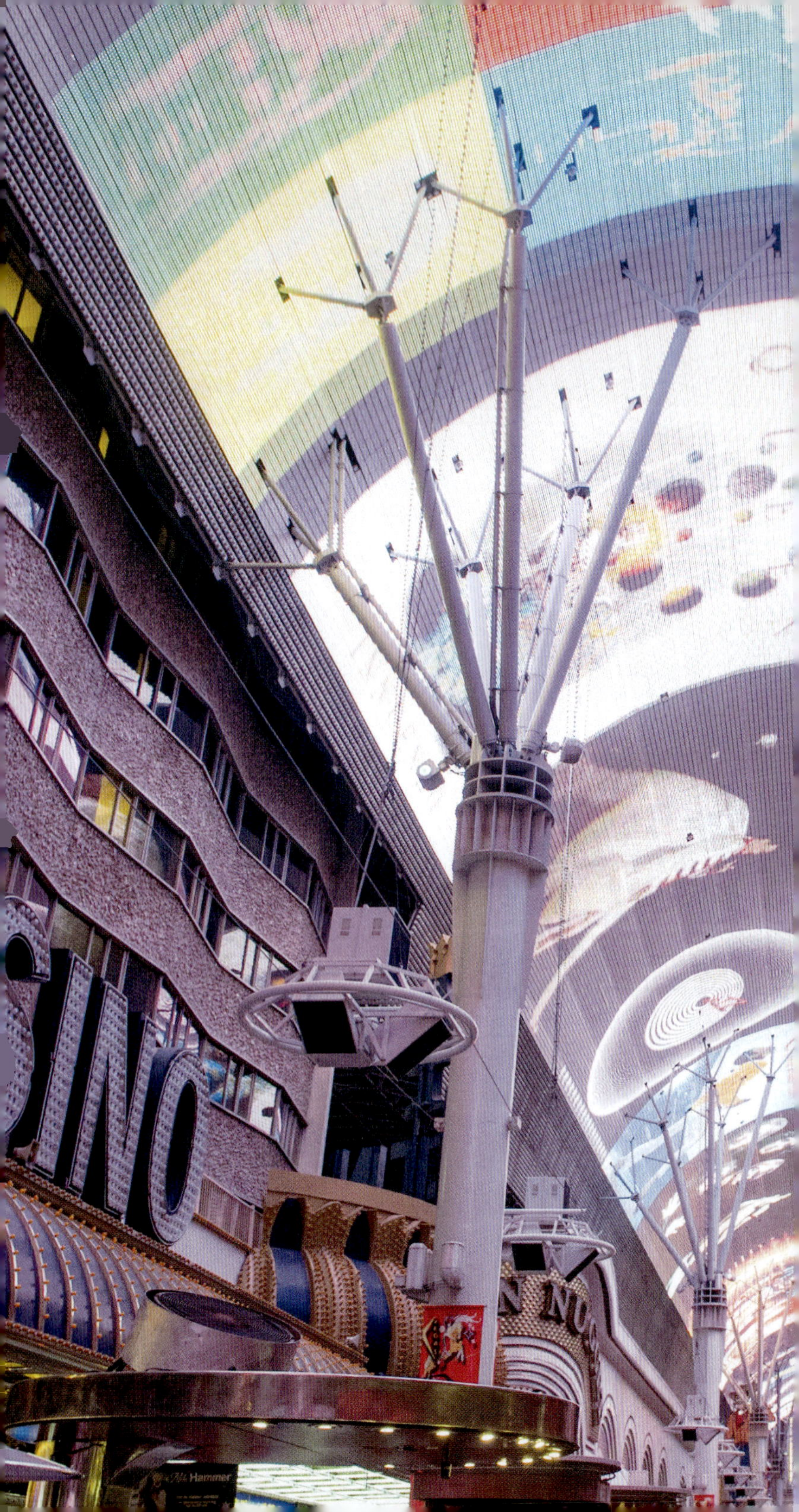
SINO

B
Binion's
$1,000,000
LAS VEGAS WELCOMES NATIONAL FINALS RODEO
$11.99
TONY ROMA'S
RIBS SEAFOOD STEAKS
STEAK

El Cortez, um dos poucos hotéis que mantêm partes da arquitetura original

⓬ El Cortez

600 E Fremont St. **Mapa** 2 E3. **Tel** (702) 385-5200. ◯ 24h (p. 114). ♿
Ⓦ elcortezhotelcasino.com

Um dos mais reconhecidos pontos de referência de Las Vegas, o El Cortez Hotel & Casino foi construído em 1941 e é o mais antigo cassino da cidade em funcionamento. Tomando a dianteira no movimento para rejuvenescer o Fremont East, o El Cortez reformou sua fachada em 2005, fazendo uma entrada moderna e renovações no edifício do hotel, por US$20 milhões. No entanto, ainda mantém parte da arquitetura inicial.

Os quartos originais, com piso de madeira e banheiros de ladrilho, estão intactos. Chega-se a eles por uma escada barulhenta que sai direto do cassino. Para acomodações mais modernas, há 300 quartos confortáveis em um prédio de catorze andares.

O hotel já pertenceu a "Bugsy" Siegel (p. 28), que o vendeu para construir seu famoso hotel Flamingo, na Strip. Jackie Gaughan, outro antigo dono, foi um dos verdadeiros pioneiros de Las Vegas. Possuía diversos hotéis e cassinos no centro da cidade, entre eles o Plaza, o Vegas Club, o Western Hotel e o Gold Spike – todos vendidos por ele em 2004.

Hoje o El Cortez recebe sobretudo turistas com baixo orçamento, idosos e fãs de caça-níqueis que gostam de jogar em um cassino com o estilo da "velha Las Vegas".

Videopôquer e videokeno são dois dos jogos de azar mais populares do amplo cassino, repleto de fileiras de máquinas de todo tipo. O El Cortez também oferece apostas em corridas e esportes diversos.

⓭ Downtown Container Park

707 Fremont St. **Mapa** 2 E3. **Tel** (702) 637-4244. ◯ Lojas: 11h-21h seg-qui, 11h-22h sex-sáb, 11h-20h dom. Alimentação: 11h-23h seg-qui, 11h-1h sex e sáb, 11h-23h dom.
Ⓦ downtowncontainerpark.com

Inaugurado no fim de 2013 na esquina da Fremont com a 7th Street, esse shopping center singular e sustentável consiste em uma seleção de pequenas lojas e restaurantes instalados em quase 30 contêineres de 76m² e 41 módulos cúbicos de metal. No pátio central há uma enorme casa na árvore com escorregador de 10m de altura, palco para shows e um louva-deus colossal. Após as 21h não é permitida a entrada de menores de 21 anos.

⓮ The Arts Factory and 18b Arts District

101-109 E Charleston Blvd. **Mapa** 1 C4. **Tel** (702) 383-3133. ◯ diariam, varia conforme a galeria. ♿ Ⓦ **18b.com**
Ⓦ theartsfactory.com

O 18b Arts District está localizado a cerca de 1,6km ao sul da Fremont Street. Seu nome refere-se aos dezoito quarteirões que originalmente formavam o Las Vegas Arts District. O bairro agora se expandiu e cobre uma área muito maior com uma mistura eclética de galerias de arte, lojas, bares e restaurantes. Entre os locais de maior interesse estão a Art Square, que consiste em três edifícios da década de 1950 reformados com um jardim de artes ao ar livre, e a Antique Alley, com mais de vinte antiquários independentes, como um armazém repleto de antiguidades que realiza leilões mensais, uma loja de roupas de designers e diversos brechós.

Uma das maiores atrações do 18b Arts District é a Arts Factory (Fábrica de Artes), composta por um grupo diversificado de artistas locais que abriram lojas enfileiradas no térreo de um prédio comercial. Fazem parte do grupo artistas plásticos, designers, arquitetos, fotógrafos, decoradores e artesãos que apreciam a energia criativa de trabalhar próximos.

⓯ Discovery Children's Museum

360 Promenade Pl. **Mapa** 2 E2. **Tel** (702) 382-5437. ◯ jun-início set: 10h-17h seg-sáb, 12h-17h dom; início set-mai: 9h-16h ter-sex, 10h-17h sáb, 12h-17h dom e maioria dos feriados escolares. ◯ principais feriados. ♿ Ⓦ discoverykidslv.org

Esse excelente museu, localizado no Symphony Park, dedica-se a mostras interativas divertidas tanto para adultos quanto para crianças. Conta com nove salas de exposição temáticas que ex-

Interior do Discovery Children's Museum

◀ Fremont Street Experience

ploram uma gama variada de assuntos como eletricidade, aviação, movimento e força das águas, ímãs, máquinas e artes. A maioria das mostras é voltada para crianças e recebe excursões de escolas primárias, mas há atrações para todas as idades. Crianças mais velhas adoram o Summit, uma estrutura para escaladas de treze andares, enquanto os menores de cinco anos se divertem na área para brincadeiras Toddler Town.

⓰ Las Vegas Natural History Museum

900 Las Vegas Blvd N. **Mapa** 2 E2. **Tel** (702) 384-3466. ◯ 9h-16h diariam. ⬤ principais feriados. **lvnhm.org**

Com uma bela variedade de atrações, esse museu seduz as famílias. Painéis recriam a savana africana e apresentam diversos animais selvagens, de leopardos a espécies de antílopes africanos. A sala Wild Nevada exibe a flora e a fauna do deserto de Mojave. Entre os dinossauros animatrônicos há um tiranossauro de 10,5m de comprimento, e entre os animais marinhos há tubarões e enguias vivas. Na sala interativa, os visitantes podem procurar fósseis e explorar os cinco sentidos. O museu tem uma mostra sobre o Egito, após a doação de objetos de Tutancâmon feitas pelo Luxor (p. 44).

Old Las Vegas Mormon Fort, construído pelos primeiros europeus em Las Vegas

⓱ Old Las Vegas Mormon Fort

500 E Washington Blvd. **Mapa** 2 E2. **Tel** (702) 486-3511. ◯ 8h-16h30 ter-sáb. ⬤ feriados. **parks.nv.gov/olvmf.htm**

O pequeno prédio de adobe rosa é o único vestígio do Forte Mórmon. Mais antigo prédio de Las Vegas, o forte remonta a 1855, quando o primeiro grupo de colonizadores mórmons instalou-se na região (p. 20), e foi englobado nos anos 1880 por uma fazenda administrada pela pioneira Helen Stewart. O município de Las Vegas comprou o lugar em 1971 e o tem restaurado desde então.

Hoje os visitantes entram por uma reconstrução da casa original de adobe, mobiliada como deve ter sido quando ocupada pelos mórmons.

⓲ Neon Museum

770 N. Las Vegas Blvd. **Mapa** 2 E2. **Tel** (702) 387-6366. ◯ 9h-21h diariam. **neonmuseum.org**

Esse museu oferece visitas guiadas de uma hora de duração por sua coleção de mais de 150 letreiros de neon, que remontam até os anos 1930. As peças, tiradas de cassinos antigos e outros estabelecimentos, estão espalhadas por 2,5ha. O centro de visitantes fica dentro do histórico saguão do La Concha Motel, construído em 1961 e exemplo clássico do design moderno de meados do século XX. O edifício foi salvo da demolição em 2005 e transferido em 2006 para sua localização atual.

⓳ Mob Museum

300 Stewart Ave. **Mapa** 2 D3. **Tel** (702) 229-2734. ◯ 10h-19h dom-qui, 10h-20h sex-sáb. **themobmuseum.org**

Instalado no antigo edifício federal em que ocorreram as audições do Comitê Kefauver sobre o crime organizado, em 15 de novembro de 1950, esse museu detalha a história da máfia nos EUA. Nos três andares da construção, mostras multimídia contam como as forças da lei combateram até o fim o poder dos mafiosos em Las Vegas. Entre os itens expostos está o muro do Massacre do Dia de São Valentim, ocorrido em Chicago em 1929, além de objetos de gângsteres como Al Capone, Charles "Lucky" Luciano, Bugsy Siegel e outros.

Um Tiranossauro rex animado eletronicamente ruge no Las Vegas Natural History Museum

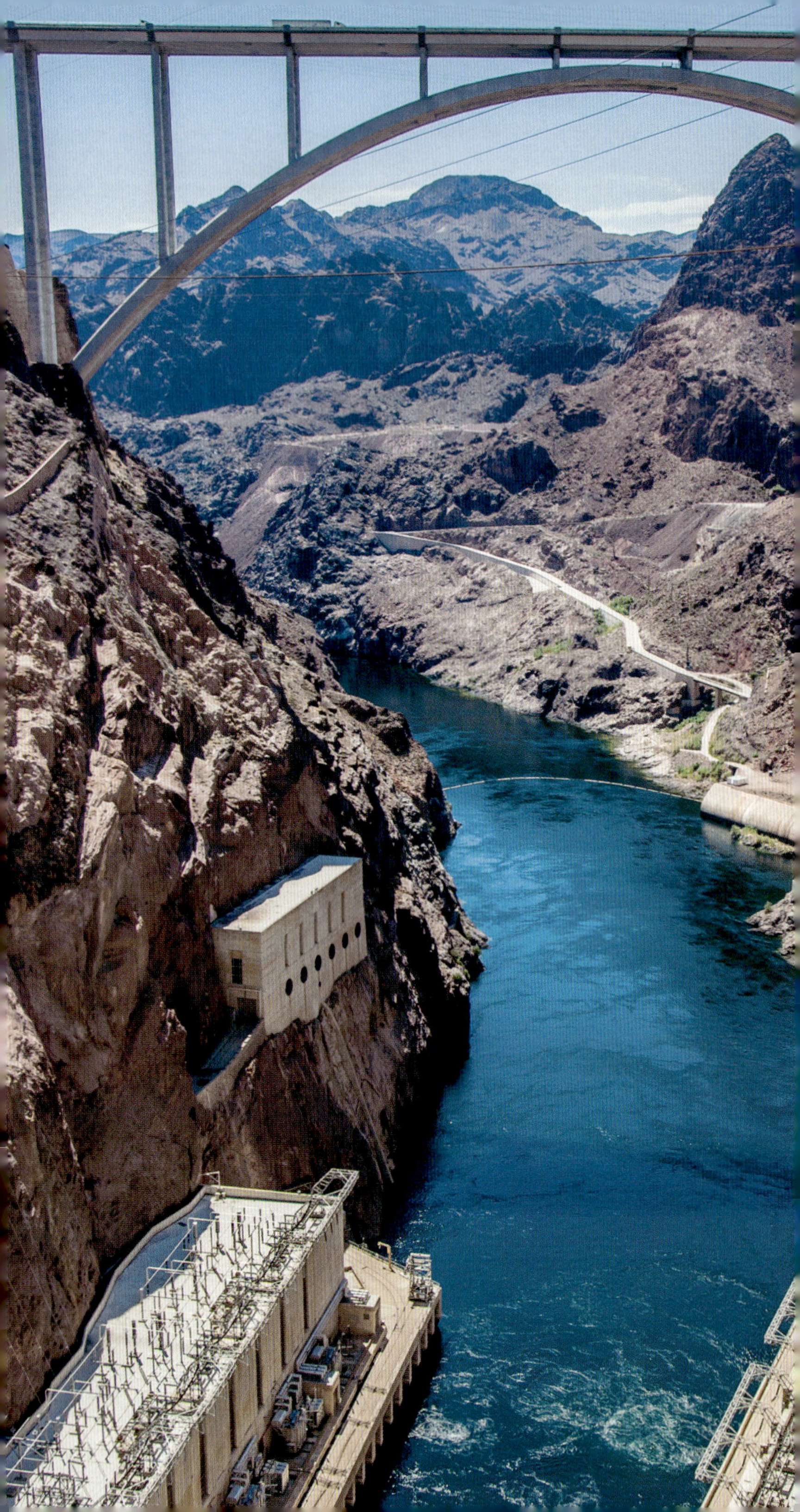

FORA DO CENTRO | **83**

❶ Spring Mountain Ranch State Park

6375 Nevada Hwy 159, Blue Diamond, NV. **Tel** (702) 875-4141.
w **parks.nv.gov/parks/spring-mountain-ranch-state-park**

A menos de 1,6km (1 milha) ao norte de Bonnie Springs, esse parque era uma das paradas da Velha Trilha Espanhola *(p. 19)*, histórica rota comercial, e abriga algumas das mais antigas construções do sul de Nevada, que datam de 1860 ou até antes. Passeios guiados durante as tardes conduzem os visitantes à ferraria histórica, ao cemitério de Wilson, ao chalé de arenito, ao alojamento dos trabalhadores e à casa principal, que já foi propriedade de Howard Hughes. Várias trilhas levam ao lago Harriet, a um riacho e a um bosque plantado na década de 1930. No palco do local, de maio a setembro, é apresentada a concorrida série de teatro musical *Super Summer Theatre*.

❸ Bonnie Springs Ranch/Old Nevada

16395 Bonnie Springs Rd, Blue Diamond, Nevada. **Tel** (702) 875-4191.
◯ verão: 10h30-18h qua-dom; inverno: 11h-17h qua-sex, 10h30-17h sáb e dom.
w **bonniesprings.com**

A Bonnie Springs Ranch e Old Nevada situam-se a curta distância do Red Rock Canyon. Construída em 1843 como fazenda de gado e pouso de caravanas a caminho da Califórnia,

As encostas do monte Charleston, cheias de pinheiros, faias e abetos

Bonnie Springs hoje tem cercados com animais domésticos, lago, aviário e cocheira.
 Logo ao lado, Old Nevada é uma velha cidade de mineiros restaurada. Entre os prédios envelhecidos há uma sorveteria, uma galeria de tiro e uma capela. Ali são realizadas encenações de tiroteios na rua, e um trenzinho leva os visitantes em um passeio pelos arredores da cidade.

❹ Monte Charleston

Tel (702) 515-5400 (Serviço Florestal).
🚌 Las Vegas. w **fs.usda.gov**

Erguendo-se no meio da **Toiyabe National Forest** à altura considerável de 3.632m, o monte Charleston é coberto de pinheiros, faias, mogno e abetos. A cerca de 72km ao noroeste de Las Vegas, essa região, parte da Spring Mountain Recreation Area, constitui um refúgio do calor do verão e tem várias trilhas e áreas de piquenique. No inverno, há prática de esqui e snowboard *(p. 147)*.
 Entre as diversas trilhas existentes estão a North Loop (18km) e a South Loop (14km). As caminhadas mais fáceis nas encostas estão assinaladas, como a de uma hora até a Cathedral Rock.

❺ Valley of Fire State Park

Tel (702) 397-2088.
🚌 Las Vegas. restrito.
w **parks.nv.gov/vf.htm**

Esse parque estadual cheio de paisagens fica distante no deserto, a 97km ao nordeste de Las Vegas. Seu nome – vale do Fogo – vem do vermelho marcante das formações de arenito. Há quatro trilhas bem preservadas através da terra selvagem, que passam por vários entalhes em rocha feitos por índios pueblos pré-históricos. A melhor época para visitar é na primavera ou no outono.
 Perto dali fica Overton, às margens do rio Muddy. Os pueblos se instalaram aí por volta de 300 a.C., mas foram embora 1.500 anos depois, talvez por causa de longa seca. Os arqueólogos descobriram centenas de objetos pré-históricos na região. O **Lost City Museum of Archaeology** (Museu Arqueológico da Cidade Perdida), na beira da cidade, tem um amplo acervo.

🏛 **Lost City Museum**
721 S Moapa Valley Blvd, Overton. **Tel** (702) 397-2193. ◯ 8h30-16h30 diariam. ⬤ 1º jan, Ação de Graças, 25 dez.
w **museums.nevadaculture.org**

Formações de arenito vermelho no Valley of Fire State Park

❻ Lake Mead National Recreation Area

US 93 O de Las Vegas. **Tel** (702) 293-8906; Centro de Visitantes Alan Bible (702) 293-8990. Las Vegas. 9h-16h30 diariam. 1º jan, Ação de Graças, 25 dez. limitado. **nps.gov/lame**

Depois de concluída a represa Hoover, as águas do rio Colorado encheram os profundos cânions que se assomavam sobre o rio para criar um enorme reservatório. Esse lago, tem 1.130km de orla, tem florestas e campos floridos e é o ponto central da Lake Mead National Recreation Area (Área Recreativa Nacional do Lago Mead), um espaço muito extenso. O principal são os esportes aquáticos, sobretudo vela, esqui, canoagem e pesca. O robalo-riscado e a truta-arco-íris são os peixes mais cobiçados. Há também vários acampamentos e marinas.

É fácil chegar ao lago e à sua marina principal passando por Boulder City. Entretanto, o caminho é mais bonito indo pelas estradas Lakeshore e Northshore, que acompanham a orla norte do lago. Delas se tem vista panorâmica do lago Mead, com o deserto e as montanhas bem ao longe.

Passeio de lancha no lago Mead

Lanchas atracadas em um pontão do lago Mead

A tranquilidade do Green Valley Ranch Resort, Henderson

❼ Boulder City

US 93 SE de Las Vegas. 15.000. **bouldercity.com**

A apenas 13km a oeste do colossal represa Hoover, Boulder City foi construída como cidade-modelo para abrigar os operários da construção da barragem. Com quintais ajeitados e ruas provincianas, é uma das cidades mais atraentes e organizadas de Nevada. Seus fundadores, cristãos, proibiram os cassinos, que até hoje não existem na cidade. Diversos prédios de 1930 continuam em pé, entre eles o restaurado Boulder Dam Hotel, de 1933, que atualmente abriga o **Hoover Dam Museum**. Em exposição estão cartazes, objetos antigos, fotos, filmes e outras coisas que explicam a represa e as pessoas que a construíram.

Ao visitar a represa em si, vale a pena fazer um passeio em torno da incrível **Mike O'Callaghan-Pat Tillman Memorial Bridge**. Construída aproximadamente 270m acima do rio Colorado, essa enorme passarela faz jus à grandiosidade da represa.

Hoover Dam Museum
Boulder Dam Hotel, 1305 Arizona St, Boulder City. **Tel** (702) 294-1988. 10h-17h seg-sáb. 1º jan, Ação de Graças, 25 dez. **bcmha.org**

Mike O'Callaghan-Pat Tillman Memorial Bridge
Hoover Dam Bypass, Boulder City. amanhecer-anoitecer.

❼ Henderson

US 93 SE de Las Vegas. 270.000. Centro de Convenções e de Visitantes de Henderson (702) 267-2171. **cityofhenderson.com**

Apesar de confundido com um subúrbio de Las Vegas, Henderson é um município, atualmente o segundo maior do estado. Ali fica um dos bairros planejados mais chiques do sul de Nevada, Green Valley, onde campos de golfe profissionais entremeiam-se com imóveis milionários. A cidade também desenvolveu um setor de jogos próprio, dividido entre os cassinos de trabalhadores no centro e os resorts mais requintados, como o **Green Valley Ranch Resort** *(p. 117)*, que ostenta arquitetura mediterrânea e ótimas opções de restaurante.

Uma das principais atrações de Henderson é a fábrica de **Ethel M Chocolates**. O "M" é de Mars, que aparece nas Mars Bars, fabricantes de doces com nomes como Milky Way, Snickers, Twix e M&Ms, bem como dos Ethel M Chocolates, hoje produzidos exclusivamente em Las Vegas. Há passeios guiados gratuitos para ver a produção dos chocolates finos.

Green Valley Ranch Resort
2300 Paseo Verde Pkwy, Henderson. **Tel** (702) 617-7777. 24h. **greenvalleyranch.sclv.com**

Ethel M Chocolates
2 Cactus Garden Drive, Henderson. **Tel** (702) 433-2655. 8h30-18h. **ethelm.com**

FORA DO CENTRO | **8 5**

❽ Hoover Dam

Chamada no início de Boulder Dam, a Hoover Dam começou a ser construída em 1931 e foi concluída em 1935, antes do prazo e dentro do orçamento. Considerada uma façanha da engenharia, essa gigantesca construção de concreto tem a altura de 54 andares, um alicerce de 183m de espessura e controla o fluxo do rio Colorado. Hoje a barragem garante o fornecimento de água e energia elétrica a essa região desértica e é sua maior atração turística. Por segurança, só se pode visitar a represa por meio do centro de visitantes. Há restrições ao trânsito de certos veículos.

PREPARE-SE

Informações Práticas
US Hwy 95 S após Boulder City.
Centro de Visitantes da Hoover Dam (702) 494-2517; (866) 730-9097. 9h-17h15 (16h15 inverno). Ação de Graças, 25 dez. galeria, exposições.
w usbr.gov/lc/hooverdam

O rio Colorado, que corre por 2.253km das montanhas Rochosas para o golfo do México, é fonte de toda a energia gerada pela represa.

Torres de Tomada
Essas quatro torres de 122m de altura, duas de cada lado da represa, controlam o fluxo da água pelas turbinas elétricas.

★ Centro de Visitantes
Com três andares, esse centro dispõe de audiovisuais, peças teatrais e mostras multimídia para explicar a construção da represa.

Detalhes Art Déco
Grandes painéis de concreto moldado nas torres de entrada, bem como o desenho e o acabamento, exibem arquitetura com elementos art déco.

★ Geradores da Hidrelétrica
Os dezessete geradores da turbina fornecem eletricidade para os estados da Califórnia, de Nevada e do Arizona.

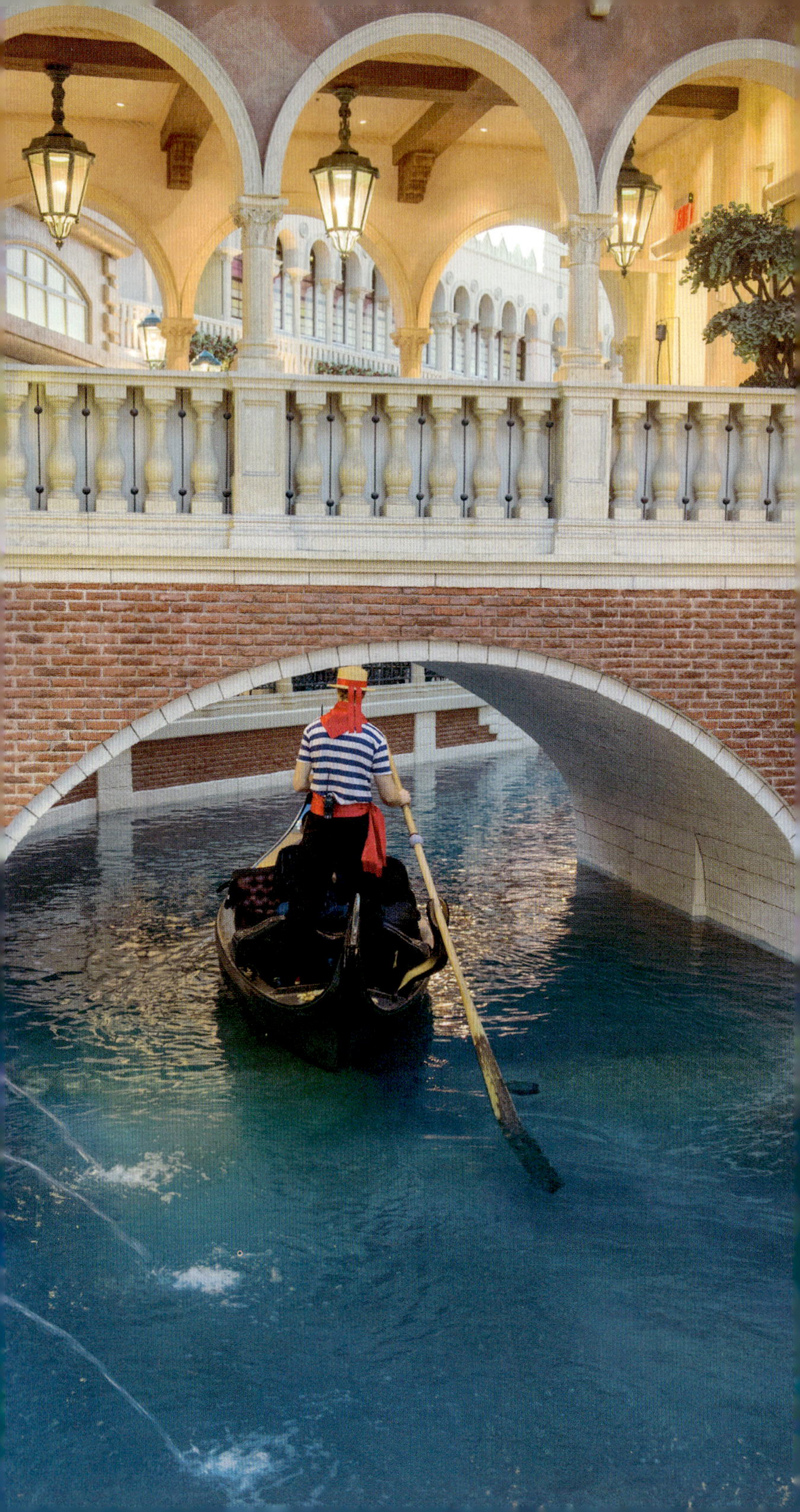

DOIS PASSEIOS A PÉ E UM DE CARRO

Las Vegas é uma cidade fascinante e diversificada, com faces múltiplas que podem tanto encantar quanto intrigar os que nelas se aventurarem. Nas páginas seguintes, dois passeios a pé e um de carro foram escolhidos para mostrar um lado distinto dessa cidade ainda nova do Sudoeste, onde os cassinos supermodernos iluminados coexistem com vestígios inesperados, mas vívidos, da herança de cidade fronteiriça.

Longe da extravagância da Strip, a primeira caminhada dá uma visão diferente da parte principal da cidade. O campus da universidade é um santuário de artes, cultura, literatura e história do sul de Nevada e fervilha com a vibração jovem e intelectual. O segundo passeio a pé apresenta os famosos resorts "temáticos" de Las Vegas, que recriam em detalhes a beleza arquitetônica de marcos construídos pelo homem em todo o mundo. Pode-se avistar a Torre Eiffel, atravessar a ponte do Brooklyn e admirar a grandiosidade opulenta do coliseu de Roma.

Por fim, o passeio de carro se afasta do neon e cruza várias gerações dos bairros da cidade. Abrange o bairro residencial do centro, berço da cidade, e os imóveis onde moravam os fundadores da comunidade.

Não se esqueça de que Las Vegas fica em um deserto. Assim, use roupas apropriadas, sapatos confortáveis, passe filtro solar e leve água suficiente para beber.

Escolha um Passeio a Pé ou de Carro

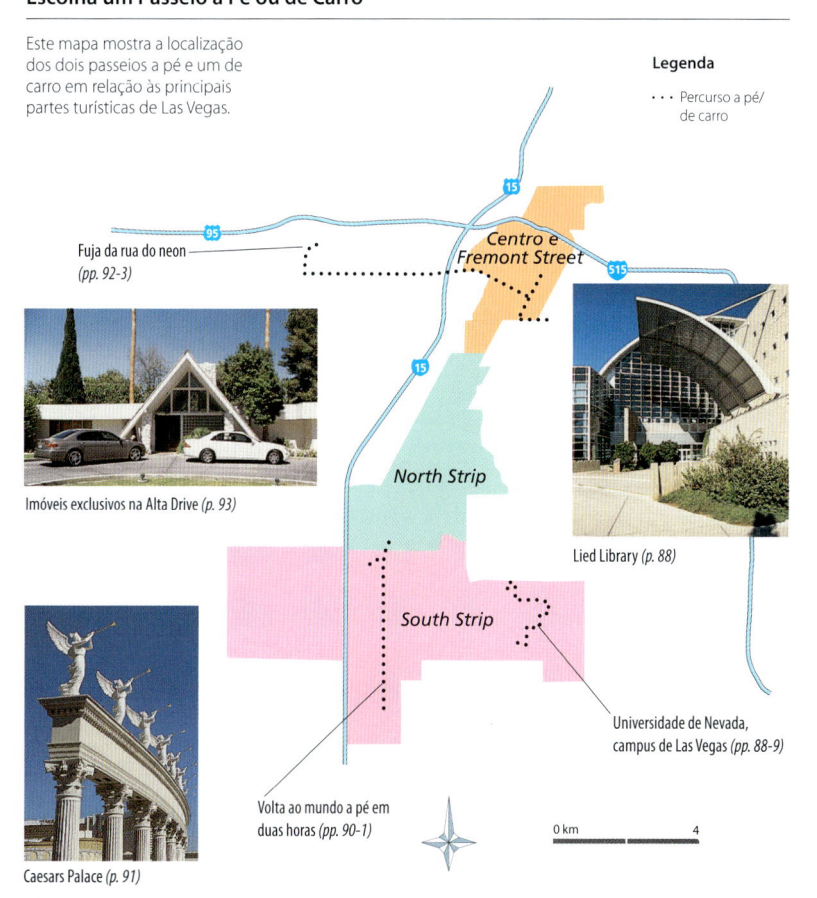

Este mapa mostra a localização dos dois passeios a pé e um de carro em relação às principais partes turísticas de Las Vegas.

Legenda
· · · Percurso a pé/de carro

Fuja da rua do neon (pp. 92-3)

Centro e Fremont Street

North Strip

Imóveis exclusivos na Alta Drive (p. 93)

Lied Library (p. 88)

South Strip

Universidade de Nevada, campus de Las Vegas (pp. 88-9)

Volta ao mundo a pé em duas horas (pp. 90-1)

0 km 4

Caesars Palace (p. 91)

◀ Passeio de gôndola pelos canais do Venetian

Passeio de 90 Minutos pela Universidade de Nevada, Campus de Las Vegas (UNLV)

Esse passeio dá uma visão reveladora da Universidade de Nevada de Las Vegas, que funciona como centro intelectual e cultural da cidade. Todo ano os espaços de artes cênicas da UNLV apresentam balés, óperas, peças teatrais e concertos de música clássica interpretados por artistas de renome internacional. Além disso, a universidade conta com boas galerias de arte, museus e uma biblioteca enorme – seu acervo de objetos de cassinos é o maior do estado de Nevada. A área circundante oferece várias diversões, que constituem um refúgio da vida universitária.

Fachada da frente da Lied Library ②

Do Thomas & Mack Center à Lied Library

No lado sudoeste do campus da UNLV, junto à Swenson Street, está o Thomas & Mack Center ①. Esse ginásio de esportes e lazer de 18 mil lugares é a sede do time de basquete universitário Runnin' Rebels. É também o local de vários eventos sociais, como o anual National Finals Rodeo (p. 34), os campeonatos de basquete da Mountain West Conference, shows de rock, musicais no gelo da Disney e outros. O vizinho Cox Pavilion, de 3 mil lugares, adicionado ao centro em 2001, recebe as partidas de vôlei e as de basquete feminino da UNLV. Do Thomas & Mack, ande umas duas quadras ao norte pela Gym Road até Lied Library ② (biblioteca) para não perder a seção de Coleções Especiais. Milhares de mapas, manuscritos, periódicos, desenhos e imagens documentam a história, a arte e a cultura de Las Vegas. Comece pelo salão público de leitura, lotado de livros que datam de antes do século XVIII. Você também pode conhecer a sala de história oral, que tem fitas de som e de vídeo com entrevistas e documentários sobre moradores famosos. A biblioteca tem ainda uma grande variedade de objetos relativos a jogos.

Barrick Museum ③

Do UNLV Barrick Museum à Donna Beam Gallery

Saia da biblioteca e atravesse a Gym Road para o UNLV Barrick Museum ③ (p. 47), que se dedica à flora e à fauna da região. Há também uma bela coleção de objetos de culturas nativas americanas e mesoamericanas, como tecidos e máscaras de dança. O museu também relata a história de povos indígenas antigos, como os anassazes e os hopis. Na entrada do museu encontra-se o Xeric Garden ④ (Jardim de Xerófitas), com uma bela paisagem de plantas nativas, caminhos calçados e rochas de arenito estriado. Continue a leste até a Brussels Street e vire para o norte até a Donna Beam Fine Art Gallery ⑤. Instalada no Alta Ham Fine Arts Building, a galeria apresenta um acervo eclético de obras de

Entrada do enorme ginásio de esportes, no Thomas & Mark Center ①

DOIS PASSEIOS A PÉ E UM DE CARRO | 89

diversos artistas contemporâneos aclamados pela crítica e também de estudantes e docentes do Departamento de Arte da universidade. Entre as exposições apresentadas, que são sempre renovadas, há as de artistas profissionais que visitam a cidade em suas turnês e as patrocinadas por entidades de renome, como a Crayola (que faz lápis e crayons), o Conselho Nacional de Ensino da Arte Cerâmica e o Festival de Teatro de Faculdades Americanas.

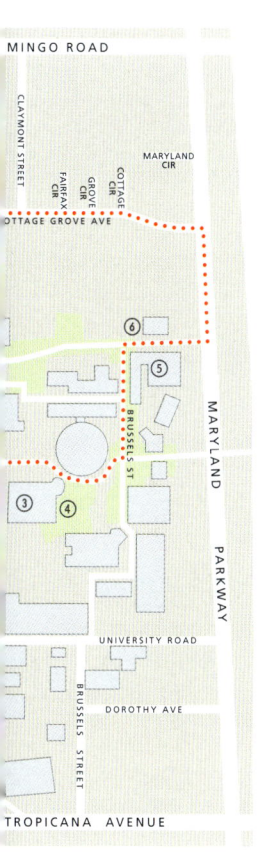

Bomba nuclear, Atomic Testing Museum ⑦

Da escultura Flashlight ao Atomic Testing Museum

O Fine Arts Building (Prédio de Belas-Artes) e a Donna Beam Gallery ficam muito perto do Performing Arts Center (Centro de Artes Cênicas), que abriga a Artemus Ham Concert Hall e o Judy Bayley Theater – dois dos mais destacados espaços da UNLV para espetáculos culturais diversos. Na praça entre essas duas casas há uma escultura enorme, *Flashlight* ⑥, de 11,5m de altura, criada pelo sueco Claes Oldenburg. Instalada em 1981, a escultura pop art virou atração no campus. Dirija-se a leste até chegar ao Maryland Parkway, um dos mais antigos bulevares da cidade, que liga a zona leste do centro ao aeroporto McCarran. O trecho junto à UNLV tem diversas lojas, livrarias, restaurantes e bares e está sempre cheio de estudantes. Caminhe para o norte no Maryland e vire a leste na Cottage Grove Avenue. No limite norte do campus da UNLV está o Desert Research Institute – DRI (Instituto de Pesquisa do Deserto) –, que abriga o Atomic Testing Museum ⑦ (Museu de Testes Atômicos). As peças mais notáveis são do Local de Testes de Nevada *(p. 24)* – um vasto acervo de fotos, objetos de época, uma maquete em escala 1/5 de um recipiente usado em testes nucleares subterrâneos e uma carta escrita pelo cientista Albert Einstein ao presidente Franklin D. Roosevelt. O museu também conta com mostras multimídia interativas, com o Ground Zero Theater (Teatro do Marco Zero), que exibe filmes de testes atômicos reais e trabalhos da Smithsonian Institution.

Escultura *FlashLight* ⑥

Dicas para o Passeio

Partida: Thomas & Mack Center.
Extensão: 3,2km.
Como chegar: Pegue o ônibus no 201 da RTC na Tropicana Avenue, para o leste da Strip, e desça na Swenson Street. No centro, você pode pegar o ônibus 108 da RTC no sentido sul na Paradise Road até o aeroporto, onde o ônibus faz uma meia-volta e retorna pela Swenson Street.
Paradas: O Maryland Parkway tem vários lugares para comer, com diversas opções de culinária internacional, entre eles o Paymon's Mediterranean Café, que serve excelentes pratos do Oriente Médio, ou a Einstein Bagels, para um lanche rápido e saboroso.

Legenda

••• Percurso a pé

Pintura do ator Tony Curtis na Donna Beam Fine Art Gallery ⑤

Volta ao Mundo a Pé em Duas Horas

Nada é mais característico de Las Vegas que seus megarresorts temáticos extravagantes e projetados com primor. Alinhados na Strip, esses hotéis luxuosos homenageiam algumas das cidades e países mais conhecidos do mundo com recriações de seu panorama arquitetônico. Nessa caminhada, você passa por ruas de Veneza, admira monumentos internacionais como a Torre Eiffel, a ponte do Brooklyn e a esfinge egípcia, e vê esculturas e fontes romanas – tudo em poucos quarteirões.

Do Egito a Nova York

Comece o passeio na esquina do Las Vegas Boulevard com a Hacienda Avenue para ver um dos resorts mais espetaculares da cidade, o Luxor ① *(p. 44)*. O prédio principal consiste em uma pirâmide de 30 andares de altura com acabamento de vidro escuro espelhado; sua entrada é protegida por uma esfinge de dez andares de altura, que tem ao redor um obelisco de arenito, lagoa, palmeiras e estátuas de faraós. No interior, há duas fascinantes exposições permanentes: Titanic e Bodies, a segunda com corpos e órgãos humanos reais, que proporcionam um conhecimento raramente obtido fora de um laboratório de anatomia ou de um necrotério.

Do Luxor, pegue um bonde grátis até o Excalibur *(p. 44)* e atravesse a rua para o New York-New York ② *(p. 45)*. Uma réplica da Estátua da Liberdade assinala a entrada desse hotel. Seus prédios contêm réplicas de outros pontos de referência famosos, como os edifícios Empire State e Chrysler. Também há reprodução de símbolos de Nova York no cassino, como a Times Square e uma réplica de Coney Island, que conta com um salão de videogames e carros bate-bate. Quando for embora, atravesse a ponte do Brooklyn e dirija-se ao norte na direção do Monte Carlo ③ *(p. 45)*.

Réplica da ponte do Brooklyn, no New York-New York ②

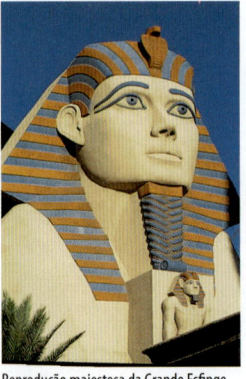

Reprodução majestosa da Grande Esfinge, no Luxor ①

Legenda

·········· Percurso a pé

── Percurso do monotrilho e do bonde

De Monte Carlo a Paris

Da calçada, admire a arquitetura europeia do Monte Carlo, uma abundância impressionante de colunas de alabastro, estátuas renascentistas e um saguão de mármore polido. Desse ponto se enxerga a área com uma piscina de ondas, jardim elegante e um rio lento. Para crianças de todas as idades, a loja de balas Lick, na Street of Dreams, é o máximo – nela se encontram confeitos tradicionais, criações modernas e suvenires de todo o mundo.

Continue caminhando para o norte pela Strip e passe pela nova praça a céu aberto, que contém seis restaurantes-conceito exclusivos, áreas comunitárias agitadas e entretenimento ao vivo. Se preferir, atravesse a rua para o MGM Grand, onde pode pegar o monotrilho até o Bally's, que se encontra a curta distância a pé do Paris Las Vegas ④ *(p. 48)*. Construído para lembrar uma versão reduzida da capital francesa, esse resort tem uma réplica da Torre Eiffel com metade do tamanho, além de cópias de outras edificações francesas famosas, como a Ópera, o Louvre e o Arco do Triunfo. Caminhos de pedra, postes de iluminação de ferro fundido e uma réplica fiel da ponte Alexandre III completam a paisagem parisiense.

Da Lombardia a Veneza, passando por Roma

Pegue a passarela por cima do Las Vegas Boulevard até o Bellagio ⑤ *(pp. 50-1)*. Uma das atrações desse hotel chique de temática lombarda e inspirado no povoado de Bellagio, perto do lago Como, é o lago de 34 mil m² à sua frente. Toda noite o lago ganha vida com as fontes dançantes ao som de músicas de artistas como Sinatra e Pavarotti. O saguão do hotel é enfeitado com uma magnífica escultura de flores de vidro. Perto do saguão está a Conservatory (Estufa), um átrio imenso cheio de

A arquitetura italianizada ganha vida no Bellagio ⑤

plantas e flores lindas, que mudam com as estações. Se tiver tempo, visite a Gallery of Fine Art (Galeria de Belas-Artes), que faz exposições rotativas com obras originais de artistas como Monet, Renoir, Picasso, Van Gogh, Hockney, Warhol e Lichtenstein. No caminho da saída, passeie pela Via Bellagio *(p. 129)*, uma calçada com lojas finas.

Use a passarela para atravessar por cima da Flamingo Road para o Caesars Palace ⑥ *(p. 52)*. Estátuas de mármore, fontes romanas, ciprestes importados e garçonetes vestidas com toga realçam a opulenta temática romana do resort. Ao entrar no cassino, note o imponente coliseu e os aquedutos romanos. Do Caesars Palace, faça uma caminhada leve na direção norte até o Venetian ⑦ *(pp. 60-1)*. Pontes graciosas, praças movimentadas e caminhos de pedra serpenteiam por réplicas de lugares famosos, como o Palácio do Doge, a ponte Rialto, a praça de São Marcos e um Campanile (Campanário) de 96m de altura. Todos recriam convincentemente o encanto de Veneza. O cassino tem decoração de bom gosto com afrescos à italiana, teto dourado, pisos de mármore e acessórios luxuosos. Logo ao lado do recinto do cassino está a Grand Canal Shoppes *(p. 129)*, uma galeria de lojas construída ao longo de cursos d'água sinuosos, com gôndolas verdadeiras e gondoleiros que cantam, complementando o clima.

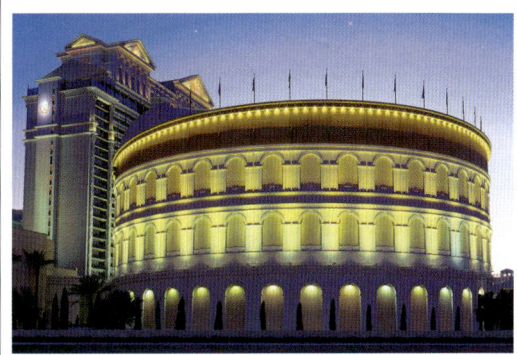

Fontes artísticas, Monte Carlo ③

Dicas para o Passeio

Partida: Luxor.
Extensão: 5,6km.
Como chegar: Pegue o The Deuce em qualquer ponto do Las Vegas Boulevard. Os ônibus passam a cada 10 minutos. É uma viagem de 25-30 minutos do centro. Atravesse os cruzamentos em segurança pelas passarelas. O Las Vegas Monorail vai do Convention Center ao MGM Grand. Você também pode pegar o bonde gratuito do Mandalay Bay ao Luxor.
Paradas: Todos os hotéis oferecem muitas opções de refeição. O Bally's tem várias lanchonetes agrupadas e uma sorveteria. O Caesars Palace e o Paris Las Vegas servem um ótimo bufê, e o último tem uma padaria de primeira. A praça do Caesars dá bons ângulos para fotos, assim como os canais do Venetian e a Torre Eiffel do Paris, de onde se tem uma linda vista panorâmica.

A grandiosidade do Coliseu à noite, no Caesars Palace ⑥

Legenda dos símbolos *na orelha da contracapa*

Fuja da Rua do Neon

A maioria dos turistas não sabe das muitas atrações que Las Vegas oferece para lá das luzes ofuscantes da Strip. Em meio à confusão da paisagem urbana, não longe da vibração dos cassinos e resorts, existem várias atrações e locais emblemáticos que representam a história e a cultura de Las Vegas. Como a cidade se espalha por uma vasta área, a melhor maneira de experimentar esse caleidoscópio é de carro. Esse passeio não só é uma viagem ao passado de Las Vegas, mas também permite seguir o caminho que a cidade percorreu para se tornar uma das mais modernas e de mais rápido crescimento em todo o mundo atual.

Entalhes acima da entrada da Las Vegas Academy ⑤

Freguês saboreia refeição no balcão da Huntridge Drug Store ②

Do Huntridge Theater à Las Vegas Academy

Comece a umas quadras ao sul da Fremont Street, na esquina do Charleston Boulevard e da Maryland Parkway. Não dá para não ver a fachada art déco do Huntridge Theater ①. Construído nos anos 1940, o Huntridge já foi um dos cinemas mais populares da cidade e também um trampolim para muitos grupos musicais, como Foo Fighters, Red Hot Chili Peppers, Smashing Pumpkins e outros. Infelizmente, esse interessante prédio não está mais aberto à visitação pública.

Bem do outro lado da Maryland Parkway está a Huntridge Drug Store ②, uma das poucas drogarias autônomas que não foram expulsas por redes farmacêuticas gigantes como Walgreens e CVS. No velho balcão de lanches ainda é servida sua especialidade, o sanduíche de atum com queijo na chapa, acompanhada de uma boa conversa. Siga a oeste pelo Charleston Boulevard e vire à esquerda na 8th Street, logo em seguida à direita e continue para oeste até a Park Avenue. A grande construção branca é a Hartland Mansion ③, que recebeu a visita de Elvis Presley.

Volte para o Charleston e entre na 7th Street, na direção da Fremont Street. Você vai passar por um bairro agradável de casas modestas em estilo Tudor ④, muitas delas transformadas em escritório de advocacia e contabilidade.

O prédio próximo à esquina da 7th Street com a Bridger Avenue é a antiga Las Vegas Academy ⑤, ótimo exemplo da arquitetura *revival* gótica da década de 1930. Nos anos 1950 e 1960, os estudantes atravessavam a Fremont Street para ir a sorveterias como a Blue Onion, fechada há muito tempo. Embora a academia ainda pertença ao Clark County School District, é usada atualmente como centro de artes cênicas e visuais.

Casa em estilo Tudor ④

DOIS PASSEIOS A PÉ E UM DE CARRO | **93**

Do Rancho Circle à Springs Preserve

Saindo do bairro da Fremont Street, siga a sul até a Bonneville Avenue e vire à direita. Continue por cerca de 3km até a Rancho Drive, onde se encontram dois dos bairros mais nobres da cidade, Rancho Circle ❻ e Rancho Bel Air. Como os dois são cercados de grades, só se pode espiar as casas de longe. Para ver melhor, siga a oeste pela Alta Drive. A primeira casa à direita, na esquina, foi de Frank Hawkins, antigo vereador e jogador de futebol americano dos Oakland Raiders. Continue pela Alta, passando por velhos casarões onde moram símbolos de Vegas como o cantor e guitarrista B. B. King, Phyllis McGuire, o trio de cantoras McGuire Sisters e os Herbsts, uma das mais ricas famílias de empresários locais. Prossiga na Alta até a Valley View e vire à direita. Para conhecer de perto a flora do deserto, pare na Springs Preserve ❼. Essa reserva cultural e histórica de 73 hectares ocupa o espaço da antiga Las Vegas Springs, o berço de Las Vegas. Entre as atrações disponíveis no local estão inúmeros animais do deserto de Mojave, galerias de arte, um pântano desértico que abriga fauna e flora nativas, 5,9km de trilhas para caminhada que levam a sítios históricos, um passeio de locomotiva narrado, shows com animais e um jardim botânico do deserto. O Divine Café proporciona vistas da reserva e abre para almoço nos dias úteis e também para café da manhã nos fins de semana.

Exemplares da vegetação desértica da Springs Preserve ❼

Dicas para o Passeio

Partida: Huntridge Theater, na esquina de Charleston Boulevard com Maryland Parkway.
Extensão: 24km.
Como chegar: Da Fremont Street, siga a leste pelo Maryland Parkway e depois a sul para Charleston. Você também pode ir pelo Las Vegas Boulevard até o Charleston, virar a leste e seguir para o Maryland Parkway.
Paradas: A antiga arquitetura *revival* gótica dos anos 1930 da Las Vegas Academy dá fotos interessantes. O ambiente pastoral do Lorenzi Park é um bom local para relaxar ou fazer um piquenique. A Omelet House, na Rancho com o Charleston Boulevard, serve ótimos hambúrgueres.

Nevada State Museum

A Las Vegas Springs Preserve abriga o Nevada State Museum and Historical Society. Instalado em um belo edifício de 70 mil m², o museu exibe peças, objetos, recortes de jornal e fotos que ilustram a história do sul de Nevada. Os visitantes podem entrar em uma caverna com estalactites, assistir a projeções sobre a história dos mineradores de Nevada e testemunhar uma explosão atômica. Um enorme mamute de mais de 10 mil anos destaca-se nas salas, assim como um modelo em tamanho natural de um ictiossauro de 14,6m de comprimento, junto a muitos outros exemplares arqueológicos.

Esqueleto de um enorme mamute de 10 mil anos no Nevada State Museum

Legenda
••• Percurso

Legenda dos símbolos *na orelha da contracapa*

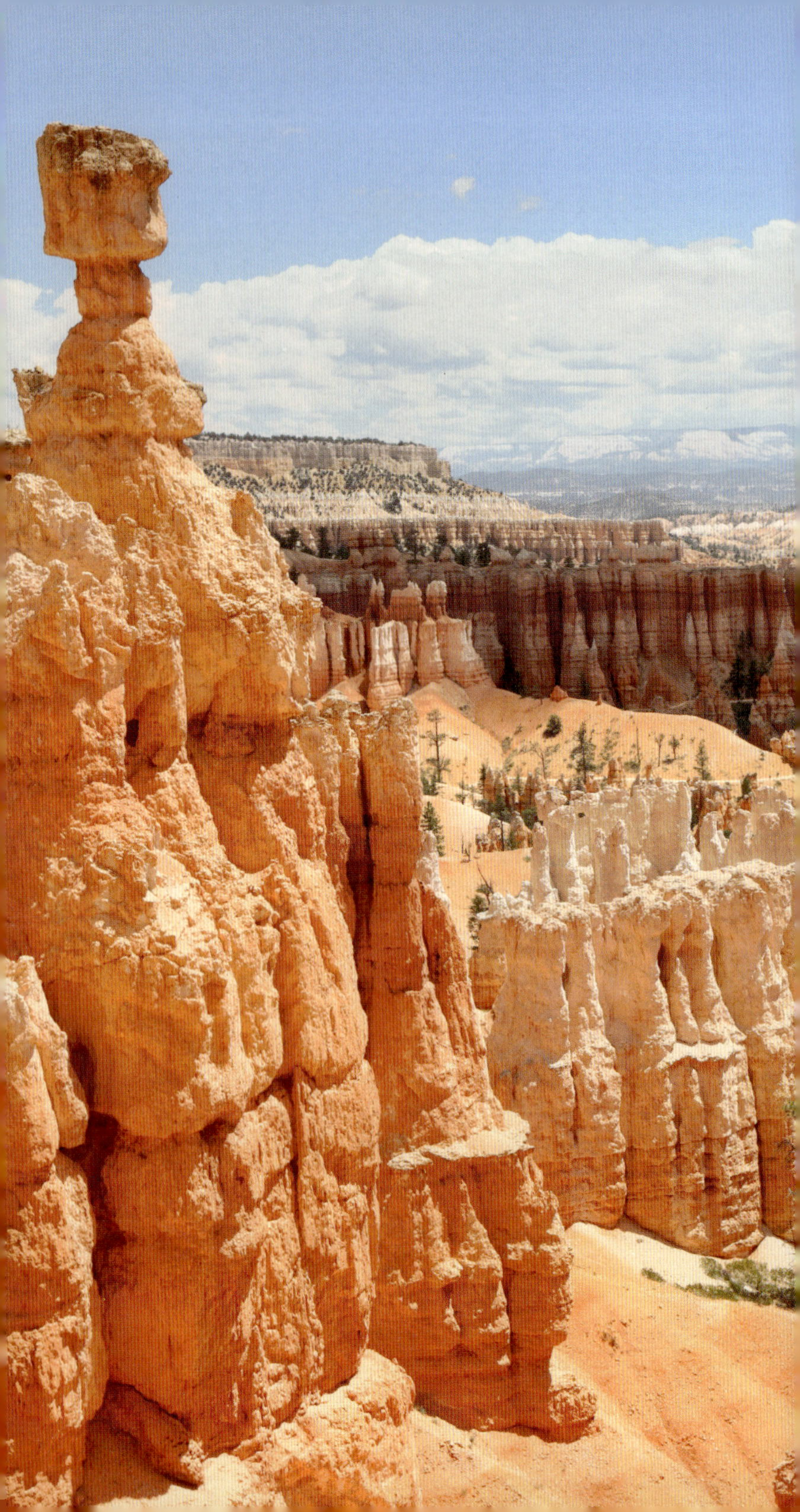

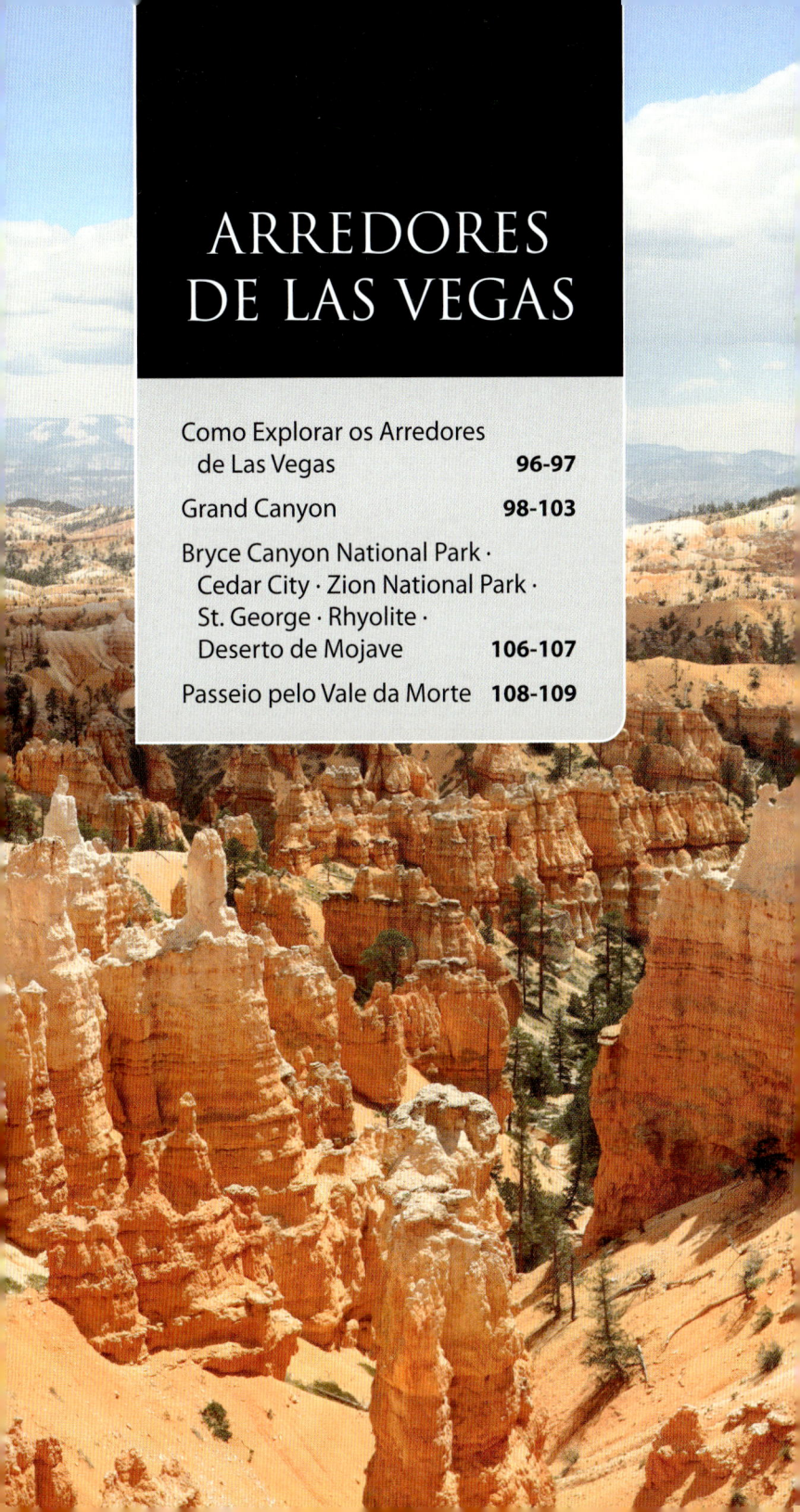

ARREDORES DE LAS VEGAS

Como Explorar os Arredores de Las Vegas	**96-97**
Grand Canyon	**98-103**
Bryce Canyon National Park · Cedar City · Zion National Park · St. George · Rhyolite · Deserto de Mojave	**106-107**
Passeio pelo Vale da Morte	**108-109**

Como Explorar os Arredores de Las Vegas

As regiões selvagens além do limite do estado de Nevada têm algumas das mais esplêndidas e fascinantes maravilhas e tesouros naturais do país. A oeste, a apenas duas horas de Las Vegas, encontra-se o duro, mas surpreendente, Death Valley (Vale da Morte), um laboratório geológico colossal com salinas, dunas e montanhas com muitas camadas que são janelas para a história da Terra. A poucas horas de carro de Vegas estão os picos altíssimos, penhascos de arenito e prados viçosos dos parques nacionais Zion e do Bryce Canyon, no Sul de Utah. E a leste de Las Vegas vê-se a maior de todas as belezas, o Grand Canyon, de dimensões impressionantes. Cada uma dessas regiões tem flora e fauna distintas, e algumas de suas espécies não existem em outro lugar do planeta.

Flores de iúca, deserto de Mojave

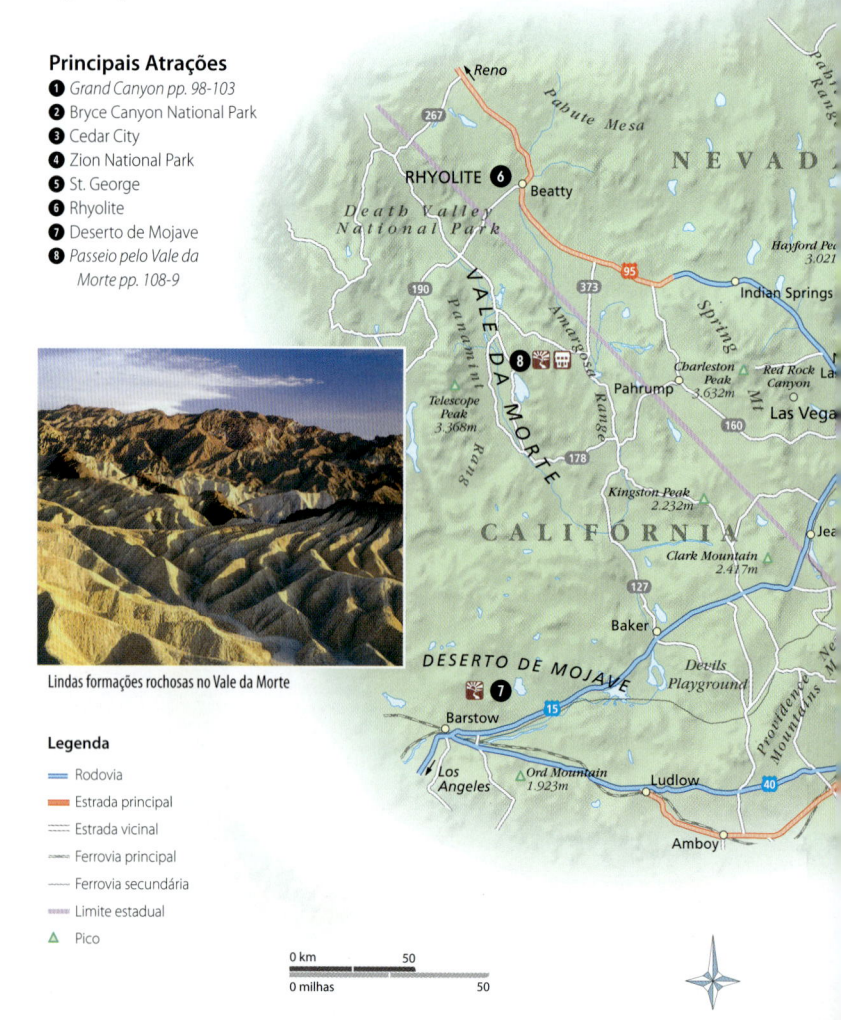

Principais Atrações
1. Grand Canyon pp. 98-103
2. Bryce Canyon National Park
3. Cedar City
4. Zion National Park
5. St. George
6. Rhyolite
7. Deserto de Mojave
8. Passeio pelo Vale da Morte pp. 108-9

Lindas formações rochosas no Vale da Morte

Legenda
— Rodovia
— Estrada principal
═══ Estrada vicinal
━━━ Ferrovia principal
— Ferrovia secundária
— Limite estadual
△ Pico

◀ Belas formações rochosas, incluindo o Martelo de Thor, no Bryce Canyon National Park

ARREDORES DE LAS VEGAS | **97**

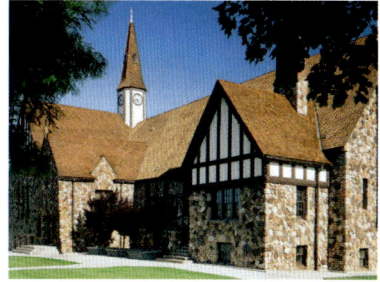

A histórica Igreja de Pedra Mórmon, em Cedar City

Como Chegar

Várias agências de turismo em Las Vegas programam voos regulares para o Grand Canyon. Além disso, há companhias aéreas que vão do Aeroporto McCarran para esses lados. A rodovia I-15 norte leva de Las Vegas a St. George, Cedar City e aos Parques Nacionais Zion e Bryce Canyon. Para ir ao Vale da Morte, siga a noroeste pela US 95, que também passa pelas cidades históricas de Beatty e Rhyolite. Para chegar à Borda Sul do Grand Canyon, siga a sudeste pela US 95, depois a leste na Route 40 e a norte na Route 64 para Grand Canyon Village.

Vista panorâmica do majestoso Grand Canyon

Legenda dos símbolos *na orelha da contracapa*

❶ Grand Canyon

O Grand Canyon é uma das maiores maravilhas naturais da Terra e símbolo do Sudoeste dos EUA prontamente reconhecido. O cânion espraia-se pelo Parque Nacional do Grand Canyon *(pp. 100-3)*. Esbanja 446km de comprimento, 16km de largura e em média 1.500m de profundidade. Foi formado durante 6 milhões de anos pelo rio Colorado, cujas águas recortaram o planalto do Colorado, que abrange a garganta e a maior parte do norte do Arizona e da região dos Four Corners (Quatro Cantos). Os traços geológicos do planalto definiram o curso sinuoso do rio e expuseram enormes penhascos e pináculos feitos por anéis de calcário, arenito e xisto de tonalidades diferentes. O cânion é espetacular sob qualquer aspecto, mas sua beleza está nas cores que as rochas assumem – branco desbotado ao meio-dia, mas vermelho e ocre no pôr do sol. A Borda Sul, de acesso mais fácil que a Borda Norte, fica a cinco horas de carro de Las Vegas.

Comboio de Mulas
O transporte em mula é muito usado nas trilhas estreitas do cânion.

Havasu Canyon
A trilha de 16km até as lindas cachoeiras Havasu é das mais procuradas. O território pertence ao povo havasupai, que oferece passeios a cavalo e caminhadas guiadas pelo cânion.

Vista Panorâmica
A 2.250m, o Grandview Point é um dos lugares mais altos da South Rim (Borda Sul), a beirada mais meridional do cânion. É uma das paradas da Desert View Drive *(p. 101)*. Supõe-se que desse ponto os espanhóis avistaram o cânion pela primeira vez, em 1540.

Borda Norte

A Borda Norte (North Rim) recebe 10% do número de visitantes da Borda Sul. De acesso mais difícil, é um local tranquilo, que transmite uma sensação de natureza virgem. Há várias caminhadas, como a North Kaibab Trail, descida íngreme para o Phantom Ranch, no chão do cânion.

PREPARE-SE

Informações Práticas

Aeroporto Grand Canyon, Tusayan. Centro de Visitantes, Canyon View Information Plaza, sul de Mather Point, AZ, (928) 638-7888. Borda Sul: o ano todo. Borda Norte: só verão. Borda Norte: meados out-meados mai – fecha sob neve. restrito. nps.gov/grca

Transporte

Ferrovia Grand Canyon partindo de Williams.
em Flagstaff.

Grand Canyon Skywalk
Essa passarela de vidro em forma de ferradura está afixada 1.200m acima do rio Colorado. Cerca de 450 toneladas de aço foram usadas para construir essa estrutura espetacular.

Ponto Yavapai na Borda Sul

O ponto Yavapai está situado a 8km ao norte da Entrada Sul do cânion, em um trecho da Rim Trail (trilha da Borda). Sua plataforma de observação proporciona vistas espetaculares do cânion, e há um painel em que estão identificados vários dos locais principais do centro do vale.

Bright Angel Trail
Usada por indígenas e por colonizadores da América do Norte, a Bright Angel Trail (trilha do Anjo Brilhante) segue uma rota natural por uma das enormes fendas do cânion. É uma boa opção para os andarilhos porque, ao contrário de outras trilhas na região, ela tem sombras e fontes de água sazonais.

Grand Canyon National Park

Patrimônio da Humanidade, o Parque Nacional do Grand Canyon fica inteiramente no estado do Arizona. Ocupa 4.930km² e compõe-se do próprio cânion, que começa onde o rio Paria deságua no Colorado e se estende de Lees Ferry ao lago Mead *(p. 84)*. A região passou a ser protegida como Monumento Nacional em 1908, depois de Theodore Roosevelt tê-la visitado em 1903, afirmando que ela deveria permanecer intacta para as gerações futuras como "(...) a grande atração que todo americano (...) deveria ver". O parque nacional foi criado em 1919 e tem duas entradas principais, nas bordas norte e sul do cânion. A parte sul do parque recebe a maioria dos visitantes e costuma estar congestionada na temporada de verão *(pp. 102-3)*.

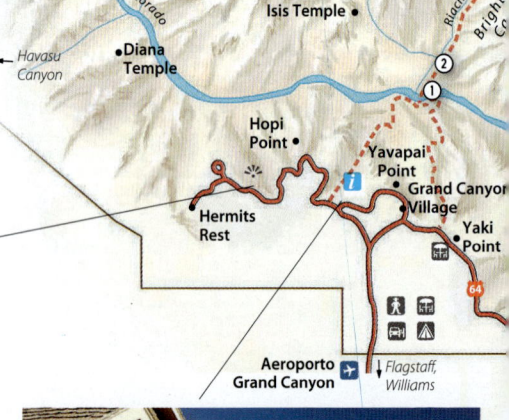

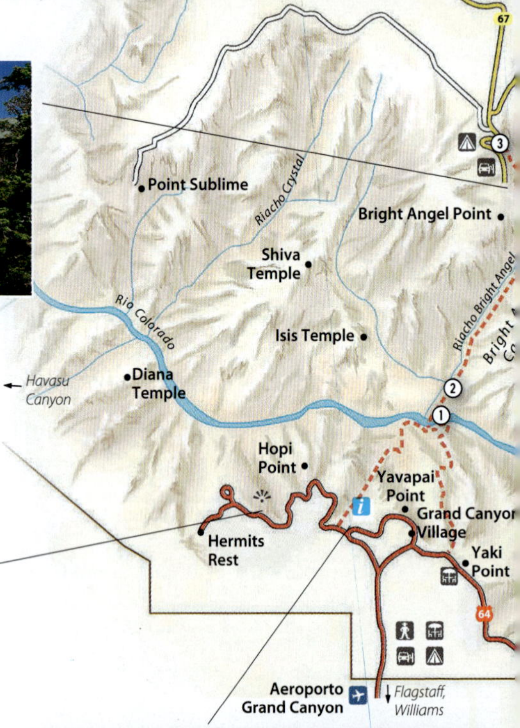

Grand Canyon Lodge
Encarapitada no alto do cânion no Bright Angel Point, a Pousada Grand Canyon tem quartos e algumas refeições diárias *(p. 103)*.

Hermit Road
Um ônibus grátis percorre essa estrada para o mirante Hermits Rest no verão. É fechada a veículos particulares de março a novembro.

Kolb Studio
Construída em 1904 pelos irmãos Emery e Ellsworth Kolb, que fotografaram o cânion por muito tempo, o Kolb Studio é um Sítio Histórico Nacional. Hoje abriga uma galeria de arte e uma livraria.

GRAND CANYON | 101

Legenda
- Rodovia principal
- Limite do parque
- Rio
- Rodovia
- Trilha

Localize-se
☐ Área do Grand Canyon National Park

Rio Colorado
Com a ajuda do vento e da chuva, o rio Colorado esculpiu o Grand Canyon e serpenteia por 446km através das gargantas.

LEGENDA

① **Phantom Ranch** é a única pousada no fundo do vale. Chega-se a ela de mula, jangada ou a pé.

② **A Bright Angel Trail** começa na South Rim. É bem conservada mas difícil. Desce para o cânion e dá na North Kaibab Trail, na subida da North Rim.

③ **A North Kaibab Trail** segue o leito do riacho Bright Angel, após as Roaring Springs (Nascentes Estrondosas), e desce para o Phantom Ranch.

④ **Point Imperial** é o ponto mais alto da North Rim, com 2.683m, e dá vista para o monte Hayden e o Painted Desert (Deserto Pintado).

⑤ **A Ruína Tusayan** era um pueblo – antigo povoado indígena –, abandonada pelos antigos pueblos por volta de 1150. O Tusayan Museum fica perto dela.

Desert View Drive
Essa estrada liga a Aldeia Grand Canyon ao Desert View e propicia vistas estupendas das partes central e leste do cânion.

Como Explorar o Grand Canyon National Park

O Grand Canyon tem uma beleza espantosa em grande escala. As magníficas formações rochosas, com torres, penhascos, paredões e mesetas, vão até onde o olho alcança, com listras coloridas de rochas cuja tonalidade varia conforme a luz do dia. As principais estradas do parque, Hermit Road e Desert View Drive, às quais se chega pela Entrada Sul, dão vista para o cânion. A aldeia Grand Canyon localiza-se na South Rim (Borda Sul) e tem boa infraestrutura. Os visitantes também podem entrar no parque pelo norte, mas essa estrada (Rodovia 67) está fechada no inverno. As trilhas nas bordas Norte e Sul propiciam vistas impressionantes, mas só ao descê-las é que se aprecia o que o cânion tem de melhor. A trilha Bright Angel, na South Rim, e a trilha North Kaibab, na North Rim (Borda Norte), descem até o fundo do vale e representam caminhadas difíceis que exigem pernoite.

Construção de adobe da Hopi House, ao estilo pueblo, aldeia Grand Canyon

Grand Canyon Village
Grand Canyon National Park.
Tel (928) 638-7888. restrito.

A aldeia Grand Canyon tem raízes no século XIX. A construção em larga escala de pousadas para os visitantes começou depois que, em 1901, a Ferrovia Santa Fé abriu um ramal aqui vindo de Williams, embora já existissem alguns hotéis no final dos anos 1890. A Companhia Fred Harvey construiu um conjunto de prédios bem projetados e atraentes. O que mais se destaca é o **El Tovar Hotel**. Inaugurado em 1905, ganhou o nome dos exploradores espanhóis que chegaram à garganta em 1540. A **Hopi House**, imitação de uma moradia dos índios hopis, onde os moradores vendiam artesanato como suvenir, também abriu em 1905. Foi construída por artesãos hopis e projetada por Mary E. J. Colter. Ex-professora e arquiteta de formação, Mary teve influência da região Sudoeste, misturando os estilos dos indígenas americanos e dos espanhóis. Ela é responsável por muitas das edificações históricas que hoje embelezam a South Rim, como o **Lookout Studio** e a **Hermits Rest**, de 1914, e o rústico **Phantom Ranch**, de 1922, no soalho do cânion.

A aldeia Grand Canyon tem hoje grande variedade de hotéis, restaurantes e lojas. É muito fácil se perder, pois os prédios estão espalhados e se situam discretamente em locais arborizados. O vilarejo é não apenas o ponto de partida da maioria das viagens no lombo de mula através do desfiladeiro como também o ponto final da Ferrovia do Grand Canyon.

South Rim
A maioria dos 4,3 milhões anuais de visitantes do Grand Canyon vai à South Rim, porque, ao contrário da North Rim, ela está aberta o ano inteiro e tem acesso fácil pela Rodovia 180/64, partindo de Flagstaff ou de Williams. A **Hermit Road** e a **Desert View Drive** (Rodovia 64) começam na aldeia Grand Canyon e abrangem vários mirantes excelentes da garganta. A estrada Hermit é fechada a veículos particulares de março a novembro, mas há ônibus especiais gratuitos. A Desert View Drive está aberta constantemente.

Ao sair da vila, a Hermit Road serpenteia pela South Rim, estendendo-se por 13km. Seu primeiro mirante é o **Trailview Overlook**, que dá uma visão geral do cânion e do trajeto sinuoso da trilha Bright Angel. Mais adiante, o **Maricopa Point** proporciona vista panorâmica do cânion, mas não do rio Colorado, que se vê melhor do **Hopi Point**, logo a seguir. No final da Hermit Road está a Hermits Rest, outra construção desenhada por Mary Colter, onde funciona uma loja de lembranças em estilo rústico. A Desert View Drive, mais longa, vai na direção contrária e percorre 42km. Ziguezagueia por 20km até chegar ao **Grandview Point**, onde os espanhóis

O interior da loja de lembranças Hermits Rest com os artigos artesanais à venda nas paredes

GRAND CANYON

A Desert View, torre de observação de pedra, na Desert View Drive

Condores-da-Califórnia

Maior ave dos Estados Unidos, o condor-da-califórnia tem mais de 2,7m de envergadura. Com a espécie quase extinta nos anos 1980, os últimos 22 condores foram capturados para reprodução em cativeiro. Em 1996, os primeiros filhotes foram soltos no norte do Arizona, e hoje 74 condores voam por lá. Eles são visitantes assíduos da South Rim, mas os turistas não devem se aproximar deles nem tentar alimentá-los.

Uma dupla de condores-da-califórnia

teriam visto pela primeira vez o cânion, em 1540. Cerca de 16km adiante estão os vestígios dos pueblos na Ruína Tusayan, com um pequeno museu dedicado à vida desses índios antigos. A estrada continua para o incrível mirante da Desert View. A torre de observação foi a mais graciosa criação de Mary Colter, em que o último andar é decorado com murais hopis do início do século XX.

Logo a leste da aldeia Grand Canyon está o **Yavapai Point**, de onde se avista o Phantom Ranch. Esse é o único pouso com telhado no fundo do vale, do outro lado do rio Colorado.

North Rim

A 2.400m de altitude, a North Rim é mais alta, mais fria e mais verde que a South Rim, com florestas densas de pinheiro-touro, álamo e abeto-vermelho. É mais provável avistar animais como veados-da-virgínia, esquilos-de-kaibab e perus selvagens na North Rim.

Chega-se à borda pela Rodovia 67, que é uma vicinal da Rodovia 89A e termina na **Grand Canyon Lodge**, onde existe atendimento a turistas, camping, restaurante, posto de gasolina e armazém. Perto dali encontra-se o centro de informação do National Park Service, que dispõe de mapas do local. A North Rim e toda a sua infraestrutura estão fechadas de meados de outubro a meados de maio, quando neva com certa frequência. A North Rim é duas vezes mais longe do rio que a South Rim, e ao olhar o cânion tem-se a impressão de que ele realmente tem 16km de largura. Existem cerca de 45km de estradas com vistas pela North Rim, além de trilhas para caminhar até os mirantes mais altos ou descendo para o leito do cânion, particularmente a trilha **North Kaibab**, que se junta à trilha Bright Angel, na South Rim. A pitoresca **Cape Royal Drive** começa a norte da Grand Canyon Lodge e percorre 37km até Cape Royal, no planalto Walhalla. Desse ponto avistam-se diversas mesas isoladas (buttes) e picos, entre eles Wotans Throne e Vishnu Temple. Há várias trilhas curtas ao redor de Cape Royal. Um desvio de 5km leva ao **Point Imperial**, o ponto mais alto da borda do cânion, enquanto, ao longo do caminho, a **Vista Encantada** propicia vistas maravilhosas e conta com mesas de piquenique voltadas para a garganta.

Veado-da-virgínia na North Rim

Bright Angel Trail

Essa é a mais procurada de todas as trilhas de caminhada do Grand Canyon. O começo da trilha Bright Angel fica na aldeia Grand Canyon, na South Rim, perto do **Kolb Studio**, na extremidade oeste do vilarejo. Ela então muda drasticamente descendo pela encosta do cânion por 14km. Então cruza o rio por uma ponte pênsil e termina um pouco além no Phantom Ranch. No caminho, existem duas pousadas e uma área de acampamento muito bem equipada. Não é aconselhável tentar fazer o passeio todo em um dia. Muita gente anda da South Rim até um dos pontos de descanso e depois retorna para o topo da borda. No fundo do cânion, a temperatura atinge 43°C ou mais durante o verão. Os excursionistas devem, portanto, levar mais de um litro de água por pessoa por hora para as caminhadas no verão. Também se recomenda levar um estojo de primeiros socorros.

Andarilhos descansam na trilha Bright Angel da South Rim

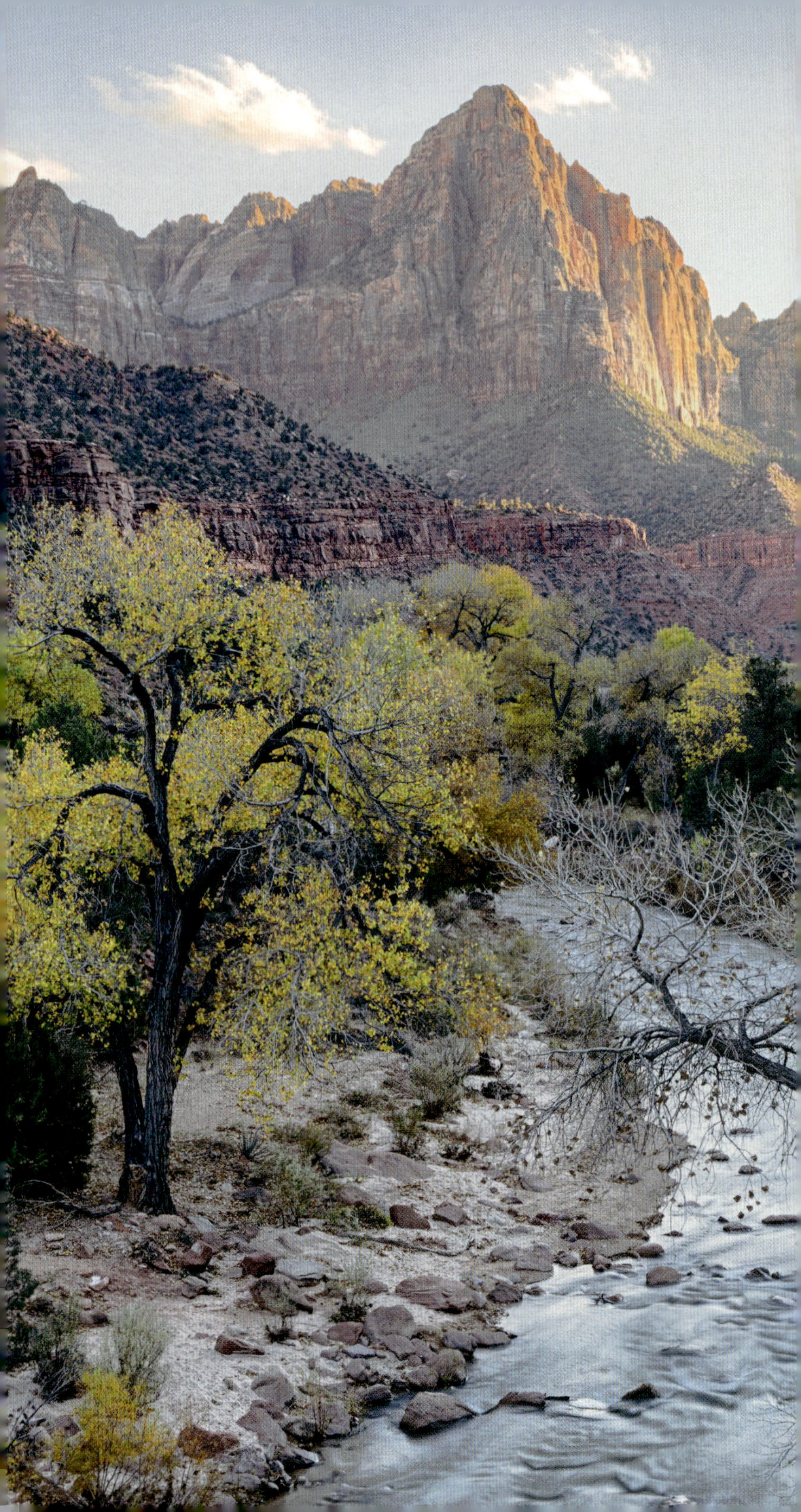

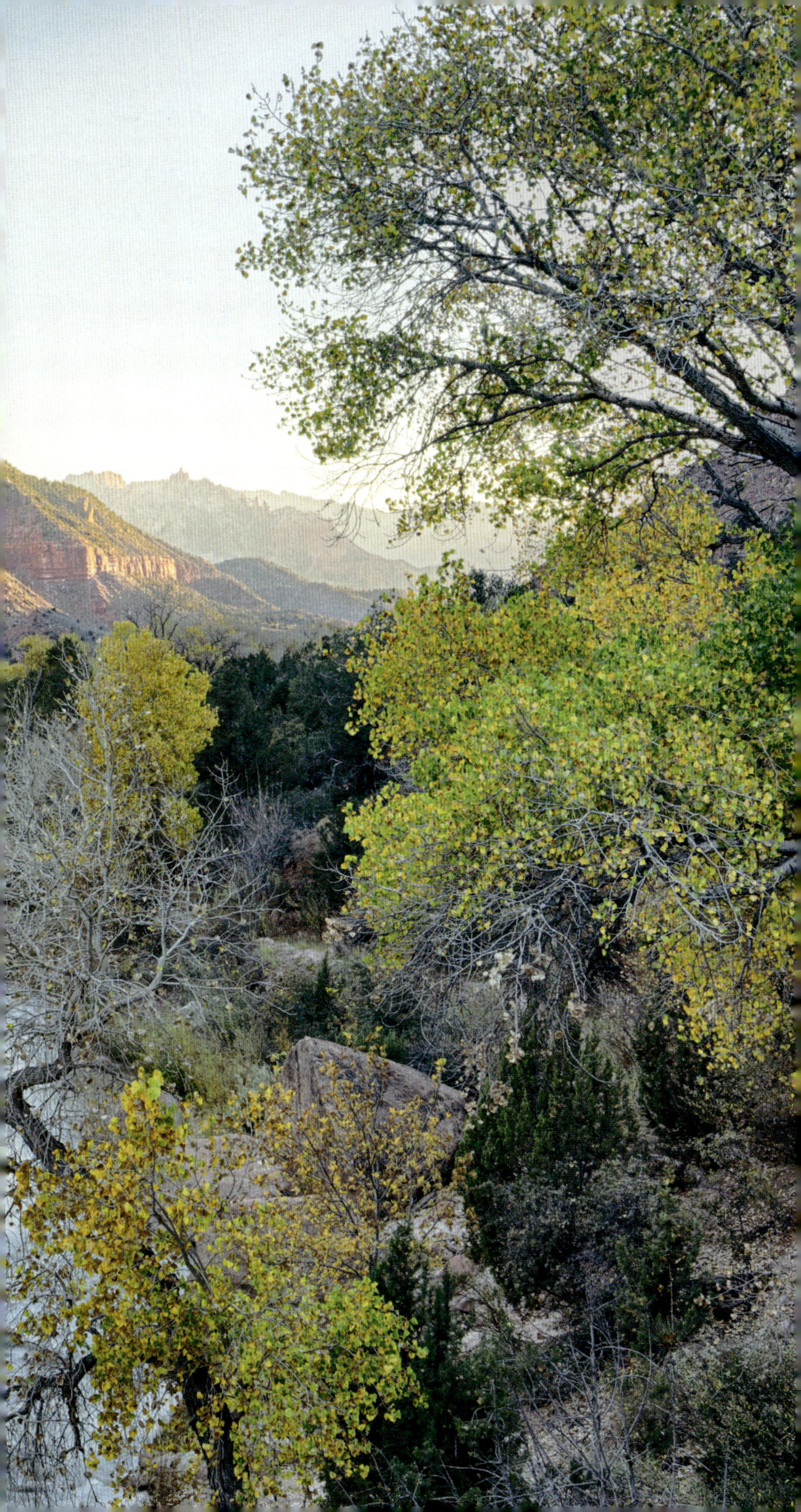

ARREDORES DE LAS VEGAS

A formação natural Martelo de Thor, no Bryce Canyon

❷ Bryce Canyon National Park

Hwy 63 saída da Hwy 12. **Tel** (435) 834-5322. Aeroporto Bryce Canyon. ônibus especial no verão de Bryce Point. diariam. 1º jan, Ação de Graças, 25 dez. **w** nps.gov/brca

Uma série de anfiteatros profundos, cavernosos, repletos de magníficas rochas avermelhadas é o diferencial do Bryce Canyon National Park. De altitude considerável, o Bryce atinge 2.400m-2.700m, com uma estrada panorâmica que percorre 30km da borda do planalto Paunsaugunt. Os destaques ali são os campos com agulhas rosadas, alaranjadas e avermelhadas. Os índios paiutes, que caçavam na região, descreveram-nas como "rochas vermelhas, em pé como homens, em uma reentrância com forma de cumbuca".

No inverno, do anfiteatro do Bryce, tem-se uma vista panorâmica privilegiada das agulhas nevadas. O mirante do Agua Canyon dá para os penhascos de arenito de estratos rosa no planalto Paunsaugunt. A ponte natural perto da rodovia do parque e uma das mais famosas pirâmides de terra – Thor's Hammer (Martelo de Thor) – formaram-se com vento, neve e chuva.

❸ Cedar City

29.000. 581 N Main St, (435) 586-5124. **w** scenicsouthernutah.com

Fundada por mórmons em 1851, essa cidade cresceu como centro de mineração e fundição de ferro na última metade do século XIX. Hoje conta com hotéis e restaurantes a uma hora de viagem do Zion National Park.

O **Frontier Homestead State Park Museum** homenageia os primeiros mórmons e exibe mais de 300 carroças e outros veículos, como uma diligência original da Wells Fargo. O Festival Shakespeare da cidade é realizado anualmente de junho a outubro em uma réplica do elizabetano Globe Theatre de Londres.

A cerca de 24km a leste da cidade, junto à Rodovia 14, o **Cedar Breaks National Monument** contém vários penhascos de calcário laranja, encimados por floresta fechada. O monumento nacional é fechado ao público no inverno, mas continua sendo um lugar atraente para quem pratica esqui de fundo.

Frontier Homestead State Park Museum

635 N Main. **Tel** (435) 586-9290. 9h-17h seg-sáb. 1º jan, Ação de Graças, 25 dez. **w** stateparks.utah.gov/parks/frontier-homestead

Cedar Breaks National Monument

Tel (435) 586-0787, ramal 31. diariam. Centro Turístico: jun-meados out: 9h-18h diariam. **w** nps.gov/cebr

❹ Zion National Park

Hwy 9, perto de Springdale. Centro Turístico do Zion Canyon, (435) 772-3256. 8h-18h diariam (até 17h no inverno, 19h30 no verão). 25 dez. restrito. **w** nps.gov/zion

O Zion Canyon (Cânion Sião) fica no meio desse lindo parque nacional e talvez seja a mais famosa maravilha natural de Utah. O cânion foi escavado pelas águas rápidas do rio Virgin e esculpido, alargado e redesenhado por vento, chuva e gelo. Suas paredes sobem a 600m e formam picos e aglomerações serrilhadas em tons de vermelho e branco. Uma das melhores rotas é a rodovia Zion-Mount Carmel, com panoramas espetaculares do cânion e dos picos de cores pastel.

Flores silvestres no Zion National Park

O ônibus do parque é o único transporte por dentro do cânion de abril a novembro. As paradas do ônibus no trajeto levam a trilhas demarcadas durante uma viagem de 26km através do parque.

Cenário fantástico da rodovia Zion-Mt. Carmel

◀ O rio Virgin segue seu traçado sinuoso no Zion National Park

Fachada da casa de inverno de Brigham Young em St. George

Os Mórmons

A Igreja de Jesus Cristo dos Santos do Último Dia foi fundada por Joseph Smith (1805-1844), agricultor do estado de Nova York. Em 1820, Smith afirmou ter visto o anjo Morôni, que o levou a um conjunto de tábuas de ouro, que ele traduziu e publicou como *Livro de Mórmon*. Isso originou o credo mórmon, que cresceu rapidamente, mas atraiu hostilidade, por causa de suas crenças e da prática da poligamia. Em 1839, os mórmons mudaram-se para Illinois, onde Smith foi morto por um grupo enfurecido. Brigham Young tornou-se o novo chefe e levou os crentes para o oeste. Assim nasceu Salt Lake City, e os mórmons criaram fazendas em Utah. Hoje, 62% da população do estado é mórmon.

Brigham Young

❺ St. George

77.000. 97 E St, George Blvd. (435) 628-1658. Centro Turístico. 9h-17h seg-sex.
sgcity.org

Criada por mórmons em 1861, Saint George viveu uma explosão demográfica quando aposentados de todos os EUA descobriram seu clima ameno e ambiente tranquilo. A alta agulha dourada que se vê na cidade pertence ao primeiro templo mórmon de Utah, concluído em 1877. Projeto querido do líder mórmon e visionário Brigham Young (1801-1877), ele continua sendo importante. Só mórmons podem entrar no templo, mas o Centro Turístico, que conta sua história, é aberto a todos.

A ligação de Brigham Young com St. George começou quando ele decidiu construir aí uma casa de inverno, em 1871. O elegante e espaçoso **Brigham Young Winter Home Historic Site** é hoje museu e conservou muito do mobiliário do primeiro dono.

A 8km a noroeste da cidade, na Rodovia 18, está o Snow Canyon State Park (Parque Estadual do Cânion das Neves), com trilhas que levam a grutas vulcânicas e mantos de lava de milhões de anos. Um caminho pavimentado para bicicletas serpenteia de St. George ao parque.

Brigham Young Winter Home Historic Site
67 W 200 N. **Tel** (435) 673-2517.
10h-17h diariam (até 19h na primavera, 20h no verão).

❻ Rhyolite

Saída da Hwy 374, 6,5km O de Beatty.
Beatty Chamber of Commerce, 119 E Main St, (775) 553-2424.

Fundada em 1905, essa comunidade que já foi próspera localiza-se a cerca de 190km a noroeste de Las Vegas. A existência de minas de ouro incentivou uma crescimento que fez de Rhyolite uma das cidades mais prósperas de Nevada em poucos anos. No auge, em 1908, a cidade teve 6 mil habitantes, três ferrovias, quatro jornais, quatro bancos, um teatro lírico, câmara de comércio e central telefônica. Porém, quando o minério se esgotou, as usinas foram fechando e os habitantes partiram. Em 1920, a vila estava praticamente vazia. Hoje, Rhyolite é mais conhecida pelas ruínas históricas.

Ruínas na cidade-fantasma de Rhyolite, em Nevada

Uma de suas atrações mais famosas e incomuns é a casa das garrafas, erigida em 1906 com 20 mil a 50 mil vasilhames de bebida e remédio cimentados com barro.

Todo ano, no mês de março, a cidade ganha vida nova quando os habitantes das redondezas vêm comemorar a Festa da Ressurreição.

❼ Deserto de Mojave

Barstow. 681 N First Ave, (760) 256-8617. **barstowchamber.com**

A uma altitude de 600m, o Deserto de Mojave ou Alto Deserto era a rota de comerciantes para a Califórnia no século XIX. Barstow, a maior vila, é uma parada entre Los Angeles e Las Vegas. Nos anos 1870, foram descobertos ouro e prata nessa região, e surgiram vilas como Calico. Todavia, quando as minas se exauriram, as vilas foram abandonadas e viraram cidades-fantasma. Muitos dos prédios de Calico estão intactos, e os visitantes podem passear em um trem de mina original.

A oeste, a Base Aérea de Edwards é famosa por ser local de pouso dos ônibus espaciais. As dunas Kelso, na Mojave National Preserve, chegam a 200m de altura, e nas cavernas Mitchell há formações calcárias. No norte do Mojave impera o Death Valley National Park (pp. 108-9).

Passeio pelo Vale da Morte

Os indígenas chamavam esse vale de *Tomesha* – "terra do chão em chamas" –, um bom nome para o lugar com a mais alta temperatura dos Estados Unidos: 57°C à sombra, em julho de 1913. O Vale da Morte (Death Valley) estende-se por cerca de 225km de norte a sul e era uma barreira intransponível para mineiros e migrantes. O vale e a região ao redor tornaram-se parque nacional em 1994. Hoje os turistas podem visitá-lo e descobrir essa paisagem austera e singular de carro ou em trilhas curtas para mirantes espetaculares, partindo das estradas principais. Porém, o Vale da Morte continua sendo o mais inóspito e impressionante deserto da Califórnia.

⑧ Scotty's Castle
Albert Johnson gastou US$2,4 milhões nesse incongruente Castelo de Scotty, de estilo mourisco. Todavia, o público acreditava que ele fosse do excêntrico garimpeiro Walter Scott. A moradia ficou inacabada quando Johnson faliu na quebra da Bolsa de 1929. Em 1970, o Serviço Nacional de Parques a comprou e hoje promove visitas guiadas de hora em hora a seu interior.

⑦ Ubehebe Crater
Essa é uma das doze crateras vulcânicas na região de Mojave. A cratera Ubehebe tem 3 mil anos, mais de 800m de largura e 150m de profundidade.

Scotty do Vale da Morte

Walter Scott, aspirante a mineiro, charlatão querido e às vezes artista do Wild West Show de Buffalo Bill, gostava de contar a quem o visitava em casa que sua riqueza vinha de uma mina de ouro secreta. Essa "mina" era seu amigo Albert Johnson, executivo de uma seguradora de Chicago, que pagou não só o castelo onde Scott morava como todas as contas dele. "Ele me paga com risadas", dizia Johnson. Erigido nos anos 1920 por artesãos europeus e indígenas americanos, o castelo constitui uma mistura de estilos arquitetônicos e tem um ar mourisco. Scott morreu em 1954, mas o prédio ainda é chamado Scotty's Castle.

⑥ Stovepipe Wells
Fundada em 1926, a vila de Stovepipe Wells foi o primeiro balneário turístico do vale. Segundo a lenda, um lenhador que ia para o Oeste descobriu água e se instalou no local, assinalado por uma velha chaminé de fogão (*stovepipe*), parecida com as usadas na época para fazer as paredes de poços.

O presunçoso Scotty's Castle

Legenda
— Percurso do passeio
= Outra estrada

ARREDORES DE LAS VEGAS | 109

② Zabriskie Point
Famoso por causa do filme de 1970 de Antonioni, Zabriskie Point oferece vistas dos morros de barro multicoloridos do Golden Canyon. O lugar leva o nome de um ex-gerente-geral da exploração de bórax no Vale da Morte.

① Furnace Creek
Essas nascentes são das poucas fontes de água doce no deserto e teriam salvado a vida de centenas de garimpeiros de ouro que atravessavam o deserto para o sopé da Sierra. O Museu e Centro Turístico do Vale da Morte têm objetos que contam a história da região.

③ Dante's View
A 1.650m, o mirante abrange todo o leito do vale, e a vista é melhor pela manhã. O nome desse mirante foi inspirado no *Inferno* de Dante. Ao longe vê-se o pico Telescope, na serra Panamint.

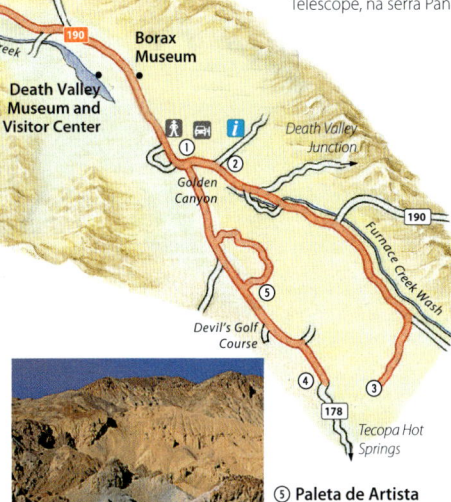

④ Badwater
A 85m abaixo do nível do mar, Badwater é o ponto mais baixo do hemisfério ocidental e um dos mais quentes do mundo. A água não é venenosa, mas, sim, horrível ao paladar, cheia de cloreto de sódio e sulfatos.

⑤ Paleta de Artista
Esses morros multicoloridos foram criados por depósitos minerais e cinza vulcânica. As cores ficam mais intensas com o sol do fim da tarde.

Dicas para o Passeio

Extensão: 380km.

Quando ir: A melhor época para visitar o Vale da Morte é de outubro a abril, quando a temperatura média é de 18°C. Evite ir de maio a setembro, pois a temperatura pode ser extremamente alta. Tente sair cedo, sobretudo se planeja fazer caminhadas. Sempre use chapéu e muito protetor solar.

Precauções: Verifique a previsão do tempo antes de sair e sempre leve água, mapa, estojo de primeiros socorros e antídoto contra picada de cobra, celular, macaco e outro estepe. Fique perto do carro se ele quebrar. Se você planeja ir a lugares distantes, informe a alguém onde estará e quando pretende voltar. A região não é boa para escalada de pedras. Não alimente animais selvagens nem entre em tocas ou covas.

Paradas: Furnace Creek Ranch, Furnace Creek Inn, Stovepipe Wells Village e Panamint Springs são os únicos lugares com hospedagem e comida no parque. Shoshone, Amargosa e Tecopa, fora do parque, dispõem de motéis (hotéis de pernoite).

Emergência: Ligue para os guarda-parques pelo 911 ou (760) 786-2331.

W nps.gov/deva

Legenda dos símbolos *na orelha da contracapa*

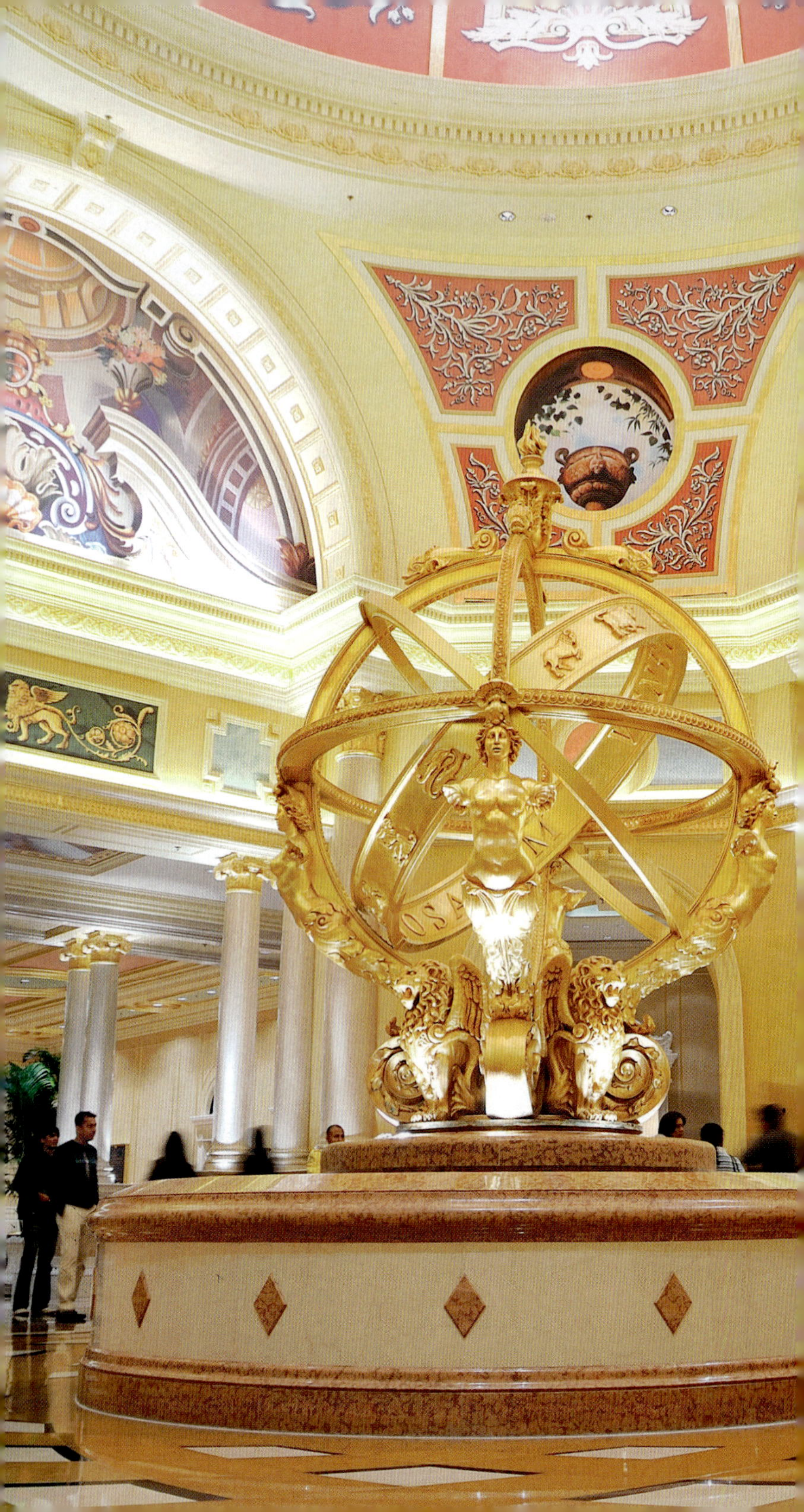

INDICAÇÕES AO TURISTA

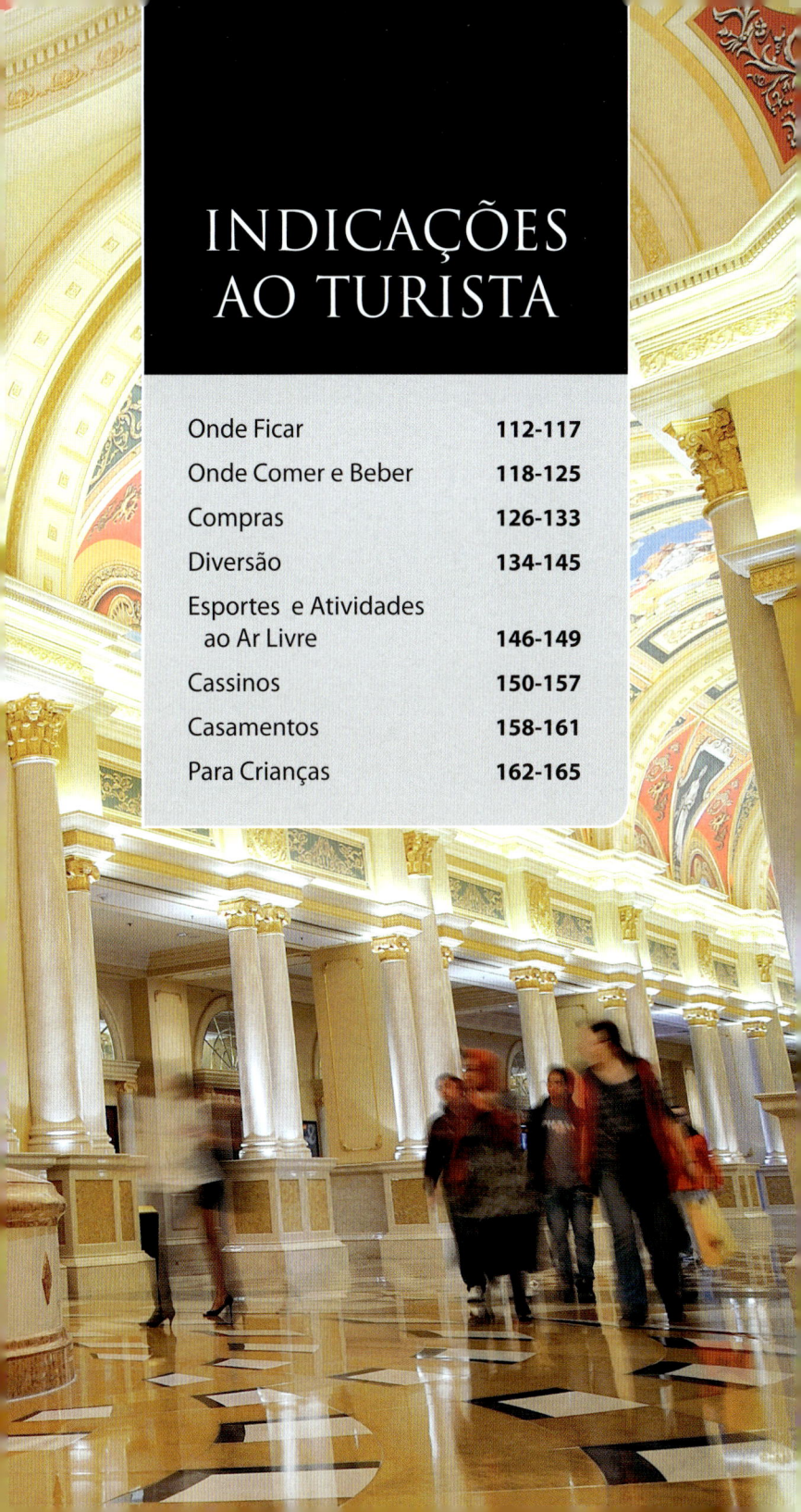

Onde Ficar	**112-117**
Onde Comer e Beber	**118-125**
Compras	**126-133**
Diversão	**134-145**
Esportes e Atividades ao Ar Livre	**146-149**
Cassinos	**150-157**
Casamentos	**158-161**
Para Crianças	**162-165**

ONDE FICAR

Um dos principais destinos turísticos dos EUA, Las Vegas tem mais de 150 mil leitos, o maior número registrado no país. O turistas podem escolher entre uma gama extensa de acomodações de acordo com todos os orçamentos e preferências. A cidade tem desde megarresorts fantásticos a motéis básicos. Os resorts maiores oferecem atrações como cassinos, restaurantes, casas noturnas, parques temáticos, centros de convenções e calçadões com lojas. Há também hotéis convencionais cuja clientela é composta por famílias e executivos. Quem gosta de passar a maior parte do tempo ao ar livre conta com muitos estacionamentos para trailers e campings nas áreas de Mt. Charleston e Red Rock, perto da cidade. As listas de hotéis nas páginas 114-7 apresentam uma seleção das melhores opções em Las Vegas e cobrem várias áreas e faixas de preço.

Quarto elegante do Venetian (p. 117)

Classificação

Os hotéis de Las Vegas são conhecidos pelas ótimas acomodações e pela variedade de atrações. Os visitantes podem seguir o sistema de classificação por diamantes da American Automobile Association (AAA) (p. 180) como orientação. Todos os tipos de hospedagem, desde motéis um diamante a resorts cinco diamantes, são classificados conforme o serviço, o asseio e as instalações oferecidas.

Resorts e Hotéis com Cassino

A maioria dos resorts opulentos de Las Vegas situa-se na Strip ou no centro. Alguns recriam marcos mundiais, como a Torre Eiffel no Paris Las Vegas (p. 48), o Canal Grande no Venetian (pp. 60-1) e o skyline de Manhattan no New York-New York (p. 45), ao passo que outros apresentam efeitos especiais, como um vulcão em erupção no Mirage (p. 58) e o show coreografado das fontes iluminadas do Bellagio (pp. 50-1). Os resorts maiores oferecem muitas comodidades que seduzem os hóspedes, como spas, shopping centers, restaurantes finos e diversão de alto nível. Hotéis mais antigos na Strip, como o Flamingo (p. 53) e o Riviera (p. 64), foram modernizados, porém mantiveram o charme tradicional que evoca os velhos tempos de Las Vegas.

Os hotéis-cassino localizados na região central também oferecem acomodação luxuosa. Próximos à área que concentra artes e entretenimento na cidade, eles apresentam o lado mais cultural de Las Vegas.

Hotéis-Cassino Locais

Há mais de uma dezena de hotéis espalhados pelo vale de Las Vegas, sobretudo em áreas residenciais e voltados tanto para os turistas locais como para os estrangeiros. Eles oferecem tarifas bem mais baixas e atrações como cassinos, cinemas, boliche, rinques de patinação, salas de concerto, shopping centers, babás e restaurantes com preços módicos.

Redes de Hotéis e Motéis

Além dos cassinos, Las Vegas dispõe de várias redes nacionais de hotéis e motéis, que oferecem atendimento eficiente e hospedagem confortável a preços razoáveis. As redes mais conhecidas são **Holiday Inn**, **Best Western**, **Ramada** e **Marriott**. Turistas também encontram boa relação custo-benefício em hotéis como **Residence Inns**, **Courtyard**, **Hyatt Place**, **Budget Suites** e **Embassy Suites**, que disponibilizam suítes com sala de estar e cozinha básica a um custo um pouco maior do que o de um quarto básico. Em geral, os motéis têm quartos perto do estacionamento e podem ser a única opção de hospedagem disponível em destinos mais longínquos, como a **Hoover Dam** e **Boulder City**.

Hóspedes na piscina do Flamingo Las Vegas (p. 114)

◀ Arquitetura extravagante do hotel Main Street Station (pp. 72-3)

Decoração moderna em quarto do Bellagio *(p. 116)*

Tarifas

Seja qual for sua escolha, as tarifas de hotéis em Las Vegas estão entre as melhores do país – são de 10% a 20% mais baratas do que as de outras cidades turísticas. Os preços sobem nos fins de semana, então tente se hospedar de domingo até quinta-feira. Os quartos em hotéis no centro custam 25% a 50% menos do que na Strip.

As diárias podem variar muito de uma semana para outra e ser bem mais altas durante convenções importantes e feriados prolongados. É melhor ser flexível com datas ao fazer uma reserva, assim como planejar tudo com bastante antecedência.

Cobranças Adicionais

As tarifas nos hotéis em Las Vegas geralmente são informadas sem o imposto sobre vendas e a taxa regional, que representam mais 12% no preço final. Vários resorts também cobram taxas extras, que aumentam a diária em US$5 ou até US$28. As diárias costumam ser para duas pessoas. A maioria dos hotéis cobra entre US$30 e US$50 por pessoa a mais no quarto, mas crianças de até 12 anos se hospedam de graça.

Programas de Recompensa

Todos os hotéis-cassino têm programas de recompensa com inscrição grátis, a fim de fidelizar a clientela. Os pontos são acumulados com as despesas em jogos, restaurantes e hospedagem, e podem ser trocados por dinheiro ou créditos em restaurantes e hotéis. A maioria dos hotéis também oferece descontos nos restaurantes próprios.

Alguns programas de recompensa são válidos para vários resorts, como o M Life, que abrange dezesseis propriedades do grupo MGM Resorts, e o Total Rewards, com dez resorts do grupo Caesars Entertainment.

Campings e Estacionamentos para Trailers

Em parques estaduais e nacionais, há áreas designadas para acampamento. Embora a política na maioria desses parques seja dar preferência a quem chega primeiro, certos campings exigem reserva com bastante antecedência. Consulte o **National Forest Service** para informações sobre campings no monte Charleston, no lago Mead e no Red Rock Canyon. Há desde instalações extremamente básicas a outras com água corrente e energia elétrica.

Veículos recreativos de grande porte encontram vários lugares para aportar na cidade, como os hotéis **Sam's Town RV Park** e o **Main Street Station RV Park**. A maioria dos estabelecimentos tem energia elétrica, lavanderia, duchas, privadas com descarga, lojas de conveniência, piscinas e até traslados para o centro ou a Strip, tudo por tarifas bem competitivas. Em geral, também aceitam animais de estimação. Reserve.

Hotéis Recomendados

Este guia apresenta uma seleção de hotéis que oferecem quase todas as comodidades possíveis. A localização é um fator importante, e as áreas preferidas dos turistas em Las Vegas são a South Strip e a North Strip, que tem tarifas mais caras. Para economizar, hospede-se em hotéis de rede sem cassino e longe da agitação; na área central, em resorts mais simples; ou nos cassinos locais espalhados pela cidade. Hotéis considerados notáveis em cada área são indicados nos quadros de destaque. Eles oferecem algo realmente especial, seja o atendimento excelente, a decoração opulenta ou a estrutura mais que completa.

AGENDA

Redes de Hotéis e Motéis

Best Western
Tel (800) 780-7234.
w bestwestern.com

Budget Suites
Tel (866) 877-2000.
w budgetsuites.com

Courtyard
Tel (800) 321-2211.
w courtyard.com

Embassy Suites
Tel (800) 362-2779.
w embassysuites.com

Holiday Inn
Tel (866) 655-4669.
w holiday-inn.com

Hyatt Place
Tel (702) 369-3366.
w hyattplace.com

Marriott
Tel (800) 228-9290.
w marriott.com

Residence Inns
Tel (800) 331-3131.
w residenceinn.com

Wyndham
Tel (877) 999-3223.
w wyndham.com

Campings e Estacionamentos para Trailers

Main Street Station RV Park
200 N Main St. **Mapa** 2 D3. **Tel** (702) 387-1896; (800) 465 0711.

National Forest Service
Tel (877) 444-6777.
w recreation.gov

Sam's Town RV Park
5225 Boulder Hwy.
Tel (800) 562-7270.

Onde Ficar

Econômicos
South Strip

Excalibur $
3850 Las Vegas Blvd S
Tel (702) 597-7777   Mapa 3 B4
W excalibur.com
Com tema medieval, esse hotel tem um castelo, ponte levadiça e fosso. Não perca o emocionante Tournament of Kings, show durante o jantar.

Flamingo Las Vegas $
3555 Las Vegas Blvd S
Tel (702) 733-3111   Mapa 3 C3
W flamingolasvegas.com
Esse resort icônico foi um dos primeiros hotéis-cassino da Strip. Embora tenha perdido seu esplendor original, abriga quartos com vistas da High Roller e do parque aquático e ecológico próprio.

Luxor $
3900 Las Vegas Blvd S
Tel (702) 262-4000   Mapa 3 B5
W luxor.com
Uma vasta pirâmide de vidro abriga esse hotel que homenageia o Egito Antigo. Além de quartos modernos, o Luxor sedia as exposições Titanic e Bodies. Um bonde grátis liga o local ao Mandalay Bay e ao Excalibur.

North Strip

Circus Circus $
2880 Las Vegas Blvd S
Tel (702) 734-0410   Mapa 3 C2
W circuscircus.com
Números circenses ao vivo são o destaque desse hotel cordial e confortável, com boas opções de entretenimento e parque temático coberto.

Riviera Hotel & Casino $
2901 Las Vegas Blvd S
Tel (702) 734-5110   Mapa 3 C2
W rivierahotel.com
Construído em 1955, o Riviera é um dos resorts com cassino mais antigos e renomados da cidade. O prédio novo abriga acomodações mais modernas. Os quartos são básicos, mas limpos e espaçosos.

Stratosphere $
2000 Las Vegas Blvd S
Tel (702) 380-7777   Mapa 4 D1
W stratospherehotel.com
No hotel mais alto de Las Vegas, muitos quartos apresentam vistas estupendas da cidade. A grande atração é o famoso restaurante Top of the World, que gira 360° a intervalos de 80 minutos.

Centro e Fremont Street

California Hotel $
12 Ogden Ave
Tel (702) 385-1222   Mapa 2 D3
W thecal.com
Esse hotel-cassino com tema havaiano presta ótimo serviço. Uma passarela elevada dá acesso ao Main Street Station.

El Cortez $
600 E Fremont St
Tel (800) 634-6703   Mapa 2 E3
W elcortezhotelcasino.com
O hotel-cassino mais antigo de Las Vegas oferece quartos confortáveis com decoração em estilo dos anos 1940.

Downtown Grand Casino & Hotel $
206 N 3rd St
Tel (702) 388-2400   Mapa 2 D3
W downtowngrand.com
Situado na Fremont Street, esse hotel-cassino abriga belos quartos contemporâneos, além de uma piscina fantástica na cobertura.

Four Queens $
202 E Fremont St
Tel (702) 385-4011   Mapa 2 D3
W fourqueens.com
Histórico, tem quartos um pouco antiquados, mas oferece ótimo serviço e fica no coração da Fremont Street Experience.

Fremont Hotel $
200 E Fremont St
Tel (702) 385-3232   Mapa 2 D3
W fremontcasino.com
Catorze andares ocupados por quartos modernos e confortáveis, porém com banheiros pequenos. A equipe é cordial e solícita.

O reluzente Golden Nugget, no centro de Las Vegas

> **Categorias de Preço**
> Diária de um quarto duplo padrão, na alta temporada, com taxas de serviço e impostos.
>
> $ até US$100
> $$ US$100–US$200
> $$$ acima de US$200

Golden Gate Hotel $
1 Fremont St
Tel (702) 385-1906   Mapa 2 D3
W goldengatecasino.com
Esse hotel histórico remonta ao nascimento de Las Vegas em 1906. Fica na Fremont Street Experience.

> ### Destaque
>
> **Golden Nugget** $
> *129 E Fremont St*
> Tel (702) 385-7111   Mapa 2 D3
> W goldennugget.com
> O hotel-cassino mais luxuoso do centro da cidade tem quartos parecidos com os da Strip, porém mais baratos. Seu imenso complexo de piscinas custou US$30 milhões e tem um tanque para tubarões e outros animais marinhos, quinze cabanas privadas e um tobogã com altura de três andares.

Main Street Station Casino, Brewery & Hotel $
200 N Main St
Tel (702) 387-1896   Mapa 2 D3
W mainstreetcasino.com
A decoração desse hotel evoca o período vitoriano, com vagões de trem restaurados e artefatos da virada do século XX.

Plaza Hotel & Casino $
1 Main St
Tel (702) 386-2110   Mapa 2 D3
W plazahotelcasino.com
Situado em uma estação de trem histórica, esse lugar tem lindas vistas da Fremont Street.

Fora do Centro

Alexis Park All Suite Resort $
375 E Harmon Ave
Tel (702) 796-3300   Mapa 4 D4
W alexispark.com
Esse hotel simples com piscina oferece hospedagem relaxante em suítes.

Artisan Hotel $
1501 W Sahara Ave
Tel (702) 214-4000   Mapa 3 C1
W artisanhotel.com
Hotel-butique cujo tema são obras de arte famosas. Ótimo para quem busca diversão.

ONDE FICAR | 115

Arredores de Las Vegas

Bright Angel Lodge $
9 Village Loop Dr, Grand Canyon Village, AZ
Tel (928) 638-2631
w grandcanyonlodges.com
Quartos em belas cabanas ou construções de madeira, perto da South Rim do Grand Canyon.

Colorado Belle Hotel & Casino $
2100 S Casino Dr, Laughlin, NV
Tel (702) 298-4000
w coloradobelle.com
Resort e cassino animado instalado na réplica de um antigo barco fluvial. A equipe é muito cordial.

O Circus Circus realiza shows grátis em seu anfiteatro

Hotéis de Rede
Fora do Centro

Best Western Mardi Gras Hotel & Casino $
3500 Paradise Rd
Tel (702) 731-2020 **Mapa** 4 D3
w mardigrasinn.com
Tem decoração moderna, piscina boa, quartos amplos e fácil acesso a pé à Strip.

Super 8 at Ellis Island Casino $
4250 Koval Lane
Tel (702) 794-0888 **Mapa** 3 C3
w super8vegas.com
Quartos confortáveis ao lado de um pequeno cassino e cervejaria. Traslado grátis para o aeroporto.

Embassy Suites $$
3600 Paradise Rd
Tel (702) 893-8000 **Mapa** 4 D3
w lasvegasembassysuites.com
Peça o café da manhã a seu gosto nesse hotel agradável perto do Convention Center.

Hyatt Place $$
4520 Paradise Rd
Tel (702) 369 3366 **Mapa** 4 D4
w lasvegas.place.hyatt.com
Hotel para não fumantes, com quartos bons, o Hyatt localiza-se próximo à Strip.

Residence Inn-Convention Center $$
3225 Paradise Rd
Tel (702) 796-9300 **Mapa** 4 D2
w marriott.com
As amplas suítes desse hotel da rede Marriott ficam defronte ao Las Vegas Convention Center.

Westgate Las Vegas $$
3000 Paradise Rd
Tel (702) 732-5111 **Mapa** 4 D2
w westgateresorts.com
Com quartos imaculados perto do LV Convention Center, esse hotel é perfeito para executivos.

Cassinos Locais
Fora do Centro

Boulder Station $
4111 Boulder Hwy
Tel (702) 432-7777
w boulderstation.sclv.com
Há comida e serviço notáveis nesse hotel com vitrais, pisos de madeira e fachada pitoresca.

Cannery Hotel & Casino $
2121 E Craig Rd, North Las Vegas
Tel (702) 507-5700
w cannerycasino.com
O Cannery tem decoração moderna, comida excelente e uma área fantástica em torno da piscina.

Fiesta Henderson $
777 W Lake Mead Pkwy, Henderson
Tel (702) 558-7000
w fiestahenderson.sclv.com
Embora os quartos do Fiesta sejam antiquados, a localização é boa, e a equipe, impecável.

Orleans $
4500 W Tropicana Ave
Tel (702) 365-7111 **Mapa** 3 A4
w orleanscasino.com
Com tema de Nova Orleans, esse resort com cassino fica a poucos quilômetros da Strip.

Palace Station $
2411 W Sahara Ave
Tel (702) 367-2411 **Mapa** 3 B1
w palacestation.sclv.com
Barato, o Palace Station apresenta quartos modestos e confortáveis, além de equipe cordial.

Sam's Town Hotel & Gambling Hall $
5111 Boulder Hwy
Tel (702) 456-7777
w samstownlv.com
Inspirado no Velho Oeste, esse hotel chama a atenção pelo surpreendente átrio Mystic Falls Park, com árvores, flores e uma cascata.

Silver Sevens Hotel & Casino $
4100 Paradise Rd
Tel (702) 733-7000 **Mapa** 4 D3
w silversevenscasino.com
A fachada desse hotel evoca uma velha cidade de garimpo. Os quartos são limpos e confortáveis.

Silverton Casino Hotel $
3333 Blue Diamond Rd
Tel (702) 263-7777
w silvertoncasino.com
Um aquário imenso é a maior atração desse resort. Fãs de esportes também se empolgam com a enorme Bass Pro Shop.

South Point Hotel, Casino & Spa $
9777 Las Vegas Blvd S
Tel (702) 796-7111
w southpointcasino.com
Quartos amplos e instalações excelentes, entre elas um moderno complexo equestre.

Suncoast Hotel & Casino $
9090 Alta Dr
Tel (702) 636-7111
w suncoastcasino.com
Há diversão para toda a família nesse resort com boliche, cinema e sala de exposição. Além disso, o Suncoast oferece quartos grandes e limpos e serviço excelente.

Sunset Station $
1301 W Sunset Rd, Henderson
Tel (702) 547-7777
w sunsetstation.sclv.com
Estrutura com quartos aconchegantes, boliche, vários restaurantes e salas de cinema em local próximo à Strip.

Aliante Casino & Hotel $$
7300 N Aliante Pkwy, North Las Vegas
Tel (702) 692-7777
w aliantegaming.com
Situado ao norte no vale de Vegas, esse retiro urbano tem um cinema com dezesseis salas, além de equipe muito solícita.

Mais informações sobre hotéis *nas pp. 112-3*

Luxuosos
South Strip

Destaque
ARIA Resort & Casino $$
3730 Las Vegas Blvd S
Tel (702) 590-7757   **Mapa** 3 C4
w aria.com
Único hotel com cassino no complexo CityCenter, esse belo exemplo de arquitetura moderna fica a poucos passos de lojas, restaurantes e casas noturnas. Apresenta o show *Zarkana* do Cirque du Soleil e restaurantes com chefs renomados, como Masa Takayama.

Bally's Las Vegas $$
3645 Las Vegas Blvd S
Tel (702) 739-4111   **Mapa** 3 C3
w ballyslasvegas.com
Em plena Strip, esse hotel encontra-se a curta caminhada das principais atrações. Quartos amplos e confortáveis.

Destaque
Caesars Palace $$
3570 Las Vegas Blvd S
Tel (702) 731-7110   **Mapa** 3 B3
w caesarspalace.com
De 1966, o Caesars Palace é um dos resorts mais antigos de Vegas, mas passou por um processo de modernização e expansão. Um de seus traços mais marcantes é o Garden of the Gods, que ostenta oito piscinas em cenário palaciano.

The Cromwell $$
3595 Las Vegas Blvd S
Tel (702) 777-3777   **Mapa** 3 C3
w thecromwell.com
Há quartos modernos e serviço excelente nesse hotel-butique que sedia o primeiro restaurante de Giada de Laurentiis.

LINQ Hotel & Casino $$
3535 Las Vegas Blvd S
Tel (800) 351-7400   **Mapa** 3 C3
w caesars.com/linq
O resort situa-se na base da High Roller e da passarela do LINQ, que é ladeada por dezenas de lojas e restaurantes.

Mandalay Bay $$
3950 Las Vegas Blvd S
Tel (702) 632-7777   **Mapa** 3 C5
w mandalaybay.com
Quem gosta de sol tem chance de se bronzear na praia artificial e ver o movimento das ondas nesse resort que lembra uma ilha.

Categorias de Preço *na p. 114*

Destaque
MGM Grand $$
3799 Las Vegas Blvd S
Tel (702) 891-1111   **Mapa** 3 C4
w mgmgrand.com
Com mais de 5 mil quartos, uma enorme galeria com lojas, capela para casamentos, spa, centro de eventos, cinco piscinas e três banheiras de hidromassagem, esse hotel opulento faz jus ao nome. Os três andares superiores do MGM Grand são ocupados pelo SkyLOFTS, um luxuoso hotel-butique.

Monte Carlo $$
3770 Las Vegas Blvd S
Tel (702) 730-7777   **Mapa** 3 C4
w montecarlo.com
Esse belo resort tem uma praça para pedestres voltada para a Strip, com vários restaurantes e locais de entretenimento.

New York-New York $$
3790 Las Vegas Blvd S
Tel (702) 740-6969   **Mapa** 3 C4
w newyorknewyork.com
Fãs da Big Apple se sentem em casa em meio à réplica do skyline de Manhattan e aos restaurantes de ar nova-iorquino.

Paris Las Vegas $$
3655 Las Vegas Blvd S
Tel (702) 946-7000   **Mapa** 3 C3
w parislasvegas.com
Notabilizado por uma réplica da Torre Eiffel, esse resort de tema parisiense tem ruas charmosas de pedra como a cidade mais romântica da Europa.

Planet Hollywood Resort & Casino $$
3667 Las Vegas Blvd S
Tel (702) 785-5555   **Mapa** 3 C4
w planethollywoodresort.com
Há relíquias de cinema nesse hotel que evoca Hollywood e sedia o conhecido shopping Miracle Mile.

Tropicana Las Vegas $$
3801 Las Vegas Blvd S
Tel (702) 739-2222   **Mapa** 3 C4
w troplv.com
Quartos grandes e elegantes ocupam esse DoubleTree da rede Hilton. Aberto em 1957, hoje tem como tema a South Beach.

Vdara $$
2600 W Harmon Ave
Tel (702) 590-2111   **Mapa** 3 B4
w vdara.com
Hotel chique no CityCenter, o Vdara é um oásis no centro da cidade. Abriga apenas suítes, com obras de arte por toda a parte.

Quarto com decoração suntuosa no Bellagio

Destaque
Bellagio $$$
3600 Las Vegas Blvd S
Tel (702) 693-7111   **Mapa** 3 B3
w bellagio.com
Um sonho para estetas, esse resort tem uma galeria de arte, uma estufa com mostras sazonais de arranjos florais e obras de arte espalhadas por toda a propriedade. O lago diante do hotel é palco do famoso show das fontes luminosas, no qual jatos de água dançam em sincronia com a música.

Mandarin Oriental $$$
3752 Las Vegas Blvd S
Tel (702) 590-8888   **Mapa** 3 C4
w mandarinoriental.com
Esse hotel opulento para não fumantes tem quartos luxuosos, vistas estupendas e serviço de alta classe. Sem cassino, oferece um ambiente muito tranquilo.

North Strip
Harrah's $$
3475 Las Vegas Blvd S
Tel (702) 369-5000   **Mapa** 3 C3
w harrahs.com
A poucos passos do novo complexo de entretenimento LINQ, esse hotel divertido e cordial apresenta vários shows, entre eles o Improv Comedy Club. A localização é ideal para visitar as atrações da Strip.

The Mirage $$
3400 Las Vegas Blvd S
Tel (702) 791-7111   **Mapa** 3 B3
w mirage.com
A erupção de um vulcão artificial e os recintos de tigres e golfinhos são algumas das atrações desse resort animado. Comida e serviço excelentes.

SLS Las Vegas Hotel & Casino $$
2535 Las Vegas Blvd S
Tel (702) 737-2111 **Mapa** 4 D1
w slshotels.com
Hotel moderno, o SLS Las Vegas tem restaurantes excelentes e piscina em belo cenário. Os bares e as casas noturnas são ótimos para quem gosta de dançar.

Treasure Island – TI $$
3300 Las Vegas Blvd S
Tel (702) 894-7111 **Mapa** 3 C2
w treasureisland.com
Sede do show *Mystère*, do Cirque de Soleil, esse hotel exibe vistas fantásticas da Strip.

Destaque
The Venetian $$$
3355 Las Vegas Blvd S
Tel (702) 414-1000 **Mapa** 3 C3
w venetian.com
Passeios de gôndola em um canal artificial e réplicas da Piazza San Marco e da ponte de Rialto evocam a linda cidade de Veneza nesse hotel luxuoso que tem apenas suítes.

Wynn Encore $$$
3121 Las Vegas Blvd S
Tel (702) 770-8000 **Mapa** 3 C2
w wynnlasvegas.com
Ligado ao Wynn Las Vegas, o igualmente luxuoso Encore apresenta decoração asiática e instalações impecáveis.

Destaque
Wynn Las Vegas
3131 Las Vegas Blvd S
Tel (702) 770-7100 **Mapa** 3 C2
w wynnlasvegas.com
Esse resort de luxo tem uma queda-d'água de quase 30m, um campo de golfe profissional, showroom da Ferrari-Maserati e restaurantes de fama mundial. Não perca o fabuloso show aquático *Le Rêve*.

Fora do Centro

Destaque
Green Valley Ranch Resort & Spa $$
2300 Paseo Verde Pkwy, Henderson
Tel (702) 617-7777
w greenvalleyranch.sclv.com
Esse resort elegante tem um cinema com dez salas e amplos jardins paisagísticos. O complexo de lojas e restaurantes The District, com belas ruas arborizadas, fica em frente.

Hard Rock Hotel & Casino $$
4455 Paradise Rd
Tel (702) 693-5000 **Mapa** 4 D4
w hardrockhotel.com
A variedade de palcos para shows nesse hotel de tema rock 'n' roll é um verdadeiro chamariz para fãs do gênero musical.

JW Marriott Las Vegas Resort and Spa $$
221 N Rampart Blvd
Tel (702) 869-7777
w marriott.com
Um toque mediterrâneo marca os jardins e a decoração desse hotel luxuoso que também tem um prestigioso campo de golfe.

M Resort $$
12300 Las Vegas Blvd S, Henderson
Tel (702) 797-1000
w themresort.com
No sul da Strip, esse resort tem uma adega de vinhos ótima e lindas vistas do vale.

Palms Casino Resort $$
4321 W Flamingo Rd
Tel (702) 942-7777 **Mapa** 3 A3
w palms.com
Hotel com quartos elegantes – algumas suítes mais extravagantes têm até boliche e quadra coberta de basquete.

Rumor Boutique Resort $$
455 E Harmon Ave
Tel (702) 369-5400 **Mapa** 4 D4
w rumorvegas.com
Defronte ao Hard Rock Hotel, esse hotel-butique intimista dispõe de suítes elegantes.

Trump International Hotel & Tower $$
2000 Fashion Show Dr
Tel (702) 476-7339 **Mapa** 3 C2
w trumplasvegashotel.com
Quartos grandes, decoração luxuosa e vistas estupendas distinguem esse retiro tranquilo, abrigado do caos do centro da cidade.

Arredores de Las Vegas
Bryce Canyon Lodge $$
Hwy 63, Bryce Canyon, UT
Tel (435) 834-5322
w brycecanyonforever.com
Esse alojamento histórico perto da borda do cânion tem acomodações em suítes, quartos-padrão e cabanas.

Red Rock Casino, Resort & Spa $$
11011 W Charleston Blvd
Tel (702) 797-7777
w redrock.sclv.com
Aprecie as vistas do Red Rock Canyon a partir desse hotel moderno e confortável.

Zion National Park Lodge $$
1 Zion Canyon Scenic Dr, Springdale, UT
Tel (435) 772-7700
w zionlodge.com
Alojamento agradável no Zion National Park. Fácil acesso a trilhas para caminhadas.

Estacionamentos para Trailers
Centro e Fremont Street
Main Street RV Park $
200 N Main St
Tel (702) 387-1896 **Mapa** 2 D3
w mainstreetcasino.com
Único estacionamento para trailers no centro, tem 90 vagas e comodidades como lavanderia.

Fora do Centro
Las Vegas KOA at Sam's Town $
5225 Boulder Hwy
Tel (702) 454-8055
w koa.com
Agradável e de fácil acesso, fornece água e energia elétrica para veículos grandes, além de piscina, banheira de água quente e traslado. Aceita animais de estimação.

Área da piscina do Green Valley Ranch, resort de luxo em estilo mediterrâneo

Mais informações sobre hotéis *nas pp. 112-3*

ONDE COMER E BEBER

O consumo de alimentos e bebidas sempre foi um pilar da hotelaria em Las Vegas. Até recentemente, a maioria dos hotéis com cassino servia comida barata – bufês de consumo à vontade por US$10 e café da manhã por 99 centavos. Embora ainda seja possível encontrar algumas pechinchas, atualmente os resorts competem para atrair chefs de fama mundial, o que acarretou um aumento nos preços. Las Vegas hoje rivaliza com as localidades mais cosmopolitas do mundo na busca por ingredientes de qualidade e por uma maior variedade de culinárias; inclusive, vários dos principais nomes da alta gastronomia oferecem experiências informais ou refinadas na cidade. Além disso, há *diners*, churrascarias, cafés e lanchonetes. A lista apresentada nas pp. 120-5 informa os melhores restaurantes em cada faixa de preço.

A entrada imponente do restaurante de Joël Robuchon no MGM Grand *(p. 121)*

Horários

Las Vegas realmente é uma cidade que nunca dorme, e muitos restaurantes ficam abertos até meia-noite ou mais tarde. Cafeterias costumam funcionar 24 horas, e algumas oferecem o menu completo a noite inteira. Todavia, a maioria dos estabelecimentos serve apenas café da manhã, almoço e jantar. Alguns resorts grandes abrigam diversos restaurantes. O Venetian, por exemplo, tem quinze opções de comida fina, 24 salões informais e 21 lanchonetes. Em geral, locais sofisticados só abrem para o jantar, enquanto os mais casuais servem também almoço. Em Las Vegas, os bufês de consumo à vontade geralmente oferecem as três principais refeições do dia.

Preços e Gorjetas

Diversas cafeterias, restaurantes de rede e bufês de consumo à vontade oferecem boas refeições a preços razoáveis. A cidade também tem muitos estabelecimentos sofisticados, onde a conta pode ficar entre US$100 e US$150 por uma refeição com três pratos para uma pessoa e uma garrafa de vinho.

A gorjeta padrão é de 15-20% do valor final da conta sem os impostos, mas essa quantia depende da satisfação do cliente com o serviço. Barmen e garçons de bebidas também esperam ganhar gorjeta por cada rodada de drinques.

Tipos de Comida e de Restaurante

Os estabelecimentos que servem comida em Las Vegas têm diversas propostas e tamanhos, desde *diners* pequenos e cordiais a restaurantes gourmet. Quase todos os melhores resorts da cidade oferecem grande variedade de restaurantes de alta gastronomia e outros mais informais, e em geral há pelo menos uma *steakhouse* (churrascaria). Embora seja difícil encontrar frutos do mar de alta qualidade no deserto, muitos restaurantes finos recebem diariamente peixes frescos. Para quem está com o orçamento apertado, as alternativas são as casas de fast-food e as redes de pizzarias instaladas em diversos resorts da cidade. Há também bons restaurantes de nível mediano especializados nas culinárias italiana, chinesa, japonesa, mexicana e indiana. A maioria encontra-se em resorts ou em shopping centers.

Chefs famosos dirigem muitos restaurantes sofisticados em Las Vegas, em geral instalados em hotéis de luxo. Nos últimos anos, vários desses chefs também abriram casas menores e mais acessíveis, como o Pub 1842, de Michael Mina, no MGM Grand; o pub de Gordon Ramsay no Caesars Palace; e o Vegas Kitchen & Bar, de Guy Fieri, no LINQ.

Bufês de Consumo à Vontade

A maioria dos hotéis de Las Vegas oferece um bufê de consumo à vontade por um preço fixo; os mais baratos ficam em torno de US$7,99.

O bufê de jantar geralmente tem cerca de cem pratos dife-

A famosa Pizza Rock, que serve pizzas premiadas em ambiente vibrante *(p. 123)*

A decoração contemporânea da N9NE Steakhouse *(p. 124)*

rentes, incluindo saladas, carnes, frutos do mar, legumes e várias sobremesas. A maioria oferece opções asiáticas, mexicanas e italianas servidas em bancadas separadas ou como parte de um bufê temático de alguma culinária específica, em dias diferentes da semana.

Nos últimos tempos, os resorts têm disputado para servir o bufê com o maior número de itens da cidade. O Bacchanal Buffet no Caesars Palace, por exemplo, dispõe diariamente de mais de 500 opções, e cozinheiros preparam pratos especiais sob pedido.

Embora os preços dos bufês variem muito conforme o padrão do hotel, a média é de US$12 por pessoa para café da manhã, US$17 para almoço e US$22 para jantar. Os melhores banquetes, como os do Bellagio e do ARIA, são mais caros, mas a comida vale a pena.

Além dos bufês de café da manhã, almoço e jantar, a maioria dos resorts oferece brunches com champanhe aos fins de semana por um preço um pouco mais alto. O Sterling Sunday Brunch, no Bally's, é digno de nota – serve caudas de lagosta, carnes selecionadas, sushi, caviar de esturjão-americano e ostras frescas, acompanhados de champanhe Perrier-Jouët. Entusiastas da mesa podem comprar o Buffet of Buffets Pass, uma extravagância que dá direito a 24 horas de consumo à vontade em sete bufês situados em seis resorts.

Vegetarianos

Não há restaurantes exclusivamente vegetarianos ou veganos nos resorts, mas a maioria dos estabelecimentos serve vários pratos para o público. O magnata dos cassinos Steve Wynn, que é vegano, exige que todos os seus restaurantes nos resorts Wynn e Encore tenham um menu vegetariano ou vegano.

Portadores de Deficiência

A lei obriga que todos os restaurantes da cidade ofereçam acesso a cadeirantes e banheiro no térreo.

Crianças

A maioria dos restaurantes em Las Vegas recebe crianças e fornece cadeirões ou assentos especiais a pedidos. Alguns têm menu infantil bem barato, e todos os bufês dão descontos para os pequenos.

Etiqueta

Las Vegas costuma ser muito informal, e na maioria dos lugares jeans, shorts ou camisetas são vestimentas bem aceitáveis. As exceções ficam por conta de alguns restaurantes sofisticados, que requerem trajes mais tradicionais.

Restaurantes Recomendados

Os restaurantes nas páginas a seguir foram selecionados por oferecer algo para todos os gostos. Organizados por área, eles representam um panorama da ampla variedade de opções na cidade e abrangem todas as faixas de preço. Entre as sugestões há restaurantes finos ou mais informais de chefs famosos; casas que propõem hambúrgueres gourmet, filés e frutos do mar, além de cartas extensas de vinhos ou cervejas; gastropubs; bufês de consumo à vontade; e culinárias internacionais como chinesa, japonesa, francesa, italiana e mexicana. Tais restaurantes estão presentes por toda a cidade, seja no corredor de resorts da Vegas Strip, no centro, em cassinos ou em áreas residenciais no vale de Las Vegas.

Os estabelecimentos indicados nos quadros de destaque foram escolhidos por apresentar um ou mais quesitos de qualidade excepcional, como comida notável, ambientação estupenda, atendimento perfeito ou uma mescla desses fatores. Esses lugares especiais são altamente recomendados e certamente merecem uma visita.

Salão elegante do La Cave Food & Wine Hideaway *(p. 122)*

Onde Comer e Beber

South Strip

Bobby's Burger Palace $
Informal Mapa 3 C4
3750 Las Vegas Blvd S
Tel *(702) 598-0191*
Essa filial da rede gourmet do famoso chef Bobby Flay oferece vários hambúrgueres criativos a preços acessíveis.

Bacchanal Buffet $$
Bufê Mapa 3 B3
3570 Las Vegas Blvd S
Tel *(702) 731-7928*
Bufê mais variado de Las Vegas, esse banquete extravagante no Caesars Palace é digno de um imperador. Mais de 500 itens são servidos diariamente.

The Buffet@ARIA $$
Bufê Mapa 3 C4
3730 Las Vegas Blvd S
Tel *(702) 590-7111*
Entre as opções para todos os gostos nesse buffet, há dez bancadas com pratos asiáticos, mediterrâneos, massas, pizzas, frutos do mar e carnes grelhadas.

Burger Bar $$
Informal Mapa 3 C5
3930 Las Vegas Blvd S
Tel *(702) 632-9364*
Hubert Keller apresenta seus hambúrgueres especialíssimos nesse lugar moderno, com mais de cem cervejas artesanais de acompanhamento.

Carmine's $$
Italiana Mapa 3 C3
3500 Las Vegas Blvd S
Tel *(702) 473-9700*
Serve porções generosas de deliciosos clássicos italianos em porções grandes. É melhor ir com um grupo grande.

D.O.C.G. $$
Italiana Mapa 3 C3
3708 Las Vegas Blvd S
Tel *(702) 698-7920*
Com fama internacional, o chef Scott Conant apresenta versões modernas de especialidades italianas em um bar de vinhos rústico.

Emeril's New Orleans Fish House $$
Frutos do mar Mapa 3 C4
3799 Las Vegas Blvd S
Tel *(702) 891-7374*
Emeril Lagasse aplica seu estilo culinário "New New Orleans" – uma releitura de pratos creole da Louisiana – a diversos pratos à base de frutos do mar.

Estiatorio Milos $$
Frutos do mar Mapa 3 C3
3708 Las Vegas Blvd S
Tel *(702) 698-7930*
O proprietário e chef grego Costas Spiliadis prepara frutos do mar frescos em um belo cenário com vista para a linha do horizonte da cidade.

Gordon Ramsay BurGR $$
Informal Mapa 3 C4
3667 Las Vegas Blvd S
Tel *(702) 785-5555*
Essa hamburgueria chique serve também batatas fritas e milk-shakes feitos com ingredientes de alta qualidade.

Gordon Ramsay Pub $$
Informal Mapa 3 C3
3570 Las Vegas Blvd S
Tel *(702) 731-7410*
Em sua recriação de um pub inglês tradicional, Gordon Ramsay serve fish and chips, shepherd's pie e pudim de caramelo. Há ampla variedade de cervejas artesanais.

Guy Fieri's Kitchen & Bar $$
Informal Mapa 3 C3
3535 Las Vegas Blvd S
Tel *(702) 731-3311*
Parte do império do famoso chef Guy Fieri, esse restaurante elegante serve sabores ousados e versões interessantes de pratos tradicionais dos EUA.

Holstein's $$
Informal Mapa 3 C3
3708 Las Vegas Blvd S
Tel *(702) 698-7940*
O menu dessa hamburgueria gourmet sugere lanches americanos tradicionais e uma ampla variedade de milk-shakes e cervejas artesanais.

> **Categorias de Preço**
> Por pessoa, para uma refeição composta de três pratos e meia garrafa de vinho da casa, com taxas e serviço.
> $ até US$35
> $$ US$35-US$75
> $$$ acima de US$75

Julian Serrano Restaurant $$
Espanhola Mapa 3 C4
3730 Las Vegas Blvd S
Tel *(702) 590-8520*
O renomado chef espanhol Julian Serrano prepara tapas e pratos de seu país em um ambiente moderno. Peça uma sangria refrescante.

Mastro's Ocean Club $$
Frutos do mar Mapa 3 C4
3720 Las Vegas Blvd S
Tel *(702) 798-7115*
Em uma árvore escultural de 24m com treliças de madeira, esse restaurante tem um menu extenso de frutos do mar e pratos com carne. Tudo é delicioso.

Rí Rá $$
Informal Mapa 3 C5
3930 Las Vegas Blvd S
Tel *(702) 632-7771*
Nesse lugar vibrante, a comida de pub irlandês é acompanhada por mais de cem cervejas artesanais do mundo inteiro. Bandas irlandesas tocam à noite.

The Wicked Spoon $$
Bufê Mapa 3 C3
3708 Las Vegas Blvd S
Tel *(702) 698-7000*
As bancadas variadas oferecem peru, frango, costela, saladas, massas, frutos do mar, sushi e sobremesas deliciosas. As porções são pequenas, então aproveite para provar mais opções.

Destaque

Yellowtail Restaurant & Lounge $$
Japonesa Mapa 3 C3
3600 Las Vegas Blvd S
Tel *702-693-8300*
O aclamado chef Akira Back serve cozinha japonesa tradicional e contemporânea nesse restaurante refinado. Um pátio ao ar livre tem uma fileira de assentos para ver o show das fontes do Bellagio e as atrações principais da Las Vegas Strip. Ingredientes sazonais do mar chegam diariamente de vários cantos do mundo, e alguns são servidos menos de 72 horas após sua captura.

O salão elegante do Yellowtail, com muita madeira e pedra

ONDE COMER E BEBER | 121

Andre's Monte Carlo $$$
Francesa   Mapa 3 C4
3770 Las Vegas Blvd S
Tel *(702) 798-7151*   **Fecha** *seg*
Restaurante elegante que serve refinada cozinha sazonal para a elite de Las Vegas. Peça uma sala privada, o menu-degustação e regale-se. A carta de vinhos tem mais de 1.500 sugestões.

Destaque
Aureole $$$
Cozinha sofisticada   Mapa 3 C5
3950 Las Vegas Blvd S
Tel *(702) 632-7401*   **Fecha** *dom*
A grande atração desse restaurante é a torre de vinhos com quatro andares e seus anjos, que voam para pegar garrafas de uma seleção composta por mais de 60 mil rótulos. A cozinha americana moderna está a cargo do chef executivo Vincent Pouessel, que trabalhou no Le Jules Verne, com estrelas do Michelin, na Torre Eiffel.

Destaque
Giada $$$
Italiana   Mapa 3 C3
3595 Las Vegas Blvd S
Tel *(702) 777-3777*
Premiada com um Emmy, a famosa chef Giada De Laurentiis abriu seu primeiro restaurante no hotel-butique The Cromwell, onde prepara as receitas de seus livros de culinária e programas de TV. Cores quentes e iluminação natural criam um ambiente agradável, e os janelões retráteis proporcionam vistas estupendas das fontes do Bellagio e do Caesars Palace.

Hakkasan $$$
Cantonesa   Mapa 3 C4
3799 Las Vegas Blvd S
Tel *(702) 891-7888*
Esse complexo com gastronomia e casa noturna no MGM Grand tem um menu extenso de criações cantonesas modernas. Peça o delicioso pato assado crocante com kumquat e molho de mostarda.

Jean-Georges Steakhouse $$$
Churrascaria   Mapa 3 C4
3730 Las Vegas Blvd S
Tel *(877) 230-2742*
Essa *steakhouse* no ARIA está sob o comando do chef Jean-Georges Vongerichten, de renome internacional. Ele importa as melhores carnes do mundo inteiro e prepara cada prato com perfeição.

Opulência francesa no Joël Robuchon, com três estrelas do Michelin

Joël Robuchon $$$
Francesa   Mapa 3 C4
3799 Las Vegas Blvd S
Tel *(702) 891-7925*
Considerado "o chef do século" pelo guia Gault et Millau, Joël Robuchon desistiu da aposentadoria para abrir esse restaurante com três estrelas do Michelin. Comida incrível em um cenário intimista, com serviço impecável.

Michael Mina Bellagio $$$
Frutos do mar   Mapa 3 B3
3600 Las Vegas Blvd S
Tel *(702) 693-7223*   **Fecha** *qua*
A casa do famoso chef Michael Mina tem uma estrela do Michelin e vista para a piscina e os jardins do Bellagio. Oferece frutos do mar e caviar frescos, filés e um menu-degustação excelente.

Destaque
Nobu Caesars Palace $$$
Japonesa   Mapa 3 B3
3570 Las Vegas Blvd S
Tel *(702) 785-6674*
O maior restaurante do chef Nobu Matsuhisa – instalado no primeiro Nobu Hotel do mundo, no Caesars Palace – foi o pioneiro em servir teppan-yaki nos EUA. No salão, degustam-se sushi, sashimi e opções de toban-yaki como filé de lombo bovino flambado com saquê, emulsão de yuzu, cebolas caramelizadas e cogumelos shiitake e enokitake.

Old Homestead $$$
Churrascaria   Mapa 3 B3
3570 Las Vegas Blvd S
Tel *(877) 346-4642*
Essa filial da histórica *steakhouse* de Nova York serve cortes bovinos primorosos, e sua adega abriga quinze mil garrafas de vinho. O belo salão em estilo clássico apresenta muita madeira e couro.

Prime $$$
Churrascaria   Mapa 3 C3
3600 Las Vegas Blvd S
Tel *(702) 693-8865*
Com vista para o lago do Bellagio, esse restaurante fino serve carnes, frutos do mar e cordeiro acompanhados de molhos fabulosos. O salão apresenta pinturas de alguns artistas famosos.

Restaurant Guy Savoy $$$
Francesa   Mapa 3 C3
3570 Las Vegas Blvd S
Tel *(702) 731-7286*   **Fecha** *seg e ter*
Restaurante com duas estrelas do Michelin que propõe comida tradicional feita com bom gosto criativo. Peça a sopa de alcachofra e trufa negra. Serviço perfeito.

RM Seafood $$$
Frutos do mar   Mapa 3 C5
3930 Las Vegas Blvd S
Tel *(702) 632-9300*
Esse restaurante é reconhecido por utilizar peixes de fontes sustentáveis que chegam logo após ser pescados. Pratos preparados com maestria em um ambiente minimalista chique.

Scarpetta $$$
Italiana   Mapa 3 C3
3708 Las Vegas Blvd S
Tel *(702) 698-7960*
O renomado chef Scott Conant apresenta suas especialidades italianas em um cenário sofisticado com vista para as fontes do Bellagio. A adega tem mais de 3 mil opções de vinhos.

Sterling Brunch $$$
Bufê   Mapa 3 C3
3645 Las Vegas Blvd S
Tel *(702) 967-7999*   **Fecha** *seg-sáb*
O brunch mais refinado de Las Vegas é servido apenas aos domingos. O banquete inclui caviar de esturjão, champanhe Perrier-Jouët à vontade, lagosta, sushi, omeletes e filé mignon.

Mais informações sobre restaurantes *nas pp. 118-9*

STK $$$
Churrascaria Mapa 3 C3
3708 Las Vegas Blvd S
Tel *(702) 698-7990*
Restaurante chique que serve cortes bovinos preparados com perfeição. Tarde da noite se torna uma casa noturna vibrante, das mais badaladas do Boulevard.

Twist by Pierre Gagnaire $$$
Francesa Mapa 3 C4
3752 Las Vegas Blvd S
Tel *(702) 590-8888*
Instalado no 23º andar do hotel Mandarin Oriental e com vistas estupendas da cidade, esse restaurante elegante serve comida francesa clássica com um viés contemporâneo.

North Strip

B&B Burger & Beer $$
Informal Mapa 3 C3
3355 Las Vegas Blvd S
Tel *(702) 414-2220*
Bar e hamburgueria gourmet do famoso chef Mario Batali. Há milk-shakes com sabores inusitados e ótima seleção de cervejas.

BLT Burger $$
Informal Mapa 3 C3
3400 Las Vegas Blvd S
Tel *(702) 792-7888*
Esse lugar elegante serve ampla variedade de hambúrgueres gourmet, incluindo vegetarianos, de carne de peru ou de salmão. Para acompanhar, peça um milk-shake ou uma cerveja.

Buddy V's $$
Italiana Mapa 3 C3
3327 Las Vegas Blvd S
Tel *(702) 607-2355*
Buddy Valastro, astro do programa *Cake Boss*, usa receitas de família para servir comida caseira nesse restaurante, onde há fotos de sua casa em Nova Jersey.

Destaque
La Cave Food & Wine Hideaway $$
Informal Mapa 3 C2
3131 Las Vegas Blvd S
Tel *(702) 770-7375*
Esse bar informal que lembra uma adega de vinhos fica escondido em um corredor que sai do cassino do Wynn Las Vegas – perfeito para escapar da área frenética da jogatina. Seu cardápio sugere porções de comida americana moderna para compartilhar, acompanhadas de vinhos ou cervejas.

Destaque
DB Brasserie $$
Francesa Mapa 3 C3
3355 Las Vegas Blvd S
Tel *(702) 430-1235*
O renomado chef Daniel Boulud está no comando dessa brasserie perto do cassino do Venetian. A atmosfera é informal, mas a comida e a decoração são refinadas. O menu consiste em clássicos atualizados, como sopa de cebola, coq au vin e steak frites.

i ♥ burgers $$
Informal Mapa 3 C2
3325 Las Vegas Blvd S
Tel *(702) 242-2747*
Essa hamburgueria gourmet se orgulha de usar carne de gado criado sem hormônios e antibióticos. Serve também hambúrgueres de peru e vegetarianos, shakes gostosos e cerveja artesanal.

Lagasse's Stadium $$
Informal Mapa 3 C2
3325 Las Vegas Blvd S
Tel *(702) 607-2665*
Um paraíso para fãs de esportes, esse bar vibrante no Palazzo tem telas de TV enormes, guichê de apostas e comida fina de pub criada pelo chef celebridade Emeril Lagasse.

Maggiano's Little Italy $$
Italiana Mapa 3 C2
3200 Las Vegas Blvd S
Tel *(702) 732-2550*
Esse restaurante de rede no segundo piso do Fashion Show Mall serve pratos tradicionais do sul da Itália, como massas caseiras, carnes e peixes frescos, em porções grandes.

Public House $$
Informal Mapa 3 C3
3355 Las Vegas Blvd S
Tel *(702) 407-5310*
Apreciadores de cerveja se sentem em casa nesse gastropub com mais de 200 cervejas artesanais, comida gourmet de pub americano e uísques, scotches e bourbons de ótimas safras.

The Buffet $$
Bufê Mapa 3 C2
3131 Las Vegas Blvd S
Tel *(702) 770-3340*
Esse bufê no Wynn Las Vegas tem quinze bancadas que preparam comida na hora, incluindo carnes e frutos do mar grelhados, sushi, saladas e especialidades internacionais, como frango tandoori. Todos os pratos têm bela apresentação.

Decoração contemporânea no La Cave Food & Wine Hideaway

Botero $$$
Churrascaria Mapa 3 C2
3131 Las Vegas Blvd S
Tel *(702) 770-3463*
Esse restaurante no Encore é decorado com várias obras de Fernando Botero e tem atmosfera muito romântica. Além de carnes e frutos do mar, há um menu vegano excelente. Reserve espaço para uma das sobremesas tentadoras.

Cut $$$
Churrascaria Mapa 3 C2
3325 Las Vegas Blvd S
Tel *(702) 607-6300*
Esse restaurante refinado no Palazzo é ideal para conhecedores de carne. Há cortes de Prime Nebraska alimentado com milho, filés maturados por 35 dias e carne de gado Wagyu japonês. Carta de vinhos excelente.

Delmonico Steakhouse $$$
Churrascaria Mapa 3 C3
3355 Las Vegas Blvd S
Tel *(702) 414-3737*
Situada na ala de restaurantes do Venetian, essa casa é renomada pelos filés, pela grande variedade de uísques e pela carta de vinhos impressionante. Oferece porções fartas e serviço muito atencioso.

Fin $$$
Chinesa Mapa 3 C3
3400 Las Vegas Blvd S
Tel *(866) 339-4566* **Fecha** *ter e qua*
A decoração em estilo asiático e o som relaxante de uma cascata são características marcantes desse estupendo restaurante no Mirage. No local, servem-se peixes frescos, pato de Pequim e pratos enormes à base de talharim para dividir. A equipe tem prazer em servir clássicos que não estão no menu.

Categorias de Preço *na p. 120*

ONDE COMER E BEBER | 123

Portofino by Chef Michael LaPlaca $$$
Italiana Mapa 3 C3
3400 Las Vegas Blvd S
Tel *(866) 339-4566* **Fecha** *ter e qua*
Pratos italianos tradicionais preparados com um toque moderno e criativo. As massas artesanais são ótimas e têm versões sem glúten. Um bom lugar para ir antes de ver um show no Mirage.

SW Steakhouse $$$
Churrascaria Mapa 3 C2
3131 Las Vegas Blvd S
Tel *(702) 770-3325*
Batizado com as iniciais do magnata local Steve Wynn, esse restaurante fica em um terraço com vistas fantásticas do Lake of Dreams, no Wynn. Além da ótima seleção de carnes, há um menu vegano.

Table 10 $$$
Cozinha sofisticada Mapa 3 C3
3327 Las Vegas Blvd S
Tel *(702) 607-6363*
Esse restaurante de Emeril Lagasse no Palazzo oferece versões sofisticadas de clássicos dos EUA. Duas rotisseries são usadas para preparar pratos como filé mignon do Colorado e linguado da Califórnia. Os petiscos são muito gostosos.

Centro e Fremont Street

MTO Café $
Informal Mapa 2 D4
500 S Main St
Tel *(702) 380-8229*
O MTO serve café da manhã e almoço preparados com ingredientes frescos locais de alta qualidade. Tem uma atmosfera urbana agradável, com janelões voltados para a Main Street.

Destaque

WILD $
Informal Mapa 2 D3
150 Las Vegas Blvd N, Suite 100
Tel *(702) 527-7717*
No primeiro andar do edifício Ogden, o WILD tem deliciosos pratos saudáveis de comfort-food, como a massa com abobrinha à juliana, que leva também brócolis, cogumelos, tomate, manjericão, alho, molho de tomate e parmesão. O menu é 100% sem glúten e 80% vegetariano. A decoração moderna apresenta paredes de tijolos expostos, móveis contemporâneos e janelões.

Andiamo Steakhouse $$
Churrascaria Mapa 2 D3
301 Fremont St
Tel *(702) 388-2220*
Situada no segundo andar do D Las Vegas e isolada dos ruídos do cassino, essa filial de uma rede italiana de Detroit oferece carne sem hormônios e maturada no mínimo por 30 dias, além de massas artesanais. Serviço impecável.

Binion's Ranch Steakhouse $$
Churrascaria Mapa 2 D3
128 E Fremont St
Tel *(702) 382-1600*
No topo do Binion's Gambling Hall & Hotel, de 24 andares, essa *steakhouse* à moda antiga tem decoração vitoriana, vistas deslumbrantes de Las Vegas e ótima comida. Além disso, apresenta filés preparados com perfeição, garçons bem treinados e carta de vinhos excelente.

La Comida $$
Informal Mapa 2 E3
100 S 6th St
Tel *(702) 463-9900*
A poucos passos da Fremont Experience, esse restaurante serve autêntica cozinha mexicana. Sua decoração eclética apresenta vitrais e bancos que pertenciam a uma igreja. O bar tem mais de cem tipos de tequila e prepara margaritas excelentes.

Pizza Rock $$
Informal Mapa 2 D3
201 N 3rd St
Tel *(702) 385-0838*
Pizzas premiadas são servidas em um salão contemporâneo vibrante que apresenta, entre outras curiosidades, a cabine de um monster truck. Os clientes se divertem até tarde da noite com o som de DJs ao vivo. O serviço é fantástico, e há boas promoções na happy-hour.

Fora do Centro

Back Room Burger $
Informal Mapa 3 B3
3700 W Flamingo Rd
Tel *(702) 942-7101* **Fecha** *nov-fev*
Voltado para a piscina do Palms, o Back Room tem apenas sete hambúrgueres gourmet no menu, nos quais se utilizam carne bovina, de búfalo, de frango e de peru orgânico. Há também vários milk-shakes.

Farm 24/7 $
Informal
7300 N Aliante Pkwy, North Las Vegas
Tel *(702) 692-7777*
O nome resume a proposta: esse café usa produtos frescos de fazendas locais e funciona 24 horas, sete dias por semana.

Lyfe Kitchen $
Informal
140 S Green Valley Pkwy # 142, Henderson
Tel *(702) 558-0131*
Defronte ao Green Valley Ranch Resort, esse restaurante serve pratos saudáveis à base de ingredientes orgânicos locais. É ideal para veganos e vegetarianos.

Milo's Cellar $
Informal
538 Nevada Way, Boulder City
Tel *(702) 293-9540*
Fãs de boas bebidas vão a esse café com mesas na calçada, mais de 50 cervejas e vinhos em taça, saladas, sopas e sanduíches.

35 Steaks & Martinis $$
Churrascaria Mapa 4 D4
4455 Paradise Rd
Tel *(702) 693-5500*
O nome dessa *steakhouse* é inspirado no número de dias de maturação de sua carne premium e também reflete o número de tipos de martínis em seu menu.

O Portofino faz pratos italianos tradicionais com esmero

Mais informações sobre restaurantes *nas pp. 118-9*

Bonefish Grill $$
Frutos do mar
6527 Las Vegas Blvd S
Tel *(702) 407-0980*
Essa filial de uma rede na Town Square oferece ampla variedade de peixes frescos e especialidades grelhadas a preços razoáveis. O Bang Bang Shrimp é um dos favoritos do público.

Brio Tuscan Grill $$
Italiana
6653 Las Vegas Blvd S
Tel *(702) 914-9145*
Restaurante de rede refinado, o Brio Tuscan serve peixes frescos, massas feitas sob pedido e carnes grelhadas e assadas à moda do Norte da Itália.

Buzio's Seafood Restaurant $$
Frutos do mar **Mapa** 3 B3
3700 W Flamingo Rd
Tel *(702) 777-7697*
O tanque diante desse restaurante comprova o frescor dos frutos do mar servidos. O salão tem vistas da piscina do hotel e do cassino Rio.

Due Forni $$
Italiana
3555 S Town Center Dr #105
Tel *(702) 586-6500*
Pizzas à moda napolitana e romana saem do forno direto para as mesas. Há mozarela de búfala importada da Itália e vários vinhos americanos e italianos.

Destaque
Fogo de Chão $$
Churrascaria
360 E Flamingo Rd
Tel *(702) 431-4500*
Essa tradicional churrascaria brasileira é decorada com murais que mostram cenas da cultura e do estilo de vida gaúchos. O consumo à vontade dá direito ao enorme balcão de saladas e à ampla variedade de cortes de carnes de vaca, porco, frango e cordeiro grelhadas. A comida é trazida à mesa a tempo todo por uma brigada de gaúchos até o cliente indicar que está satisfeito.

Grape Street Café $$
Informal
7501 W Lake Mead Blvd #120
Tel *(702) 228-9463*
Projetado para parecer uma adega de vinhos, esse lugar prepara comida californiana em estilo de bistrô, com um toque mediterrâneo. A extensa carta de vinhos dá a opção de comprar garrafas para levar para casa.

Hofbräuhaus Las Vegas $$
Alemã
4510 Paradise Rd
Tel *(702) 853-2337*
Réplica fiel da lendária Hofbräuhaus de Munique, essa cervejaria e restaurante animado serve comida da Baviera e tem bandas ao vivo e várias cervejas importadas da Alemanha. A atmosfera de Oktoberfest vigora o ano inteiro.

Destaque
Honey Salt $$
Informal
1031 S Rampart Blvd
Tel *(702) 445-6100*
Uma dupla dinâmica de marido e mulher oferece comida sofisticada a preços acessíveis em um cenário agradável. O menu "da fazenda para a mesa" é inspirado nas receitas caseiras do casal e usa ingredientes de fazendeiros e pescadores locais e regionais. Peça o robalo servido com cogumelos assados e espinafre. Excelente opção para almoço na região.

Destaque
Marche Bacchus $$
Francesa
2620 Regatta Dr Ste 106
Tel *(702) 804-8008*
Esse bistrô serve pratos tradicionais e contemporâneos em um cenário tranquilo com vistas para o lago Jacqueline. O local também tem uma loja de vinhos com mais de 950 opções à venda pela metade do preço cobrado na maioria dos restaurantes. O cliente pode comprar um vinho e tomá-lo durante a refeição por uma taxa de rolha de US$10.

Vista romântica do lago Jacqueline a partir do Marche Bacchus

Marssa $$
Japonesa
101 Montelago Blvd, Henderson
Tel *(702) 567-6125* **Fecha** *dom e seg*
Com quatro diamantes AAA, esse restaurante premiado no Westin Lake Las Vegas Resort tem vista para o lago e serve fina cozinha japonesa. Há um menu só de sushi e sashimi.

Martorano's $$
Italiana **Mapa** 3 B3
3700 W Flamingo Rd
Tel *(702) 777-7740*
Esse restaurante serve porções grandes de pratos ítalo-americanos. Os janelões do teto ao chão proporcionam vistas para a piscina do hotel Rio.

McCormick & Schmick's Seafood and Steaks $$
Frutos do mar
335 Hughes Center Dr
Tel *(702) 836-9000*
Uma ampla variedade de frutos do mar e mariscos frescos é oferecida nessa filial de uma rede de churrascarias. Há também saladas e carnes maturadas.

N9NE Steakhouse $$
Churrascaria **Mapa** 3 B3
4321 W Flamingo Rd
Tel *(866) 942-7770*
Veja celebridades nessa churrascaria animada. O menu sugere várias carnes maturadas e frutos do mar frescos, e a carta de vinhos é ótima.

Roy's $$
Frutos do mar
620 E Flamingo Rd
Tel *(702) 691-2053*
Qualidade acima de quantidade é o lema desse restaurante de fusão havaiano e asiático, que tem criações deliciosas com frutos do mar e cenário sofisticado.

Destaque
Sonoma Cellar $$
Churrascaria
1301 W Sunset Rd, Henderson
Tel *(702) 547-7777*
Essa churrascaria clássica no Sunset Station Hotel & Casino é um dos poucos lugares em Las Vegas que ainda servem Bananas Foster (uma sobremesa nostálgica feita com bananas, sorvete de baunilha, licor de banana e calda de rum e canela). Os filés marinados em molho de tomate ficam tenros e suculentos. Escolha uma bebida de acompanhamento para os pratos deliciosos na carta de vinhos premiada.

Categorias de Preço *na p. 120*

ONDE COMER E BEBER | 125

Spiedini $$
Italiana
221 N Rampart Blvd
Tel *(702) 869-8500*
O afamado chef Gustav Mauler supervisiona esse restaurante. A especialidade do menu milanês é ossobuco de vitela cozido lentamente com vinho branco. Várias mesas têm vista para as palmeiras, os jardins e as cascatas do resort JW Marriott.

Studio B Buffet $$
Bufê
12300 Las Vegas Blvd S, Henderson
Tel *(702) 797-1000*
Esse agitado estúdio de culinária serve mais de 200 pratos diferentes por dia. O menu de preço fixo inclui cerveja, vinho, café, cappuccino e licores.

Ventano Italian Grill & Seafood $$
Italiana
191 S Arroyo Grande Blvd, Henderson
Tel *(702) 944-4848*
Com ambiente romântico, esse restaurante agradável requer uma rápida viagem de táxi a partir do centro de Las Vegas. Sente-se no terraço com vistas panorâmicas das luzes da Strip. O menu tem pratos italianos clássicos e frutos do mar frescos, e a carta de vinhos é extensa.

Vintner Grill $$
Informal
10100 W Charleston Blvd
Tel *(702) 214-5590*
Bistrô americano elegante com influências francesas, italianas e espanholas. O Vintner possui uma das maiores seleções de queijos de Las Vegas, e sua carta de vinhos impressionante sugere mais de 400 opções.

Zenshin Asian Restaurant $$
Japonesa
9777 Las Vegas Blvd S
Tel *(702) 797-8538*
O núcleo desse restaurante é o sushi-bar, onde chefs preparam diversos sashimis, niguiris e sushis. Há um menu fantástico de happy-hour das 14h às 18h.

Kabuto Edomae Sushi $$$
Japonesa
5040 W Spring Mountain Rd #4
Tel *(702) 676-1044*
Decorada com simplicidade, essa casa de sushi abriga apenas dezoito pessoas e é parecida com alguns estabelecimentos encontrados em Tóquio. Serve rolinhos à moda Edo, feitos com peixes frescos que chegam seis dias por semana, principalmente do Japão.

O ambiente elegante da Wrangler Steakhouse, no Furnace Creek Ranch, Vale da Morte

T-Bones Chophouse $$$
Churrascaria
11011 W Charleston Blvd
Tel *(702) 797-7576*
O menu desse restaurante no Red Rock Resort apresenta várias carnes deliciosas e opções com frutos do mar. O local tem mesas em um belo pátio com vista para a piscina do resort. A adega dispõe de mais de 7.500 vinhos selecionados.

Destaque

Top of the World $$$
Cozinha sofisticada Mapa 4 D1
2000 Las Vegas Blvd S
Tel *(702) 380-7711*
No topo da Stratosphere Tower, torre de cem andares, esse restaurante gira 360 graus a cada 80 minutos. Valeria a pena visitá-lo somente pelas vistas incríveis, mas o cenário se constitui apenas uma das atrações. Os chefs talentosos também preparam obras-primas apetitosas com base em culinárias internacionais, incluindo carnes, frutos do mar, massas e especialidades veganas. Faça reserva com bastante antecedência e peça uma mesa junto à janela.

Arredores de Las Vegas

Bryce Canyon Dining Room at Bryce Canyon Lodge $
Cozinha sofisticada
Hwy 63, Bryce Canyon, UT
Tel *(435) 834-8700*
As refeições no Bryce Canyon são servidas em um salão rústico com 180 lugares e uma bela lareira de pedra. Há um bufê de saladas, sopas e sanduíches no almoço. No jantar, o delicioso bife de carne de búfalo é uma das especialidades. Abre para o café da manhã.

Bright Angel Restaurant at Bright Angel Lodge $$
Informal
9 Village Loop Dr, Grand Canyon Village, AZ Canyon Rim, AZ
Tel *(928) 638-2631*
Familiar, o Bright Angel serve clássicos em estilo de *diner*, como biscoitos com molho, hambúrgueres e fajitas. Colunas de madeira com mosaicos decoram o salão.

The Range Steakhouse $$
Churrascaria
2900 S Casino Dr, Laughlin, NV
Tel *(702) 298-6832*
Essa churrascaria oferece filé mignon e de costela, bisteca, costela e vários pratos com frutos do mar, como perca chilena. O salão tem decoração elegante e vistas deslumbrantes do rio Colorado e das Black Mountains ao redor.

Red Rock Grill at Zion National Park Lodge $$
Informal
1 Zion Canyon Scenic Dr, Springdale, UT
Tel *(435)-772-7760*
Janelões dão vista para os paredões de pedra do Zion Canyon. Aberto o dia todo, o Red Rock Grill serve opções como filés, hambúrgueres, salmão do Alasca e pratos vegetarianos.

Wrangler Steakhouse at Furnace Creek Ranch $$
Churrascaria
Hwy 190, Death Valley Junction, Death Valley National Park, CA
Tel *(760) 786-3385*
Filés bovinos, costeletas de porco, frango e frutos do mar são servidos em meio à decoração com tema de faroeste. O jantar dá direito ao balcão de saladas, e há um bufê ótimo no café da manhã e no almoço.

Mais informações sobre restaurantes *nas pp. 118-9*

COMPRAS

Las Vegas consolidou sua fama de paraíso dos consumidores. Há suvenires divertidos e cafonas em lojinhas na Strip, e as joias e roupas de grife podem ser encontradas em todo lado, das lojas nos hotéis aos shoppings. Por causa do clima quente na cidade, os shopping centers têm a preferência. Todos os grandes resorts têm sua sucessão de lojas cobertas, e algumas, como a Forum Shops, do Caesars Palace, são tão vistosas quanto os próprios hotéis. Vários dos centros comerciais de Las Vegas, como o Fashion Show Mall, na Strip, abrigam lojas de departamentos como Saks Fifth Avenue e Neiman Marcus. Para comprar roupas e calçados infantis e adultos mais baratos, bem como diversos utensílios domésticos, existem três shopping centers com lojas de fábrica, Las Vegas Outlet Center, Fashion Outlets of Las Vegas (sul da Strip) e Las Vegas Premium Outlets (perto do centro). É mais caro comprar no centro – os moradores vão de carro a shoppings próximos para adquirir artigos do dia a dia.

A Esplanade, no Wynn Las Vegas *(p. 129)*, na North Strip

Horários

A maioria das lojas e dos shoppings abre nos sete dias da semana. O horário comum é das 9h às 18h de segunda a sábado, e das 10h às 17h aos domingos. As lojas de shopping normalmente fecham mais tarde, às 21h, e algumas, nas galerias comerciais dos hotéis, abrem até 0h. Muitos postos de gasolina, supermercados e lojas de conveniência ficam abertos 24h em todos os dias da semana.

Liquidações

A época de compras de Natal – do dia de Ação de Graças a 1º de janeiro – propicia ótimas promoções e descontos. A semana após o Natal talvez seja o melhor momento para comprar qualquer coisa: diversos outlets reduzem os preços para girar o estoque ou dar espaço aos produtos da estação seguinte. Procure nos jornais os anúncios dessas liquidações.

Impostos

Em Clark County, o imposto sobre compras é de 8,1%, acrescidos no ato ao total da compra de qualquer produto, exceto artigos de primeira necessidade e remédios com receita. O imposto sobre mercadorias não é restituível a estrangeiros. Além disso, poderá ser cobrado desses turistas o imposto de importação sobre as compras quando voltarem para o seu país.

Como Pagar

A maioria das lojas aceita cartão de crédito, como Visa, MasterCard, Discover e American Express, e cartões de débito. Os travelers cheques também são aceitos, mas em geral se exige algum documento de identificação, como passaporte ou carteira de habilitação. É raro aceitar cheques nominais de terceiros, cheques pessoais emitidos por bancos no exterior e moeda estrangeira. Dinheiro vivo é sempre a melhor maneira de fazer compras pequenas.

Troca e Devolução

Antes de fazer compras, saiba como a loja lida com devoluções. Para obter qualquer restituição, o principal é ter consigo as notas, além de ser importante guardar o que veio com o produto, como caixa original, instruções e manual do proprietário.

Cada loja tem uma conduta de troca e devolução do valor. A maioria devolve o dinheiro ou dá crédito na própria loja, pressupondo-se que o produto não foi alterado nem danificado. Se ele está com defeito, a loja restitui o valor, a não ser que tenha sido vendido *"as is"* (como está). Muitas lojas impõem um prazo para a devolução, em geral até 30 dias após a compra. Não é costume trocar artigos de liquidação.

Interior moderno do Fashion Show Mall *(p. 59)*

A ampla loja de marca da Saks Fifth Avenue, no Fashion Show Mall (p. 59)

Pacotes para Remessa

A maioria das lojas envia produtos para todo o mundo e em geral cobra por isso. Talvez seja melhor enviar as compras por um serviço de entregas, como Federal Express ou DHL. Guarde cópias das notas do serviço e do transporte, sobretudo os números de rastreamento, fundamentais para localizar encomendas extraviadas.

Lojas de Departamentos

Las Vegas tem diversas lojas de departamentos, a maioria delas em shopping centers *(pp. 128-9)*, dispondo de todo tipo de mercadoria, de brinquedos e utensílios a roupas e cosméticos.

Sears, **JCPenney** e **Kohl's** são as mais baratas e têm a linha completa de roupas e calçados masculinos, femininos e infantis, bijuteria, acessórios e equipamento de lazer.

Entre as lojas de departamentos com preços médios estão **Dillard's** e **Macy's**, com extensa linha de vestuário, inclusive de marcas como Calvin Klein e Tommy Hilfiger.

Entre as redes mais caras estão **Neiman Marcus**, **Saks Fifth Avenue** e **Nordstrom**, todas no Fashion Show Mall. Além das melhores grifes, a Neiman e a Saks também têm utensílios domésticos, presentes e itens específicos criativos. A Nordstrom, também conhecida pelas roupas e pelos calçados da moda, também conta com uma boa variedade de acessórios.

Compras nos Arredores de Las Vegas

Há boas opções de compras também fora de Las Vegas. A cerca de 16km a leste, na cidade vizinha de Henderson *(p. 84)*, está a **Galleria at Sunset**. Fontes, lagos e árvores nos espaços cobertos ajudam a tornar as compras mais agradáveis. O shopping tem cerca de 110 lojas, entre as quais de moda masculina e feminina e algumas de presentes finos.

Estacionamento

A maior parte dos shoppings centers e grandes lojas de departamentos em Las Vegas dispõe de manobristas. A única região da cidade que conta com parquímetros é o centro, perto da Fremont Street. No entanto, alguns estacionamentos por lá oferecem vagas gratuitas com validação do tíquete.

Entrada da loja de departamentos Macy's, em Las Vegas

AGENDA

Lojas de Departamentos

Dillard's
Meadows Mall. **Tel** (702) 870-2039. Fashion Show Mall. **Mapa** 3 C2. **Tel** (702) 733-2008. Galleria at Sunset. **Tel** (702) 435-6300.

JCPenney
Boulevard Mall. **Tel** (702) 735-5131. Galleria at Sunset.
Tel (702) 451-4545.

Kohl's
8671 W Charleston Blvd.
Tel (702) 387-3191.
Mapa 1 A4. 30 N Valle Verde Dr, Henderson. **Tel** (702) 434-0492.

Macy's
Downtown Summerlin.
Tel (702) 832-1000.
Fashion Show Mall.
Tel (702) 731-5111.
Galleria at Sunset.
Tel (702) 458-7300.

Neiman Marcus
Fashion Show Mall.
Tel (702) 731-3636.

Nordstrom
Fashion Show Mall.
Tel (702) 862-2525.

Saks Fifth Avenue
Fashion Show Mall.
Tel (702) 733-8300.

Sears
Boulevard Mall.
Tel (702) 894-4200.

Shopping Centers

Boulevard Mall
3528 S Maryland Pkwy.
w boulevardmall.com

Downtown Summerlin
1980 Festival Plaza Dr.
w downtownsummerlin.com

Fashion Show Mall
3200 Las Vegas Blvd S 600.
w thefashionshow.com

Galleria at Sunset
1300 W Sunset Rd, Henderson.
w galleriaatsunset.com

Town Square
6845 Las Vegas Blvd S.
w mytownsquarelasvegas.com

Shopping Centers e Lojas de Hotel

Os shopping centers de Las Vegas são um de seus elementos intrínsecos e conquistaram o status de atrações imperdíveis. A cidade apresenta atualmente um crescimento ainda maior do segmento, e vários dos maiores resorts entraram na onda e inauguraram deslumbrantes centros de compras temáticos. Exclusivos, elegantes e caros, esses pontos comerciais oferecem não só grande quantidade de produtos, mas também um modo divertido e agradável de conhecer a cidade. Embora seja custoso comprar na Strip, trata-se inegavelmente de uma experiência que vale a pena experimentar.

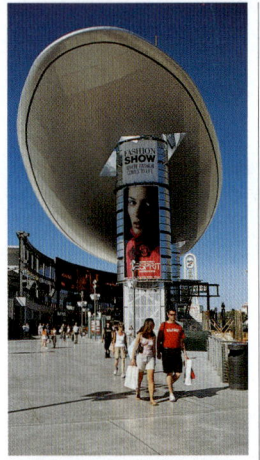

Dossel elíptico no Fashion Show Mall

Fashion Show Mall

Situado em frente à Treasure Island – TI (p. 58), o Fashion Show Mall (p. 59) é a joia dos shopping centers da cidade e tem mais de 250 lojas em vários andares. O edifício ocupa uma área de 185.800m² e abriga cinco grandes lojas de departamentos – Saks Fifth Avenue, Nordstrom, Macy's, Dillard's e Neiman Marcus –, além de uma série de lojas chiques e de grife como Caché, Abercrombie & Fitch, Guess e Coach, para citar poucas.

O shopping conta com uma excelente variedade de galerias de arte comerciais, entre elas as Centaur Art Galleries, que exibem obras-primas de artistas célebres como Salvador Dalí e Pablo Picasso, ao lado de obras de artistas contemporâneos como Steve Kaufman e LeRoy Neiman. Lojas como Body Shop e Victoria's Secret atendem a quem se preocupa com a beleza, enquanto a Apple e a Game Stop oferecem brinquedos de alta tecnologia e dispositivos eletrônicos para os fanáticos.

Downtown Summerlin

O mais novo shopping center da cidade, ao ar livre, é uma meca da moda, da culinária e do entretenimento, convenientemente conectado por uma passarela ao Red Rock Casino, Resort & Spa e acessado pela 215 Beltway. Em seu interior, cerca de 125 lojas, entre elas algumas marcas populares, oferecem opções para todos os bolsos.

O shopping abriga mais de 30 restaurantes, que servem desde fast-food até culinária gourmet. Há também um cinema com serviço de alimentação e um retiro tranquilo com fonte e laguinho na ponta norte.

Town Square

A apenas 3km ao sul do Mandalay Bay e da Strip, esse shopping center enorme abriga um grande número de marcas populares, como Apple, H&M, Juicy Couture e EXPRESS. Talvez sua maior atração seja o GameWorks (p. 164), amplo centro de 2.500m² que apresenta uma variedade fantástica de fliperamas, além de um boliche.

Forum Shops, no Caesars

Mais que apenas outro shopping center majestoso, a Forum Shops (p. 52) é uma grande atração turística projetada conforme uma rua da Roma antiga. A galeria, que foi ampliada três vezes, tem estátuas falantes, fontes dançantes e teto em *trompe-l'oeil* que simula a mudança do alvorecer para o anoitecer. A fonte do local também sedia um show com bonecos mecanizados, o Fall of Atlantis, que retrata o mito de Atlântida e é realizado de hora em hora. Entre as lojas que valem uma visita está a Tourneau Time Dome, a maior relojoaria do mundo. Roupas femininas ultraelegantes se encontram na Versace, na Marc Jacobs e na RED Valentino.

A Forum Shops tem ainda uma grande variedade de opções para alimentação, como a

Estátuas romanas e céu pintado na Forum Shops, Caesars Palace

COMPRAS | 129

Lojas ao longo das ruas charmosas de Veneza, na Grand Canal Shoppes

franquia Spago, do célebre chef Wolfgang Puck, e os restaurantes Joe's Seafood, Prime Steak e Stone Crab, famosos em Miami.

Grand Canal Shoppes, no Venetian

De todos os centros de compras em hotéis, a Grand Canal Shoppes é a que mais atrai visualmente com as paisagens urbanas de Veneza, passeios públicos à moda das *piazzas*, iluminação com efeito "luz do dia" e uma reprodução de 400m do Canal Grande de Veneza, tendo até uma frota de gôndolas, gondoleiros que cantam, cafés à beira da água e pontes. O enorme conjunto contém ainda uma réplica da praça de São Marcos e parece sempre em festa com os vidreiros, criadores de máscaras, retratistas e vendedores ambulantes. Entre as marcas notórias estão a bebe, de moda feminina, e a Sephora, de cosméticos, maquiagem e perfumes.

Crazy Shirts Forever, no Miracle Mile

Miracle Mile, no Planet Hollywood Resort & Casino

Projetado para evocar o brilho e o glamour de Hollywood, esse shopping e centro de entretenimento ocupa um espaço futurista, com uma fonte dançante multimilionária e instalações de vídeo de última geração em LED *(p. 48)*. Os visitantes podem escolher entre quinze restaurantes e 170 lojas, entre elas SoHo, Urban Outfitters e Quiksilver.

Wynn Esplanade

Num dos mais luxuosos resorts da cidade *(pp. 62-3)*, essa galeria exclusiva de compras acolhe nada menos que doze butiques e joalherias em um espaço requintado. Estão entre os nomes famosos Dior, Graff, Louis Vuitton e Manolo Blahnik.

Via Bellagio

No hotel Bellagio, há outro grupo de lojas exclusivas, onde estão expostas coleções de moda e joias de estilistas aclamados, como Giorgio Armani, Prada, Chanel, Tiffany & Co., Gucci e Hermès. O ambiente elegante recebe luz natural filtrada pelo teto de vidro ornamentado.

Outras Lojas de Hotel

Além das grandes galerias, alguns hotéis dispõem de grupos menores de lojas. A **Masquerade Village Shops**, no Rio, é um convite para um passeio por réplicas de ruas da Toscana de 200 anos atrás e para espiar suas duas dúzias de lojas. Entre as mais interessantes estão a Fortune Cookie, de presentes asiáticos, e a Harley Davidson, que oferece várias roupas e brinquedos da marca. **Le Boulevard**, no hotel Paris Las Vegas, é a alegria dos francófilos e lar de autênticas lojas parisienses, que vendem produtos franceses, entre os quais roupas infantis, queijos e chocolates.

A **Tower Shops**, na Stratosphere, está instalada no topo das escadas rolantes que levam à torre de 366m de altura. As mais de 50 lojas distribuem-se por um ambiente inspirado em paisagens urbanas de Paris, Hong Kong e Nova York.

AGENDA
Shopping Centers

Downtown Summerlin
1980 Festival Plaza Dr.
10h-21h seg-sáb;
11h-19h dom.

Fashion Show Mall
3200 Las Vegas Blvd S.
Mapa 3 C2. 10h-21h
seg-sáb; 11h-19h dom.
Tel (702) 369-0704.

Town Square
6659 Las Vegas Blvd S.
10h-21h30 seg-qui (até 22h sex e sáb); 11h-20h dom.

Compras em Hotéis

Forum Shops, no Caesars
10h-23h dom-qui;
10h-0h sex-sáb.

Le Boulevard
10h-23h dom-qui;
10h-0h sex-sáb.

Grand Canal Shoppes
10h-23h dom-qui;
10h-0h sex-sáb.

Masquerade Village Shop
11h-horário variado.

Miracle Mile
10h-23h dom-qui;
10h-0h sex-sáb.

Tower Shops
10h-23h dom-qui;
10h-0h sex-sáb.

Via Bellagio
10h-0h diariam.

Wynn Esplanade
10h-23h dom-qui;
10h-0h sex-sáb.

Outlets e Shopping Centers de Descontos

Embora Vegas seja considerada um lugar caro para compras, os caçadores de pechinchas costumam achar uma série de produtos bons por preços acessíveis nos outlets fora da Strip. O Las Vegas Premium Outlets é o maior e fica perto do centro, junto à I-15. No sul da Strip está o Las Vegas Outlet Center, e em Primm, no limite com a Califórnia, o Fashion Outlets of Las Vegas. Todos os três contêm grande variedade de lojas, entre elas muitas de grife, em que, como alegam, se compra por 20% a 70% abaixo do preço "normal" de varejo. Também é possível obter ótimos acertos em casas de penhores e em lojas de preço mínimo, assim como na enorme feira de antiguidades e bazares de trocas.

Entrada do colossal Las Vegas Outlet Center

Las Vegas Outlet Center

Localizado a poucos quilômetros ao sul da Strip, o Las Vegas Outlet Center tem mais de 130 lojas. Quase metade delas vende roupas, como Banana Republic, Calvin Klein, Levis e DKNY. O centro abriga também diversas joalherias e casas de acessórios, além de uma grande variedade de lojas de brinquedos, artigos esportivos, utilidades domésticas, cosméticos e calçados — todas com descontos de até 75%.

A Polo Ralph Lauren Factory Store é uma atração famosa. Os fãs de eletrônicos devem ir à Bose, para conhecer vários sistemas de alto-falantes turbo. Um dos locais mais interessantes é a Viva Vegas Gifts, estabelecimento repleto de suvenires, dos de bom gosto aos bregas, entre eles jogos de cassino portáteis.

Além das diversas lojas, o shopping tem um carrossel para as crianças e duas praças de alimentação.

Fashion Outlets of Las Vegas

É difícil imaginar ter de dirigir até o limite com a Califórnia para provar calçados, mas os moradores de Las Vegas não se envergonham de viajar por 35 minutos.

As mais de cem lojas de fábrica formam um paraíso de ofertas para quem gosta de coisas boas, mas não quer gastar muito. A impressionante lista de lojas conta com opções famosas como Gap, Old Navy, Polo Ralph Lauren, Kate Spade, Williams-Sonoma Marketplace, St. John Company Store, Tommy Hilfiger, Nautica, G by Guess, Bally, Banana Republic, Coach e Neiman Marcus Last Call, para citar algumas.

Fontes e música ao vivo criam um ambiente relaxante. O shopping também atrai muitas celebridades grávidas e lactantes que vão em busca de roupas especiais.

Os fliperamas servem a um duplo propósito, pois não só divertem crianças entediadas, como as mantêm ocupadas por horas enquanto os pais fazem compras.

Las Vegas Premium Outlets

Maior centro de lojas de grife, o Las Vegas Premium Outlets está a apenas cinco minutos da Strip e do centro da cidade. Situado em local agradável ao ar livre, conta com 150 lojas de estilistas e de marca, como Dolce & Gabbana, Lacoste, Michael Kors, Burberry, Kenneth Cole e Tommy Hilfiger. Há também lojas incomuns para um shopping desse tipo, como True Religion e Ann Taylor.

Diante de tantas opções, muitas lojas são agrupadas por categoria e por público-alvo, para facilitar as compras de clientes cansados ou com pouco tempo.

Lojas chiques se sucedem nos corredores do Fashion Outlets of Las Vegas

Lojas de Descontos

As principais lojas de preço mínimo do país estão bem representadas em Las Vegas. **Kmart**, **Target** e **Wal-Mart** vendem praticamente de tudo que se usa em casa, no trabalho e na escola. Elas têm de roupas e aparelhos a ferragens e produtos de limpeza, de bijuteria e computadores a DVD players, em geral por preços 10% ou 45% mais baixos que em outras lojas. Las Vegas também conta com duas redes de clubes de descontos: **Costco** e **Sam's Club**. A anuidade de sócio é de cerca de US$50, mas os preços dos produtos – inclusive os de mercearia, padaria e açougue – são significativamente menores que nas lojas comuns. As mercadorias vendidas nesses clubes de compras quase sempre são vendidas em pacotes com mais unidades. Por exemplo, um frasco de ketchup pode custar menos, mas você precisa comprar três para ter o desconto.

Uma cena de circo ilustra a fachada do Fantastic Indoor Swap Meet, Las Vegas

Casas de Penhores

Existem muitas casas de penhores em Vegas, talvez por causa dos jogadores de cassino que levam joias, relógios, câmeras e outros valores para trocar por dinheiro na hora. Com bom olho para pechinchas é fácil achar um aparelho de DVD, uma guitarra ou um computador barato, entre outras coisas.

Casa de penhores

As casas de penhores com maior estoque costumam estar no centro da cidade, em travessas da Fremont Street. Essas lojas sempre têm boa variedade de diamantes, prataria, ferramentas e instrumentos musicais. É bem provável que você também encontre equipamento eletrônico, como amplificadores, TVs, telefones celulares, aparelho de videocassete, filmadoras etc. Algumas casas têm guichês 24h para transações noturnas.

As maiores da cidade são da rede chamada **Super Pawn**. Têm os artigos de sempre, mas são mais iluminadas e menos abarrotadas que outras casas de penhores do centro.

Bazar de Trocas

Um dos melhores lugares para pechinchas são os *swap meets* (bazares de trocas), equivalentes das feiras de antiguidades ou mercados de pulgas. O **Fantastic Indoor Swap Meet** é o maior desses locais em Las Vegas e funciona de sexta a domingo, toda semana. O gigantesco espaço coberto tem mais de 600 bancas, que vendem de tudo – roupas, equipamento eletrônico, utensílios de cozinha antigos, corrente de pneu, pão caseiro, ferramentas elétricas e outras quinquilharias. Embora falte pouco para não haver "trocas", os preços são baixíssimos.

AGENDA

Outlets

Fashion Outlets of Las Vegas
32100 Las Vegas Blvd S, Primm, NV. 10h-20h diariam. **Tel** (702) 874-1400. w fashionoutletlasvegas.com

Las Vegas Outlet Center
7400 Las Vegas Blvd S.
10h-21h seg-sáb; 10h-20h dom.
Tel (702) 896-5599.
w premiumoutlets.com

Las Vegas Premium Outlets
875 S Grand Central Parkway. 9h-21h seg-sáb; 9h-20h dom.
Tel (702) 474-7500.
w premiumoutlets.com

Lojas de Descontos

Costco
222 S Martin Luther King Blvd. **Mapa** 1 C3.
7h-18h seg-sex; 7h-16h sáb. **Tel** (702) 384-6247. w costco.com

Kmart
Tel (866) 562-7848.
w kmart.com

Sam's Club
7175 Spring Mountain Rd.
10h-20h30 seg-sáb; 10h-18h dom.
Tel (702) 253-0072.
8080 W Tropical Pkwy.
10h-20h30 seg-sáb; 10h-18h dom.
Tel (702) 515-7200.
w samsclub.com

Target
4001 S Maryland Pkwy.
Mapa 4 E3. 8h-23h seg-sáb; 8h-22h dom.
Tel (702) 732-2218.
w target.com

Wal-Mart
Tel (800) 925-6278.
w walmart.com

Casas de Penhores

Super Pawn
2300 E Charleston Blvd.
Mapa 2 F4.
9h-20h seg-sáb, 12h-17h dom.
Tel (702) 477-3040.
1040 E Flamingo Road Suite A-6.
Mapa 4 E3.
Como anterior.
Tel (702) 792-3300.
4635 W Flamingo Rd.
Mapa 3 A3.
Como anterior.
Tel (702) 252-7296.
w superpawn.com

Bazar de Trocas

Fantastic Indoor Swap Meet
1717 S Decatur Blvd.
10h-18h sex-dom.
Tel (702) 877-0087.
w fantasticindoorswapmeet.com

Lojas Especializadas

Além dos lugares tradicionais para compras, Las Vegas possui opções mais ecléticas. Como é de esperar, a cidade dispõe de ampla variedade de lojas que vendem apetrechos e memorabilia de jogos, como livros e programas de computador para aprender a jogar em cassinos. Antiquários oferecem tesouros diversos, que vão de joias vitorianas a relógios alemães, enquanto as lojas do distrito comercial da Chinatown Plaza voltam-se para arte, artesanato e objetos antigos chineses, coreanos e japoneses. Las Vegas tem ainda uma série de lojas que vendem objetos de coleção e suvenires indígenas e da região Sudoeste.

Prateleiras lotadas de artigos para jogo, na Gamblers General Store

Material de Jogo

Paraíso de consumo para jogadores e caçadores de recordações, a **Gamblers General Store** contém um dos maiores estoques de suprimentos para jogos da cidade. Entre eles estão *crap*, *blackjack* (21) e mesas com roleta, mesas de pôquer dobráveis, baralhos, dados, contadores de moeda e muito mais. A loja dispõe de todo tipo de parafernália imaginável sobre jogos, como centenas de livros e vídeos, fichas de pôquer personalizadas, rodos de crupiê, tapetes de feltro verde para todo tipo de jogo de cassino e até tampas de privada com dados incrustados. Também há uma modesta coleção de caça-níqueis antigos.

Para os entusiastas e colecionadores é essencial passar na **Spinetti's Home Gaming Supplies**, onde há uma ampla gama de materiais para jogar em casa e artigos exclusivos, como fichas de pôquer personalizadas e baralhos, dados e fichas de coleção de cassinos na ativa e de outros que fazem parte da história de Las Vegas. A Spinetti tem o maior acervo de fichas, que chega a milhares. Qualquer compra pode ser remetida para todo o mundo em 24h.

A **Gambler's Book Club** conta com enorme estoque de livros de corrida, pôquer, 21, jogos de cassino, *gin rummy*, caça-níqueis e *jai alai*, entre muitos outros. A loja também oferece revistas, manuais especiais para acompanhar times e registrar resultados e uma admirável seleção de material de época. Há ainda uma seção de livros sobre a compulsão por jogo e os métodos para superar o vício.

Antiguidades

O maior estoque de antiguidades de Las Vegas está na **Antique Square**, um grupo de doze lojas selecionadas. Os proprietários, **Nicolas & Osvaldo**, dispõem de várias salas com armários envidraçados para exibir suas antiguidades. A diversidade de períodos e gostos fica patente nos cristais, porcelanas, xícaras de chá decorativas, relógios, lustres, conjuntos de prata de lei, colheres, descansos de copos, saleiros e pimenteiros etc.

Com mais de 250 relógios antigos em estoque, a **JJC Clocks & Antiques** é a maior relojoaria e oficina de consertos de Nevada, enquanto a **Sugarplums etc.** abriga tesouros colecionáveis, entre eles cristais e porcelanas finas, prataria e peças dos designers Galle e Lalique. A loja é, ainda, a sede de uma sociedade dedicada a perfumes e seus frascos, com associados mundo afora.

A **Retro Vegas**, localizada perto dali, na Antique Alley, é especializada em itens com significado histórico retirados de antigas residências de Las Vegas. Vende também grande variedade de relógios, cerâmicas, móveis, peças de virdro, luminárias e arte contemporânea e antiga.

Presentes e Suvenires

Comprar lembranças e presentes é uma atividade importante em Las Vegas. A **Funk House** tem uma ampla gama de antiguidades descoladas dos anos 1950, 1960 e 1970, como objetos de vidro, luminárias, cerâmica, bijuteria, brinquedos e itens bizarros, como uma máquina de vender Coca-Cola e um carrinho para crianças em forma de avião.

Para quem gosta de misticismo, a **Psychic Eye Book Shop** é obrigatória. Além de diversos livros sobre o tema, essa loja vende cartas de tarô, óleos, objetos de meditação, velas, caldeirões etc. O local oferece consultas com médiuns, que também podem ser feitas por telefone.

A **Con Arts** apresenta um inventário de mais de mil antigui-

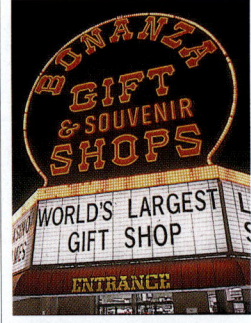

Fachada da Bonanza Gift Shop, repleta de todos os tipos de suvenir

dades, obras de arte, máscaras africanas, móveis e excentricidades de todo o mundo. Peças exclusivas chegam diariamente, entre elas mobiliário feito com madeira de barris de vinho.

A **Bonanza Gift Shop** garante ser a maior loja de presentes do mundo, com produtos que vão de brincos baratos em forma de caça-níqueis a luxuosos conjuntos de fichas para pôquer.

Eletrônicos

Maior loja de equipamentos eletrônicos de Las Vegas, a **Fry's Electronics** situa-se no extremo sul do shopping Town Square e oferece telefones celulares, equipamentos de comunicação e muito mais. Na **Best Buy**, as especialidades são TVs de alta definição e home theaters, câmeras digitais, aparelhos de DVDs e de MP3. Os preços nessas lojas costumam ser bastante competitivos.

Culinária e produtos orientais no Chinatown Plaza

Artesanato

A **Gold & Silver Pawn Shop** é ideal para quem procura objetos colecionáveis e outros artefatos. Dirigida por três gerações da família Harrison, ficou famosa desde que seu reality show estreou no History Channel em 2009. Com frequência, mais de 4 mil pessoas visitam a loja em apenas um dia. Os clientes podem garimpar no eclético conjunto de itens à disposição, que vão desde moedas raras e objetos históricos que cabem na mala, como obras de arte extraordinárias, antiguidades, gibis velhos e joias, até mercadorias de grandes dimensões, como bombas de postos de gasolina e jukeboxes. Chegue cedo à loja, pois geralmente para entrar há longas filas de fãs ansiosos por verem as estrelas do programa de TV Pawn Stars em ação.

Se você está de olho em produtos asiáticos, dê um pulo no **Chinatown Plaza**. Erigido em meados da década de 1990, ele foi o primeiro shopping center da cidade feito especialmente para lojistas asiáticos, que oferecem joias de jade, ouro e marfim, ervas e medicamentos exóticos, mobília feita à mão, literatura, música e artes chinesas. Há também um mercado de frutos do mar vivos, como peixes e caranguejos, verduras frescas e ampla variedade de condimentos, temperos e molhos.

A **Antiquities International** é uma verdadeira mina de antiguidades e itens colecionáveis, como objetos autografados. A loja, que se localiza na metade da Strip, em meio às Forum Shops do Caesars Palace, é ótima para comprar recordações de Las Vegas, como um letreiro de neon ou uma guitarra autografada.

AGENDA

Material de Jogo

Gamblers General Store, Gambler's Book Club
800 S Main St.
Mapa 2 D4.
Tel (702) 382-9903, (702) 382-7555.

Spinetti's
810 S Commerce St.
Mapa 4 D1.
Tel (702) 362-8767.

Antiguidades

Antique Square
2014-2026 E Charleston Blvd. **Mapa** 2 E4.

JJC Clocks & Antiques
1308 S Main St.
Tel (702) 384-8463.

Nicolas & Osvaldo
Antique Square.
Tel (702) 386-0238.

Sugarplums
Antique Square.
Tel (702) 385-6059.

Presentes e Suvenires

Bonanza Gift Shop
2440 Las Vegas Blvd S.
Mapa 4 D1.
Tel (702) 385-7359.

Con Arts
9850 S Maryland Pkwy #8.
Tel (702) 260-3320.

Funk House
1228 S Casino Center Blvd. **Mapa** 1 C5.
Tel (702) 678-6278.

Gold & Silver Pawn Shop
713 Las Vegas Blvd S.
Mapa 2 D4.
Tel (702) 530-4959.
[W] gspawn.com

Psychic Eye Book Shop
6848 W Charleston Blvd.
Mapa 1 A4.
Tel (702) 255-4477.

Retro Vegas
1131 S Main St.
Mapa 1 C4.
Tel (702) 384-2700.

Turquoise Chief
1616 Las Vegas Blvd S.
Mapa 2 D5.
Tel (702) 383-6069.

Eletrônicos

Best Buy
2050 N Rainbow Blvd.
Tel (702) 631-4645.
[W] bestbuy.com

Fry's Electronics
6845 Las Vegas Blvd S.
Tel (702) 932-1400.
[W] frys.com

Artesanato

Antiquities International
Forum Shops, 3570 Las Vegas Blvd S. **Mapa** 3 C3.
Tel (702) 792-2274.

Chinatown Plaza
4255 Spring Mountain Rd.
Mapa 3 A2.
Tel (702) 221-8448.

DIVERSÃO

Las Vegas tem certa razão ao se intitular capital mundial da diversão. De espetáculos gratuitos como as fontes dançantes do Bellagio a peças teatrais de produção caríssima, há de tudo que a vida noturna pede. Sinatra e Elvis podem ter morrido, mas grandes artistas aparecem sempre nas salas de espetáculo da cidade, dando a oportunidade de serem vistos em locais surpreendentemente intimistas. Os principais lugares estão nos hotéis da Strip e no centro e vão de salões pequenos a salas para mil pessoas. Enquanto os turistas continuam a desfrutar o apelo kitsch de um show burlesco de Vegas, com vedetes de roupas mínimas, as produções de alta qualidade, com iluminação e efeitos especiais de última geração, são uma atração imensa. Há ainda shows de comédia e de mágica por toda Las Vegas.

Informação

Não falta informação a respeito de entretenimento em Las Vegas. Diversas publicações gratuitas trazem as principais produções e os mais recentes shows na cidade. É possível pegar de graça nos grandes hotéis revistas e jornais como *Las Vegas Magazine*, *What's On* e *Las Vegas Weekly*. Até os táxis dispõem de guias da cidade, com informações sobre espetáculos e atrações.

A **Las Vegas Convention and Visitors Authority** (Departamento de Congressos e Turismo de Las Vegas) tem guias atualizados, e no site há resenhas e a relação completa dos espetáculos e eventos em cartaz e futuros.

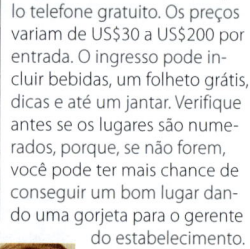

A revista What's On

Ingressos

A maneira mais fácil de reservar ingressos dos principais shows é ligar para o local ou hotel pelo telefone gratuito. Os preços variam de US$30 a US$200 por entrada. O ingresso pode incluir bebidas, um folheto grátis, dicas e até um jantar. Verifique antes se os lugares são numerados, porque, se não forem, você pode ter mais chance de conseguir um bom lugar dando uma gorjeta para o gerente do estabelecimento.

Devem sempre ser feitas reservas, mas a antecedência varia bastante, conforme o show e sua popularidade. Para ver o esplêndido *Mystère* do Cirque du Soleil *(p. 136)*, na Treasure Island – TI, deve-se reservar 90 dias antes, enquanto para outros espetáculos bastam duas semanas. Também se conseguem ingressos na noite do evento na bilheteria mais ou menos uma hora antes. Isso é válido sobretudo quando não há grandes congressos na cidade e não é feriado. Nos dias de semana costuma ser mais fácil obter entradas do que nos fins de semana, embora a maioria dos shows faça duas folgas por semana.

Para eventos esportivos, como o campeonato mundial de boxe, ou um grande show de rock e pop, quase sempre realizados no impressionante auditório de 16.800 lugares do MGM Grand Garden, os ingressos podem ser comprados com a **Tickets and Tours**, a **Ticketmaster** e outras agências.

Talvez haja desconto para crianças e idosos na própria bilheteria. Os grandes ganhadores nos cassinos de hotel podem até ganhar um ingresso gratuito.

Mystère, espetáculo do Cirque du Soleil na Treasure Island (pp. 58-9)

Ingressos Baratos

O primeiro lugar para procurar por eles é nas revistas de turismo deixadas na maioria dos quartos de hotel. Os ingressos baratos ou os cupons de des-

O Blue Man Group em ação

DIVERSÃO | 135

Coristas com roupas vistosas no show *Jubilee!*, no Bally's *(p. 53)*

conto estão disponíveis para muitos shows de preço médio, mas raramente para grandes produções. Esses cupons também estão nos *fun books* (talões de diversão) distribuídos nos cassinos e nos postos de turismo ao longo da Strip.

Os membros de clubes de jogo ganham prêmios que podem ser usados como descontos em shows, refeições e outros eventos. Os clientes de cassino podem pedir que um supervisor acompanhe seus jogos, para que o tempo seja computado para descontos ou vouchers para shows ou refeições.

A loja de meia-entrada **Tix-4Tonight** tem um quiosque no Hawaiian Marketplace, oito na Strip e um no centro. A **Half Price Shows** vende meia-entrada até quatro dias antes.

A **GoldstarEvents** dá descontos pela internet. Muitos shows dão descontos a habitantes de Nevada.

Eventos Gratuitos

Além dos vários eventos pagos, Las Vegas promove apresentações e shows gratuitos.

Entre os eventos ao ar livre, há os magníficos efeitos especiais do *Fremont Experience Viva Vision Light Show*, o enorme vulcão em erupção do Mirage, as fontes dançantes do Bellagio e os gondoleiros que cantam impulsionando as gôndolas no Canal Grande do Venetian.

Em ambiente fechado, há as atrações do show Big Elvis, no Harrah's, e o passeio no M&Ms World, que inclui um filme 3D.

AGENDA

Americans with Disabilities Act (ADA)
w clarkcountybar.org

GoldstarEvents
w GoldstarEvents.com/events

Halfprice Shows
w halfpriceshows.com

Las Vegas Convention and Visitors Authority
3150 Paradise Rd. **Mapa** 4 D4.
Tel (702) 892-0711.
w visitlasvegas.com

Ticketmaster
w ticketmaster.com

Tickets and Tours
Tel (702) 597-5970.
w ticketsandtours.com

Tix4Tonight
w tix4tonight.com

Portadores de Deficiência

Las Vegas talvez seja a cidade mais acessível do mundo para portadores de deficiência. Teatros, salas de espetáculos e de concertos são todos equipados com rampas para cadeiras de rodas e em geral dispõem de elevador e entradas especiais. Alguns eventos culturais contratam intérpretes de libras para os deficientes auditivos. Nos hotéis também há instalações adaptadas. Em caso de qualquer necessidade específica, contate o coordenador da **Americans with Disabilities Act** (ADA) do hotel. Veja mais informações na pp. 168-9.

Encantadora dança coreografada das fontes do Bellagio

Espetáculos em Cassinos

Sutileza não combina com os shows em cassinos de Las Vegas. Desde a inauguração, cada resort tenta criar e propiciar aos clientes o mais inventivo e fantasioso entretenimento possível. Hoje, boa parte da vida noturna da cidade gira em torno desses cassinos e seus espetáculos suntuosos, shows de celebridades e humoristas. Em qualquer noite, os fregueses podem escolher entre quase 70 espetáculos, que vão de eventos especiais de estrelas como Britney Spears, no Planet Hollywood, e Elton John, no Colosseum, com *The Million Dollar Piano*, extravagâncias espantosas como *Mystère* e *Zarkana*, do Cirque du Soleil, apresentações fascinantes de David Copperfield, no MGM Grand, comédias hilariantes e homenagens musicais a alguns dos maiores cantores de todos os tempos.

Os figurinos inventivos e coloridos do elenco do show *Mystère*

Espetáculos do Cirque du Soleil

Essa consagrada companhia franco-canadense praticamente tomou conta de Las Vegas com cinco shows em cartaz.

KÀ, no MGM Grand, é um dos espetáculos menos caros da cidade e combina com perfeição elementos típicos do Cirque, como música, acrobacia, estética e linguagem de cinema, para narrar uma história cativante.

O show do Cirque há mais tempo em cartaz em Las Vegas é **Mystère**, no Treasure Island. Como outras produções da trupe, *Mystère* é um espetáculo circense encantador perpassado por uma linha mística. Conduz as plateias em uma viagem metafórica que começa no princípio dos tempos, simbolizado pela forte abertura dos tambores japoneses taikô, supostamente enviados dos céus, e apresenta uma fascinante mistura de música, dança e atletismo.

É difícil imaginar o Cirque du Soleil superando a si mesmo, mas a produção de **"O"**, no Bellagio, chega perto. Essa apresentação espetacular traz nadadores, trapezistas e contorcionistas, que navegam por um palco inacreditável que se transforma de oceano Ártico em olho d'água africano quase instantaneamente. O uso da água como personagem e não como recurso teatral dá fluidez a uma exibição que parece um desfile de imagens inquietantes, com um traço levemente felliniano, e dá a sensação de invadir uma pintura surrealista de Salvador Dalí. Outra produção popular do Cirque é **Zumanity**, no New York-New York. O show não agradou ao estrear, em 2004, por causa do tom erótico – a conhecida estética do Cirque ganha alusões sexuais para recriar um cabaré europeu, quase sempre mais primitivo que obsceno. Porém, o divertido casal que desfruta um alívio cômico produz momentos memoráveis.

Há, ainda, mais duas produções de sucesso do Cirque: **Zarkana**, no ARIA, no qual ginastas, malabaristas e acrobatas são transfigurados em criaturas do submundo por meio de fantasias elaboradas e maquiagem impecável; e **LOVE**, no Mirage, que apresenta músicas dos Beatles, acrobatas e dançarinos.

O espetáculo mais atual do Cirque, chamado **Michael Jackson One**, no Mandalay Bay, leva o público em uma jornada pela música do rei do pop.

Musicais

Os tradicionais musicais continuam populares em Las Vegas, mesmo diante das produções mais modernas do Cirque du Soleil. **Jersey Boys**, no Paris Las Vegas *(p. 48)*, é a produção de Las Vegas desse sucesso estrondoso da Broadway, que ganhou o Tony Awards de Melhor Musical de 2006. O show é uma celebração da música do sensacional grupo de música pop Four Seasons, dos anos 1960, da vida de seus membros – Frankie Valli, Tommy DeVito, Nick Massi e Bob Gaudio – e

Artistas de *"O"*, do Cirque du Soleil

DIVERSÃO | 137

Figurino magnífico de uma dançarina do *Jubilee!*, no Bally's

sua ascensão ao estrelato. Há interpretações eletrizantes de seus maiores sucessos, como "Sherry", "Big girls don't cry" "Can't take my eyes off you", "Dawn", "My eyes adored you" e muitas outras.

Há muito tempo em cartaz, **Jubilee!**, no Bally's *(p. 53)*, é um superespetáculo musical com um elenco enorme de coristas. Os deslumbrantes efeitos no palco vão de Sansão destruindo o templo dos filisteus ao naufrágio do *Titanic*; são apresentadas, ainda, imagens da Strip, nas quais figura, por exemplo, a roda-gigante High Roller. O show foi reformulado em 2014 pelo coreógrafo da Beyoncé, Frank Gatson Jr., e agora segue uma trama mais linear, mas mantém do projeto anterior aspectos que fazem sucesso há mais de 30 anos, caso das garotas vestidas com fantasias extravagantes e penas na cabeça.

Le Rêve, em cartaz no Wynn Las Vegas *(pp. 62-3)*, é uma obra-prima aquática abstrata na qual os 85 membros do elenco, em figurinos fabulosos, realizam coreografias incríveis, com um toque de humor. Um dos shows mais populares da Strip, *Le Rêve* é executado em um teatro aquático circular com cúpula, de modo que de todos os lugares se tem ótima visão e ninguém fica a mais de 12m da ação. O núcleo é um lago circular contendo quase 4 milhões de litros de água.

Teatros de Revista

Em escala menor, os teatros de revista da Las Vegas Strip não são menos divertidos que os grandes musicais. **Legends in concert**, no Flamingo Las Vegas, cativa o público com esplêndidas personificações de estrelas como Michael Jackson, Elvis Presley, Britney Spears e os Beatles.

A banda **The Rat Pack is Back**, com doze integrantes, toca no Rio. O show, intimista, tem uma atmosfera descontraída e divertida e lembra bastante o Rat Pack original, que se apresentava no Sands.

Os resorts oferecem vários outros shows de tributo, como **Neil Diamond – The Tribute** no Westgate Las Vegas, **Australian Bee Gees Show** no Excalibur, **Divas Starring Frank Marino** no TheLINQ, **Country Superstars** no Bally's e **B – A Tribute to the Beatles** no Planet Hollywood.

Absinthe, o picante show só para adultos do cintilante Spiegeltent, dentro do Caesars Palace Spiegelworld, transporta a plateia para a Europa do início do século XX com seu teatro de variedades "acrocabaré". Artistas de classe internacional apresentam números de força, equilíbrio e perigo em um empório de brocado.

Escultura do show *Crazy Girls*

Diversão para Adultos

Poucos cassinos de Las Vegas promovem shows de topless com bom gosto e adequados para plateias mistas.

O número de topless há mais tempo em cartaz é **Crazy Girls**, apresentado no Riviera desde 1987. Nele, oito vedetes dançam ao som de uma trilha sonora pré-gravada e representam números bobos em um palco pequeno. Excelentes solos de uma cantora competente e um mestre de cerimônias ousado impedem que o show caia na banalidade.

Fantasy, no Luxor, está presente na Strip desde 2000. Sensual, a produção é composta por quinze números animados ao som de vários gêneros musicais de sucesso atuais. Em intervenções cômicas, Sean E. Cooper imita algumas das personalidades mais conhecidas da cultura pop.

Pin Up, no Stratosphere Casino Hotel, é estrelado por Claire Sinclair, eleita Coelhinha do Ano pela Playboy em 2011. Trata-se de uma noite de burlesco com inspiração nos calendários das pin-ups de 1940, 1950 e 1960. As músicas, de Frankie Moreno, são interpretadas por uma banda ao vivo.

Dois personagens do espetacular *Le Rêve*, no Wynn Las Vegas

Divulgação do show *Donny and Marie Osmond*, no Flamingo

Shows de Variedades

Embora os mágicos tenham virado lugar-comum em Las Vegas, **David Copperfield** se mantém como grande atração. O público pode ver o mais bem-sucedido ilusionista da história apresentar-se no espaço aconchegante do Hollywood Theater, no MGM Grand. Entre os truques alucinantes, Copperfield aparentemente passa através de uma folha sólida de metal e é reduzido a meros centímetros dentro de uma caixa. O show oferece várias oportunidades de interação com o público, pois Copperfield chama a esmo um ajudante para quase todas as mágicas.

Penn and Teller, no Rio, oferece um estilo diferente de mágica, que usa humor inteligente, quase sempre negro, para pontuar as ilusões.

Hipnotizadores também encontraram seu espaço na "cidade do pecado". Membros da plateia têm sua mente devassada por Gerry McCambridge em **The Mentalist** ou são hipnotizados em **Marc Savard Comedy Hypnosis**, que geralmente apresenta resultados hilariantes; ambos os shows ocorrem no Planet Hollywood. O hipnotizador mais longevo de Las Vegas é **Anthony Cools**, que se apresenta no Paris Las Vegas. Em um negócio arriscado, Cools se imiscui nos desejos carnais e subconscientes de voluntários escolhidos da plateia, eliminando suas inibições e, assim, divertindo o restante dos espectadores.

Imitadores e ilusionistas sempre tiveram lugar nos palcos de Las Vegas. **Gordie Brown** apresenta-se no Golden Nugget. Suas imitações precisas captam os cacoetes de artistas populares. No Mirage, a estrela principal, **Terry Fator**, vencedor do programa *America's got talent*, faz um número de ventríloquo e também imitação de celebridades.

Os comediantes também entraram nas principais salas de Las Vegas com shows próprios. Alguns dos humoristas que chegaram ao estrelato são **Rita Rudner**, no Harrah's, e **Louie Anderson**, no The Plaza.

Artistas de stand-up e clubes de humor também estão fazendo barulho na cidade. Os melhores cômicos do país, além dos talentos promissores, aparecem toda noite nas principais casas de Las Vegas, entre elas **The Improv**, no Harrah's, **Brad Garret's Comedy Club**, no MGM Grand, e **Riviera Comedy Club**, no Riviera. O festivo show do **Blue Man Group** será apresentado no Monte Carlo. É diferente, engraçado e tremendamente inovador: três homens carecas azuis conduzem a plateia por uma viagem multissensorial, que conta com teatro, percussão, *vaudeville* e música.

Artistas Permanentes

A maioria dos grandes artistas contenta-se em se apresentar em Vegas um ou dois fins de semana, mas vários deles conseguiram criar toda uma produção em torno de seu talento único. **Donny and Marie Osmond**, no Flamingo, estrela a dupla de irmãos do título; trata-se de um show de variedades para toda a família, que segue a mesma fórmula de sucesso de seu programa de TV dos anos 1970, incorporando dança, humor e todas as suas músicas famosas, entre elas *Puppy Love*, *Paper Roses* e *Soldier of Love*. No Caesars Palace, **Elton John – The Million Dollar Piano** brilha com a performance do icônico músico, que toca seus principais sucessos em um imenso piano. Considerado "a outra estrela do show", o instrumento é coberto de telas de LED cujas projeções acompanham a música.

Shows da Broadway

Os shows da Broadway sempre despertam reações contraditórias em Las Vegas, notórias no pequeno tempo em cartaz de espetáculos como *Chicago*, *Rent* e *Notre Dame de Paris*. Mas alguns conquistam as plateias.

O Smith Center for the Performing Arts, no centro de Las Vegas, apresenta a série **Broadway**, com sucessos como *Wicked*, *Pippin*, *Newsies* e *Annie*.

Para lembrar os antigos espetáculos de boate, **Tony 'n' Tina's wedding**, no Bally's, é um raro show de jantar que conta a história de duas famílias italianas em Nova York, que brigam por causa do casamento dos filhos. Um ponto positivo do show é que os atores, que nunca abandonam seu personagem, circulam pela sala e se misturam ao público. O show é apresentado em todo o país desde 1985 e faz sucesso em Las Vegas desde a estreia, em 2002.

Entrada para o show do Blue Man Group, no Monte Carlo

AGENDA

Espetáculos do Cirque du Soleil

KÀ
MGM Grand. **Mapa** 3 C4. 19h e 21h30 ter-sáb.
Tel (702) 891-7777.

LOVE
The Mirage. **Mapa** 3 B3. 19h e 21h30 qui-seg.
Tel (702) 792-7777.

Michael Jackson One
Mandalay Bay. **Mapa** 3 B5. 19h e 21h30 sex-ter, 16h30 e 19h dom.
Tel (702) 632-7777.

Mystère
Treasure Island – Tl. **Mapa** 3 C2. 19h e 21h30 sáb-qua.
Tel (702) 894-7722.

"O"
Bellagio. **Mapa** 3 B3. 19h30 e 22h qua-dom.
Tel (702) 693-7722.

Zumanity
New York-New York. **Mapa** 3 C4. 19h30 e 21h30 sex-ter.
Tel (702) 740-6815.

Musicais

Jersey Boys
Paris Las Vegas. **Mapa** 3 C3. 19h qua-sex e seg, 18h30 e 19h ter, 17h e 20h15 sáb.
Tel (702) 946-7000.

Jubilee!
Bally's. **Mapa** 3 C3. 19h e 21h30 dom-qua, 22h sáb e 19h qui. Proibida a entrada de menores de 18 anos.
Tel (702) 967-4567.

Le Rêve
Wynn Las Vegas. **Mapa** 3 C2. 19h e 21h30 sex-ter.
Tel (888) 320-7100.

Teatros de Revista

Absinthe
Caesars Palace. **Mapa** 3 B3. 20h e 22h qua-dom.
Tel (877) 723-8836.

Australian Bee Gees Show
Excalibur. **Mapa** 3 B4. 19h e 21h30 dom-sex.
Tel (702) 369-5222.

B – A Tribute to the Beatles
Planet Hollywood. **Mapa** 3 C4. 17h30 diariam.
Tel (702) 785-5555.

Country Superstars
Bally's. **Mapa** 3 C3. 20h diariam.
Tel (702) 777-2782.

Divas Starring Frank Marino
LINQ Hotel & Casino. **Mapa** 3 C3. 21h30 diariam.
Tel (702) 731-3311.

Neil Diamond – The Tribute
Westgate Las Vegas. **Mapa** 3 C3. 19h e 21h30 dom-sex.
Tel (702) 369-5222.

Legends in Concert
Flamingo. **Mapa** 3 C3. 19h30 e 21h30 dom-seg, 21h30 ter, 16h e 21h30 qua-qui e sáb.
Tel (702) 369-5222.

The Rat Pack is Back
Rio. **Mapa** 3 B3. 19h diariam.
Tel (702) 777-7776.

V – The Ultimate Variety Show
Planet Hollywood. **Mapa** 3 C4. 19h e 20h30 qui-sáb, 20h30 qua e dom. **Tel** (702) 785-5555.

Diversão para Adultos

Crazy Girls
Riviera. **Mapa** 3 C2. 21h30 qua-seg. Proibida a entrada de menores de 18 anos.
Tel (702) 794-9433.

Fantasy
Luxor. **Mapa** 3 B5. 22h30 diariam. Proibida a entrada de menores de 18 anos.
Tel (702) 262-4444.

Pin Up
Stratosphere Casino Hotel. **Mapa** 4 D1. 22h30 qui-seg. Proibida a entrada de menores de 18 anos.
Tel (702) 380-7777.

Shows de Variedades

Anthony Cools
Paris Las Vegas. **Mapa** 3 C3. 21h ter-dom.
Tel (702) 946-7000.

Blue Man Group
Monte Carlo. **Mapa** 3 C4. 19h e 21h30 seg-qui e sáb, 19h sex.
Tel (702) 730-7777.

Brad Garret's Comedy Club
MGM Grand. **Mapa** 3 C4. 20h diariam.
Tel (702) 891-7777.

David Copperfield
MGM Grand. **Mapa** 3 C4. 19h e 21h30 diariam; também 16h sáb.
Tel (702) 891-7777.

Frank Marino's Divas Las Vegas
LINQ Hotel & Casino. **Mapa** 3 C3. 21h30 sáb-qui. **Tel** (702) 731-3311.

Gordie Brown
Golden Nugget. **Mapa** 2 D3. 19h30 ter-sáb. **Tel** (866) 946-5336.

The Improv
Harrah's. **Mapa** 3 C3. 20h30 e 22h ter-dom.
Tel (702) 369-5111.

Louie Anderson
The Plaza Hotel & Casino. **Mapa** 2 D3. 19h qua-sáb.
Tel (702) 386-2110.

Marc Savard Comedy Hypnosis
Planet Hollywood. **Mapa** 3 C4. 22h sáb-qui.
Tel (702) 785-5555.

The Mentalist
Planet Hollywood. **Mapa** 3 C4. 19h30 qui-ter.
Tel (702) 785-5555.

Penn and Teller
Rio. **Mapa** 3 B3. 21h sáb-qua. **Tel** (702) 777-7776.

Rita Rudner
Harrah's. **Mapa** 3 C3. 20h30 qua, 19h sáb.
Tel (702) 369-5111.

Riviera Comedy Club
Riviera. **Mapa** 3 C2. 20h30 diariam.
Tel (702) 794-9433.

Terry Fator
Mirage. **Mapa** 3 C3. 19h30 seg-qui.
Tel (702) 792-7777.

Artistas Permanentes

Donny and Marie
Flamingo Las Vegas. **Mapa** 3 C3. 19h30 ter-sáb. **Tel** (702) 733-3333.

Elton John – The Million Dollar Piano
Caesars Palace. **Mapa** 3 B3. 19h30, dias variados.
Tel (877) 723-8836.

Shows da Broadway

Broadway
Smith Center for the Performing Arts. 361 Symphony Park Ave. **Mapa** 3 C3. Shows e horários variam.
Tel (702) 930-8223.

Tony 'n' Tina's Wedding
Bally's. **Mapa** 3 C3. 19h seg, qua, sex e sáb.
Tel (702) 967-4567.

Música, Teatro e Dança

A fama das salas de música e teatro de Las Vegas vem do seu ambiente, de sua grandiosidade e qualidade. Algumas das salas de concerto e auditórios mais impressionantes estão nos megarresorts, tanto na Strip como fora dela. Em escala majestosa, esses lugares formam um cenário perfeito para shows de superestrelas como Lionel Richie, Dolly Parton, Alanis Morissette, Tony Bennett e Wayne Newton, entre muitos outros. Las Vegas também conta com uma comunidade crescente de teatro, música clássica e dança. Os centros de artes cênicas da Universidade de Nevada promovem apresentações habituais do Nevada Ballet Theater, da Las Vegas Philharmonic e de vários artistas clássicos famosos.

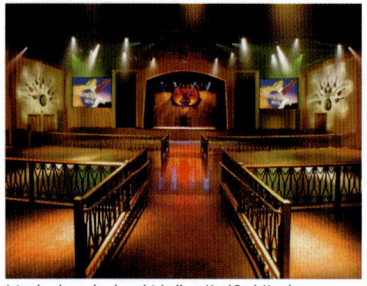

Joint, local popular de rock 'n' roll, no Hard Rock Hotel

Música Popular e Rock

Talvez o melhor lugar para assistir a um show de rock seja o **Joint**, no Hard Rock Hotel. O auditório de 4 mil lugares tem ótima acústica e lugares à mesa, no balcão e na plateia, além de muito espaço para espectadores em pé. Muitas estrelas do rock tocaram ali, entre elas Alanis Morissette e os Rolling Stones. Em segundo lugar, vem o Pearl Concert Theater, no Palms, com 2.500 lugares, que atrai grandes nomes como Gwen Stefani.

A **Garden Arena**, no MGM Grand, tem o maior auditório da cidade e pode receber até 17 mil pessoas. Só as maiores estrelas são chamadas para se apresentar na Arena. Eric Clapton e Rod Stewart estiveram entre os convidados.

Outro local espaçoso é o **Theatre for the Performing Arts**, no Planet Hollywood Resort & Casino. Além de receber artistas consagrados como Styx, Lionel Richie e Earth, Wind and Fire, a sala, com 7 mil lugares, já teve musicais da Broadway como *Chicago* e *Rent*.

A sala de concertos mais luxuosa de Las Vegas é o **Colosseum**, no Caesars Palace. A rica arquitetura do auditório lembra um teatro lírico europeu e periodicamente recebe shows. Entre as estrelas mais constantes estão os cantores Elton John e Rod Stewart e o comediante Jerry Seinfeld.

Outro local magnífico é a **House of Blues** *(p. 143)*, no Mandalay Bay. A boate agenda os melhores artistas de blues, jazz e rock, que se apresentam em um palco pequeno, tendo à frente mesas e poltronas nos balcões. Entre as estrelas de primeira grandeza que tocaram lá estão Bob Dylan, Taylor Dane, Etta James, Al Green, as Go-Gos e Seal.

O **Smith Center for the Performing Arts** foi inaugurado em 2012 no central Symphony Park. Abriga o Reynolds Theater e o Cabaret Jazz, que recebem produções da Broadway, além de apresentações de dança, jazz, orquestras e música pop. É a sede da Las Vegas Philharmonic e do Nevada Ballet Theater.

A maioria dos hotéis de Las Vegas tem ao menos uma sala de espetáculos, mas elas são todas muito parecidas. Fora dos resorts, existe apenas um local de shows digno de nota: o **Thomas & Mack Center**, no campus de Las Vegas da Universidade de Nevada (UNLV), que

O grandioso auditório de concertos do Colosseum, no Caesars Palace

DIVERSÃO | 141

Ator de produção do Centro de Artes Cênicas da UNLV

recebe de vez em quando espetáculos musicais.

Teatro

Las Vegas conta com uma próspera comunidade de artes teatrais, que apresenta suas produções tanto no campus da UNLV e auditórios de bibliotecas públicas como em escolas de toda a cidade. O Performing Arts Center (Centro de Artes Cênicas) da UNLV conta com o **Judy Bayley Theater**, auditório de 500 lugares que frequentemente realiza eventos, como a Best of the New York Stage Series (Série dos Melhores dos Palcos de Nova York), com ótimos artistas de jazz, cabaré e da Broadway, entre eles Ramsey Lewis, Dianne Reeves e Kristin Chenoweth. Também no campus do UNLV, o **Black Box Theater** é um auditório intimista de 175 lugares utilizado para eventos representados por grupos e departamentos da universidade.

Existem diversos grupos de teatro amador em Las Vegas que dão aulas e oficinas, além de montarem muitas peças todos os anos.

O **Las Vegas Little Theater** apresenta uma série de peças contemporâneas, enquanto a **Rainbow Company** realiza produções voltadas para a família com uma companhia de 40 integrantes com idades entre 10 a 18 anos. Estiveram entre os clássicos recentes *Cheaper by the dozen*, *One to grow on* e *A year with Frog and Toad*.

Entre os centros comunitários que apresentam com maior frequência produções de grupos teatrais de Vegas, encontram-se o **Reed Whipple Cultural Center**, perto da biblioteca do centro da cidade, o **Clark County Library Theater**, na Flamingo Road, o **Clark County Amphitheater**, o **Sum-**

Emblema do Clark County Amphitheater

merlin Library Performing Arts Center e o **Charleston Heights Arts Center**.

Música Clássica e Balé

Em Las Vegas, o principal lugar de espetáculos de ópera, orquestras sinfônicas e balé é o **Artemus W. Ham Concert Hall**, no campus da UNLV. É também a sede da Orquestra Filarmônica de Las Vegas e apresenta frequentemente concertos de várias companhias itinerantes. O auditório tem 1.832 lugares, dos quais 483 no balcão, um enorme palco classe-A e torres de orquestra móveis. O muito elogiado evento cultural anual da universidade, Charles Vanda Master Series, é realizado no Artemus e traz os maiores nomes da música clássica e da dança. Artistas como Leontyne Price e Itzhak Perlman estiveram em Las Vegas para esse evento, bem como a Orquestra de Câmara de Viena e o Balé Grigorovich de Moscou, entre outros. Grupos locais de artes cênicas, como o Las Vegas Civic Ballet e Nevada Ballet Theatre, também realizam espetáculos nessa sala da UNLV.

AGENDA

Música Popular e Rock

Colosseum
Caesars Palace. **Mapa** 3 B3. **Tel** (702) 731-7110.

Garden Arena
MGM Grand. **Mapa** 3 C4. **Tel** (702) 891-1111.

House of Blues
Mandalay Bay. **Mapa** 3 C5. **Tel** (702) 632-7600.

Joint
Hard Rock Hotel. **Mapa** 4 D4. **Tel** (702) 693-5000.

Theater for the Performing Arts
Planet Hollywood. **Mapa** 3 C4. **Tel** (702) 785-5555.

Thomas & Mack Center
UNLV. **Mapa** 4 D4. **Tel** (702) 739-3267.

Teatro

Black Box Theater
UNLV. **Mapa** 4 E4. **Tel** (702) 895-2787.

Charleston Heights Arts Center
800 S Brush St. **Tel** (702) 229-6383.

Clark County Amphitheater
500 S Grand Central Pkwy. **Mapa** 1 C3. **Tel** (702) 455-8175.

Clark County Library Theater
1401 E Flamingo Rd. **Mapa** 4 E3. **Tel** (702) 507-3400.

Judy Bayley Theater
UNLV. **Mapa** 4 E4. **Tel** (702) 895-2787.

Las Vegas Little Theater
3920 Schiff Dr. **Tel** (702) 362-7996.

Rainbow Company
821 Las Vegas Blvd N. **Mapa** 2 E2. **Tel** (702) 229-6553.

Reed Whipple Cultural Center
821 Las Vegas Blvd N. **Mapa** 2 E2. **Tel** (702) 229-6211.

Smith Center for the Performing Arts
361 Symphony Park Ave. **Mapa** 1 C3. **Tel** (702) 749-2000.

Summerlin Library Performing Arts Center
1771 Inner Circle Dr. **Tel** (702) 507-3860.

Música Clássica e Balé

Artemus Ham Concert Hall
UNLV. **Mapa** 4 E4. **Tel** (702) 895-2787.

Casas Noturnas, Lounges e Bares

Nenhuma cidade no mundo oferece mais do que Las Vegas quando se fala em diversão. De boates moderninhas de hotel a baladas punk e bares espalhafatosos a boates retrô – há de tudo, envolto em neon, piscando até o dia raiar. Durante décadas, a noite da cidade girou em torno dos cassinos-hotéis, mas hoje a vida nas boates não é mais exclusividade dos resorts de jogos. À medida que a cidade cresceu, cresceu também o número de boates, bares esportivos, saloons de caubói e outros refúgios da noite. Da exuberância da nova vida noturna, Las Vegas deu origem a um novo tipo de bar, o ultralounge, quase sempre chique, exclusivo e no topo das preferências da classe A.

A animada pista de dança da Hakkasan

Boates de Hotel

A **Tryst** *(p. 63)*, no Wynn Las Vegas, lugar muito procurado pela turma da noite, ostenta uma pista de dança ao ar livre e uma cascata de 28m.

A **Marquee**, enorme casa noturna disposta ao redor da piscina do Cosmopolitan, tem sete bares, pista de dança elevada e vista para a Strip. Também funciona como clube de praia diurno – cada uma de suas oito cabanas conta com spa privativo e uma piscina de borda infinita.

A **XS**, no Encore, é atualmente a casa noturna mais movimentada do mundo, atraindo multidões com seus mais de 40 DJs famosos, como Avicii, Zedd, will.i.am e Diplo. A arquitetura da casa, inspirada nas curvas do corpo humano, exibe esculturas de bustos femininos folheadas a ouro.

Conhecida como um ímã de celebridades, a **Hakkasan** segue os passos do lendário Studio 54, com um fluxo constante de DJs como Tiesto, Fergie, Steve Aoki e Calvin Harris. A casa de cinco andares abriga um restaurante, cabine elevada de DJ, telas de LED do chão ao teto, área VIP de mármore e o Pavilion, uma área temática oriental com jardim.

A **Hyde Bellagio** tem um terraço amplo que oferece vistas privilegiadas das fontes do Bellagio. Projetada para representar uma opulenta *villa* italiana, a casa proporciona diversão no início da noite, a partir das 17h.

A enorme **Drai's**, com capacidade para 4.500 pessoas, apresenta a mais avançada tecnologia de iluminação em LED, com um enorme globo de 80 facetas no centro. De vez em quando, há shows de fogos de artifício do 16º andar do Cromwell.

A **Body English**, no Hard Rock Hotel & Casino, é uma das boates mais sensuais e modernas da cidade. Muito frequentada pelos moradores locais, apresenta DJs superdescolados que tocam indie, música eletrônica, rock e pop. A entrada da casa é uma escada em espiral que leva ao subsolo. No andar de cima, há cabines de couro, paredes revestidas de madeira escura e um bar intimista, enquanto o andar inferior exibe espelhos nas paredes, candelabros de cristal, uma enorme pista de dança, cabine de DJ e área VIP.

Boates Independentes

Las Vegas conta com duas boates fora de resorts muito procuradas, contendo alguns salões para varar a madrugada dançando. Situada na Town Square, a **Blue Martini** é boate, restaurante e bar, em um único ambiente. É o lugar na cidade para bebericar um martíni e ver as bandas que tocam ao vivo todas as noites.

Próxima da Fremont Street Experience, a **Downtown Cocktail Room** é um ponto de encontro sofisticado e moderno. Habilmente disfarçada, a porta tem apenas uma plaquinha de Downtown, e o ar de clandestinidade faz parte da atração. Recebe DJs de quarta a sábado.

Ultralounges

A maioria deles tem um ambiente VIP, com mobiliário luxuoso e entretenimento ao vivo habitual. Um dos mais exclusivos é o **Ghostbar**, no Palms. Instalado no 55º andar do hotel, o bar oferece vistas impressionantes da Strip.

Cascatas, estátuas gigantes do Buda e uma praia de areia artificial são as maiores características do **TAO**, que adota temas orientais, no Venetian

Iluminação e ambiente futurista do Ghostbar, no Palms Hotel

DIVERSÃO | 143

Aficionados seguem os esportes nas TVs do salão de apostas do Bally's

(pp. 20-1). Nas noites de sábado, a praia se transforma em balada exótica, com shows de luzes e lanternas chinesas flutuantes na piscina. O terraço proporciona vistas esplêndidas.

O **Surrender**, no Encore Las Vegas, é uma extensão do restaurante Andrea's, e os clientes podem se revezar entre o jantar e a pista de dança. Há uma enorme cobra de 25m atrás do bar, e dançarinas se apresentam nos postes ao redor das mesas VIP. O impressionante elenco de DJs residentes conta com nomes como Macklemore & Ryan Lewis e Diplo. De dia a casa se transforma no Encore Beach Club, com cabanas, bangalôs, piscinas de borda infinita, palmeiras e sacadas com vista para a Strip.

Um dos melhores lugares para ouvir música ao vivo é a **House of Blues**, no Mandalay Bay. Seu ambiente aconchegante com estilo sulista é complementado por músicos de jazz e blues que tocam ali.

Se quiser algo um pouco diferente, vá ao **Minus 5 Ice Lounge**. Vodca é a bebida preferida, servida em copos gelados. Também há esculturas e móveis de gelo.

Bares Esportivos

Praticamente todos os cassinos de Las Vegas que têm um livro de apostas esportivas substancial dispõem também de um bar com TVs, no salão de apostas ou ao lado. Os resorts que oferecem os melhores locais são o Palazzo, o Bellagio, o Caesars Palace, o Bally's, o Gold Coast e o Westgate Las Vegas. Talvez o mais típico bar esportivo seja o **Lagasse's Stadium**, no Palazzo, com apostas, mais de cem TVs em alta definição, cabines luxuosas, assentos de estádio e mesas de bilhar.

Las Vegas tem ainda muitos bares esportivos fora dos cassinos, como o **PT's Pub**, com mais de vinte filiais.

Saloons

Para sentir os ares do Velho Oeste dos EUA, vá a um dos muitos saloons que Las Vegas oferece. Com ótimas bandas ao vivo, o **Stoney's Rockin' Country** é a pedida para os fãs do estilo. Outro local bem procurado é o **Saddle N Spurs Saloon**, que tem aulas semanais de dança de caubói. Mas o bar em estilo Velho Oeste mais na moda é o **Gilley's Saloon**, com rodeio de biquíni e música ao vivo.

AGENDA

Boates de Hotel

Body English
Hard Rock Hotel & Casino.
Mapa 4 D4. **Tel** (702) 693-5222.

Drai's
The Cromwell Las Vegas.
Mapa 3 C3.
Tel (702) 777-3800.

Hakkasan
MGM Grand. **Mapa** 3 C4.
Tel (702) 891-7888.

Hyde Bellagio
Bellagio. **Mapa** 3 C3.
Tel (702) 693-8300.

Marquee
The Cosmopolitan. **Mapa** 3 C4. **Tel** (702) 333-9000.

Tryst
Wynn Las Vegas. **Mapa** 3 C2. **Tel** (702) 770-3375.

XS
Encore Las Vegas. **Mapa** 3 C2. **Tel** (702) 770-0097.

Boates Independentes

Blue Martini
Town Square, 6593 Las Vegas Blvd S. **Mapa** 4 D2.
Tel (702) 949-2583.

Downtown Cocktail Room
111 Las Vegas Blvd S.
Mapa 2 D3.
Tel (702) 880-3696.

Ultralounges

Ghostbar
Palms Hotel & Casino.
Mapa 3 A3.
Tel (702) 942-7777.

House of Blues
Mandalay Bay.
Mapa 3 C5.
Tel (702) 632-7777.

Minus 5 Ice Lounge
Mandalay Bay.
Mapa 3 C5.
Tel (702) 632-7714.

Surrender
Encore Las Vegas.
Mapa 3 C2.
Tel (702) 770-3633.

TAO
The Venetian.
Mapa 3 C3.
Tel (702) 388-8588.

Bares Esportivos

Lagasse's Stadium
The Palazzo.
Mapa 3 C3.
Tel (702) 607-2655.

PT's Pub
1089 E Tropicana Ave.
Mapa 3 D4.
Tel (702) 895-9480.

Saloons

Gilley's Saloon
Treasure Island.
Mapa 3 C2.
Tel (702) 894-7111.

Saddle N Spurs Saloon
2333 N Jones Blvd.
Tel (702) 646-6292.

Stoney's Rockin' Country
6611 Las Vegas Blvd S #160.
Tel (702) 435-2855.

Diversão para Gays e Lésbicas

Com uma comunidade homossexual vibrante e crescente, Las Vegas oferece muito entretenimento para os turistas gays. Também conhecido como Paradise Fruit Loop, o Gay Quarter (Bairro Gay) da cidade concentra-se principalmente nas proximidades da Harmon Avenue, da Paradise Road e da Naples Drive. Embora não na escala de West Hollywood, em Los Angeles, ou do distrito de Castro, em São Francisco, ele consiste em um grupo de empreendimentos, bares, boates e restaurantes bem localizados, próximos uns dos outros. Outro ponto que atrai a população gay é o Commercial Center, um shopping center ultrapassado na esquina da Sahara Avenue com a Maryland Parkway. Além desses, o Gay and Lesbian Community Center promove eventos sociais frequentes e é sede de reuniões de grupos gays.

O interior do famoso bar gay Freezone

Informação

Las Vegas conta com mais de 75 organizações que representam os interesses da sua população gay. Publicações como a **Q Vegas**, revista mensal para a comunidade gay e lésbica, fazem um excelente trabalho, informando sobre bares, restaurantes, oficinas, política local, grupos de apoio, serviços profissionais, eventos etc. Há exemplares dessa revista em todos os bares, livrarias e cafés para gays, e também on-line, em QVegas.com. Vários sites, entre eles Gayvegas.com e GayNVegas.com, também fornecem muita informação e dicas a respeito de hospedagem, vida noturna e restaurantes em Las Vegas.

O principal grupo de apoio da cidade é o **Gay and Lesbian Community Center**, que realiza frequentemente eventos sociais e é o ponto de encontro de diversos grupos de gays e lésbicas. Também providencia exames de HIV gratuitos e confidenciais.

A **Lambda Business and Professional Association** oferece uma base de dados on-line de negócios, além de apoio e divulgação da causa gay.

Gay Quarter

Um dos melhores lugares para obter notícias e informações sobre eventos direcionados a homossexuais é a bem abastecida livraria **Get Booked**. Localizada no coração do Gay Quarter, essa lojinha contém um estoque de material impresso a respeito de gays, lésbicas e feministas. Entre eles estão periódicos, revistas, folhetos e boletins de notícias. Há também leituras de obras e sessões de autógrafos com escritores LGBT locais.

A alguns quarteirões de lá fica a **Piranha Nightclub**, uma concorrida casa noturna com shows diários de drag queens. Funciona até o amanhecer e tem um tanque com piranhas vivas.

Logo após a esquina da Naples Drive fica a entrada do **Freezone**, um dos bares gays de Las Vegas mais procurados. Aos domingos, há a Ladies Night (Noite das Damas), e às quintas é a vez da Boyz Night (Noite dos Rapazes). Às sextas e aos sábados, o Freezone apresenta o show *Drag Madness*, às 22h. Essa festa bem animada em geral vara a madrugada.

A cena gay se estende até o leste da Tropicana Avenue. Na esquina da Tropicana com a Pecos fica o **Eagle**, um dos bares gays mais importantes de Las Vegas. Funciona 24 horas e é famoso por suas noites de roupas íntimas às quintas e sextas, karaokê nas quartas e o show *Sinful Pleasures*, apresentado toda quinta-feira.

Também na Tropicana, o **Goodtimes Bar & Nightclub** fica no endereço do antigo Liberace Plaza. Aberto 24 horas, é um bar gay tranquilo durante o dia, mas de noite se transforma em uma animada discoteca que ferve até o amanhecer. Também apresenta shows e concursos de drag queens.

Decorada em estilo rústico, a **FunHog Ranch** atrai uma turma boa com seu ambiente festivo e localização central. Mesmo sendo bastante encorajado, o estilo fetichista não é obrigatório. O pessoal da FunHog é reconhecido pelo serviço cordial.

Get Booked, livraria bem abastecida para gays

DIVERSÃO | 145

A imitadora Cashetta

Commercial Center

O espaço tem quatro bons bares, cada qual com um clima particular. O **Spotlight Lounge**, que se tornou muito popular entre os moradores desde a inauguração, em 1998, oferece desde jogos de cassino a cervejadas grátis. Tido como o mais intimista dos bares gays da cidade, o Spotlight Lounge recebe todos de braços abertos.

Há uma hospitalidade diferente no **Badlands Saloon**, um bar country de bairro, que também é sede da Nevada Gay Rodeo Association. No último fim de semana do mês, para coletar doações, a associação realiza à noite uma cervejada e um baile country.

Um dos lugares mais quentes para os transexuais fica em um shopping comprido indescritível. Aberto 24h, o **Las Vegas Lounge** oferece um ambiente confortável para uma noite divertida. É notável que, numa cidade onde as taxas de acesso abundam, ali os clientes entrem de graça. Eles são convidados a participar de um concurso amador de drags, realizado a cada duas semanas, enquanto a competição profissional de dublagem fica para quinta à noite. "The big show" ocorre nas noites de sexta e sábado, com músicas interpretadas por artistas transgêneros.

Placas de rua diferentes em Vegas

A Strip

A boate alternativa **Liaison Nightclub** é a primeira e única boate gay instalada dentro de um cassino na Strip. Localizada bem em frente ao salão de jogos do Bally's, essa casa com 650m^2 funciona de quarta a domingo a partir das 22h e foi inaugurada em 2014 pelo empresário da noite de Las Vegas Victor Drai em sociedade com o rei da noite gay da cidade, Eduardo Cordova. A boate oferece dois ambientes distintos com DJs, programação eclética e diversos bares. A decoração apresenta uma entrada toda em preto, fotografias de pin-ups, madeira escura, grandes espelhos, candelabros em estilo veneziano, pinturas personalizadas e detalhes arquitetônicos inspirados em antigas mansões. A noite feminina *Ladies of Liaison*, às quintas-feiras, apresenta imitadoras do mundo todo, além de leituras especiais. Nas noites de domingo, a festa *Unlocked* é dedicada à indústria cinematográfica LGBT e frequentemente atrai celebridades.

Um pouco mais a oeste na Strip encontra-se a **Charlie's Las Vegas**, uma casa noturna masculina no estilo country. Seu grupo social, Men of Charlie's, faz doações a diversas instituições de caridade. A boate promove eventos para angariar fundos e realiza diariamente uma happy-hour (os horários variam). Suas frequentes noites temáticas, com bingos e rodeios, são disputadas no calendário social. A casa também realiza o famoso concurso Men of Charlie's no primeiro sábado do mês, em que os concorrentes participam de diversos jogos para angariar fundos beneficentes. Aquele que consegue mais donativos é nomeado Mr. Charlie do mês e tem seu nome e sua foto de chapéu de caubói publicados no site da boate, em estilo pin-up masculino.

AGENDA

Informação

Gay and Lesbian Community Center
401 S Maryland Pkwy.
Mapa 42 E4.
Tel (702) 733-9800.

Lambda Business and Professional Association
401 S Maryland Pkwy.
Mapa 2 E4.
Tel (702) 593-2875.
w **lambdalv.com**

Q Vegas
6000 S Eastern Ave.
Tel (702) 650-0636.
w **qvegas.com**

Gay Quarter

Eagle
3430 E Tropicana Ave.
Mapa 4 D4.
Tel (702) 458-8662.

Freezone
610 E Naples Dr. **Mapa** 4 D4.
Tel (702) 794-2300.

FunHog Ranch
495 E Twain Ave. **Mapa** 3 A3.
Tel (702) 791-7001.

Goodtimes Bar & Nightclub
1775 E Tropicana Ave.
Mapa 4 D4.
Tel (702) 736-9494.

Piranha Nightclub
4633 Paradise Rd. **Mapa** 4 D4.
Tel (702) 791-0100.

Commercial Center

Badlands Saloon
953 E Sahara Ave. **Mapa** 4 E1.
Tel (702) 792-9262.

Las Vegas Lounge
900 E Karen Ave. **Mapa** 4 E1.
Tel (702) 737-9350.

Spotlight Lounge
957 E Sahara Ave. **Mapa** 4 E1.
Tel (702) 696-0202.

A Strip

Charlie's Las Vegas
5012 S Arville St 4.
Mapa 3 A2. **Tel** (702) 876-1844.

Liaison Nightclub
3645 Las Vegas Blvd S.
Mapa 3 C3. **Tel** (702) 737-5225.

ESPORTES E ATIVIDADES AO AR LIVRE

A curta distância dos cassinos e shopping centers de Las Vegas apresentam-se algumas das paisagens naturais mais magníficas do país, à espera de andarilhos, montanhistas, pescadores, observadores de pássaros e esquiadores. Dos riachos margeados por pinheiros do Red Rock Canyon e da floresta alpina do monte Charleston à grandiosidade azul-esverdeada do lago Mead, os entusiastas encontram uma fonte infinita de aventuras ao ar livre. Além dessas regiões vizinhas, muitas delas a menos de uma hora de carro de Las Vegas, os resorts e clubes da cidade oferecem uma gama enorme de instalações para tênis, basquete, ciclismo, patinação, natação e corrida, entre outras. Somem-se a isso os campos de golfe de projeto impecável e fama internacional e tem-se um cardápio de lazer mais diversificado que o de qualquer um dos lendários bufês da cidade.

Recreação e Academias em Hotéis

A maioria dos resorts de Las Vegas oferece a seus hóspedes diversas instalações de esportes. Entre elas estão quadras de tênis, squash, basquete e voleibol, bem como piscinas e pistas de corrida. Quem prefere correr na grama pode ir a um dos parques ou campos de atletismo na Universidade de Nevada em Las Vegas (UNLV). Alguns hotéis, como o Las Vegas Hilton, contam com caminhos sinuosos e panorâmicos – ideais para ciclistas e patinadores.

Las Vegas também dispõe de várias academias de ginástica. Uma das principais da cidade é o **Las Vegas Athletic Club**. Tem todo o equipamento comum de ginástica, além de máquinas de exercício de realidade virtual.

Caminhadas e Montanhismo

Um dos melhores lugares para caminhar e escalar pedras é o Red Rock Canyon (p. 82) – a apenas vinte minutos de carro de Las Vegas. Nos centros de visitantes do cânion, estão à disposição guias e mapas da região. A maioria das caminhadas é de 3 a 5km em terreno brando. Uma das trilhas mais procuradas é a do Pine Creek Canyon, onde se caminha em meio a pinheiros de aroma adocicado até uma campina com as ruínas de uma fazenda histórica. Os visitantes também podem conferir a geologia da região na trilha Keystone Thrust, uma caminhada amena de 5km até a mais velha dolomita cinza no topo de um arenito bege e vermelho. As íngremes faces das montanhas atraem também muitos montanhistas. Contate a **Jackson Hole Mountain Guides** para se informar sobre escaladas. Outro local favorito, o monte Charleston (p. 83), fica a 45 minutos de carro de Las Vegas. As trilhas para caminhada variam de bem fáceis – caminhadas de meia hora – a excursões de dois dias. Chega-se de carro à maioria das entradas das trilhas, que têm água e banheiros. Uma das trilhas leva à Deer Creek Road (rodovia estadual 158), que fica perto do Desert View Scenic Outlook – mirante que proporciona um panorama incrível do vale e dos leitos secos de rios abaixo. Também vale a pena ir ao topo da Cathedral Rock – caminhada de uma a duas horas – pela vista espetacular do Kyle Canyon. Peça orientações e mapas à **Mount Charleston Ranger Station** (Posto da Guarda do Monte Charleston) antes de começar. A maioria das trilhas está aberta o ano inteiro, mas algumas fecham no inverno e no começo da primavera. Siga as trilhas demarcadas, sobretudo em lugares altos. Os penhascos a pique são perigosos, e muitos morreram ali.

Esportes Aquáticos

A orla panorâmica do lago Mead (p. 84) é um dos destinos mais procurados para praticar esportes aquáticos, velejar, esquiar e fazer rafting. O trecho de 18km do rio Colorado da represa Hoover à Willow Beach está aberto o ano inteiro para botes, canoas e caiaques, mas as melhores épocas para esses esportes são a primavera e o outono. É necessário ter autorização do **US Bureau of Reclamation** para rafting. Você consegue mais informações no centro de visitantes do lago Mead. Os barcos e todo o material apropriado po-

Penhascos de arenito no Red Rock Canyon

ESPORTES E ATIVIDADES AO AR LIVRE | 147

dem ser alugados no **Las Vegas Boat Harbor** e em diversas outras lojas do ramo enfileiradas nas marinas do lago.

Um pescador nas margens do lago, na Lake Mead Recreational Area

Pesca

No lago Mead a temporada de pesca estende-se por todo o ano. Os pescadores acham uma abundância de bagres, trutas, percas-sol, robalos-riscado e achigãs. Os pescadores consideram o Overton, braço do lago Mead *(p. 84)*, o lugar ideal para apanhar robalos. Vale a pena tentar Calico Basin, Meadows, Stewart's Point e Meat Hole.

A pescaria é excelente no rio Colorado, ao sul da represa Hoover e seguindo para Laughlin e Bullhead City. A água fria da represa Davis, perto de Laughlin, é também um bom local, enquanto na região acima da represa, no lago Mohave, dá mais robalo e truta-arco-íris.

Os pescadores com mais de 12 anos de idade devem ter licença para pescar. Os não residentes podem comprar a de um ano – quase o dobro do preço de uma de residente, para a qual é preciso morar no país por seis meses ao menos. Outra opção é comprar a licença de um dia. Licenças, iscas, linhas e demais apetrechos de pesca podem ser obtidos nas marinas e lojas como **Las Vegas Bass Pro Shops** e **Big 5 Sporting Goods**.

Observação de Pássaros

Embora muitas áreas agrestes do sul de Nevada sejam boas para ver pássaros, a da **Corn Creek Field Station**, no Desert National Wildlife Range, é uma das mais frequentadas.

As fontes naturais de Corn Creek formaram lagos superiores e inferiores interligados por um córrego borbulhante. Esse oásis pequeno e acidentado ostenta enorme variedade de aves. As amoreiras carregadas atraem cruza-bicos, saíras-sete-cores, pintarroxos-de-bico-grosso e oriopêndulas-chinesas. Também são avistadas outras espécies, como mariquita-de-capuz-preto, siália-mexicana, papa-moscas e falcão-do-tanoeiro. A diversidade dos pássaros é tanta que a Sociedade Audubon, organização de preservação da vida silvestre, a inclui no seu programa Adote um Refúgio.

Esportes de Inverno

As encostas geladas do monte Charleston são procuradas para muitos esportes de inverno, como esqui, snowboard e moto de neve. Os turistas também gostam de praticar esqui em trilhas nos cânions Lee, Scout, Mack e na trilha Bristlecone. A maioria dos resorts do monte Charleston usa máquinas de fazer neve de novembro a abril, conforme o tempo. Há muitas lojas de aluguel de equipamento, mas os pacotes dos resorts costumam incluir esquis, passes de teleférico e aulas.

AGENDA

Academias

Las Vegas Athletic Club
2655 S Maryland Pkwy.
Mapa 4 E1.
Tel (702) 822-5822.

Caminhadas e Montanhismo

Jackson Hole Mountain Guides
8221 W Charleston, Suite 106.
Tel (702) 254-0885.
W **jhmg.com**

Mount Charleston Ranger Station
Tel (702) 515-5400.

Esportes Aquáticos

Las Vegas Boat Harbor
Hemenway Harbor, Lake Mead.
Tel (702) 293-1191.
W **lasvegasboatharbor.com**

US Bureau of Reclamation
PO Box 61470, Boulder City.
Tel (702) 293-8000.
W **usbr.gov**

Pesca

Big 5 Sporting Goods
2797 S Maryland Pkwy.
Mapa 4 E1. **Tel** (702) 734-6664.

Las Vegas Bass Pro Shops
Silverton Hotel, 8200 Dean Martin Drive. **Tel** (702) 730-5200.

Observação de Pássaros

Corn Creek Field Station
Desert National Wildlife Refuge, Hwy 95, 13km O de Kyle Canyon Rd. **Tel** (702) 879-6110.

Esquiadores e turistas em resort nevado no monte Charleston

Golfe

Las Vegas é um paraíso dos golfistas amadores e profissionais por causa do clima bom o ano inteiro. A curta distância de carro dos resorts da Strip existem mais de 35 campos de golfe projetados à perfeição, muitos deles aclamados internacionalmente, alguns localizados em meio a paisagens espetaculares. Um terço deles é privado, mas existem públicos. Há basicamente dois tipos de campo em Las Vegas – o comum de 18 buracos, visto na maioria dos bairros, e o campo de golfe no deserto, ou campos de "alvos", em que apenas os *tees* (locais de saída), os *fairways* (campos intermediários) e os *greens* (gramados com os buracos) têm manutenção – o restante da área desértica natural permanece intacto.

O *fairway* do Las Vegas National Golf Club

Informação Geral

Para ter acesso aos muitos campos de golfe privados de Las Vegas, é preciso conhecer um sócio do clube para reservar o campo. Talvez seja melhor planejar com antecedência para conseguir reservar por tempo suficiente um dos campos públicos. A maioria deles aceita reservas até sete dias antes da data. Os meses de inverno e primavera são os mais procurados para jogar golfe – portanto, tente fazer a reserva quanto antes. Os visitantes podem alugar tacos em lojas profissionais no campo de golfe ou em lojas específicas na cidade, como o **Callaway Golf Center** ou o **Las Vegas Golf and Tennis**. Pode-se usar roupa informal, embora a maioria dos lugares exija camisa com colarinho e proíba jeans cortados. Sapatos com solados de travas são imprescindíveis.

Em muitos campos o preço da rodada é de cerca de US$100, e a maioria dos clubes conta com o aluguel de um carrinho, um custo adicional. Contudo, existem alguns campos em que a rodada sai por menos de US$50. Você também encontra pechinchas durante os meses de verão (junho a agosto), quando os preços baixam ao máximo. Alguns hotéis oferecem pacotes de golfe aos hóspedes. Pergunte ao escritório de reservas ou à gerência ao chegar.

Campos Municipais

No campo de golfe municipal **Angel Park**, os jogadores desfrutam do desafio e a beleza dos dois campos de dezoito buracos, Palm e Mountain, projetados por Arnold Palmer. O campo Cloud Nine do parque conta com doze buracos e um traçado par-3, com réplica de buracos dos mais famosos par-3 do mundo.

Se você não sabe como é um campo de "alvos", visite o **Badlands Golf Club**. O campo panorâmico de 27 buracos fica em torno de pitoresco arroios do deserto. Esse campo de alvos teve projeto de Johnny Miller e não é para cardíacos, pois exige uma precisão imensa em seu layout par-72 de 6.400m.

Pertinho dos hotéis Mandalay Bay e Four Seasons, o **Bali Hai Golf Club** conta com ilhas de palmeiras fechadas, obstáculos de água, plantas tropicais e flores, tudo isso em paisagem dos mares do Sul.

O **Las Vegas National Golf Club** foi criado em 1961. Esse campo de par-72 tem um desenho clássico com árvores portentosas, *fairways* de grama e *greens* profundos. Foi também o local da primeira vitória do campeão Tiger Woods na PGA

O terreno amplo e muito bem conservado do Angel Park Golf Club

ESPORTES E ATIVIDADES AO AR LIVRE | **149**

Os *greens* do Legacy Golf Club, com vista para o deserto de Nevada

(Professional Golf Association), em 1996. Para quem quer pechincha, uma ótima rodada sai por menos de US$100 no **Las Vegas Paiute Golf Resort**, localizado na Snow Mountain Indian Reservation, a 32km da Strip.

O exclusivo **Royal Links Golf Club** simula alguns dos melhores campos do circuito do British Open. O tempo de jogo é bem caro, com taxas em torno de US$200.

O vasto par-70 de dezoito buracos do **Wynn Las Vegas Golf Course and Country Club** fica na Strip e é de uso exclusivo dos hóspedes desse resort.

Campos Vizinhos

Projetado pelo arquiteto de campos de golfe Jay Morrish, o **Painted Desert** é a antiga sede do Nevada Open e costuma ser considerado o mais bem preservado dos campos públicos do estado. O campo situa-se em um ecossistema natural de deserto, com *greens* e *roughs* (grama alta) difíceis, e vários lagos entram no jogo. As áreas desérticas constituem uma paisagem linda, inexistente em muitos campos. A sede do clube dispõe de uma variedade impressionante de instalações, como restaurante e loja bem equipada.

Classificado entre os cem melhores campos dos EUA, o campo par-72 de 6.580m do **Legacy Golf Club**, em Henderson, tem gramado de muro a muro, dois lagos, terreno ondulado e muitas árvores. Destaque notável é o Devil's Triangle, onde um riacho do cânion cruza os buracos 11, 12 e 13, estragando muitas tacadas. Os jogadores que superam esse *header* triplo o chamam de "esquina do amém".

O **Black Mountain Golf Course**, em Henderson, criado em 1959, e pontilhado de cactos e iúcas, é um bom campo para iniciantes, embora tenha muitos montes de areia e dois lagos para tornar o jogo mais interessante. O preço do *green* é em geral menos de US$100.

O **Shadow Creek Golf Club**, em North Las Vegas, é o único campo do sul de Nevada que constou na pesquisa dos cem melhores do mundo da revista *Golf*. O projeto de Shadow Creek é do famoso arquiteto de campos Tom Fazio e do hoteleiro Steve Wynn. Em estilo de bosque, esse campo é particular, mas os hóspedes de uma das propriedades do MGM Mirage – como MGM Grand, Mirage, Bellagio e Aria – podem jogar nele nos fins de semana.

Tiger Woods, profissional campeão

Principais Torneios

O Shriners Hospitals for Children Open *(p. 34)* dá continuidade à longa história do golfe profissional em Las Vegas. O torneio foi o primeiro do circuito da PGA a oferecer o prêmio de US$1 milhão e o primeiro dos secundários a dar um prêmio de US$5 milhões. O evento de três dias e 72 buracos conta com jogadores amadores e profissionais.

AGENDA

Angel Park
100 S Rampart Blvd. **Tel** (702) 254-4653. angelpark.com

Badlands Golf Club
9119 Alta Dr. **Tel** (702) 363-0754. badlandsgc.com

Bali Hai Golf Club
5160 Las Vegas Blvd S.
Mapa 3 C5. **Tel** (702) 450-8000. balihaigolfclub.com

Black Mountain Golf Course
500 Greenway Rd, Henderson. **Tel** (702) 565-7933. golfblackmountain.com

Callaway Golf Center
6730 Las Vegas Blvd S. **Tel** (702) 896-4100.

Las Vegas Golf and Tennis
4711 Dean Martin Dr.
Mapa 4 D3. **Tel** (702) 892-9999. lvgolf.com

Las Vegas National Golf Club
1911 E Desert Inn Rd.
Mapa 4 F2. **Tel** (702) 734-1796. lasvegasnational.com

Las Vegas Paiute Golf Resort
10325 Nu-Wav Kaiv Blvd. **Tel** (702) 658-1400

Legacy Golf Club
130 Par Excellence Dr. **Tel** (702) 897-2187. thelegacygc.com

Painted Desert
5555 Painted Mirage Way, 8129. **Tel** (702) 655-2570. painteddesertgc.com

Royal Links Golf Club
5955 E Vegas Valley Dr. **Tel** (702) 450-8000. royallinksgolfclub.com

Shadow Creek Golf Club
3 Shadow Creek Dr, N Las Vegas. **Tel** (702) 399-6495. shadowcreek.com

Wynn Las Vegas Golf Course and Country Club
3131 Las Vegas Blvd S.
Mapa 3 C2. **Tel** (702) 770-7000. wynnlasvegas.com

CASSINOS

Apesar de sua fama crescente como parque de diversões para adultos completo, Las Vegas continua conhecida pelos cassinos. Mais de 30 milhões de turistas vão à cidade todo anos, e, em média, cada um gasta por dia US$80 em jogo. Não espere ficar rico: com receita anual conjunta de US$10 bilhões, parece que os cassinos levam vantagem.

O prazer secreto do jogo está na atração pelo desconhecido – nunca se sabe qual é a próxima carta. Os cassinos sabem disso e querem que você gaste o máximo de tempo possível. Há bebidas gratuitas para os jogadores, mas não é bom jogar alterado. Antes de começar, defina uma quantidade que você pode perder e atenha-se a ela. Para o iniciante, o cassino parece assustador, mas, entendendo o básico das regras *(pp. 152-7)*, a maioria dos jogos é relativamente simples. Alguns hotéis dispõem de guias de jogo na TV interna, e os postos de turismo de Las Vegas fornecem guias impressos. Diversos cassinos grandes ministram aulas gratuitas nas mesas.

Fileiras e fileiras de caça-níqueis na área de jogos do cassino New York-New York *(p. 45)*

Informação Geral

É preciso ter ao menos 21 anos para jogar em Las Vegas; portanto, tenha sempre uma carteira de identidade se você parece jovem demais. Crianças não podem entrar no cassino em momento algum. Se você tirar a sorte grande, o cassino lhe pedirá duas formas de identificação, em geral a carteira de motorista e um cartão de seguridade social. A exigência está nas normas da Receita Federal dos EUA, para prêmios de mais de US$1.200. Os vencedores não residentes devem pagar 30% de imposto, deduzidos do prêmio antes do pagamento. Todos os cassinos lidam com a mesma premissa: superar as probabilidades. Como o cassino desfruta uma vantagem estatística em todo jogo, quanto mais você permanecer jogando, maior a chance de perder. A vantagem da casa é resultado de uma combinação de fatores: as probabilidades ou porcentagens inerentes ao jogo, regras elaboradas para favorecer o cassino, pagamentos menores que as possibilidades ou pagamentos predeterminados como os dos caça-níqueis. A vantagem do cassino pode ser pequena, como no bacará, no *blackjack* (21) e apostas em esportes, ou enormes, como no *keno* e na roda da fortuna, mas ainda assim o lucro anual é de bilhões de dólares. Em raras ocasiões pode ser muito lucrativo para o jogador.

É comum dar gorjeta no cassino, mas não obrigatório. Pode ser vantajoso dar gorjeta ao chegar, pois é bom ter ao seu lado quem dá as cartas. A etiqueta do cassino é dar gorjeta se estiver ganhando. Os ganhadores em caça-níqueis em geral dão de 5% a 10% do prêmio ao trocador.

Fichas de pôquer

CASSINOS

Jogadores fazem apostas na roleta de um cassino em Las Vegas

Anatomia do Cassino

Todo cassino tem um caixa principal, também chamado *main cage* (gaiola principal) pelos funcionários. É nele que os jogadores compram crédito, trocam cheques e trocam fichas e cupons por dinheiro. Porém, o caixa não vende fichas para os jogos com cartas; compre-as dos vendedores nas próprias mesas quando quiser participar de um jogo *(buy in)*. Além do caixa principal, a maioria dos cassinos tem outros caixas-satélites. Os caça-níqueis aceitam em geral só dinheiro vivo ou vales comprados no caixa. Quase todos os cassinos têm um clube de caça-níqueis, que dá a seus membros vários tipos de prêmios por certa quantidade de jogo. Basicamente, os membros acumulam pontos ao jogar e depois os permutam por refeições, descontos na hospedagem, mercadorias e outras vantagens. Não há taxa para entrar em um clube de caça-níqueis, e você obtém mais informação no guichê de ofertas ou troca dos caça-níqueis, no cassino.

Também há caixas eletrônicos em vários pontos da maioria dos cassinos. Mas é muito provável que você nunca veja um relógio no cassino. Como os executivos do hotel querem que o jogo demore ao máximo, relógios não podem fazer parte da decoração. Isso também se aplica a janelas. Você nunca verá um pôr do sol por uma janela, já que os cassinos querem que o tempo pare durante a jogatina.

Carta de baralho

Etiqueta de Jogo

A maior parte da etiqueta no cassino provém da gentileza. No entanto, há algumas dicas que você deve guardar. Se estiver passando pelas mesas de jogo – blackjack, pôquer caribenho e pôquer –, saiba que as cadeiras são para os jogadores, não para os espectadores. Se quiser ver um jogo, é melhor ficar em pé atrás ou ao lado da mesa. Essa regra não vale para os recintos de caça-níqueis, *keno* ou apostas em esportes, onde em geral não há problemas em ficar simplesmente sentado. Porém, se um jogador se apresentar e não houver nenhuma máquina disponível, provavelmente lhe será requisitado que jogue ou libere o equipamento. A maioria das discussões acontece nos caça-níqueis. Os jogadores costumam sair para beber alguma coisa, lavar as mãos ou comprar cigarros, e ao voltar encontram alguém na máquina "deles". Sempre peça a alguém ou ao supervisor do andar que tome conta daquela em que você está jogando, se precisar se ausentar. Eles em geral aceitam bem o pedido.

Como tudo no cassino é gravado pelo sistema de segurança "olho no céu", não hesite em levar qualquer disputa a uma autoridade mais alta – o gerente do cassino. A gravação vai contar a história e resolver a questão.

Dicas

- Sempre jogue com seus recursos. Ou seja, jogue apenas o que você pode perder.
- O jogo deve ser uma forma de diversão agradável. Assim, dirija-se às mesas em que os jogadores estão conversando e rindo. Caras infelizes vão tornar seu momento de lazer uma chatice.
- Os jogadores podem evitar que os inexperientes cometam erros bobos e costumam explicar os melhores pontos e as dificuldades do jogo quando lhes perguntam.
- Os caça-níqueis estão entre os jogos mais fáceis e mais divertidos. Mas procure entender o que você está apostando e quanto custa ganhar. Essa filosofia se aplica também a todos os outros jogos.

Aulas de Jogo nos Cassinos

Boulder Station
Qui. Pôquer: 15h.

Circus Circus
Diariam. *Blackjack*: 10h30; Roleta: 11h30; *Craps*: 11h30.

Excalibur
Diariam. Pôquer: 11h; Roleta: 11h e 19h; *Blackjack*: 11h30 e 19h30; *Craps*: 12h30 e 20h.

Gold Coast
sex-dom. *Craps*: 11h30.

Golden Nugget
Diariam. Pôquer: 10h; *Craps*: 10h; *Pai Gow*: 10h30; Roleta: 11h30; *Blackjack*: 12h.

Luxor
Diariam. Pôquer, Roleta, *Craps*, e *Blackjack*: todos às 12h.

Monte Carlo
diariam. *Craps*: 11h.

The Palazzo & The Venetian
Seg-sex. *Craps*: 11h; *Blackjack*: 11h30.

Mandalay Bay
Diariam. Pôquer: 14h.

South Point
Ter, qui. *Craps*: 10h15 (e sáb 11h15).

Stratosphere
Sáb e dom. Pôquer: 8h.

Craps

Quase sempre o jogo mais divertido no cassino, o *craps* cria uma sensação de camaradagem porque os jogadores apostam com ou contra o lançador (quem estiver com os dados) qual será o próximo número. O objetivo no primeiro lançamento, ou *"coming out"*, é fazer 7 ou 11 em qualquer combinação (como 3/4, 5/6) para vencer. Uma jogada de 2, 3 ou 12 é *craps*; todos perdem, e o lançador joga o dado de novo. Se um total de 4, 5, 6, 8, 9 ou 10 aparece, esse se torna o número-ponto, e o lançador deve tirar esse número outra vez antes de tirar um 7 para vencer. A etiqueta do *craps* manda pôr o dinheiro na mesa e não na mão do crupiê; suas fichas ficam em um suporte de madeira ao redor da mesa. Lance com uma mão os dados, que devem bater no fim da mesa. Todas as apostas e a colocação de fichas devem ser finalizadas antes da jogada seguinte.

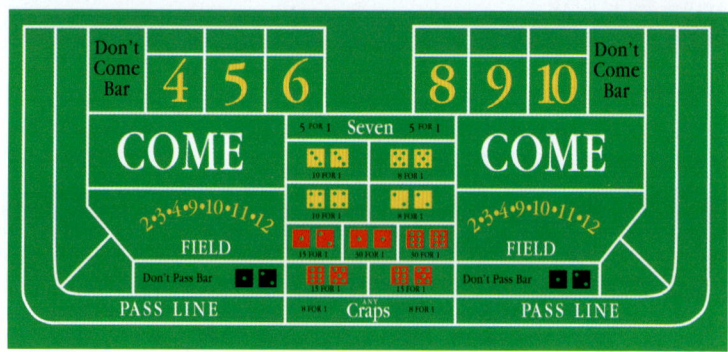

Mesa de *craps* vista de cima, com várias caixas e áreas para as diversas apostas

Apostas

Craps pode ser confuso porque parece que muita coisa acontece o tempo todo. Isso se deve sobretudo à ampla gama de apostas que se pode fazer. Se você é principiante, as apostas a seguir são as melhores.

Apostando durante o jogo

Aposta Pass Line
Basicamente, para ganhar, você aposta que o lançador vai tirar um 7/11 na primeira jogada. As possibilidades são equilibradas; se ganhar, você fica com a mesma quantia apostada. Se sai um número-ponto, o lançador precisa tirar o mesmo número antes de tirar um 7. Como há mais chances de tirar um 7 que qualquer número-ponto, vale apostar, já que o lançador tem um ponto, o que significa fazer uma aposta adicional aquém da sua linha de passe. Isso lhe paga a verdadeira cotação da casa, se o lançador tirar o ponto dele. Como a chance muda conforme o número, verifique antes com o crupiê.

Aposta Don't Pass
É o contrário da aposta *pass line*. Aqui o objetivo é o lançador perder por tirar 2 ou 3 na primeira jogada, ou tirando um 7 perdedor, o que ocorre antes de ele fazer seu número-ponto.

Aposta Come
É uma aposta opcional que se pode fazer durante o jogo, quando seu dinheiro chega ao número seguinte tirado. Por exemplo, se seu ponto é 6, você faz uma aposta *come*, e os dados dão 8, sua aposta "chega" ao 8, e você tem dois números em jogo. Você também pode fazer contra-apostas.

Aposta Place
Essa aposta é outra maneira de conseguir números adicionais. Nesse caso, você escolhe o número que quer e faz uma aposta *place* nesse número. A vantagem dessa modalidade é que você escolhe o número e pode retirar a aposta a qualquer momento. A desvantagem é que o cassino cobra de 50 centavos de dólar a US$1 de cada aposta de US$5 que você coloque *(place)*.

Caça-Níqueis

Caça-níqueis de todo tipo dominam os cassinos de Las Vegas. As máquinas simples antigas ("bandido de um braço só"), em que uma alavanca girava os rolos e a vitória vinha em uma fileira de cerejas ou outro ícone, já foi superada por máquinas computadorizadas de botão que oferecem várias jogadas complexas. Há, em suma, dois tipos de caça-níqueis: os *flat-tops* e os progressivos. Os *flat-tops* dão uma série de prêmios conforme o arranjo dos símbolos vencedores. Em geral, há opções de apostas, e, se você chegar a uma tela vencedora, ganhará de acordo com sua aposta.

Nos caça-níqueis progressivos, abre-se mão de prêmios pequenos para ganhar prêmios progressivos. Para se ter direito ao prêmio progressivo, deve-se jogar o número máximo de moedas. Nessas máquinas, o prêmio aumenta à medida que se joga, e o símbolo do prêmio acumulado está sobre todas as máquinas. Atualmente, a maior bolada é das máquinas da Megabucks, instaladas em todo o estado de Nevada. Um engenheiro de software de Los Angeles ganhou quase US$40 milhões em uma máquina dali em março de 2003.

Praticamente todos os caça-níqueis dos cassinos hoje só aceitam vales ou dinheiro vivo. O jogador insere no coletor da máquina notas de US$1, US$5, US$10, US$20 ou US$100 ou vales de dinheiro que ele tenha ganhado em outras máquinas. Quando a jogada para, a máquina emite um cupom de papel da quantia ganha ou não gasta, que o jogador pode trocar por dinheiro.

Máquina do "bandido de um braço só"

Máquinas caça-níqueis se sucedem no cassino do hotel Excalibur

Caça-níqueis do Caesars Palace

Dicas

- Jogue sempre o limite máximo da máquina. Se vencer, levará o prêmio máximo.
- Nos dois tipos de máquina, nas vitórias você acumula créditos, utilizáveis nas apostas seguintes. Acompanhe no mostrador de créditos para saber quanto você está gastando. Se a sua aposta inicial foi de 10 x 25 centavos e você ganha 30, o uso de créditos permite que você decida parar quando o mostrador der menos de 20, saindo com 10 quarters a mais.
- Associe-se a um clube de caça-níqueis. Existem na maioria dos cassinos e fazem uma série de incentivos para você jogar, de dinheiro de volta a descontos. Os sócios ganham um cartão eletrônico de fidelidade.

Bingo

Jogo bastante popular entre os moradores da cidade, em geral os salões de bingo localizam-se nos cassinos fora da Strip, como o Gold Coast. O Plaza é o único cassino do centro que dispõe de um salão para essa modalidade.

O bingo é um jogo muito simples. Os jogadores compram cartelas e marcam os números que vão sendo anunciados. Os números são assinalados com um marcador, mas alguns cassinos oferecem tabuladores eletrônicos, com os quais os jogadores podem controlar dezenas de cartelas ao mesmo tempo. O bingo é um jogo relativamente barato. As sessões custam de quatro a cinco dólares, os jogadores podem tomar bebidas gratuitas e jogar quase a qualquer hora do dia. Os cassinos costumam realizar uma série de sessões, de uma ou duas horas de duração, que começam às 9h e vão até as 23h.

É preciso comprar novas cartelas a cada sessão. Os prêmios podem ser enormes. Cassinos como Sam's Town, Fiesta e Station instituíram prêmios progressivos, que chegam a seis dígitos. Essas boladas saem para os jogos *cover-all*. Ou seja, todos os números devem estar cobertos com certa quantidade de bolas. A maioria dos *cover-alls* começa com 46 a 48 números, e o cassino adiciona um número por semana até que alguém vença.

Animado salão de bingo no cassino Gold Coast

Blackjack

Esse jogo de cartas é um dos mais populares no cassino. As mesas de *blackjack* (ou 21) oferecem jogos de apostas mínimas de US$2 a US$500. Joga-se contra o crupiê, e ganha quem chegar mais perto de um valor total de 21 nas cartas, sem ultrapassá-lo. O valor das cartas é dado por seu número; as com figuras valem 10, e um ás, 1 ou 11. A mão que tem ases chama-se *soft* (macia), e a que não tem, *hard* (dura).

Em geral, o crupiê distribui as cartas de um "*shoe*" – caixa com até seis baralhos. Cada jogador recebe duas cartas de face para cima. O crupiê também recebe duas cartas – uma de face para cima; a outra, para baixo. Os jogadores não devem tocar nas cartas e usam sinais de mão para indicar que querem *hit* (comprar) – arranham a mesa com o indicador para receber outra carta – ou *stand* (manter) – passando a mão aberta por cima das cartas. Os jogadores também podem *double down* – dobrar a aposta – ou *split* – dividir a mão que recebeu duas cartas do mesmo valor, deixando cada mão com uma aposta. Quando os jogadores decidiram ficar ou atingir o limite de 21, o crupiê vira a segunda carta e joga a sua mão, atingindo 16 e ficando com 17 ou mais. Isso é essencial na "estratégia básica" do *blackjack*. A pressuposição aí é que a segunda carta do crupiê seja um 10 e que a próxima carta na caixa também seja um 10, uma vez que há mais 10 no baralho que qualquer outra carta – são 96 em seis baralhos.

Distribuição de cartas em mesa de *blackjack*, no Monte Carlo

Cartas ideais para *blackjack*

Big Six ou Roda da Fortuna

Um dos mais antigos jogos de azar, a roda da fortuna, também chamada *Big Six*, é mais fácil de jogar que os jogos de mesa, mais exaustivos.

A roda de madeira ornamentada tem 1,8m de diâmetro e um ponteiro. Divide-se em nove seções, por sua vez divididas em seis nichos. Portanto, a roda tem 54 nichos, cada qual com um símbolo para se apostar. Desses nichos, 52 contêm símbolos de cédulas americanas de US$1, US$2, US$5, US$10 e US$20, e os dois restantes são um curinga e o logotipo do cassino. Os símbolos da roda são reproduzidos no traçado da mesa. Os jogadores escolhem qualquer um e põem sua aposta nele. O crupiê gira a roda. Quando ela para, o número assinalado pelo ponteiro vence. O prêmio é um múltiplo da quantia em que o jogador apostou. Por exemplo, uma aposta de US$1 em um símbolo de US$2 dá US$2; uma aposta de US$5 em um símbolo de US$10 resulta um prêmio de US$50, e assim por diante. As apostas feitas no logotipo do cassino e no curinga em geral pagam 40 por 1, de modo que uma aposta vencedora de US$2 em um dos símbolos paga US$80.

Estratégia Básica do Blackjack

Veja abaixo a estratégia básica para vencer no *blackjack*, tirada de estudos por computador. Diz ao jogador quando *hit*, *stand*, *double down* ou *split*, dependendo da carta aberta do crupiê. É permitido usar estratégia básica em cassinos, e até os crupiês dão conselhos aos jogadores.

1. Comprar ou manter: Com uma mão dura – sem ases – contra um 7 ou mais do crupiê, deve comprar até atingir ao menos 17. Com uma mão dura contra 4, 5 ou 6 do crupiê, manter-se em 12 ou mais; contra 2 ou 3 do crupiê, comprar até 12. Com mão macia, comprar até 17 ou menos. Contra 9 ou 10 do crupiê, atingir um 18 macio.

2. Dobrar: Dobrar em qualquer 11, não importando o que o crupiê tenha à mostra. Dobrar em 10, quando o crupiê apresenta qualquer valor que não um 10 – o "10" do crupiê inclui carta de figura. Dobrar em 9 quando o crupiê mostra 2, 3, 4, 5 ou 6. Dobrar em 17 macio (ás + 6) se o crupiê mostra 2, 3, 4, 5 ou 6. Dobrar em 18 macio (ás + 7) se o crupiê tem 3, 4, 5 ou 6. Dobrar em 13, 14, 15 ou 16 macios contra 4, 5 ou 6 do crupiê.

3. Dividir pares: Sempre divida ases e 8-8. Não divida nunca 5-5 nem 10-10. Mas divida: 4-4 contra 5 ou 6 do crupiê; 9-9 contra 2, 3, 4, 5, 6, 8 ou 9 do crupiê; 7-7 contra 2, 3, 4, 5, 6 ou 7 do crupiê; 6-6 2, 3, 4, 5 ou 6 do crupiê; 2-2 e 3-3 contra 2, 3, 4, 5, 6 ou 7 do crupiê.

Mão vencedora na mesa de *blackjack*

Pôquer

Nos últimos anos, a popularidade do pôquer aumentou vertiginosamente em Las Vegas, sobretudo por causa de eventos como o Torneio Mundial, a Série Mundial de Las Vegas e vários outros campeonatos de celebridades.

Ao contrário do *blackjack* e do pôquer caribenho, o pôquer "vivo" não se joga contra o cassino, mas contra outros jogadores. O cassino só fornece o crupiê e cobra o aluguel do lugar na mesa, que na verdade é uma porcentagem de cada *pot* (bolo), o chamado *rake* ("ancinho"). A destreza para ganhar está na capacidade não só de estimar a qualidade da própria mão e a do adversário como ter uma propensão para o blefe. Embora nem todo jogador seja um devorador de novatos, muitos dos clientes são especialistas, e os principiantes devem ir com cuidado em um jogo de apostas baixas ou ter umas aulas antes de enfrentar profissionais. Mesmo após as aulas é bom assistir a um jogo para assimilar o melhor modo de jogar.

Há basicamente dois jogos de pôquer em Las Vegas: *seven card stud* e *Texas hold 'em*. Este tem-se tornado mais popular, talvez por ser o jogo decisivo na maioria dos torneios.

Seven-Card Stud

A maioria dos iniciantes começa pelo pôquer aberto. O crupiê dá a cada jogador duas cartas viradas para baixo e uma para cima. O jogador com a menor carta aberta faz a aposta. Outros jogadores podem igualar (cobrir) a aposta, aumentá-la ou passar (sair). Outra carta é dada aberta, e o jogador com a mão mais alta começa a nova rodada de apostas. Isso se repete até seis cartas serem dadas abertas. Por fim, a sétima carta é dada àqueles que permaneceram no jogo, e a rodada final de apostas começa. Durante essa "confrontação", os jogadores podem "aumentar" a aposta até três vezes. Quando a última é "coberta", o crupiê pede que as cartas sejam mostradas, e a mão mais alta vence.

Material essencial do jogo de pôquer

Excelente mão de pôquer

Texas Hold 'Em

Esse jogo é muito parecido com o *seven-card stud*, mas só duas das sete cartas são dadas a cada jogador; as outras cinco são dadas abertas e usadas por todos os jogadores. O crupiê dá a cada jogador duas cartas abertas. O jogador mais perto do crupiê começa a aposta, e os outros têm de cobri-la ou sair.

O crupiê descarta, ou "queima", a carta de cima do baralho, depois põe três cartas abertas no centro da mesa – o *flop*. Ocorre nova rodada de apostas. O crupiê queima outra carta e põe aberta a quarta carta, chamada *turn*, no centro. Ocorre outra rodada de apostas. Por fim, o crupiê põe a quinta carta aberta, a *river*, no centro. Vem a rodada final de apostas e também a confrontação e a descida das cartas. Mais uma vez, a mão mais alta ganha.

Estratégia

A estratégia do jogo *Texas hold 'em* baseia-se nas duas primeiras cartas recebidas. A maioria dos profissionais entende que, se você não tem uma das combinações abaixo, deve sair do jogo.

1. Par de ases ou par de reis: segure-os e aposte a partir da primeira rodada.

2. Par de rainhas ou de valetes: segure-os e cubra todas as apostas até ser dada a quarta carta aberta. Se o valor da sua mão não aumentou, abandone o jogo.

3. Duas cartas de valor alto – ás, rei ou rainha: segure-as e cubra todas as apostas até ser dada a quarta carta aberta. Se a sua mão não melhorou, saia.

4. Duas cartas de valor alto do mesmo naipe: segure-as até a quarta carta aberta. Se a mão não melhorar, saia.

5. Par baixo – 10 ou menos: segure-os até a quarta carta aberta. Se o valor da sua mão não melhorar, saia.

Mãos de Pôquer

Há várias versões de pôquer nos cassinos de Las Vegas. É preciso conhecer a hierarquia das mãos de pôquer para jogar qualquer versão. Da mais baixa à mais alta, estas são as mãos: *pair* – um par de cartas de valor igual; *two pair* – dois pares diferentes; *three-of-a-kind* – trinca de cartas de valor igual; *straight* – sequência de cinco cartas de qualquer naipe; *flush* – quaisquer cinco cartas de naipe igual; *full house* – três cartas de mesmo valor e um par; *four-of-akind* – quadra de cartas de valor igual; *straight flush* – sequência de cinco cartas do mesmo naipe; e enfim *royal flush* – a sequência de ás, rei, rainha, valete e 10 do mesmo naipe.

Pôquer Caribenho

Espécie de pôquer *stud* (aberto) jogado em mesa com desenho como o da mesa de *blackjack*. A meta é vencer o crupiê. Os prêmios aumentam conforme as cartas do jogador, que leva o bolo progressivo ou parte dele com *royal flush*, *straight flush*, *four-of-akind*, *full house* ou *flush*.

Pôquer Pai Gow

Mistura do jogo chinês *pai gow* com o pôquer americano, esse jogo tem um curinga que serve de ás ou para completar um *straight* ou um *flush*. Os jogadores precisam fazer a melhor mão de duas ou cinco cartas para vencer as duas mãos da banca.

Crupiê de pôquer *pai gow* prepara a mesa no cassino do Palace

Pôquer Let It Ride®

Nesse, os jogadores não competem com o crupiê nem entre si. Tentam fazer uma boa mão combinando três cartas dadas com as duas cartas "coletivas" do crupiê, reveladas durante o jogo. Os jogadores podem tirar até dois terços da sua aposta se as chances de vencer são poucas.

Videopôquer

Nenhum outro jogo de cassino ganhou tanta popularidade nos últimos anos quanto o videopôquer. É o jogo preferido daqueles que vivem e trabalham em Las Vegas e chega a gerar 75% da receita de alguns cassinos.
Há vários motivos para sua popularidade. O primeiro é

Fichas

que se pode jogar no próprio ritmo, sem pressão de crupiês ou outros jogadores. Segundo, existe um quê de habilidade no videopôquer: é preciso tomar decisões que, ao contrário dos caça-níqueis, determinam se e quanto você vai ganhar. E, o mais importante, há a chance de ganhar uma bolada.

O videopôquer básico é um pôquer de cinco cartas apresentadas pela máquina ao jogador, que pode então decidir *hold* (manter as cartas) ou *draw* (substituir uma ou todas as cartas). O prêmio deriva do valor da mão de pôquer.

Antes, o jogo começava como um pôquer de valetes ou melhor, em que o retorno mínimo se baseava num par de va-

Mão aberta em uma máquina de videopôquer, em Las Vegas

letes ou melhor – de rainhas, reis ou ases. Hoje, há muitas variantes do videopôquer, como *deuces wild poker*, *joker wild poker* e *bonus poker*, para citar algumas.

Em 1998, o inventor Ernie Moody apresentou o conceito de mão múltipla *triple play draw poker*. Esse novo jogo permite que se joguem três mãos ao mesmo tempo com três fileiras de cinco cartas. As primeiras duas fileiras são fechadas, e a de baixo é aberta. Então, o jogador escolhe as cartas que quer manter na mão de baixo, e elas aparecem automaticamente nos espaços correspondentes nas duas mãos de cima. Depois de apertar o botão *draw* (tirar cartas), o jogador recebe três cartas de três baralhos diferentes. Assim, o jogador que tiver uma trinca no baralho de baixo tem três chances de conseguir uma quadra.

Aumenta ainda mais a popularidade do jogo o fato de que os jogadores, quando obtêm uma mão ótima como um *royal flush*, recebem três vezes mais o que recebiam nos antigos jogos de videopôquer de uma só mão. Muitos jogadores afirmam que não querem voltar a jogar o videopôquer comum depois de experimentar o *triple play*. Essa modalidade originou os jogos *five play*, *ten play*, *fifty play* e *hundred play*.

Apesar de parecer impossível jogar tantas mãos ao mesmo tempo, o fabricante do jogo facilitou as coisas ao oferecer o jogo em valores menores – 1 centavo e 2 centavos por mão.

Pôquer de Três Cartas

Esse jogo de baralho estreou em 2002 e, em 2004, já era mais adotado que o *Let it Ride*® e o pôquer caribenho juntos. Praticamente todo cassino na América do Norte e no Reino Unido dispõe do *three card poker* (pôquer de três cartas).

Joga-se contra o crupiê e contra uma tabela de bônus. A aposta de bônus, chamada *pair plus*, é a chave da popularidade do jogo. É tão forte que outros jogos passaram a usá-la – 3-5-7 Poker, Pai Gow Mania e Boston 5.

Os jogadores ganham a aposta *pair plus* se entre suas três cartas houver um par ou mais. São maiores os prêmios para *flushes*, *straights* e trincas. A maior mão, *straight flush*, paga 40-1. E é mais fácil vencer no *pair plus* que nas apostas de bônus dos jogos de cinco cartas.

O jogo contra o crupiê é simples. O jogador antecipa uma quantia (*ante*), que vai para o bolo, e recebe as cartas. Ele pode parar ou fazer outra aposta igual à antecipação. O crupiê revela sua mão. Se ele se qualifica – tem *queen-high* (a rainha é a carta mais alta) ou melhor –, o crupiê paga aos vencedores que tenham cartas mais altas que as dele e fica com a aposta dos perdedores. Se o crupiê não se qualifica, os jogadores ganham a antecipação e o dinheiro da aposta secundária.

Roleta

A roleta é um jogo bem simples, mas com diversos tipos de aposta. Uma bolinha gira em uma roda com número de 1 a 36, divididos por igual entre vermelho e preto, e um 0 e dois 0, de cor verde. As fichas de cada jogador são de cores diferentes para facilitar sua identificação na mesa. O objetivo é adivinhar o número em que a bolinha cai quando a roda para. As apostas são colocadas na mesa, que tem uma grade desenhada com os números e as opções de aposta. O prêmio

Crupiê prepara a roleta em salão de jogos particular

mais alto é de 35 por 1 pela aposta direta em um número, como 10 preto. Também se pode fazer uma *split bet* em dois números, que paga 17 por 1 se der um dos números. As mais realizadas são as *outside bets* (apostas externas), colocadas em quadros fora da grade numerada. Elas só pagam o apostado, mas permitem cobrir mais números, como par ou ímpar, vermelho ou preto, menor (1 a 18) ou maior (18 a 36). Também se pode apostar em coluna (doze números), que paga 2 por 1.

Roleta

Bacará

Variação do *chemin de fer*, o bacará é jogado em ritmo agradável com oito baralhos de cartas, com rodízio dos jogadores para dar as cartas. O objetivo é adivinhar qual mão ficará mais perto de 9: a do jogador ou a da banca. Pode-se apostar em qualquer uma.

Duas cartas em cada mão do bacará

Keno

Um dos jogos mais fáceis, o *keno* é parecido com o bingo. De 80 números em um bilhete de *keno*, devem ser escolhidos 20. São possíveis várias apostas, e a vitória depende de os números escolhidos serem sorteados. O prêmio resulta da quantidade de números acertados.

Jogo de *keno* em andamento no Circus Circus (pp. 66-7)

Corridas e Esportes

Telões enfeitam as áreas do cassino em que se pode apostar em praticamente qualquer esporte, de corridas de carro a torneios de boxe. A seção do *race book* (livro de corridas) serve para apostar em cavalos puros-sangues e apresenta a cobertura ao vivo de hipódromos em todo o país. A seção do *sports book* abrange os principais eventos esportivos do país e também grandes campeonatos realizados em Las Vegas. Os torcedores podem acompanhar seu time em TVs ao redor.

CASAMENTOS

Além da fama de ser um dos lugares de lazer mais procurados do país, Las Vegas é aclamada por muitos como capital nupcial do mundo. Todo ano, mais de 110 mil casais, entre eles celebridades como Britney Spears e Sinéad O'Connor, casam-se ali, o que significa quase um quinto dos casamentos no país. A cidade dispõe de dúzias de capelas *(pp. 30-1)*, muitas das quais residências vitorianas transformadas e decoradas com sinos e querubins. A maior parte dos resorts também tem ao menos uma capela. Os casamentos em Las Vegas vão de um evento civil simples ou revestido de temas exóticos a festanças luxuosas com tudo a que se tem direito. Se algumas capelas contratam um imitador de Elvis para cantar para os recém-casados, outras oferecem passeios românticos de balão sobre a cidade ou o Grand Canyon. Quem tem pressa pode até se casar numa capela *drive-thru* 24h. Fora as cerimônias fáceis, rápidas e quase baratas, os casais que ali trocam seus votos aproveitam que Las Vegas também é um ótimo destino para a lua de mel.

Casal aguarda permissão para se casar, no Clark County Courthouse

Aspectos Legais

As exigências para uma permissão de casamento em Las Vegas são menos rígidas que em outras partes dos EUA. Nada de exame de sangue nem de esperar determinado período após a concessão da licença. O único pré-requisito para casar é ter pelo menos 18 anos. Quem está entre 16 e 18 deve ter permissão dos pais. Para obter a licença, ambos os parceiros vão ao **Clark County Marriage License Bureau**. As cerimônias civis são realizadas a uma quadra do palácio de justiça, no escritório do **Commissioner of Civil Marriages**. O custo da licença nesses dois lugares é de US$60, que deve ser retirada no Marriage Bureau. Uma cerimônia civil custa US$75 (só em dinheiro e no valor exato). Prepare-se para mostrar o número da carteira da seguridade social e uma prova de identidade, como carteira de motorista, cópia autenticada da certidão de nascimento, passaporte ou carteira militar. Os pretendentes divorciados devem saber o dia, o mês, o ano, a cidade e o estado em que se concedeu o divórcio, mas sem mostrar os documentos. Os casais que planejam se enlaçar no Valentine's Day ou na véspera de Ano-Novo – dois dos dias mais procurados para casamentos – devem obter a licença com boa antecedência a fim de evitar filas longas no escritório do County Clerk.

Festanças em Ambientes Fechados

Os casamentos mais elaborados de Las Vegas parecem acontecer no **Bellagio** *(pp. 50-1)*. As duas capelas elegantes e românticas do resort têm vitral atrás do altar, além de luminárias ornamentadas, lustres de ametista e objetos de vidro de Veneza que complementam os tons pastel do mobiliário e os

Arranjos com flores frescas são parte da rica decoração das capelas matrimoniais do Bellagio

CASAMENTOS | 159

Recém-casados na elegante capela do Bellagio

corredores pontilhados de flores. Lá, os casamentos são caros: pode-se gastar até US$18 mil numa cerimônia luxuosa que inclua serviços de todo tipo, até as delicadas pétalas que cobrem o tapete do corredor. Também existem serviços personalizados para reserva de quartos e planejamento do casamento e da recepção.

Os casais também podem aproveitar vários pacotes de casamento do hotel. Um dos mais exclusivos é o Cosa Bella Wedding Package, com tratamentos de spa para os noivos, penteado e maquiagem no salão, uma suíte na cobertura incrível por duas noites, jantar no restaurante cinco estrelas Picasso e dois ingressos para o espetáculo *"O"*, do Cirque du Soleil (p. 144).

Os casais podem declarar seus votos no **Planet Hollywood Resort & Casino** (p. 46), ex-Aladdin, onde Elvis Presley casou-se com Priscilla em 1967. O hotel tem duas capelas – a maior, adornada com arcos e colunas, cores suaves, afrescos e capacidade para até 60 convidados. A menor é mais intimista; só cabem doze convidados.

No **MGM Grand** (p. 44), o casamento é realizado na Forever Grand's Legacy Chapel. Os salões decorados com candelabros formam um ótimo cenário.

O **Wynn Las Vegas** (pp. 62-3) conta com salões de casamento dos melhores da cidade, decorados com tons quentes, tecidos elegantes e lustres de vidro soprado. O Lavender Salon acomoda 120 pessoas; o Lilac Salon, 65; e o Primrose Court, um pátio ao ar livre, recebe 40 convidados. Consultores pessoais ajudam a planejar todos os detalhes do casamento.

Outro local predileto para casar em Las Vegas é a Chapel in the Clouds, no hotel **Stratosphere** (p. 65). Situada na torre do resort, a 244m do chão, a capela é, segundo se diz, a mais alta do país e tem uma vista impressionante das luzes cintilantes da cidade como pano de fundo para a cerimônia.

Forever Grand's Legacy Chapel, MGM Grand

Festanças ao Ar Livre

Embora o deserto do sul de Nevada seja distante do mar, os casamentos com temática tropical são bastante populares em Las Vegas. Em geral, ocorrem em resorts com jardins exuberantes, projetados artisticamente para lembrar uma ilha exótica. O **Flamingo** (p. 53), por exemplo, realiza casamentos em sua charmosa capela em um gazebo no jardim, além de contar com cascatas, palmeiras e flores frescas. Os casais têm vários pacotes de casamento à disposição, que costumam propiciar assessores, álbum com capa de couro, um pianista ou violinista, champanhe e taças para o brinde e uma estada de duas noites na suntuosa Royal Suite do hotel.

Garden of the Gods, a área das piscinas do **Caesars Palace** (p. 52), cria um ambiente pastoral magnífico, com estupendos terraços, fontes e cascatas. E, no resort **Treasure Island – TI** (p. 58), os casais podem se casar no convés de um galeão pirata na Buccaneer Bay. A cerimônia é oficiada pelo "capitão" do navio, enquanto os convidados assistem de um pátio ao lado. Talvez um pirata se lance numa corda do cesto do mastro para entregar as alianças ao casal.

Um dos ambientes mais bonitos para um casamento ao ar livre é o **JW Marriott Hotel**, em Summerlin. O caramanchão de casamento é montado em meio a árvores densas e dali se tem ótima vista do Red Rock Canyon. Os pacotes de casamento ao ar livre incluem cadeiras brancas no jardim e uma recepção.

O **The Grove**, em Centennial Hills, é igualmente tranquilo e distante das luzes da cidade. Os pombinhos podem fazer os votos ao ar livre em um gazebo, em um pomar de amendoeiras ou sob um caramanchão ao lado do lago, entre lindos jardins com vistas para as montanhas ao fundo. Os pacotes de recepções incluem menus gourmet preparados pelos chefs do The Grove e um DJ para manter o ritmo da festa animado.

Desfile nupcial diante da Little White Chapel

Casamentos Incomuns

A maioria das capelas de Las Vegas tenta oferecer algo diferente e inédito a fim de se distinguir das demais. Por exemplo, a **Little White Chapel** tem fama de realizar casamentos bem originais. Para os noivos que estão agindo por impulso ou têm muita pressa, a capela oferece o "Drive-thru nupcial", único no mundo, onde eles podem casar sem sair do carro. O guichê nunca fecha e não é necessário marcar hora. A capela dispõe ainda do programa "Casamento sobre rodas", em que um pastor viaja ao lugar escolhido pelo casal para realizar a cerimônia.

Diversas capelas de Las Vegas proporcionam várias opções de casamentos temáticos. A **Viva Las Vegas Wedding Chapel** talvez seja a que faz mais casamentos desse tipo – de 15 a 20 por dia. Um de seus pacotes matrimoniais campeão de vendas é o Blue Hawaii (Havaí azul), que conta com cenário tropical, garotas dançando hula, neblina de gelo seco e, claro, um Elvis para cantar. Para os casais que desejam algo ainda mais exótico, existe o casamento egípcio, no qual o faraó Tutancâmon realiza os ofícios, e um casamento à Camelot, no qual é o mago Merlin quem sela as núpcias.

O **New York-New York** (p. 45) dá aos casais a chance de reservar uma das experiências mais eletrizantes da Strip. O pacote "Casamentos na montanha-russa" possibilita ao casal dizer "sim" dentro do brinquedo, que realiza manobra de mergulho e giro de 180°, alcançando os 107km/h! O preço dos pacotes começa em US$600, e os casamentos se realizam de domingo a quinta (10h45 ou 23h15) e sextas e sábados (10h15 ou 12h15) – se o tempo colaborar. Os casais podem despencar e rodopiar com catorze convidados e um pastor. Também é possível casar no alto da High Roller, a maior roda-gigante do mundo, no **LINQ** (p. 53).

Um grande número de resorts também oferece casamentos que acompanham sua temática, se tiverem. O **Excalibur** (p. 44) empresta seu clima de castelo do rei Artur à capela, onde os casais podem usar roupas medievais. Os canais do **Venetian** (pp. 60-1) abrigam cerimônias de casamento que podem ser realizadas numa gôndola ou numa das pontes.

Sósia de Elvis, na Little White Chapel

Os casamentos não pertencem só ao espaço terrestre. A **A Special Memory** proporciona casamentos aéreos que incluem helicóptero ou passeio de balão. A nave escolhida sobrevoa Las Vegas, o Grand Canyon ou o Valley of Fire State Park. A **Helicopter Weddings Las Vegas** leva os votos nupciais às alturas em seus pacotes de casamento em helicóptero. Um deles catapulta o casal aos céus num helicóptero até o assombroso Grand Canyon, onde os noivos enfim põem o pé no chão perto do rio Colorado. O casal oficializa o compromisso na margem do rio e depois volta voando para o hotel. Outro pacote leva à noite os prometidos para sobrevoar a cintilante Strip, ponto em que eles são casados por um pastor no ar. Como panorama espetacular, a Torre Eiffel do Paris Las Vegas, a pirâmide do Luxor e as fontes do Bellagio.

Pacotes de Casamento e Lua de Mel

Um dos motivos para tantos casais escolherem Las Vegas para o enlace é que já estão no lugar da lua de mel. Praticamente todos os hotéis da cidade oferecem pacotes de casamento e lua de mel, que incluem champanhe, café da manhã opcional na cama, recepção em salão de banquetes, ingressos para espe-

Cerimônia à egípcia na Viva Las Vegas Chapel

Recém-casados voltam de passeio em helicóptero

táculos, tratamentos em spa, jantar em um dos restaurantes do hotel e, não resta dúvida, hospedagem na suíte de lua de mel ou master.

Os preços dos pacotes variam de uma estação para a outra. Por exemplo, lua de mel de uma semana durante a colossal Exposição de Eletrônicos ao Consumidor (CES) *(p. 35)*, que atrai milhares de representantes em quatro dias de janeiro, pode custar duas ou quatro vezes mais do que durante as semanas anteriores e posteriores ao evento. No que diz respeito à hospedagem, a regra geral é que, quanto mais longe da Strip, menos você paga por um quarto. No entanto, já que existem exceções à regra, é uma boa ideia dar uma espiada nos sites dos hotéis ou consultar um agente de viagens sobre pacotes especiais.

Placa da Viva Las Vegas Wedding Chapel

Planejamento do Casamento

As capelas matrimoniais em hotel costumam ter um assessor ou uma equipe especializada que faz todos os preparativos, inclusive fotógrafo, florista, pianista, serviço de limusine, harpista, composição de álbuns, flores para lapela e buquês, comes e bebes e afins. Os casais também podem contratar profissionais para cuidar dos detalhes. A função de empresas desse tipo é encontrar uma capela ou local que seja do agrado do casal, organizar tudo para a cerimônia, fazer reservas para a lua de mel e providenciar flores, o bolo do casamento, fotógrafo e cinegrafista, limusine, música, champanhe, balões e a liga que a noiva usará – tradição europeia e americana. Como se vê, essas empresas tomam conta de praticamente tudo que os futuros marido e mulher ambicionam. A **Las Vegas Weddings**, que cuida de casamentos e luas de mel desde 1973, é uma das empresas mais conhecidas do ramo.

Casamentos de Gays e Lésbicas

Las Vegas tem uma comunidade de gays e lésbicas crescente. Ainda que em 2002 o estado tenha aprovado uma emenda constitucional que impedia casamentos de pessoas do mesmo sexo, essa proibição foi derrubada pela 9ª corte de apelação, e a partir de outubro de 2014 os casamentos gays foram legalizados em Nevada. Hoje todas as capelas matrimoniais, com exceção de uma, realizam casamentos homossexuais. A EnGAYged é uma empresa que providencia gratuitamente as reservas e indica fornecedores para as cerimônias.

AGENDA
Aspectos Legais

Clark County Marriage License Bureau
201 Clark Ave. **Mapa** 2 D4. **Aberto** 8h-0h diariam **Tel** (702) 671-0600. W co.clark.nv.us

Commissioner of Civil Marriages
330 S Third St. **Mapa** 2 D5.
10h-21h sex, 12h30-21h sáb, 14h-18h dom-qui **Tel** (702) 671-0577.

Locais para Casar

The Grove
8080 Al Carrison St. **Tel** (702) 645-5818. W the-grove.com

Helicopter Weddings Las Vegas
W helicopterweddingslasvegas.com

JW Marriott Hotel
221 N Rampart Blvd. **Tel** (702) 869-7777. W marriott.com

Little White Chapel
1301 Las Vegas Blvd S. **Mapa** 2 D5. **Tel** (702) 382-5943.
W alittlewhitechapel.com

Viva Las Vegas Wedding Chapel
1205 Las Vegas Blvd S.
Mapa 2 D5. **Tel** (702) 384-0771/ (800) 574-4450.
W vivalasvegasweddings.com

Planejamento

EnGAYged Weddings
Tel (702) 737-6800.
W engaygedweddings.com

Las Vegas Weddings
2550 E Desert Inn Rd. **Tel** (800) 322-8697. **Tel** (702) 737-6800.
W lasvegasweddings.com

Moments to Cherish
PO Box 42802. **Tel** (702) 452-5160. W momentstocherish.com

A Special Memory
800 S 4th St.
Tel (702) 384-2211.
W aspecialmemory.com

PARA CRIANÇAS

Las Vegas tem muitas atrações para crianças. A maioria dos hotéis e resorts dispõe de atividades para jovens, dos passeios eletrizantes na Stratosphere e no Adventuredome, no Circus Circus, ao espetáculo *Tournament of kings*, no Excalibur, e ao colossal aquário Shark Reef, no Mandalay Bay. É uma abundância que satisfaz a infinita sede infantil de aventura e diversão. Alguns resorts oferecem também creche para os menores enquanto os pais estão ocupados. A cidade conta com várias atrações fora dos hotéis, como o Lion Habitat, o enorme salão de jogos eletrônicos da GameWorks, uma fábrica de chocolate e o famoso Discovery Children's Museum, com peças interativas que estimulam a imaginação. Las Vegas tem ainda atrações ao ar livre para crianças de todas as idades, como minigolfe, skate, piscinas e bicicletas.

Viagem com Crianças

São poucas as sugestões para que a viagem com crianças não tenha atropelos. Reserve o hotel com boa antecedência e certifique-se da disponibilidade da cama ou do berço necessário. Os resorts mais caros dispõem de babás e áreas infantis com atividades monitoradas. Lembre-se de levar tudo de que você possa precisar – fraldas, comida, brinquedos e mudas de roupa para as crianças e os pais também. Um estojo de primeiros socorros é sempre útil. Como o brilho do sol no deserto pode fazer mal aos olhos, não deixe de levar óculos escuros e chapéu.

Fontes de Informação

Consulte a revista *Las Vegas Kids' Directory*, sempre uma boa fonte de informação, para saber de novidades, promoções e atividades futuras na cidade. Essa publicação mensal gratuita traz um calendário mês a mês com eventos gratuitos ou baratos para crianças. A revista está disponível em qualquer biblioteca e na maioria dos supermercados.

Descontos

O antigo costume de deixar as crianças se hospedarem de graça no mesmo quarto que os pais não é mais tão habitual. Se alguns hotéis ainda aceitam que crianças pequenas dividam o quarto sem pagar, muitos outros cobram uma taxa, em geral não mais que US$10 ou US$12 por pessoa. Verifique antes com o resort ou a agência de reservas. A maioria dos restaurantes também oferece cardápios infantis por preços razoáveis, mas não espere encontrá-los nos estabelecimentos mais exclusivos. Muitos museus, espetáculos e eventos especiais proporcionam descontos ou entrada gratuita para crianças até determinada idade. Confira se há essas promoções onde você pretende ir, pois em cada lugar é diferente. Há tarifas menores para crianças também nos transportes públicos.

Creche e Babás

Diversos hotéis de Las Vegas contam com o serviço de babás ou podem contratá-lo. As babás costumam estar disponíveis 24h por dia e vão ao quarto do hotel, sempre equipadas com brinquedos, jogos, livros e filmes para entreter as crianças. É aconselhável reservar o serviço de babás com antecedência.

Alguns hotéis também dispõem de creche para os filhos dos hóspedes e também para os seus funcionários. Essas áreas em geral exigem dos pais uma declaração assinada e atendem sobretudo crianças que estejam em idade pré-escolar e não usem fralda.

Além desses, a **Station Casinos** e a **Coast Casinos** – duas das mais destacadas empresas de jogos de Las Vegas – também mantêm creches em hotéis selecionados. Essas recebem crianças que já andam e têm até 12 anos de idade e exigem que um dos pais esteja no estabelecimento enquanto a criança estiver na creche, até o máximo de cinco horas. O Boulder Station, por exemplo, conta com a creche **Kids Quest**, que atende crianças de 6 semanas a 12 anos de idade. A creche está aberta a todos os turistas, não apenas aos hóspedes do hotel, e oferece muitas formas de lazer, como filmes, atividades manuais,

O espetáculo *Tournament of Kings*, no Excalibur

Monitores de período integral cuidam das crianças

parquinho, jogos Nintendo, pingue-pongue, jogos de tabuleiro, sala de pré-escola etc.

Os pais também podem contratar o serviço de babá com empresas como a **Artsy Nannies**, cujas babás vão até seu quarto de hotel, e **Around the Clock Child Care**. Ambos providenciam babás profissionais com curso de ressuscitação cardiorrespiratória.

Tabus da Cidade

É importante lembrar que Las Vegas é, acima de tudo, um playground para adultos. Jogos de azar pululam em todo canto – dos caça-níqueis na mercearia da esquina às salas de bacará nos megarresorts. Embora os salões de jogos tentem em geral manter restaurantes, lojas e outras atrações separados dos jogos adultos, a caminhada às vezes implica atravessar partes do cassino. Como os visitantes menores de 21 anos não podem se demorar no recinto, a passagem precisa ser rápida. É proibido aos adultos fazer apostas nas mesas se estiverem acompanhados de jovens.

A maioria dos espetáculos de Las Vegas é concebida para plateias adultas. O primeiro dos dois espetáculos do dia costuma ser menos sugestivo que o segundo, quando muitas das coristas aparecem "descobertas". Shows como o *Jubilee!*, no Bally's, pertencem a essa categoria. Muitas boates em que as garçonetes fazem topless e concursos de strip-tease são exclusivas para adultos. Menores de 18 anos não podem chegar perto dessas áreas.

Em Nevada, bebidas alcoólicas são permitidas a partir dos 21 anos. Qualquer pessoa que pareça mais jovem deverá mostrar algum documento ao comprá-las. Além disso, Las Vegas impõe um toque de recolher às 22h aos menores de 18 anos, a não ser que estejam acompanhados por um dos pais ou um tutor legalmente reconhecido.

Atrações em Hotel

Um dos lugares mais fascinantes de Las Vegas é o **Shark Reef** *(p. 43)*, no Mandalay Bay. Esse aquário descomunal abriga muitos animais marinhos, como tubarões, dragões-de-komodo, outros répteis e diversas espécies de peixes tropicais. Principalmente as crianças adoram a seção em que podem tocar em enguias, águas-vivas, arraias e cações.

O **Adventuredome** *(pp. 66-7)*, no Circus Circus, é outra atração preferida das crianças. Esse parque de diversões coberto conta com enorme variedade de brinquedos e jogos, que mantêm as crianças entretidas por horas. Elas podem passear na Canyon Blaster – montanha-russa com looping e parafuso – ou desafiar a a formidável parede interna de escaladas. Também há armas a laser, carros bate-bate e jogos de quermesse.

Visitantes admiram tubarões através da barreira de vidro, no Shark Reef, Mandalay Bay

Rodopios emocionantes no Chaos, no Adventuredome, Circus Circus

As crianças adoram o eletrizante passeio no Chaos, que rodopia os passageiros em velocidades variáveis. Além disso, no mezanino acima do cassino do Circus Circus, há números circenses, como em trapézio e corda bamba, e uma área cheia de jogos.

Mais um ponto interessante na Strip é o **Excalibur** (p. 44), que, embaixo do seu cassino, tem uma "zona de diversão", com jogos de quermesse, atraindo os jovens com tarefas que exigem habilidade. Ali, um dos pontos altos é o **Tournament of Kings** (Torneio de reis) – espetáculo para toda a família, no qual os espectadores podem comer uma refeição assistindo à justa dos cavaleiros e a um empolgante duelo de espadas. Talvez as crianças queiram experimentar o brinquedo do personagem Bob Esponja.

O **Popovich Comedy Pet Theater**, no V Theater no Planet Hollywood (p. 48), é um show familiar com um incrível elenco de 30 gatos, cães, papagaios, gansos e ratos, além do internacionalmente conhecido Gregory Popovich, malabarista e comediante. O show é apresentado de terça a domingo às 16h.

Siegfried & Roy's Secret Garden and Dolphin Habitat (p. 58), no Mirage, é uma das atrações imperdíveis da cidade. Criadas por esses protetores famosos, as instalações maravilhosas abrigam muitos leões e tigres-brancos ameaçados de extinção. Parecido com o hábitat natural desses felinos enormes, o ambiente com jardim exuberante dá ótimas oportunidades para ver os animais. Espaçoso e lindo, no Dolphin Habitat (hábitat de golfinhos) é possível observar uma família de golfinhos do Atlântico brincando. Crianças mais velhas podem ir à **SoBe Ice Arena**, no Fiesta Rancho Casino Hotel, com um rinque de patinação que mede nada menos que 2.880m² e é sede de várias ligas juvenis e adultas. A SoBe oferece patinação artística no gelo e infraestrutura para hóquei, além de aluguel de patins e salas privativas, que podem ser alugadas para aniversários. Há aulas de patinação às terças e aos sábados, abertas para todas as idades.

Se você considera divertidas as atividades aflitivas, a Strip tem vários brinquedos radicais. Um de dar nó nas tripas é o **Big**

O Big Shot, brinquedo de deixar os cabelos em pé, na Stratosphere

Shot, situado no terraço de observação da torre do Stratosphere (p. 65). Ele lança os passageiros pelo ar a 149m de altura, mas é preciso ter ao menos 1,20m de altura para entrar. Talvez a melhor montanha-russa da cidade seja a **The Big Apple**, no New York-New York (p. 45). Para sentir a emoção de cair em alta velocidade, pegue a tirolesa **SlotZilla Zip Line**, na Fremont Street Experience.

GameWorks

No Town Square Mall, poucos minutos ao sul da Strip, a GameWorks tem jogos eletrônicos de última geração. Esse salão colossal de 650m² é resultado da associação entre o cineasta Steven Spielberg, a Sega Enterprises e a Universal Studios. Localizado embaixo do teatro AMC, oferece centenas de fliperamas, um boliche com oito pistas, arena para jogos eletrônicos e um espaço dedicado para jogos de computador em rede.

Museus

Arte, ciência e muitas outras coisas ganham vida no **Discovery Children's Museum** (p. 77), no centro de Las Vegas.

Entre as nove salas de exposições temáticas estão The Summit, uma estrutura para escalada de treze níveis com experimentos que exploram máquinas, pressão do ar, voo, ímãs, eletricidade e luz; o Water World, que aborda todos os aspectos sobre o movimento e a força das águas; a Toddler Town, para crianças de até 5 anos; a Patents Pending, onde as crianças se valem de tentativa e erro para desenvolver invenções; a Eco City, que explora as formas como as pessoas podem viver e trabalhar juntas em uma comunidade favorável ao meio ambiente; e a Young at Art, com investigações sobre cores, linhas, formas e texturas.

O **Las Vegas Natural History Museum** (p. 79) expõe tubarões, dinossauros e outras criaturas. Seu Young Scientists' Center (Centro de Jovens Cientistas) conta com peças interativas,

Fachada do Discovery Children's Museum

e as crianças podem acariciar uma serpente píton de 4m e escavar à procura de fósseis na oficina educativa do museu.

Parques Aquáticos

Em 2013, o **Wet'n'Wild Las Vegas** abriu um novo parque a cerca de 25 minutos da Strip que abriga mais de 25 tobogãs e atrações. No outro lado da cidade, o **Cowabunga Bay**, inaugurado em 2014 em Henderson, tem uma piscina de ondas, oito tobogãs e um longo rio de 366m. Ambos os parques funcionam de abril a setembro.

Las Vegas Mini Gran Prix

Ali há muito para fazer: fliperama, tobogã de 23m e brinquedos automatizados, mas a principal atração são as quatro pistas. Servem a todas as idades, de karts, para crianças até 4 anos, a carros de competição, para adultos com carteira de habilitação.

Lion Habitat Ranch

Ainda que o antigo Lion Habitat do MGM Grand tenha fechado, os leões continuam morando em Las Vegas. Seu lar fica 16km (10 milhas) ao sul da Strip, em Henderson. O local abriga 48 felinos, a maioria deles nascida no rancho, além de avestruzes, emas, cacatuas, araras e uma jovem girafa. Os treinadores oferecem muitas informações, e os visitantes são bem-vindos de sexta a domingo das 11h às 15h.

Esportes e Atrações ao Ar Livre

Muitos hotéis, como **Gold Coast**, **Fiesta Rancho Casino Hotel** e **Sam's Town**, têm salões de boliche e oferecem equipamento especial e descontos para crianças.

Quem gosta de andar de patins pode ir à **Crystal Palace**, que dispõe de dois rinques de patinação na região de Las Vegas, ou a um dos vários parques municipais da cidade. Esses parques contam com atrações diferentes, como cursos de bicicleta, pistas para skate, parquinhos aquáticos etc.

O parque mais frequentado da cidade é o **Sunset Park**, com pistas de corrida, quadras de basquete, vôlei e tênis, área para empinar pipas e pôr barcos para navegar, piscina, um espaço para cães e um lago enorme com patos e peixes.

O **Wetlands Park** é parte de uma reserva natural. Esse hábitat da vida silvestre tem belas trilhas, lagos e um centro de visitantes.

Os pais têm ainda a opção de levar os filhos a áreas naturais próximas, como o monte Charleston e o lago Mead.

AGENDA

Around the Clock Child Care
Tel (702) 365-1040.

Artsy Nannies
Tel (702) 448-4352.

Coast Casinos
w coastcasinos.com

Cowabunga Bay
900 Galleria Dr, Henderson.
Tel (702) 850-9000.
w cowabungabay.com

Crystal Palace
4680 Boulder Hwy.
Tel (702) 458-7107.
3901 N Rancho Dr.
Tel (702) 645-4892.
w skatevegas.com

Fiesta Rancho Casino Hotel
2400 N Rancho Dr.
Tel (702) 631-7000.

Kids Quest
4111 Boulder Hwy,
Boulder Station Hotel.
Tel (702) 432-7569.

Las Vegas Mini Gran Prix
1401 North Rainbow Blvd.
Tel (702) 259-7000.
w lvmgp.com

Lion Habitat Ranch
382 Bruner Ave, Henderson.
Tel (702) 595-6666.
w thecathouse.us

Sam's Town
5111 Boulder Hwy.
Tel (702) 456-7777.
w samstownlv.com

Station Casinos
w stationcasinos.com

Sunset Park
2601 E Sunset Rd, E Ave.

Wetlands Park
7050 Wetlands Park Lane com E Tropicana Ave.

Wet'n'Wild Las Vegas
7055 S Fort Apache Rd.
Tel (702) 979-1600.
w wetnwildlasvegas.com

Uma partida de vôlei no Sunset Park

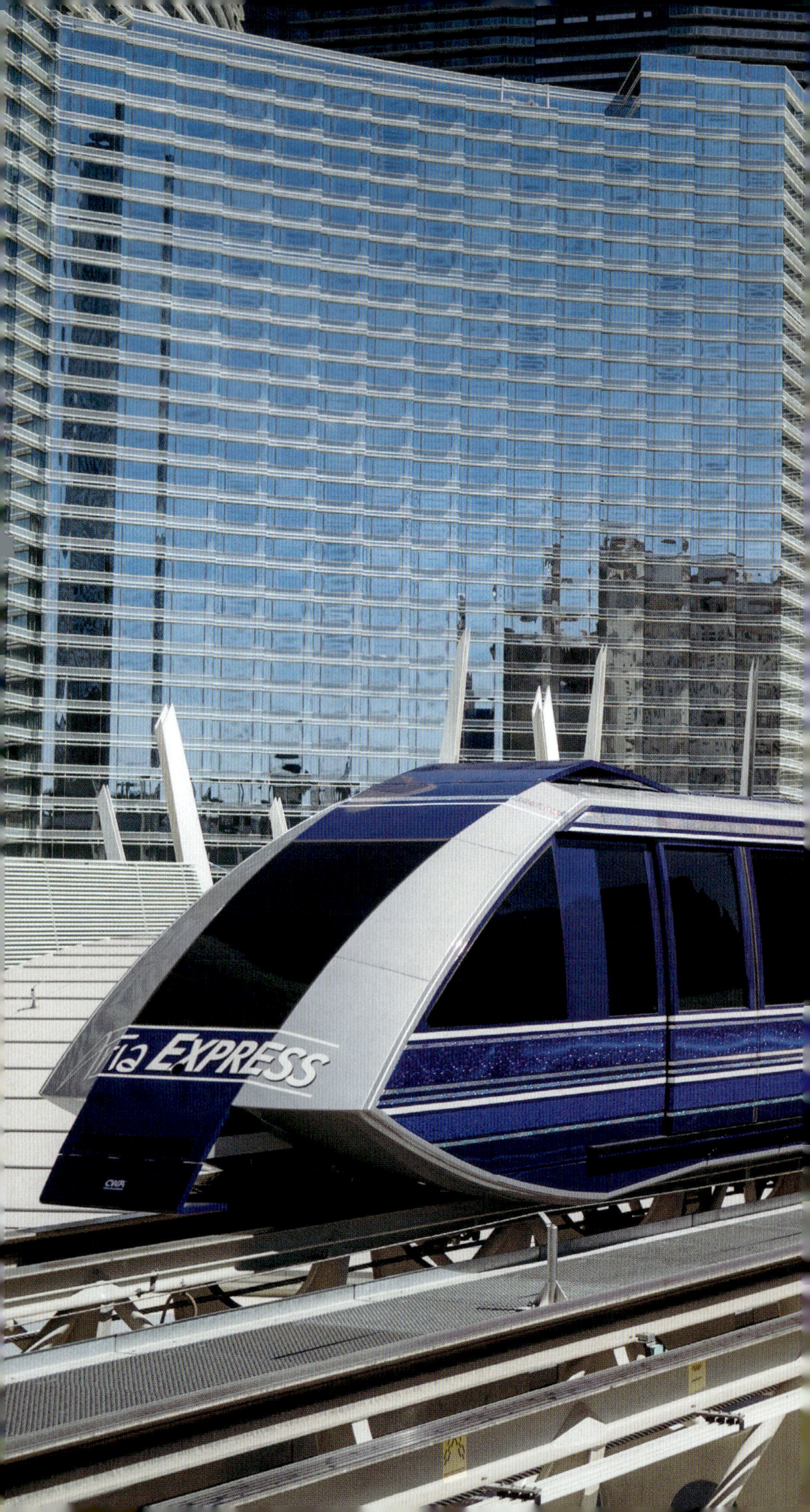
EXPRESS

MANUAL DE SOBREVIVÊNCIA

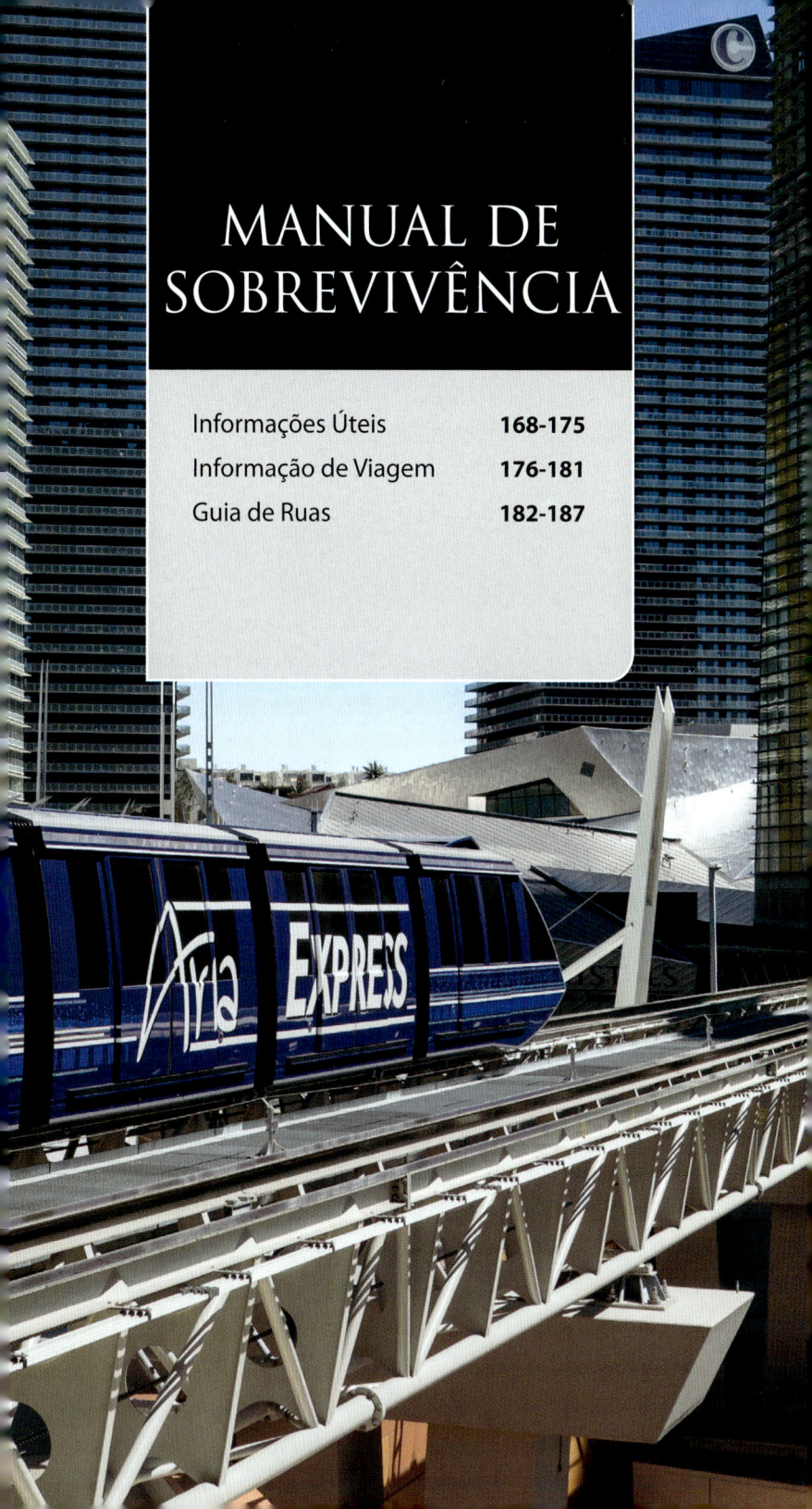

Informações Úteis	**168-175**
Informação de Viagem	**176-181**
Guia de Ruas	**182-187**

INFORMAÇÕES ÚTEIS

Por ser um dos lugares de diversão mais procurados do mundo, Las Vegas atrai milhões de turistas por ano. Resorts e cassinos luxuosos, espetáculos magníficos e a busca frenética por entretenimento são apenas algumas das diversões de que os turistas nunca se cansam. A natureza que rodeia a cidade, árida e cruel em certos lugares, mas sempre fascinante e linda, oferece uma ampla gama de atividades ao ar livre, como natação, caminhadas, passeios a cavalo, esqui aquático, pesca, camping, snowboard e rafting. Com tanta coisa para escolher, é sempre bom se planejar antes, com base na montanha de informação à disposição dos turistas.

Fachada do Las Vegas Convention Center, Las Vegas

Quando Ir

Las Vegas é um destino popular o ano inteiro. As épocas mais agradáveis para visitá-la são a primavera e o outono, quando os dias são ensolarados, mas não muito quentes. O verão é extremamente quente, com temperatura média em julho de 40ºC. O inverno é imprevisível – alguns dias quentes, outros frios, com temperatura abaixo de zero à noite. Em raras ocasiões já nevou.

Evite viajar em época de congressos, pois as tarifas são altas, e o trânsito, pesado.

Vistos e Passaportes

Brasileiros precisam de visto para entrar nos Estados Unidos. Se for sua primeira viagem para o país, agende uma entrevista no consulado com bastante antecedência. O turista tem de provar que possui laços fortes com o Brasil e deve preencher um formulário disponível na internet. Consulte o site http://brazil.usvisa-info.com para informações. Para menores de 16 anos, idosos com mais de 65 anos e renovação de visto da mesma categoria, a entrevista não é necessária.

Informação Turística

A **Las Vegas Convention and Visitors Authority** *(p. 134)* dispõe de ótimas informações e tem um site detalhado. Entre outros sites úteis, estão **vegas.com** e **lasvegas.com**. A **Nevada Commission on Tourism** informa sobre lugares interessantes, de lazer e históricos.

Horários e Ingressos

Os cassinos ficam abertos 24h, como alguns restaurantes, bares e lojas de presentes. Museus e galerias costumam ter horários mais normais. A maioria dos museus, parques e outras atrações cobra a entrada. Em muitas atrações há descontos para famílias, crianças, estudantes com carteirinha e idosos.

Etiqueta e Fumo

Visitantes com menos de 21 anos não podem perambular pelos cassinos. Fotos gerais são permitidas, mas não filmagem dos jogos. É proibido fumar em áreas públicas e restaurantes, mas permitido em bares que não sirvam comida. Deve-se ter 18 anos para comprar cigarros.

Impostos e Gorjeta

O imposto sobre vendas em Las Vegas é de 8,1% *(p. 126)*, e nos quartos de hotel há uma taxa de 12%-13%. Nos restaurantes, deixe de 15% a 20% do total da conta. Como base, dê aos carregadores do hotel US$1-2 por mala. Se usar os serviços de concierge, uma gorjeta de US$5 está correta, e US$2 por dia para a arrumadeira. Uma pequena aposta nos crupiês é um modo de gratificação nos jogos de mesa, e uma gorjeta diminuta basta para os operadores de *keno* e atendentes de caça-níqueis. Dê aos taxistas US$1-2 pela corrida curta ou siga a regra dos 15%-20%, o que for maior.

Portadores de Deficiência

Os viajantes com dificuldades de locomoção são bem servidos em Las Vegas.

Todos os hotéis e restaurantes dispõem de ótimas instalações *(p. 135)*. Os turistas contam com rampas, caça-níqueis acessíveis e lavatórios adaptados em todos os hotéis e cassinos. Os ônibus municipais, o monotrilho, os ônibus especiais e alguns táxis são acessíveis para cadeirantes. A **Society for Accessible**

Banheiro de hotel com os corrimãos tradicionais para dar apoio

◀ O ARIA Express é um serviço de monotrilho que atende os resorts ARIA, Crystal City, Vdara e Bellagio, em Las Vegas

INFORMAÇÕES ÚTEIS | 169

Travel & Hospitality oferece sugestões para os portadores de deficiência.

Crianças

Antes um reduto só de adultos, Las Vegas hoje propicia diversão para toda a família (pp. 162-5). Alguns espetáculos são dirigidos para crianças, como o Mack King Magic Show, no Harrah's (p. 58).

A idade para que a criança possa desfrutar de descontos varia de 4 ou menos até 17 anos. Alguns contam com serviços de babá e creches. Muitos restaurantes oferecem cardápios infantis com preços mais baixos.

Idosos

Las Vegas é um lugar ideal para turistas idosos. Existe uma grande variedade de descontos para pessoas com mais de 50 anos. Os idosos acima dos 60 anos recebem 50% de desconto nas tarifas dos ônibus públicos do RTC. O **National Park Service** oferece o Senior Pass, que reduz o custo dos passeios e serviços nos parques. A **Road Scholar** promove viagens educativas, com hospedagem econômica para maiores de 55, e a **American Association of Retired Persons** dá desconto para os seus sócios aposentados.

Gays e Lésbicas

Las Vegas tem uma postura liberal em relação à homossexualidade. Há bares e boates voltados para esse público, como o FunHog Ranch e a Liaison Nightclub (pp. 144-5). Os hotéis Wynn e Encore são considerados dos mais receptivos. Veja mais informações nas páginas 144-5 ou visite o site da **QVegas**.

Viagem Econômica

Reserve com antecedência as acomodações de seu gosto ou hospede-se fora da cidade, em lugares como Henderson. Procure conseguir os talões de cupons *two-for-one* (dois por um), como o Entertainment Book. Sites como o **Cheapo Vegas** oferecem muitas ofertas e dicas, e algumas bancas costumam vender meia-entrada. Não é difícil encontrar muitos espetáculos gratuitos nas principais áreas turísticas, como os shows de água e luz no Bellagio ou a erupção do vulcão no Mirage.

Os cassinos no centro de Vegas e os frequentados por moradores aceitam as mais baixas apostas, e muitos oferecem o *blackjack* de um baralho só. Associando-se ao clube de jogadores consegue-se arriscar a sorte de graça em caça-níqueis, além de obter descontos e mercadorias gratuitas.

As refeições apresentam preços mais baixos após as 23h. O Caesars disponibiliza um cartão que permite comer em qualquer bufê de suas sete filiais durante 24h por US$49,99.

Algumas empresas de viagens, como a **STA Travel USA**, têm pacotes para estudantes.

O ecológico ARIA Resort and Casino, no CityCenter

Turismo Sustentável

Os hotéis da Strip estão aprimorando suas credenciais ecológicas. O CityCenter ganhou prêmios prestigiosos por seu projeto e suas instalações sustentáveis. O complexo dispõe de um sistema de geração de energia e temperatura que capta o excesso de calor para aquecer a água quente usada no hotel. Também possui sistemas de irrigação eficientes e torneiras econômicas, dá prioridade de estacionamento aos veículos híbridos e tem limusines movidas a gás natural.

Las Vegas é líder na geração de energia solar por pessoa no país, de tantas empresas e residências que usam esse sistema. Há várias feiras semanais de agricultores locais.

AGENDA

Vistos e Passaportes

Tel (11) 3958-0957.
Tel (11) 3958-4841.
W brazil.usvisa-info.com

Informação Turística

Las Vegas Convention and Visitors Authority
3150 Paradise Rd, Las Vegas.
Tel (702) 892-0711.
W vegas.com
W lasvegas.com

Nevada Commission on Tourism
W travelnevada.com

Portadores de Deficiência

Society for Accessible Travel & Hospitality
347 Fifth Ave, Suite 610,
Nova York, NY 10016.
Tel (212) 447-7284.
W sath.org

Idosos

American Association of Retired Persons (AARP)
3200 E Carson St, Lakewood,
CA 90712. **Tel** (888) 687-2277.
W aarp.com

National Park Service
W nps.gov

Road Scholar
11 Ave de Laffayette, Boston,
MA 02111. **Tel** (800) 454-5768.
W roadscholar.org

Gays e Lésbicas

W qvegas.com

Viagem Econômica

Cheapo Vegas
W cheapovegas.com

STA Travel
Tel (800) 654-9510.
W statravel.com

Turismo Sustentável

CityCenter
W www2.citycenter.com

Segurança e Saúde

Las Vegas é um lugar relativamente seguro, se forem tomadas algumas precauções gerais de segurança. Em comparação com grandes centros urbanos, o índice de criminalidade na cidade é baixo, mas tenha atenção em regiões que podem não ser seguras à noite, em particular as áreas em torno do Stratosphere Hotel, a leste e a oeste do Las Vegas Boulevard e várias quadras de cada lado da Fremont Street. Ao dirigir nas regiões desérticas fora de Las Vegas, leve um mapa confiável e também uma boa bússola e siga os conselhos dos guardas e dos serviços de informação turística. Essas fontes dão orientações inestimáveis para sobrevivência na natureza e procedimentos de segurança que devem ser seguidos em atividades ao ar livre. Cuidado também com enchentes inesperadas.

Policial metropolitano a serviço nas ruas de Las Vegas

Precauções Gerais

Como qualquer cidade grande, há crimes em Las Vegas. Quem vai a cassinos costuma ser alvo de furtos por passar a impressão de ter muito dinheiro. Embora a polícia e a segurança dos hotéis deem grande prioridade à segurança dos turistas, é aconselhável seguir algumas orientações básicas. Nunca use joias caras, não mostre uma grande quantia de dinheiro nem ponha a carteira no bolso de trás, pois essas são as maiores tentações dos ladrões. Evite certas regiões da cidade durante os passeios. Em geral, o centro é seguro, mas não se deve sair para longe de hotéis e áreas de shoppings bem iluminadas, particularmente no trecho norte da Fremont Street e no leste da Maryland Parkway. Outro bairro que se deve evitar está a oeste da Strip, chamado "*naked city*" (cidade nua). Não há nada lá para conhecer, muito menos à noite. Em outros casos, siga as regras do senso comum, deixando seus pertences valiosos perto de você o tempo todo. Quando estiver dirigindo, não deixe de trancar no porta-malas seus objetos de valor, e só estacione em locais bem iluminados.

Carros dos bombeiros

Carro de polícia

Veículo de bombeiros e resgate

Emergências

Em uma situação de emergência, ligue 911 de qualquer telefone. A telefonista enviará polícia, bombeiros ou ambulância e resgate. A polícia rodoviária de Nevada, a polícia de Las Vegas, a polícia de Henderson, a de North Las Vegas e os guardas-florestais têm autoridade para prender quem desobedece à lei. Se você está em um resort, entre em contato com a telefonista ou a segurança do hotel. O pessoal de segurança tem bom treinamento para atender a emergências médicas.

Achados e Perdidos

Ainda que objetos perdidos ou furtados possam não ser recuperados, é necessário relatar todos os incidentes à polícia a fim de reclamar depois com o seguro. Telefone para a **Police Non-Emergency Line** (telefone para não emergências) para denunciar perda ou furto. A polícia fornecerá um boletim de ocorrência para que você acione o seu seguro. Os principais resorts se dispõem a guardar objetos perdidos. Se você deu falta de algo, ligue para a recepção do hotel.

Se o seu cartão de crédito desapareceu, ligue para o número gratuito da operadora imediatamente. Avise o emitente sobre a perda de travelers cheques. Se você anotou o número dos cheques, costuma-se emitir um novo talão rapidamente.

Se perder o passaporte, entre em contato com o consulado, que poderá lhe fornecer um documento temporário. No entanto, se você vai viajar para outro lugar, precisará mesmo do passaporte. É uma boa precaução guardar fotocópias da sua carteira de habilitação e cópias autenticadas do passaporte se você pretende prolongar a visita ou precisa de outra identificação.

INFORMAÇÕES ÚTEIS | 171

Hospitais e Farmácias

O **University Medical Center of Southern Nevada** (UMC) é o principal pronto-socorro da cidade e o único hospital de Nevada com centros de traumatismo de grau 1 e queimaduras. O hospital também dispõe do helicóptero de resgate Flight for Life e dirige clínicas por toda a cidade para atendimento médico trivial. Todos os hospitais com sala de emergência constam nas *Community Pages* na frente das listas telefônicas e nas *Páginas Amarelas*. Em hospitais privados talvez lhe peçam comprovação de que pode pagar antes de ser atendido por um médico. A **Access Emergency Dental Care** atende a urgências odontológicas.

Analgésicos e outros remédios sem receita podem ser comprados em drogarias, mas os medicamentos receitados só em farmácias; as principais são das redes CVS e Walgreens. Pergunte no seu hotel sobre farmácias 24h. Não deixe de levar uma quantidade maior dos seus remédios com receita médica.

CVS/pharmacy
Logotipo de farmácia

Perigos Naturais

Por causa da localização de Las Vegas no deserto de Mojave, os turistas podem esperar temperaturas e condições climáticas extremas. Tempestades de verão repentinas podem causar enchentes-relâmpago, especialmente ao longo dos córregos principais. O **Regional Flood Control District** esclarece sobre córregos temporários específicos. As chuvas de monção ocorrem geralmente nos últimos meses de verão e costumavam provocar enchentes grandes, mas a partir de 1990 foram construídas várias bacias de contenção, que restringem a inundação nas áreas urbanas.

Os turistas podem obter informações sobre o tempo com os postos da guarda dos parques nacionais e ouvindo a previsão meteorológica no rádio e na TV. Se você pretende caminhar em território selvagem, informe sempre alguém aonde vai e quando volta.

O calor seco do verão pode enganar, e aconselha-se que especialmente os excursionistas levem quatro litros de água por dia de caminhada. Caso sua intenção seja bater perna ou se lançar em outras atividades ao ar livre, use um bom filtro solar, chapéu e óculos escuros.

Tome cuidado com animais venenosos, como serpentes e escorpiões. Eles são noturnos e costumam se esconder sob pedras e em frestas no calor do dia. Se levar uma picada, procure assistência médica imediatamente.

Seguro de Viagem e de Saúde

Os Estados Unidos têm uma assistência médica excelente, mas bem cara. Portanto, é mais que recomendável fazer um seguro com ampla cobertura clínica e odontológica. Os hospitais do país são obrigados por lei a atender qualquer emergência independentemente da capacidade do paciente de pagar ou de ter ou não seguro-saúde, mas isso não os proíbe de cobrar pelo atendimento.

AGENDA

Emergência

Todas as emergências
Tel 911 para chamar polícia, bombeiros ou serviço médico.

Não emergências
Tel (702) 828-3111.

Achados e Perdidos

Cartões de crédito roubados ou perdidos (ligação gratuita)

American Express
Tel (800) 528-4800.

Diners Club
Tel (800) 234-6377.

MasterCard (Access)
Tel (800) 627-8372.

VISA
Tel (800) 336-8472.

Hospitais e Farmácias

Access Emergency Dental Care
2585 S Jones Ave,
Las Vegas, NV 89146.
Tel (702) 319-4734.

University Medical Center of Southern Nevada
1800 E Charleston Ave.
Tel (702) 383-2000.

Perigos Naturais

Regional Flood Control District
Tel (702) 685-0000.
w ccrfcd.org

Consulado do Brasil

Todos os consulados ficam fora de Las Vegas, como o do Brasil, localizado em Beverly Hills, na Califórnia.
8484 Wilshire Boulevard Suite 300
Beverly Hills, CA 90211-3235
Tel (323) 651-2664.
Fax (323) 651-1274.
Emergências (213) 453-1084.
Fins de semana, feriados e após o expediente, para emergências com cidadãos brasileiros, como óbito e prisão.
Consulado itinerante
As cidades visitadas pelo consulado brasileiro itinerante, Las Vegas inclusive, são anunciadas com quinze dias de antecedência. Consulte o site do consulado:
http://losangeles.itamaraty.gov.br

Casal jovem caminha no deserto sob o sol, perto de Las Vegas

Bancos e Moeda Local

Além do risco de perder todo o dinheiro nos cassinos, você pode enfrentar problemas com transações financeiras em Las Vegas. Os estrangeiros podem trocar moeda nos caixas do hotel e nos maiores bancos. Os caixas eletrônicos, existentes em todos os cassinos e por toda a cidade, permitem fazer saques em dinheiro 24h por dia. Os cartões de crédito são a forma mais comum de pagamento. Aliás, a maioria dos hotéis e das locadoras de carros não garante reservas sem um cartão de crédito. Recomenda-se ter dinheiro trocado para gorjetas e compras pequenas.

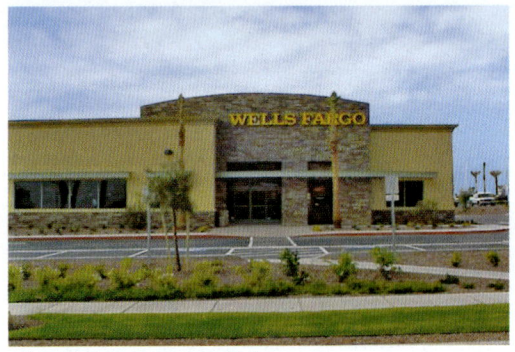

Wells Fargo Bank, banco importante em Las Vegas

Bancos e Casas de Câmbio

O horário dos bancos é variado, mas em geral eles estão abertos das 9h ou 10h às 17h ou 18h. Os grandes bancos dos EUA contam com agências em Las Vegas, entre eles Chase, Wells Fargo, Bank of America, Bank of the West e Citibank.

A maioria dos caixas em hotéis e dos principais bancos troca moeda estrangeira e desconta travelers cheques, mas sempre pergunte se há taxas especiais antes de aprovar a transação, que também pode ser feita nos postos de câmbio do Aeroporto Internacional McCarran. Travelers cheques em dólar são aceitos como dinheiro em muitos restaurantes, hotéis e lojas, sem cobrança de taxa. Passaporte ou carteira de motorista americana são exigidos para identificação ao usá-los. Antes de viajar para os EUA, consulte um site de câmbio de moeda, como www.xe.com, para verificar as taxas mais recentes e outras informações.

Caixas Eletrônicos

Todos os cartões de crédito, de débito e de recarga podem ser usados para retirar dinheiro em um caixa eletrônico, sempre por meio de senha. Os caixas eletrônicos encontram-se em cassinos, bancos, terminais de ônibus, aeroportos e lojas de conveniência. O saque com cartão de débito custa menos do que com os cartões de crédito e de recarga. Os sistemas internacionais mais comuns são Cirrus e Plus, indicados no cartão. Se não souber, verifique com o banco ou a operadora do cartão qual sistema de caixas eletrônicos seu cartão acessa e qual a taxa de cada transação. As taxas de câmbio em saques podem ser melhores do que as transações em dinheiro.

Cartões de Crédito, Débito e Recarga

Os cartões são essenciais ao viajar pelos EUA. São aceitos como garantia ao alugar um carro *(p. 181)* e usados para comprar ingressos para a maioria das atrações. Os cartões mais populares são **Visa**, **American Express**, **MasterCard** e **Diner's Club**. Antes de viajar, entre em contato com a operadora dos seus cartões para dizer o que você planeja fazer e ter certeza de que não haverá problema ao usá-los.

Cartões American Express

Moeda Corrente

A moeda americana contém cem centavos em um dólar. Como as cédulas ou notas são do mesmo tamanho e cor, verifique o número antes de pagar. Os estabelecimentos em cidades pequenas e postos de gasolina distantes preferem trocados. Esses em geral se recusam a trocar notas de mais de US$20.

As notas de US$500 a US$10 mil não são mais impressas e, apesar de ainda terem valor, estão sobretudo nas mãos de colecionadores. A moeda de US$1 continua corrente, embora seja rara. Tenha sempre dinheiro para gorjetas, transporte público e táxis.

Caixa eletrônico 24 horas do Bank of the West

Moedas

As moedas dos Estados Unidos são de centavos, nos valores de 50, 25, 10, 5 e 1. As moedas douradas de US$1 estão em circulação, mas raramente em uso, como os 25 centavos estaduais, com uma cena histórica em uma face. Cada valor de moeda tem um nome popular: 0,25 são as quarters; 0,10, as dimes; 0,05, os nickels; e 0,01, pennies.

25 centavos *(quarter)*

10 centavos *(dime)*    5 centavos *(nickel)*    1 centavo *(penny)*

Cédulas

As unidades da moeda americana são dólares e centavos. Há cem centavos em um dólar. As notas são nos valores de 1, 5, 10, 20, 50 e 100. As notas de 5, 10, 20, 50 e 100 em circulação contêm elementos de segurança, como sutis matizes de cor e mudança de tonalidade aprimorada no canto inferior direito da frente de cada nota.

1 dólar (US$1)

5 dólares (US$5)

10 dólares (US$10)

20 dólares (US$20)

50 dólares (US$50)

100 dólares (US$100)

AGENDA

American Express
MoneyGram só nos EUA
Tel (800) 543-4080.
Substituição de cheques
Tel (800) 221-7282.
Cartões roubados
Tel (800) 528-4800.

Diner's Club
Substituição de cheques e cartão de crédito roubado
Tel (800) 234-6377.

Thomas Cook (e MasterCard)
Substituição de cheques e cartão de crédito roubado
Tel (800) 223-9920.

VISA
Substituição de cheques
Tel (800) 227-6811.
Cartão de crédito roubado
Tel (800) 336-8472.

Comunicação e Mídia

Las Vegas tem boas conexões com o resto do mundo, e seus sistemas de comunicação costumam ser eficientes e ter preços razoáveis. É fácil o acesso aos serviços de telefone, correio e internet, propiciando rapidez tanto dentro do país quanto para o exterior. Além disso, Las Vegas conta com um jornal diário e grande variedade de revistas, com informação sobre eventos atuais e futuros e também cupons especiais de desconto.

Ligações Nacionais e Internacionais

Com a proliferação dos celulares, é difícil achar telefones públicos em Las Vegas. Quando existem, as instruções de uso estão no aparelho.

Todos os telefones dentro de uma área local têm dez números, incluindo o 702, código de área de Las Vegas.

Para fazer interurbano, adicione 1 e o código de área de três dígitos antes do número do telefone. O custo da chamada local está entre 35 e 50 centavos por três minutos. São interurbanas as chamadas para qualquer número fora do código de área em que você está, e elas custam menos fora dos horários de pico, em geral à noite e nos fins de semana. Se você fizer ligações do telefone do seu quarto no hotel, poderá ser cobrada uma tarifa muito mais alta.

Os números internacionais são precedidos por 011 e pelo código do país, seguidos do código da cidade (sem o 0 inicial) e do número. As ligações internacionais podem ser feitas de telefone público, mas você precisa levar um monte de moedas para discar direto, e a telefonista interromperá a ligação pedindo mais dinheiro sempre que o tempo se esgotar. É mais fácil comprar um cartão de uma das principais companhias telefônicas, como a **AT&T**. Estão à venda nos hotéis, nas lojas de conveniência e em máquinas especiais.

Celulares

A maioria das operadoras de celular tem representação em Las Vegas. Assim, quase todo aparelho funciona na cidade, e as principais operadoras brasileiras têm serviço de *roaming* nos Estados Unidos. As principais operadoras americanas são **T-Mobile**, **AT&T**, **Verizon** e **Sprint**, todas com torres retransmissoras na região de Las Vegas que se parecem com pinheiros ou palmeiras altas. Porém, muitos cassinos bloqueiam a recepção e proíbem ligações de celular nas áreas de jogo.

Logotipo da AT&T

Praticamente todos os celulares funcionam em Las Vegas

Códigos Telefônicos

- Para ligar para fora da área local, mas ainda dentro dos Estados Unidos e do Canadá, digite **1** mais o código de área.
- O código de todos os telefones de Clark County é **702**, que inclui Las Vegas, Mount Charleston, Laughlin, Searchlight e Mesquite. O código do restante de Nevada é **775**.
- Para ligações internacionais diretas, digite **011** e o código do país (o do Brasil é 55). Depois digite o código de área, sem o primeiro 0, mais o número.
- Para auxílio telefônico internacional, digite **01**.
- Para auxílio telefônico local, digite **0**.
- **800**, **877** e **888** indicam ligação gratuita.

Caso se esqueça de levar seu telefone, você poderá comprar um celular pré-pago até por US$10, e 30 minutos de conversação por mais US$10. O **Tracfone**, um bom exemplo, está à venda na maioria das lojas de conveniência e de departamentos. Também é possível alugar um celular por dia ou por semana em lojas como a **Bearcom**. Para fazer ligações interurbanas, acrescente o número 1 e o código de área de três dígitos à frente do número.

Internet

A maior parte dos hotéis, dos bares e das cafeterias oferece Wi-Fi gratuito a quem chega com um laptop ou outro tipo de dispositivo, e o serviço também está disponível no Aeroporto Internacional McCarran. Todas as lojas da **Starbucks** – são mais de cem em Las Vegas – têm Wi-Fi gratuito. Além disso, as unidades da biblioteca pública dispõem de computadores que associados podem usar gratuitamente. A maioria dos hotéis e das agências de correio conta com aparelho de fax.

INFORMAÇÕES ÚTEIS | 175

Acesso à internet disponível em muitos lugares da cidade

Serviços Postais

Dentro dos EUA, toda remessa é considerada de primeira classe e leva de um a cinco dias para chegar. O código de endereçamento (ZIP) correto acelera a entrega.

A correspondência internacional por via aérea demora de cinco a dez dias para chegar, mas os pacotes enviados por terra ou mar podem levar de quatro a seis semanas. Há dois serviços especiais de remessa do correio federal: o Priority Mail promete entrega mais rápida que a remessa de primeira classe normal, enquanto o Express Mail, mais caro, garante a entrega no dia seguinte dentro dos EUA ou em até 72 horas no exterior. Diversas empresas privadas de correio oferecem entregas rápidas, no dia seguinte, de correspondências para o exterior, das quais as mais conhecidas são a **DHL** e a **Federal Express**. Como todas as cidades grandes, Las Vegas também tem uma agência central de correio e muitas agências nos bairros. Se você colar selos no valor correto, tanto cartas quanto pacotes poderão ser deixados em uma das caixas de correio espalhadas pela cidade. Em geral, elas são azul-escuras e têm afixado o aviso dos horários de coleta. Qualquer hotel não fará objeção a enviar sua correspondência junto com a dele.

Os selos postais podem ser comprados em máquinas, lojas de conveniência e mesmo em alguns hotéis.

Jornais e Revistas

Jornal mais vendido no país, o *USA Today* é muito conhecido em Vegas porque muitos hotéis o oferecem de graça aos hóspedes. Para notícias locais, o *Las Vegas Review-Journal* é imprescindível. Toda sexta-feira, ele traz o suplemento *Neon*, com a relação das atrações e da programação dos museus. Revistas como **Where Magazine**, **Vegas Seven** e **What's On** contêm o serviço dos restaurantes, resenhas de espetáculos e guias de compras, além de muitos cupons de desconto. Essas publicações gratuitas são encontradas em muitos locais turísticos e no saguão de muitos hotéis e restaurantes.

Turistas folheiam a revista gratuita *What's On*

Televisão e Rádio

Las Vegas tem várias estações de rádio, cobrindo ampla gama de gêneros, como esportes, comentários, notícias e música. A televisão é parecida com a das cidades importantes, com todas as redes principais. A maioria dos hotéis conta ao menos com os canais das grandes redes, além da PBS, da CNN e da HBO.

AGENDA

Ligações Nacionais e Internacionais

AT&T
Tel (212) 387-5400.

Celulares

AT&T
Tel (800) 331-0500.
w att.com

Bearcom
Tel (702) 740-2800.
w bearcom.com

Sprint
Tel (866) 866-7509.
w sprint.com

T-Mobile
Tel (800) 866-2453.
w t-mobile.com

Tracfone
Tel (800) 867-7183.
w tracfone.com

Verizon
Tel (800) 256-4646.
w verizonwireless.com

Cibercafés

Starbucks
w starbucks.com/coffeehouse/wireless-internet

Correio

DHL
Tel (800) 225-5345.
w dhl.com

Federal Express
Tel (800) 463-3339.
w fedex.com

Las Vegas Main Post Office
1001E Sunset Rd.
Tel (800) 275-8777.

Jornais e Revistas

Vegas Seven Magazine
w weeklyseven.com

What's On Magazine
w whats-on.com

Where Magazine
w wheretraveler.com/classic/us/nv/las-vegas

INFORMAÇÃO DE VIAGEM

Apesar de estar em local remoto do deserto de Mojave, Las Vegas tem acesso fácil por duas grandes rodovias, ônibus da Greyhound e várias linhas aéreas. Trata-se de uma das poucas cidades do Sudoeste que conta com voos internacionais sem interrupção, e sua localização no sul de Nevada a transforma em centro de voos rápidos para Los Angeles, São Francisco, Phoenix e Denver, entre outras cidades. Estando lá, a locomoção pode ser difícil porque as ruas são uma mistura de trânsito e obras viárias. Para facilitar as viagens ao redor da cidade existe uma grande frota de táxis, um sistema de transporte público muito eficiente, dois bondes e um monotrilho.

Avião prepara-se para pousar no Aeroporto Internacional McCarran

Avião

A apenas 1,6km da Strip, o Aeroporto Internacional Mc-Carran International é um dos mais movimentados dos EUA – milhões de passageiros desembarcam em Las Vegas todo ano.

Não há voos diretos do Brasil para Las Vegas, porém empresas como as brasileiras **Avianca** e **TAM**, as norte-americanas **American Airlines** e **United Airlines** e as latino-americanas **Copa Airlines** e **LAN** oferecem voos para a cidade com uma ou mais escalas em cidades da América Latina ou dos Estados Unidos. A **Allegiant** opera voos diretos e fretados a partir de Las Vegas para cidades pequenas com poucos serviços para os passageiros.

Aeroportos

O principal aeroporto para voos fretados em Las Vegas é o Aeroporto Internacional McCarran. O tráfego no McCarran é de mais de 900 voos por dia, com voos diretos para quase 80 cidades dos EUA, da Europa e da Ásia. Las Vegas também é uma das poucas cidades da Costa Oeste que dispõe de voos diretos para o arquipélago do Havaí. Fora as companhias nacionais e estrangeiras, o aeroporto conta ainda com um serviço de helicóptero, duas linhas ponto a ponto e, conforme a estação, até vinte voos fretados.

Ao chegar a esse aeroporto muito bem projetado, os passageiros não têm dificuldade de localizar a área para retirar as bagagens, ainda que às vezes fique distante do portão. A seção de Transporte Terrestre situa-se ao lado da área de bagagens. É o polo de táxis, transporte especial de hotéis, ônibus municipais e traslado cortesia das locadoras de veículos *(p. 181)*.

Para os viajantes com tempo de sobra, o McCarran tem atrações como uma galeria comercial e um museu da aviação. A jogatina pode começar no próprio aeroporto, que conta com 1.300 caça-níqueis em seus terminais.

O MGM Grand oferece um serviço de registro/check-in no aeroporto, de modo que os hóspedes podem pegar as chaves enquanto esperam sua bagagem nas esteiras.

A maioria dos voos fretados usa o terminal Atlantic Aviation, atrás do McCarran.

Chegada

Os passageiros isentos de visto devem se registrar on-line com a Electronic System for Travel Authorization (ESTA) em http://esta.cbp.dhs.gov bem antes da viagem. Se você não é cidadão americano nem reside no país, deve apresentar o passaporte com o visto, além dos formulários de alfândega, aos funcionários da imigração antes de pegar a bagagem. Não residentes adultos podem levar uma quantidade limitada de mercadorias *duty-free*, entre elas 1 litro de bebida alcoólica, 200 cigarros, 50 charutos (não cubanos) e até US$100 em presentes. Quantias em dinheiro acima de US$10 mil devem ser declaradas, mas não há limite legal para entrar no país. Como as exigências mudam, verifique a documentação necessária antes de viajar.

Como Chegar à Cidade

A cidade está a 1,6km do aeroporto. O Las Vegas Monorail ainda não tem linha até o aeroporto. As opções são táxi, transporte especial ou ônibus municipal. Os ônibus especiais, a melhor opção, têm tarifa de cerca de US$7 até os resorts da Strip e de US$9 até os hotéis do centro. Os especiais rodam 24h e não é preciso fazer reserva para ir à Strip e ao centro. Alguns resorts fora da Strip oferecem a seus hóspedes transporte gratuito ida e volta. Os hotéis da Strip são

INFORMAÇÃO DE VIAGEM | 177

Duas grandes rodovias dão acesso por terra a Las Vegas

proibidos pelo condado de oferecer transporte gratuito no aeroporto.

Passagens e Tarifas

Se você está fora dos Estados Unidos, pesquise o mercado bem antes da viagem, pois as passagens são em geral mais baratas se compradas com antecedência. Isso ocorre sobretudo em épocas de grande movimento, entre junho e setembro e perto do Ano-Novo.

Embora vários sites de agências de viagem ofereçam descontos de última hora, os voos diretos para Las Vegas costumam ser reservados bem antes com a própria companhia ou a agência de turismo. O site do Aeroporto McCarran apresenta uma lista de todas as companhias que voam para Las Vegas, com seus telefones e endereços de internet, e os agentes de viagem costumam sugerir uma. Pacotes de voo e aluguel de carro, incluso no preço da passagem aérea, também são uma opção que barateia o custo, como o sistema da Apex (Advanced Purchase Excursion), que deve ser comprado com sete dias antes da viagem.

Carro

Las Vegas está ligada ao resto do país por duas rodovias principais: Interstate 15 e US Highway 95. Dirigindo-se para o sul, a I-15 é a maior ligação com o Sul da Califórnia e a cidade de Los Angeles, que fica a cerca de 434km de Las Vegas. Todos os grandes hotéis, o Aeroporto Internacional McCarran e o Las Vegas Convention Center têm saídas para a I-15, que também liga a Strip à região do centro da cidade.

Outra maneira de chegar a Las Vegas pelo Sul da Califórnia é pegar a I-40, que atravessa o deserto, até Needles, ainda na Califórnia, e depois seguir a norte pela US 95 até a cidade balneária de Laughlin, junto ao rio Colorado, a cerca de 161km ao sul de Las Vegas. Veja mais informações sobre viagens por rodovia nas páginas 180-1.

Ônibus

Ainda que não seja um transporte rápido, os ônibus da **Greyhound** são um meio relativamente barato e quase sempre agradável de visitar Las Vegas. Chegam diariamente de Los Angeles, Phoenix, Salt Lake City, Denver, Reno e San Diego.

AGENDA

Aeroportos

Atlantic Aviation
275 E Tropicana, Suite 100.
Tel (702) 736-1830.
🅦 atlanticaviation.com/Locations/LAS.aspx

McCarran International Airport
5757 Wayne Newton Blvd.
Mapa 4 D5.
Tel (702) 261-5211.
🅦 mccarran.com

Companhias Aéreas

Avianca
🅦 avianca.com.br

TAM
🅦 tam.com.br

American Airlines
🅦 aa.com.br

Copa Airlines
🅦 copaair.com

Delta Airlines
🅦 delta.com

LAN
🅦 lan.com

United Airlines
🅦 unitedairlines.com.br

Allegiant Air
🅦 allegiantair.com/

Passagens e Tarifas

🅦 decolar.com
🅦 expedia.com
🅦 lastminute.com
🅦 telme.com
🅦 travelocity.com

Ônibus

Greyhound
🅦 greyhound.com

Ônibus da Greyhound, que faz viagens interurbanas e internacionais

Como Circular em Las Vegas

Como a maioria das áreas turísticas de Las Vegas se concentra em três regiões – Strip, centro e Convention Center –, é desnecessário alugar um carro, a menos que você pretenda visitar as redondezas. Os transportes da cidade – ônibus municipais, monotrilho e bondes elevados – são uma maneira segura e barata (às vezes gratuita) de ir de um resort ao outro e a mais atrações. Várias conduções especiais transportam os hóspedes entre lugares do mesmo grupo, como Bally's/Harrah's/Rio. Há táxis de sobra na maioria dos cassinos e hotéis.

Os ônibus são um transporte barato para percorrer a Strip

Transporte Sustentável

A frota municipal **Regional Transportation Commission** (RTC) conta com ônibus de dois andares, movidos a gás natural e veículos elétricos híbridos. Existem suportes para bicicletas na frente de todos os veículos da RTC, que levam mais de 40 mil bicicletas por mês. Assim, se é difícil andar de bicicleta pelas ruas da cidade *(p. 179)*, viajar com elas não é. A **Yellow Checker Star** possui mais de 900 táxis movidos a propano em Las Vegas, o que a torna a maior frota de táxis no país com combustível alternativo. Algumas locadoras grandes oferecem carros híbridos, com modelos econômicos.

Ônibus

A RTC opera mais de 50 linhas por toda Las Vegas. A maioria delas inicia às 4h30 e circula até 1h. Certas linhas – até o aeroporto, no corredor do Convention Center na Paradise Road e pela movimentada Strip até o centro – funcionam 24h por dia. Todos os ônibus têm suporte para bicicleta e elevador hidráulico para cadeirantes.

Os bilhetes de ônibus são baratos – US$2 em qualquer sentido nos itinerários residenciais e US$6 na Strip – e podem ser comprados a bordo. Idosos de mais de 60 anos, portadores de deficiência e jovens de 5 a 17 anos pagam meia passagem, e as crianças com menos de cinco anos viajam de graça. É preciso ter uma carteira especial para usufruir esses descontos. Quem usa muito o ônibus pode comprar passes para três, cinco ou 30 dias antes de embarcar, em um posto do **Bonneville Transit Center** ou numa loja **Albertsons**.

A **Big Bus Tours** oferece transporte com vinte paradas na Strip em um ônibus de dois andares, do qual você pode embarcar e desembarcar à vontade. As partidas ocorrem a cada 30 minutos entre as 10h e as 18h.

O ônibus de dois andares The Deuce para em todo hotel e cassino na Strip, entre o Stratosphere e o Mandalay Bay, e também percorre a Fremont Street, no centro de Las Vegas. Os bilhetes podem ser comprados nos ônibus ou em máquinas bilheteiras do Deuce, localizadas em todos os pontos de ônibus na Strip. Os Deuces podem levar até uma hora para ir dessa avenida até o centro. Os ônibus Downtown Express vão da Strip ao centro e fazem menos paradas – são apenas cinco no total. Os bilhetes devem ser comprados nos pontos, não a bordo do ônibus.

Bondes Elevados e Monotrilho

Os bondes, elevados e gratuitos, circulam entre alguns hotéis – um liga o Excalibur, o Luxor e o Mandalay Bay; outro faz linha entre o Mirage e o Treasure Island; e o terceiro conecta o Monte Carlo ao CityCenter e ao Bellagio.

O **Las Vegas Monorail** circula principalmente pelo lado leste da Strip, num percurso de 6,3km, que vai da parada do Sahara até o MGM Grand. Existem sete estações no sistema: MGM Grand; Bally's/Paris Las Vegas; Flamingo/Caesars Palace; Harrah's/Imperial Palace; Las Vegas Convention Center; Las Vegas Hilton; e Sahara. O monotrilho, com ambiente seguro e agradável, demora 15 minutos para percorrer toda a extensão da Strip. Os bilhetes simples custam US$5, o passe diário, US$12, e o passe para três dias, com viagens ilimitadas, custa US$28. Compre os bilhetes nas máquinas em cada ponto. O monotrilho funciona das 7h às 2h, de segunda a quinta-feira, e das 7h às 3h, de sexta-feira a domingo.

O monotrilho, que interliga vários hotéis ao longo da Strip

INFORMAÇÃO DE VIAGEM | 179

A Pé

Caminhar é a melhor maneira de percorrer os 5km da Strip e a região do centro da cidade. Como as calçadas são largas e o terreno é plano, você não terá de enfrentar ladeiras durante a sua saída. Caminhando você também tem a opção de conhecer as principais atrações e as áreas de compras, sem se preocupar com o trânsito nem gastar tempo à procura de vaga para estacionar. Mas saiba que entre os resorts o caminho é longo.

Filas de carros noite e dia em toda a extensão da Strip

Carro

Como no Brasil, os veículos andam pela direita das ruas, a não ser, claro, em vias de mão única (p. 180). Se dirigir na cidade, prepare-se para o trânsito pesado e agilidade ao volante. Evite os horários de pico, de cerca das 7h às 9h e das 16h às 19h. O congestionamento na Strip começa no final da manhã e prossegue até depois da meia-noite. Os hotéis e cassinos instalados na Strip e no centro têm vagas gratuitas em estacionamentos, e quase todos eles dispõem de manobristas. Também existem estacionamentos e garagens enormes na cidade. Ao parar na rua, veja as placas com restrições a fim de evitar multas ou ter o carro rebocado.

Táxi

Las Vegas tem mais de 1.200 táxis em circulação, mas em geral eles ficam por perto dos hotéis, do Convention Center e do aeroporto. A tarifa básica é composta de US$3,45 iniciais, US$2,60 por milha (1,6km) e 50 centavos por minuto parado. Um adicional de US$2 é cobrado na partida do aeroporto. O número máximo de passageiros por veículo é de cinco pessoas. Uma viagem de táxi do aeroporto à Strip custa US$16-US$20, e US$20-US$25 do aeroporto até o centro. Como os táxis são proibidos de atender a chamados na rua, pegue o seu no ponto de um dos resorts. Ao sair de táxi do aeroporto, não deixe o motorista pegar o túnel 215 para chegar à Strip, pois esse percurso mais longo acrescenta US$8-US$12 ao preço da corrida.

Limusine

Talvez a experiência máxima de transporte em Las Vegas seja a limusine. Pode-se alugar diversos tipos desses veículos, como longo e superlongo, que são equipados com bar, aparelho de som, TV, telefone, teto solar e até uma jacuzzi. O custo de uma limusine com chofer começa em US$50-US$55 por hora; a longa custa US$55-US$60, enquanto a superlonga sai por US$80 por hora. Entre as maiores empresas do ramo em Las Vegas estão **Bell Trans**, **Las Vegas Limousines**, **Presidential Limousines** e **24-7 Entertainment Limousines**.

Bicicleta

Las Vegas não é uma cidade para bicicletas por causa dos congestionamentos. Embora não se recomende pedalar pelas principais ramificações, pode ser agradável e pitoresco passear pelos bairros residenciais e pelas redondezas da cidade, como o Red Rock Canyon e o lago Mead. Muitas ruas das áreas residenciais contam com ciclovia, que, no entanto, não existem nas regiões turísticas. Nem pense em sair de bicicleta pela Strip, tal o número de veículos. Não deixe de usar capacete e levar água, principalmente nos meses quentes de verão. A **Las Vegas Cyclery** oferece passeios guiados nas regiões de deserto e de montanha, distantes da Strip e do centro.

AGENDA

Transporte Sustentável

Regional Transportation Commission
300 N Casino Center.
Tel (702) 228-7433.
[w] rtcsnv.com

Yellow Checker Star Transportation
Tel (702) 873-2000.

Ônibus

Albertsons
1300 E Flamingo Rd.
Tel (702) 733-2947. **Mapa** 4 E3.

Big Bus Tours
Tel (702) 685-6578.
[w] eng.bigbustours.com/lasvegas/home.html

Bonneville Transit Center
101 E Bonneville Ave.
Mapa 2 D4.

Monotrilho

Las Vegas Monorail
3960 Howard Hughes Pkwy.
Mapa 4 D3. **Tel** (702) 699-8200.
[w] lvmonorail.com

Táxi

Desert Cab
Tel (702) 386-9102.

Whittlesea Blue Cab
Tel (702) 384-6111.

Limusine

24-7 Entertainment Limousines
4200 W Russell Rd.
Mapa 3 A5. **Tel** (702) 616-6000.
[w] 24-7limousines.com

Bell Trans
1900 Industrial Rd.
Mapa 1 C5. **Tel** (702) 739-7990.
[w] bell-trans.com

Las Vegas Limousines
5010 S Valley View Blvd.
Mapa 3 B4. **Tel** (702) 888-4848.
[w] lasvegaslimo.com

Presidential Limousines
2030 Industrial Rd.
Mapa 1 C5. **Tel** (702) 731-5577.
[w] presidentiallimolv.com

Bicicleta

Las Vegas Cyclery
10575 Discovery Dr
Tel (702) 596-2953.
[w] lasvegascyclery.com

Como Passear Fora de Las Vegas

Os turistas ficam surpresos com o número de lugares bonitos e atrações a curta distância de Las Vegas. A linda região natural do sul de Utah, da Califórnia e do Arizona circunda a cidade e compõe uma paisagem cheia de cânions e parques magníficos, como os parques nacionais Grand Canyon e Zion. Já que o transporte público para esses lugares é escasso, o aluguel de um veículo passa a ser necessário. A região à volta de Las Vegas é cortada por uma malha de estradas bem conservadas, de rodovias de várias pistas a estradas panorâmicas.

Picos nevados em uma estrada panorâmica

Documentos

A legislação de Nevada exige documento de seguro do carro e carteira internacional de habilitação válida. Os motoristas devem ter sempre consigo a carteira e o contrato de locação – obviamente, se o veículo for alugado.

Rodovias Nacionais e Interestaduais

As principais rodovias interestaduais e nacionais no sul de Nevada são a I-15, que interliga a Califórnia, Nevada e Utah, e a US 95, que vai para o norte e o sul, do norte de Nevada ao Arizona. A rodovia circular 215 estende-se ao redor de três quartos do rodoanel do vale de Vegas, com conexões com as vias expressas 95 e I-15 e um trecho que liga a I-15 ao aeroporto. Seguindo a nordeste de Las Vegas, pela I-15, chega-se ao Valley of Fire State Park, às cidades limítrofes de Mesquite, em Nevada, e St. George, em Utah, a cerca de 153km de Vegas. Perto de St. George estão os magníficos parques nacionais do sul de Utah, a Floresta Nacional Dixie e a charmosa cidadezinha de Cedar City, sede do Festival Shakespeare de Utah, realizado no fim do verão.

Para o sul pela US 95, estão o lago Mead, a Hoover Dam e Boulder City, a aproximadamente 48km de Las Vegas. Para o norte, a US 95 leva a Tonopah, Reno e Lake Tahoe, a cerca de 724km de Las Vegas. Muitas aldeias e cidades pequenas nessa rota oferecem aos turistas um gostinho do Velho Oeste. Para ir ao Grand Canyon, pegue a US 93 a leste até a cidade de Kingman e depois US 40 e a US 64 para o parque nacional do cânion. A Borda Sul do cânion, de acesso mais fácil por estrada que a Borda Norte, fica a cinco horas de carro de Las Vegas.

Regras de Trânsito

A legislação exige que motoristas e passageiros usem o cinto de segurança. Os limites de velocidade em rodovias variam de um estado para o outro, mas em nenhum deles se permite passar dos 120km/h. Carros que transportam trailers ou reboques só podem chegar aos 90km/h. Preste sempre atenção às placas de limite de velocidade, já que eles variam e podem ser alterados em razão de obras ou condições climáticas. A patrulha rodoviária de Nevada e de outros estados, responsável pelo cumprimento das leis nas estradas, aplica uma multa rigorosa para excesso de velocidade. Saiba também que é possível ser multado por dirigir muito devagar nas interestaduais, e dar carona é ilegal em Nevada. A pior infração, contudo, é dirigir depois de ingerir bebida alcoólica ou outras substâncias. O limite legal é de 0,08 BAC (grau de álcool no sangue), e as punições são pesadas. Além disso tudo, é ilegal ultrapassar um ônibus escolar parado com as luzes vermelhas piscando.

A menos que uma placa proíba, pode-se virar à direita depois de parar num sinal vermelho e ver que não há trânsito nessa rua, e, num cruzamento de quatro pistas, o primeiro veículo a chegar à placa de Pare tem a preferência. Você consegue mapas e mais informações sobre regras de trânsito nas autolocadoras ou na **American Automobile Association** (AAA).

Se quiser explorar qualquer região natural remota, verifique se é preciso ir com um veículo de tração nas quatro rodas. A muitas das áreas de interior afastadas só se chega por *fire roads*, que são as estradas de terra, sem pavimentação. As agências de manutenção, como o US Forest Service, no monte Charleston, e o Bureau of Land Management, no Red Rock Canyon, dão mapas e dicas.

Planeje seu percurso e leve mapas atuais. Se for atravessar lugares ermos e despovoados, avise ao guarda-florestal qual é o seu itinerário. Antes de partir, verifique as condições das estradas ligando para a **Nevada Highway Patrol**, e tome cuidado com perigos sazonais, como as enchentes-relâmpago, que podem ocorrer de um momento para o outro no deserto do sul de Nevada. Só dirija fora da estrada nas regiões próprias para isso.

INFORMAÇÃO DE VIAGEM | 181

Encha o tanque do carro antes de se aventurar por lugares remotos

Postos de Gasolina e de Serviços

Em geral, o preço da gasolina é mais alto em locais distantes do que na cidade. A maioria dos postos é de autosserviço, e você deve pagar antes de pôr combustível. Encha o tanque antes de dirigir por áreas despovoadas e remotas.

Serviços Mecânicos

As associações de serviços mecânicos, como a American Automobile Association (AAA), atendem rapidamente caso o seu carro enguice ou fique sem combustível. Você também pode ligar 911 para pedir ajuda à Highway Patrol ou aos policiais rodoviários.

Logotipo da Hertz

Aluguel de Carros

Os turistas estrangeiros precisam ter carteira internacional de habilitação. Embora seja permitido alugar um carro a maiores de 21 anos, a maioria das autolocadoras cobra uma taxa adicional de quem tem menos de 25 anos. É também essencial possuir cartão de crédito para pagar o sinal do aluguel, já que poucas empresas aceitam dinheiro vivo. Existem muitas locadoras de veículos em Las Vegas. Grande parte das maiores, como **Alamo**, **Avis**, **Enterprise** e **Hertz**, tem loja no aeroporto e nos principais hotéis. O preço do aluguel varia, mas a média para um carro econômico está na faixa de US$41-US$49 por dia. Ao preço do aluguel somam-se uma sobretaxa do aeroporto, imposto sobre vendas, US$3 por dia de taxa de conveniência e taxa de licenciamento. Se alugar um carro fora do aeroporto, vai economizar a sobretaxa e a taxa de conveniência, mas algumas companhias cobram uma tarifa para recolher o carro em outros lugares. Por um adicional de US$20-US$23 compra-se um seguro de colisão, o que evita a cobrança por avarias visíveis no carro. Podem ser alugados carros como BMW, Mercedes, Ferrari e até Rolls-Royce, mas custam US$89--US$3.500 por dia. A maioria dos carros alugados tem câmbio automático. Assentos infantis ou carros adaptados para portadores de deficiência devem ser reservados.

Passeios Guiados

Diversas empresas, como a **Pink Jeep Tours** e a **Grand Canyon Discount Flights & Ground Tours**, oferecem excursões à Hoover Dam, ao lago Mead, ao Red Rock Canyon, ao Vale do Fogo e ao Grand Canyon. Os passeios mais procurados são os aéreos de Las Vegas ao Grand Canyon, de helicóptero ou monomotor. Também há excursões em carros 4x4, de ônibus, bote, a cavalo e até jet-ski. A maioria dos pacotes inclui saída do hotel e retorno e uma refeição.

AGENDA

Telefones Úteis

American Automobile Association
4100 E Arkansas Dr,
Denver, CO 80222.
Tel (303) 753-8800.
w aaa.com

Nevada Highway Patrol
Tel (702) 486-4100.

Locadoras de Carros

Alamo
Tel (702) 263-8411/
(800) 327-9633.
w alamo.com

Avis
Tel (702) 531-1500/
(800) 331-1212.
w avis.com

Budget
Tel (702) 736-1212/
(888) 724-6212.
w budget.com

Enterprise
Tel (702) 795-8842/
(800) 736-8222.
w enterprise.com

Hertz
Tel (702) 262-7700/
(800) 654-3131.
w hertz.com

Thrifty Auto Rental
Tel (702) 896-7600/
(800) 847-4389.
w thrifty.com

Passeios Guiados

Grand Canyon Discount Flights & Ground Tours
Tel (800) 871-1030.
w gcflight.com

Pink Jeep Tours
Tel (888) 900-4480.
w pinkjeeptourslasvegas.com

Turistas da Pink Jeep Tours apreciam a vista espetacular do cânion

GUIA DE RUAS

As referências a mapa feitas neste guia em atrações, hotéis, cassinos, restaurantes, lojas e locais de diversão remetem somente a mapas desta seção do guia. O mapa geral abaixo mostra a área de Las Vegas que os quatro mapas do *Guia de Ruas* abrangem, inclusive as regiões de atrações turísticas, que têm cor própria. A legenda, descrita abaixo, indica a escala dos mapas e mostra outros detalhes marcados neles, entre os quais agência do correio, terminais de ônibus, monotrilhos, bondes, postos de informação turística, delegacias e hospitais. Você encontra um índice do nome das ruas na página ao lado.

Luzes faiscantes e um cruzamento de ruas movimentado na Las Vegas Strip

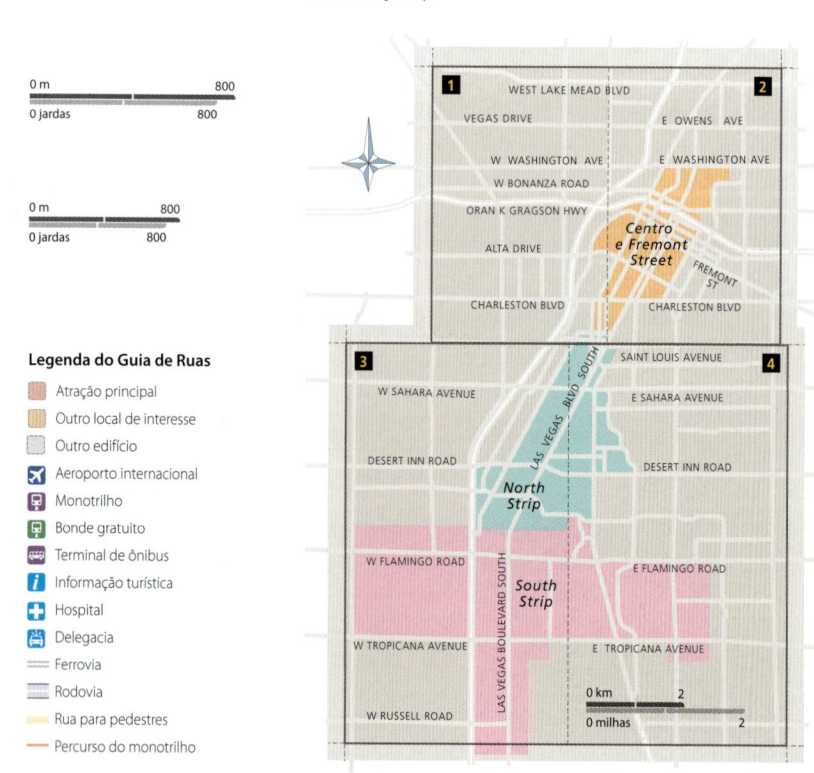

Legenda do Guia de Ruas

- Atração principal
- Outro local de interesse
- Outro edifício
- Aeroporto internacional
- Monotrilho
- Bonde gratuito
- Terminal de ônibus
- *i* Informação turística
- Hospital
- Delegacia
- Ferrovia
- Rodovia
- Rua para pedestres
- Percurso do monotrilho

Índice do Guia de Ruas

1st St	2 D3
3rd St	2 D3
4th St	2 D4
6th St	2 D4 e 4 D1
7th St	2 D4
8th St	2 E3
9th St	2 E4
10th St	2 E4
11th St	2 E4
13th St	2 E4
14th St	2 E4
15th St	2 E4
19th St	2 F3

A

Albert Ave	3 C3
Ali Baba Lane	3 B4
Allen Lane	1 A1
Alta Dr	1 A3
Anderson Lane	1 A1
Arville St	3 A2
Ashby Ave	1 A4
Audrie St	3 C3

B

Barbara Way	2 D5 e 4 D1
Bel Air	4 E2
Beverly Way	2 D5 e 4 D1
Birch St	1 B5 e 3 C1
Bonita Ave	2 D5 e 4 D1
Bracken Ave	2 E5
Bridger Ave	2 E4
Bruce St	4 F3
Burbank Ave	3 C2
Burnham Ave	2 F4 e 4 F1
Burton Ave	1 A5

C

Cahlan Dr	1 A5
Cambridge St	4 E2
Cameron St	3 A4
Campbell Dr	1 A4 e 3 B1
Canada St	4 E2
Canosa Ave	2 D5
Carson Ave	2 E3 e 4 D1
Casino Center Blvd	2 D5
Cedar Ave	2 F3
Central Park	3 C3
Channel Dr	4 F3
Chapman Dr	2 E4
Christ Church Episcopal	2 E5 e 4 E1
Cinderella Lane	3 A1
Circus Circus Dr	3 C1
Clark Ave	2 D4
Cleveland Ave	1 C5 e 3 C1
Commanche Dr	4 E2
Commerce St	2 D1 e 4 D1
Comstock Dr	1 B2
Concord St	1 C1
Convention Center Dr	3 C2
Coolidge Ave	2 D4
Coran Lane	1 A1
Cottage Grove Ave	4 E3
Country Club Lane	3 C3
Crestwood Ave	2 F4 e 4 F1
Crystal Gem St	1 B1

D

Dean Martin Dr	3 B4 e 3 B5
Decatur Blvd	3 A1
Deckow Lane	3 C4
Del Mar Ave	4 E1
Desert Lane	1 C4
Diablo Dr	3 A5
Doolittle Ave	1 C1
Duke Ellington Way	3 C4

E

East Bonanza Rd	2 F3
East Bonneville Ave	2 D4
East Charleston Blvd	2 E4
East Desert Inn Rd	4 E2
East Flamingo Rd	3 C3
East Hacienda Ave	3 C5
East Harmon Ave	3 C4
East Katie Ave	4 E3
East Lake Mead Blvd	2 E1
East Mesquite Ave	2 E3
East Naples Rd	4 D4
East Oakey Blvd	2 D5 e 4 D1
East Owens Ave	2 F1
East Reno Ave	4 E4
East Rochelle Ave	3 C3
East Russell Rd	4 E5
East Sahara Ave	4 E1
East St Louis Ave	2 D5 e 4 E1
East Tropicana Ave	3 C4
East Twain Ave	4 E3
East Washington Ave	2 F2
East University Ave	4 E4
East Viking Rd	4 E3
El Camino Dr	1 A e 3 A1
El Conlon Ave	3 B1
El Parque Ave	3 A1
Elizabeth Ave	4 E4
Ellis Ave	1 B4
Escondido St	4 E3

F

Fashion Show Dr	3 C2
Flower Ave	2 F1
Franklin Ave	2 E5
Frank Sinatra Dr	3 B3
Frederick Ave	2 D1
Fremont St	2 E3

G

Gabriel Dr	4 F4
Garces Ave	2 D4
Gass Ave	2 D4
Golden Arrow Dr	4 F2
Goldring Ave	1 B4
Gym Dr	4 E4

H

H Hughes Pkwy.	4 D3
Hacienda Ave	3 A5
Harris Ave	2 F2
Holly Ave	1 A1
Hoover Ave	2 D4
Huntridge Circle Park	2 E4

I

Ida Ave	3 C3
Industrial Rd	1 C5 e 3 C1

J

Joe W. Brown Dr	4 D2

K

Karen Ave	4 D1
Kenny Way	1 A4
Koval Lane	3 C3

L

Lacy Lane	1 A4
Lana Ave	3 C4
Las Vegas Blvd North	2 E3
Las Vegas Blvd South	2 D5 e 3 C2
Lewis Ave	2 E4
Lexington St	1 C1
Linden Ave	2 F3
Los Altos St	3 A1
Ludwig Dr	1 B1

M

Madison Ave	1 C2
Manhattan St	3 C3
Marlin Ave	2 F3
Maryland Pkwy	2 E4
Meade Ave	3 B2
Monroe Ave	1 C2
Myrtle Ave	3 A2

N

Norman Ave	2 E5
North 1st St	2 D2
North 9th St	2 E2
North 14th St	2 F3
North 20th St	2 F2
North Bruce St	2 F1
North Martin Luther King Blvd	1 C2
North Main St	2 D3
North Maryland Pkwy	2 E3
North Rancho Dr	1 A1
North Royal Crest Circle South	4 D2

O

Ogden Ave	2 E3
Oran K Gragson Hwy	1 B3

P

Palo Verde St	4 D3
Palomino Lane	1 A4
Palora Ave	4 F2
Paradise Rd	4 D2
Pawnee Dr	4 E2
Penwood Ave	3 A2
Pinehurst Dr	4 E2
Pinto Lane	1 A4
Pioneer Ave	3 A2
Polaris Ave	3 B2
Procyon St	3 B2

R

Rancho Lane	1 B4
Rawhide St	4 E5
Renaissance Dr	4 F4
Reno Ave	3 A4
Rent A Car Rd	4 D5
Revere St	2 D1
Rexford Dr	2 D5
Reynolds Ave	2 F1
Richfield Blvd	3 B1
Riverside Dr	1 A2
Riviera Blvd	4 D2
Robin St	1 B2
Rosemary Lane	1 A3

S

San Bernardino Ave	3 A1
Sands Ave	3 C3
Santa Anita Dr	4 E4
Santa Clara Dr	2 D5 e 4 D1
Santa Rita Dr	4 D1
Santa Rosa Dr	2 D5 e 4 D1
Santa Ynez Dr	2 D5 e 4 D1
Schiff Dr	3 A2
Searles Ave	2 F2
Shadow Lane	1 B3
Shetland Rd	1 B4
Sierra Vista Dr	4 D2
Simmons St	1 B1
Sirius Ave	3 A2
Sombrero Dr	4 E2
South 3rd St	2 D5
South 6th St	2 D5
South 7th St	2 D5
South 8th St	2 D5
South 10th St	2 D5 e 4 E1
South 11th St	2 E5 e 4 E1
South 13th St	2 E5
South 15th St	2 E4 e 4 E1
South 17th St	2 F5 e 4 E1
South Bruce St	2 F4 e 4 F1
South Eastern Ave	2 F4 e 4 F1
South Grand Central Pkwy	1 C3
South Highland Dr	3 B3
South Main St	1 C5
South Martin Luther King Blvd	1 C3
South Maryland Pkwy	2 E5 e 4 E1
South Rancho Dr	1 B3 e 3 C1
South Tonopah Dr	1 B4
South Valley View Blvd	3 B2
Spencer St	2 F5 e 4 E3
Spring Mountain Rd	3 A2
Stardust Rd	3 C2
Stella Lake St	1 C1
Stewart Ave	2 E3
Stober Blvd	3 A2
Stocker St	2 D1
Strong Dr	1 A5
Sunrise Ave	2 F4
Sweeney Ave	2 D5
Swenson St	4 D2

T

Tamarus St	4 E3
Tara Ave	3 A1
Theresa Ave	2 F2
Tompkins Ave	3 A4
Tonopah Dr	1 B1
Travis St	2 D1
Twain Ave	3 A3

U

University Rd	4 E4

V

Van Patten Place	2 D5 e 4 D1
Vegas Dr	1 A1
Vegas Valley Dr	4 D1
Veterans Memorial Dr	2 D3
Viking Rd	3 B3
Virginia City Ave	1 B2

W

Waldman Ave	1 B5
West Bonanza Rd	1 A2
West Boston Ave	1 C5 e 3 C1
West Charleston Blvd	1 A4
West Chicago Ave	1 C5 e 4 D1
West Desert Inn Rd	3 A2
West Flamingo Rd	3 A3
West Harmon Ave	3 A4
West Lake Mead Blvd	1 B1
West McWilliams St	1 C2
West Mesquite Ave	1 B3
West New York Ave	1 C5
West Oakey Blvd	1 A5 e 3 B1
West Owens Ave	1 C1
West Philadelphia Ave	1 C5 e 4 D1
West Russell Rd	3 A5
West Sahara Ave	3 A1
West St Louis Ave	1 C5 e 3 C1
West Tropicana Ave	3 A4
West Washington Ave	1 A2
West Wyoming Ave	1 C5
West University Ave	3 A3
Western Way	1 B5 e 3 C1
Wilmington Way	3 B1
Wynn Rd	3 A2

Y

Yale St	2 E1

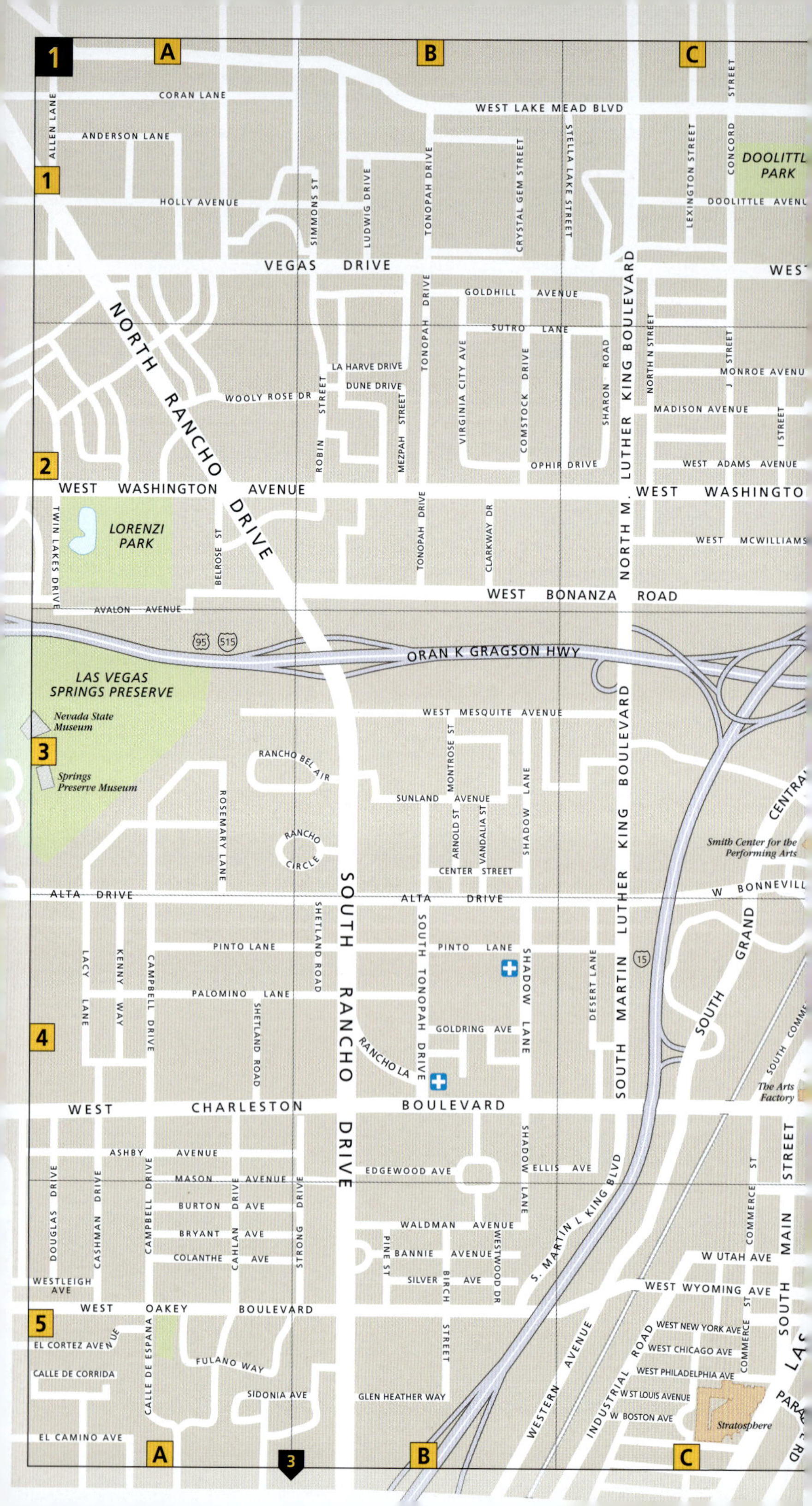

1
A
B
C
CORAN LANE
ALLEN LANE
ANDERSON LANE
WEST LAKE MEAD BLVD
STELLA LAKE STREET
CRYSTAL GEM STREET
TONOPAH DRIVE
LUDWIG DRIVE
SIMMONS ST
LEXINGTON STREET
CONCORD STREET
DOOLITTLE PARK
DOOLITTLE AVENUE
HOLLY AVENUE
VEGAS DRIVE
WEST
GOLDHILL AVENUE
SUTRO LANE
NORTH RANCHO DRIVE
LA HARVE DRIVE
DUNE DRIVE
WOOLY ROSE DR
ROBIN STREET
MEZPAH STREET
VIRGINIA CITY AVE
COMSTOCK DRIVE
SHARON ROAD
OPHIR DRIVE
NORTH N STREET
J STREET
MONROE AVENUE
MADISON AVENUE
I STREET
WEST ADAMS AVENUE
2
WEST WASHINGTON AVENUE
WEST WASHINGTON
TWIN LAKES DRIVE
LORENZI PARK
BELROSE ST
TONOPAH DRIVE
CLARKWAY DR
NORTH M. LUTHER KING BOULEVARD
WEST MCWILLIAMS
WEST BONANZA ROAD
AVALON AVENUE
95
515
ORAN K GRAGSON HWY
LAS VEGAS SPRINGS PRESERVE
Nevada State Museum
3
Springs Preserve Museum
WEST MESQUITE AVENUE
RANCHO BEL AIR
MONTROSE ST
SUNLAND AVENUE
SHADOW LANE
ROSEMARY LANE
RANCHO CIRCLE
ARNOLD ST
VANDALIA ST
CENTER STREET
SOUTH MARTIN LUTHER KING BOULEVARD
CENTRAL
Smith Center for the Performing Arts
ALTA DRIVE
ALTA DRIVE
W BONNEVILL
SOUTH RANCHO DRIVE
SHETLAND ROAD
PINTO LANE
PINTO LANE
SOUTH TONOPAH DRIVE
DESERT LANE
15
SOUTH GRAND
LACY LANE
KENNY WAY
CAMPBELL DRIVE
PALOMINO LANE
SHETLAND ROAD
SHADOW LANE
4
GOLDRING AVE
RANCHO LA
SOUTH COMMERCE
The Arts Factory
WEST CHARLESTON BOULEVARD
ASHBY AVENUE
MASON AVENUE
EDGEWOOD AVE
SHADOW LANE
ELLIS AVE
S. MARTIN L KING BLVD
DOUGLAS DRIVE
CASHMAN DRIVE
CAMPBELL DRIVE
BURTON AVE
CAHLAN DRIVE
STRONG DRIVE
BRYANT AVE
COLANTHE AVE
WALDMAN AVENUE
WESTWOOD DR
PINE ST
BANNIE AVENUE
COMMERCE ST
MAIN STREET
W UTAH AVE
WESTLEIGH AVE
SILVER AVE
BIRCH STREET
WEST WYOMING AVE
WEST OAKEY BOULEVARD
5
EL CORTEZ AVENUE
CALLE DE CORRIDA
CALLE DE ESPANA
FULANO WAY
SIDONIA AVE
GLEN HEATHER WAY
WESTERN AVENUE
INDUSTRIAL ROAD
WEST NEW YORK AVE
WEST CHICAGO AVE
WEST PHILADELPHIA AVE
W ST LOUIS AVENUE
W BOSTON AVE
COMMERCE ST
SOUTH
Stratosphere
PARA
RD
EL CAMINO AVE
A
3
B
C

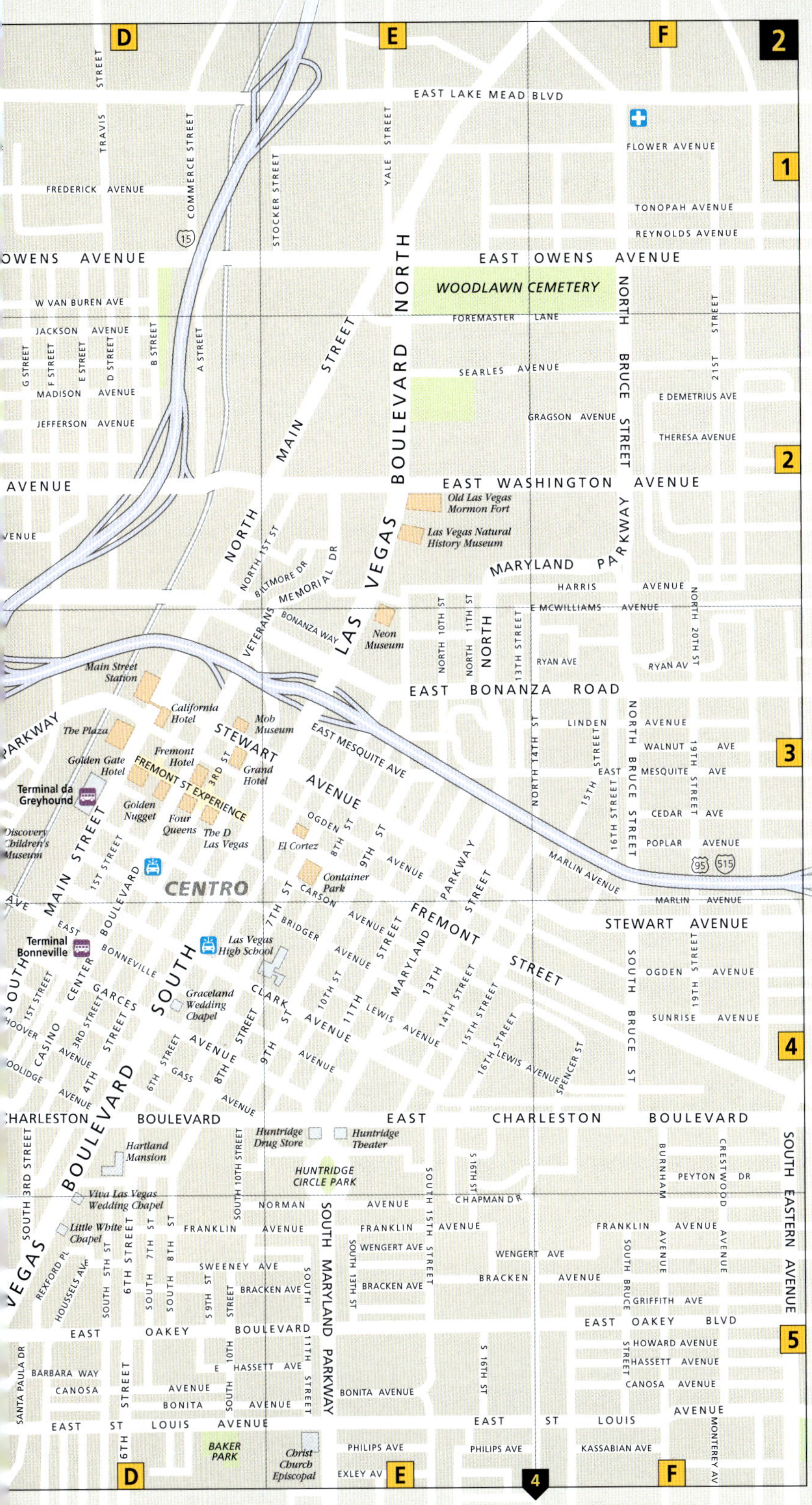

D
E
F
2
1
2
3
4
5
4
EAST LAKE MEAD BLVD
FLOWER AVENUE
TONOPAH AVENUE
REYNOLDS AVENUE
TRAVIS STREET
COMMERCE STREET
FREDERICK AVENUE
15
STOCKER STREET
YALE STREET
OWENS AVENUE
EAST OWENS AVENUE
WOODLAWN CEMETERY
FOREMASTER LANE
W VAN BUREN AVE
JACKSON AVENUE
G STREET
F STREET
E STREET
D STREET
B STREET
A STREET
MADISON AVENUE
JEFFERSON AVENUE
SEARLES AVENUE
GRAGSON AVENUE
E DEMETRIUS AVE
THERESA AVENUE
21ST STREET
NORTH BRUCE STREET
NORTH MAIN STREET
LAS VEGAS BOULEVARD NORTH
AVENUE
EAST WASHINGTON AVENUE
Old Las Vegas Mormon Fort
Las Vegas Natural History Museum
VENUE
NORTH 1ST ST
BILTMORE DR
MEMORIAL DR
VETERANS
MARYLAND PARKWAY
HARRIS AVENUE
E MCWILLIAMS AVENUE
NORTH 20TH ST
BONANZA WAY
Neon Museum
NORTH 10TH ST
NORTH 11TH ST
NORTH
13TH STREET
RYAN AVE
RYAN AV
EAST BONANZA ROAD
Main Street Station
California Hotel
Mob Museum
PARKWAY
The Plaza
STEWART AVENUE
EAST MESQUITE AVE
LINDEN AVENUE
NORTH 14TH ST
WALNUT AVE
19TH STREET
Fremont Hotel
Golden Gate Hotel
FREMONT ST EXPERIENCE
3RD ST
Grand Hotel
EAST MESQUITE AVE
15TH STREET
16TH STREET
NORTH BRUCE STREET
Terminal da Greyhound
Golden Nugget
Four Queens
The D Las Vegas
OGDEN ST
8TH ST
9TH ST
AVENUE
CEDAR AVE
POPLAR AVENUE
Discovery Children's Museum
MAIN STREET
1ST STREET
El Cortez
95
515
MARLIN AVENUE
Container Park
CARSON ST
PARKWAY
STREET
CENTRO
AVE
MARLIN AVENUE
EAST
BOULEVARD
7TH
BRIDGER AVENUE
AVENUE
FREMONT STREET
STEWART AVENUE
Terminal Bonneville
BONNEVILLE
Las Vegas High School
STREET
MARYLAND
13TH
OGDEN AVENUE
19TH STREET
SOUTH
1ST STREET
CENTER
GARCES
SOUTH
Graceland Wedding Chapel
CLARK
10TH ST
11TH
LEWIS
14TH STREET
15TH STREET
16TH STREET
SUNRISE AVENUE
SOUTH BRUCE ST
HOOVER
3RD STREET
STREET
CASINO
AVENUE
AVENUE
8TH STREET
AVENUE
9TH ST
AVENUE
LEWIS AVENUE
SPENCER ST
COOLIDGE
AVENUE
4TH
6TH STREET
GASS
8TH
AVENUE
BOULEVARD
CHARLESTON BOULEVARD
EAST CHARLESTON BOULEVARD
SOUTH EASTERN AVENUE
Huntridge Drug Store
Huntridge Theater
SOUTH 10TH STREET
Hartland Mansion
HUNTRIDGE CIRCLE PARK
S 16TH ST
BURNHAM
CRESTWOOD
PEYTON DR
SOUTH 3RD STREET
BOULEVARD
Viva Las Vegas Wedding Chapel
NORMAN AVENUE
SOUTH 15TH STREET
CHAPMAN DR
Little White Chapel
ST
ST
FRANKLIN AVENUE
FRANKLIN AVENUE
FRANKLIN AVENUE
AVENUE
AVENUE
VEGAS
REXFORD PL
HOUSSELS AVE
SOUTH 5TH ST
6TH STREET
SOUTH 7TH ST
SOUTH 8TH
SWEENEY AVE
S 9TH ST
STREET
BRACKEN AVE
SOUTH MARYLAND PARKWAY
SOUTH 13TH ST
WENGERT AVE
BRACKEN AVE
WENGERT AVE
BRACKEN AVENUE
SOUTH BRUCE
GRIFFITH AVE
EAST OAKEY BOULEVARD
EAST OAKEY BLVD
HOWARD AVENUE
STREET
HASSETT AVENUE
SANTA PAULA DR
BARBARA WAY
CANOSA
STREET
AVENUE
10TH
E HASSETT AVE
11TH STREET
S 16TH ST
CANOSA AVENUE
BONITA AVENUE
SOUTH
AVENUE
BONITA AVENUE
EAST ST LOUIS AVENUE
EAST ST LOUIS AVENUE
MONTEREY AV
6TH
BAKER PARK
Christ Church Episcopal
PHILIPS AVE
PHILIPS AVE
KASSABIAN AVE
EXLEY AV

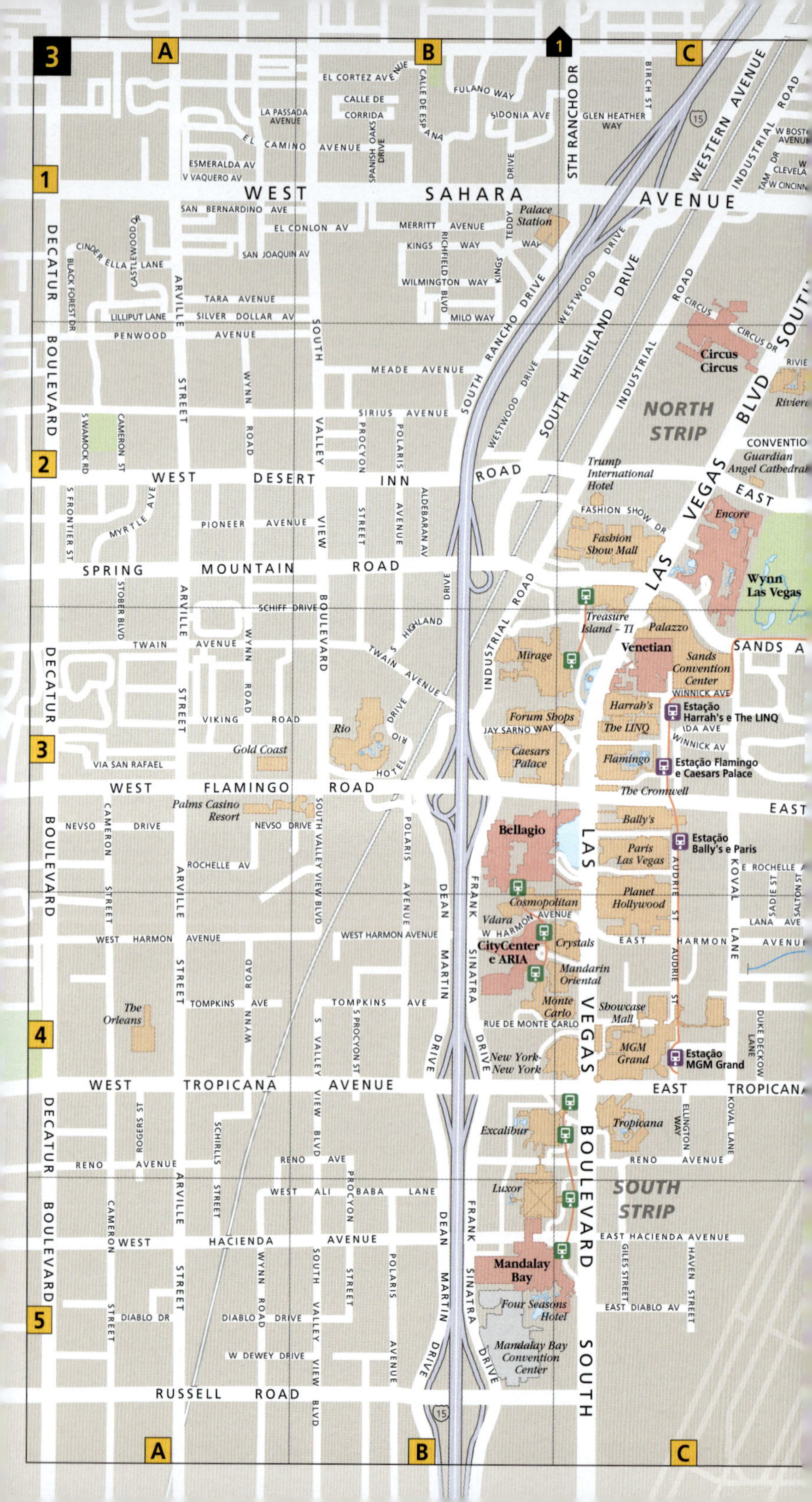
3
A
B
1
C
1
2
3
4
5
EL CORTEZ AVE
FULANO WAY
CALLE DE ESPANA
CALLE DE CORRIDA
LA PASSADA AVENUE
SIDONIA AVE
GLEN HEATHER WAY
BIRCH ST
EL CAMINO AVENUE
SPANISH OAKS DRIVE
ESMERALDA AV
V VAQUERO AV
5TH RANCHO DR
WESTERN AVENUE
INDUSTRIAL ROAD
W BOSTON AVENUE
W CLEVELAND
W CINCINNATI
TAM DR
15
WEST SAHARA AVENUE
SAN BERNARDINO AVE
EL CONLON AV
MERRITT AVENUE
Palace Station
TEDDY DRIVE
KINGS WAY
WAY
SAN JOAQUIN AV
CINDERELLA LANE
CASTLEWOOD DR
BLACK FOREST DR
RICHFIELD BLVD
KINGS
WILMINGTON WAY
TARA AVENUE
LILLIPUT LANE
SILVER DOLLAR AV
MILO WAY
PENWOOD AVENUE
SOUTH RANCHO DRIVE
WESTWOOD DRIVE
SOUTH HIGHLAND DRIVE
CIRCUS CIRCUS DR
Circus Circus
MEADE AVENUE
SIRIUS AVENUE
NORTH STRIP
Riviera
SOUTH LAS VEGAS BLVD
DECATUR BOULEVARD
ARVILLE STREET
WYNN ROAD
SOUTH VALLEY VIEW
PROCYON STREET
POLARIS AVENUE
SWAMOCK RD
CAMERON ST
CONVENTION
Guardian Angel Cathedral
WEST DESERT INN ROAD
EAST
Trump International Hotel
S FRONTIER ST
MYRTLE AVE
PIONEER AVENUE
ALDEBARAN AV
FASHION SHOW DR
Encore
Fashion Show Mall
SPRING MOUNTAIN ROAD
Wynn Las Vegas
STOBER BLVD
SCHIFF DRIVE
BOULEVARD
DRIVE
INDUSTRIAL ROAD
Treasure Island - TI
Palazzo
TWAIN AVENUE
S HIGHLAND
TWAIN AVENUE
Mirage
Venetian
Sands Convention Center
SANDS A
WINNICK AVE
Harrah's
Estação Harrah's e The LINQ
VIKING ROAD
Rio
RIO DRIVE
Forum Shops
JAY SARNO WAY
The LINQ
IDA AVE
WINNICK AV
Gold Coast
Caesars Palace
Flamingo
Estação Flamingo e Caesars Palace
VIA SAN RAFAEL
HOTEL
WEST FLAMINGO ROAD
The Cromwell
EAST
Palms Casino Resort
NEVSO DRIVE
NEVSO DRIVE
SOUTH VALLEY VIEW BLVD
Bellagio
Bally's
Estação Bally's e Paris
Paris Las Vegas
ROCHELLE AV
E ROCHELLE A
KOVAL LANE
SADIE ST
SALTON ST
AUDRIE ST
Planet Hollywood
Cosmopolitan AVENUE
LANA AVE
DEAN MARTIN DRIVE
FRANK SINATRA DRIVE
Vdara
W HARMON
Crystals
WEST HARMON AVENUE
WEST HARMON AVENUE
EAST HARMON AVENUE
CityCenter e ARIA
Mandarin Oriental
The Orleans
TOMPKINS AVE
TOMPKINS AVE
Monte Carlo
Showcase Mall
RUE DE MONTE CARLO
S VALLEY VIEW BLVD
S PROCYON ST
New York-New York
MGM Grand
Estação MGM Grand
DUKE DECKOW LANE
LAS VEGAS BOULEVARD SOUTH
WEST TROPICANA AVENUE
EAST TROPICANA
ROGERS ST
SCHIRLLS STREET
Excalibur
Tropicana
ELLINGTON WAY
KOVAL LANE
RENO AVENUE
RENO AVE
RENO AVENUE
WEST ALI BABA LANE
Luxor
SOUTH STRIP
CAMERON STREET
WEST HACIENDA AVENUE
EAST HACIENDA AVENUE
GILES STREET
HAVEN STREET
Mandalay Bay
Four Seasons Hotel
EAST DIABLO AV
DIABLO DR
DIABLO DRIVE
W DEWEY DRIVE
Mandalay Bay Convention Center
RUSSELL ROAD
15

Las Vegas Map

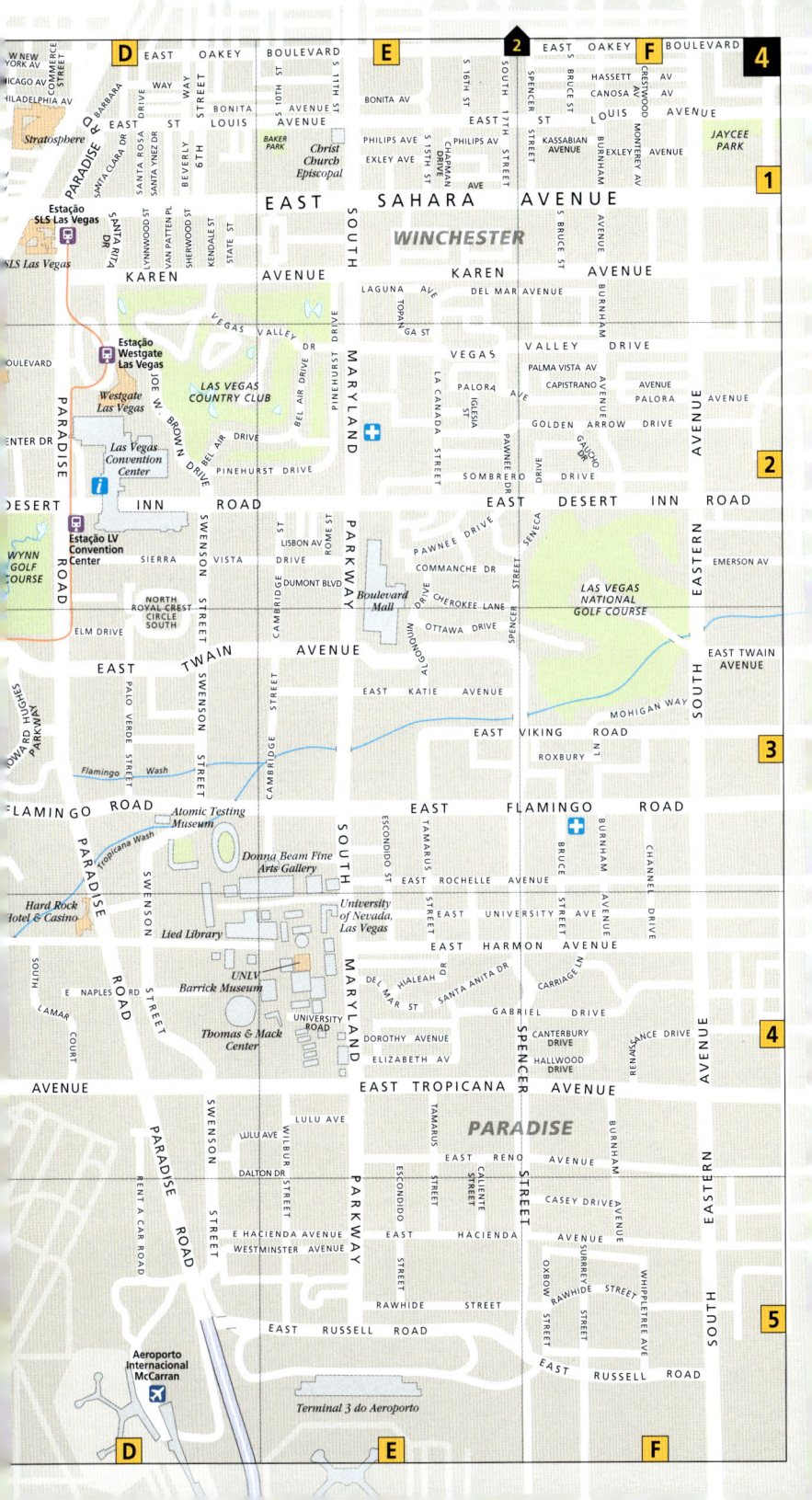

Grid D1
- New York Av
- Chicago Av
- Philadelphia Av
- Stratosphere
- Paradise
- East St
- Santa Clara Dr
- Santa Rosa Dr
- Santa Ynez Dr
- Beverly Way
- 6th St
- Bonita Louis Avenue
- East Oakey Boulevard
- Commerce St
- Barbara

Grid E1
- 10th St
- 11th Street
- Baker Park
- Bonita Av
- Philips Ave
- Exley Ave
- 15th St
- Chapman Drive
- Philips Av
- Christ Church Episcopal
- South 17th Street
- Spencer St
- S 16th St

Grid F1
- East Oakey Boulevard
- Bruce St
- Hassett Av
- Canosa Av
- Crestwood Av
- Louis Avenue
- Kassabian Avenue
- Burnham Av
- Exley Av
- Monterey Av
- Jaycee Park

East Sahara Avenue

Winchester

Grid D (mid)
- Estação SLS Las Vegas
- SLS Las Vegas
- Santa Rita Dr
- Lynnwood Ln
- Van Patten Pl
- Sherwood St
- Kendale St
- State St
- Karen Avenue

Grid E (mid)
- South Maryland Parkway
- Karen Avenue
- Laguna Ave
- Topanga St
- Del Mar Avenue

Grid F (mid)
- S Bruce St
- Burnham Avenue
- Karen Avenue

Grid 2
- Estação Westgate Las Vegas
- Westgate Las Vegas
- Las Vegas Convention Center
- Estação LV Convention Center
- Joe W. Brown Drive
- Vegas Valley Dr
- Las Vegas Country Club
- Bel Air Drive
- Pinehurst Drive
- Pinhurst Drive
- Bel Air Drive
- Lisbon Av
- Rome St
- La Canada Street
- Iglesia St
- Vegas Valley Drive
- Palma Vista Av
- Capistrano Avenue
- Palora Av
- Palora Avenue
- Golden Arrow Drive
- Galgo Dr
- Pawnee Drive
- Sombrero Dr
- East Desert Inn Road
- Seneca

Grid 2/3
- Wynn Golf Course
- Desert Inn Road
- Sierra Vista
- Cambridge Street
- Dumont Blvd
- North Royal Crest Circle South
- Elm Drive
- Swenson Street
- Pawnee Drive
- Commanche Dr
- Cherokee Lane
- Ottawa Drive
- Algonquin Drive
- Boulevard Mall
- Spencer St
- Las Vegas National Golf Course
- Emerson Av
- Eastern Avenue

East Twain Avenue

Grid 3
- Howard Hughes Parkway
- Palo Verde Street
- Flamingo Wash
- Swenson Street
- Cambridge Street
- East Katie Avenue
- East Viking Road
- Mohigan Way
- Roxbury Ct
- South Channel Drive

East Flamingo Road

Grid 4
- Paradise Road
- Tropicana Wash
- Atomic Testing Museum
- Donna Beam Fine Arts Gallery
- Hard Rock Hotel & Casino
- Swenson Street
- Lied Library
- University of Nevada, Las Vegas
- UNLV Barrick Museum
- Thomas & Mack Center
- University Road
- South Lamar Court
- E Naples Road
- South Maryland Parkway
- Escondido St
- Tamarus St
- East Rochelle Avenue
- East University Ave
- East Harmon Avenue
- Del Mar St
- Hialeah Ave
- Santa Anita Dr
- Dorothy Avenue
- Elizabeth Av
- Bruce Street
- Burnham Avenue
- Gabriel Drive
- Carriage Ln
- Canterbury Drive
- Hallwood Drive
- Spencer Street
- Renaissance Drive
- Channel Drive
- Eastern Avenue

East Tropicana Avenue

Paradise

Grid 4/5
- Paradise Road
- Rent A Car Road
- Swenson Street
- Lulu Ave
- Wilbur Street
- Lulu Ave
- Dalton Dr
- South Maryland Parkway
- Escondido Street
- Tamarus Street
- East Reno Avenue
- Caliente Street
- Burnham Avenue
- Casey Drive
- E Hacienda Avenue
- East Hacienda Avenue
- Surrey Street
- Westminster Avenue
- Rawhide Street
- Oxbow Street
- Rawhide Street
- Whippletree Ave
- South Eastern Avenue

Grid 5
- Aeroporto Internacional McCarran
- East Russell Road
- Terminal 3 do Aeroporto
- East Russell Road

Índice Geral

Os números de página em **negrito** referem-se às entradas principais.

18b Arts District 12, 69, **76**
24-7 Entertainment Limousines 178, 179

A
Abercrombie & Fitch 128
Absinthe (Caesars Palace) 137, 139
Academias **146**
Ação de Graças 34
Achados e perdidos 170
Adventuredome (Circus Circus) 11, 13, 27, **66-7**, 163
Aéreas, viagens **176-7**
Aeroportos 176-7
Agassi, Andre 29
Agua Canyon (Bryce Canyon National Park) 106
Alamo 181
Albertsons 178, 179
Aldo 128
Alfândega 176
Allegiant Air 176, 177
Alta Drive 87, 93
Alta Ham Fine Arts Building (UNLV) 88-9
Aluguel
 bicicletas **179**
 carros **181**
American Airlines 176, 177
American Association of Retired Persons (AARP) 169
American Automobile Association (AAA) 112, 180, 181
American College Theater Festival (UNLV) 89
American Express 172, 173
Americans with Disabilities Act (ADA) 135
Anassazes, índios 19, 88
Anderson, Louie 138, 139
Angel Park 148, 149
Ano-Novo 35
Ano-Novo Chinês 35
Anthony Cools (Paris Las Vegas) 138, 139
Antiguidades **132**, 133
Antique Alley 78
Antique Square 132, 133
Antiquities International 133
Apache, Hotel 23
Apostas em corridas e esportes **157**
Apple 128
Aquáticos, esportes **146-7**
 lago Mead 84
Arco do Triunfo (Paris Las Vegas) 48, 91
ARIA Hotel and Casino (CityCenter) 25, 39, 41, **49**, 116
 Zarkana 13, **136**
Armijo, Antonio 20
Around the Clock Child Care 163, 165
Arredores de Las Vegas **94-109**
 hotéis 115, 117
 mapa 96-7
 restaurantes 125
 viagens 97
Art in the Park (Boulder City) 34
Arte e artesanato **133**
Artemus Ham Concert Hall (UNLV) 89, 141
Artes performáticas **140-1**
 veja também Teatros e outros palcos
Artistas 29
Artistas permanentes **138**
Arts Factory, The 69, **78**
Artsy Nannies 163, 165
AT&T 174, 175
Atomic Testing Museum (UNLV) 89
Audubon, Sociedade 147
Australian Bee Gees Show (Excalibur) 137, 139
Avis 181

B
B – A Tribute to the Beatles (Planet Hollywood) 137, 139
Babá, serviços de **162-3**
Bacará **157**
Badlands Golf Club 148, 149
Badlands Saloon 145
Badwater (Vale da Morte) 109
Balé e música clássica **141**
Bali Hai Golf Club 148, 149
Bally Gaming Corporation 53
Bally's 16, 24-5, 39, 41, **53**, 116
 Country Superstars 137, 139
 Jubilee! 16, 53, 137, 139
 Tony 'n' Tina's Wedding 138, 139
Bancos e Moeda **172-3**
Bares esportivos 142, 143
 veja também Casas noturnas, lounges e bares
Barkley, Charles 29
Barrick Corporation 72
Barstow 107
Bazares de troca **131**
Bearcom 174, 175
Beatles, The 64
Bell Trans 179
Bellagio 10, 25, 27, 28, 39, 41, **50-1**, 116
 Bellagio Gallery of Fine Art 50, 91
 casamentos 30, 158-9
 Conservatory 12, 50, 91
 Fontes do Bellagio 12, 26, 27, 40, 51, 91, 135
 Hyde Bellagio 142, 143
 "O" 10, 50, 136, 139
 passeios 91
 Via Bellagio 10, 51, 91, **129**
Bennett, Tony 140
Bennett, William 66
Best Buy 133
Best Western 112, 113
Bicicletas 146, 178, **179**
Big 5 Sporting Goods 147
Big Apple, The (New York-New York) 13, 164
Big Bus Tours 13, 178, 179
Big League Weekend 32
Big Shot (Stratosphere) 65, **164**
Big Six **154**
Bilionários **28**
Bingo **153**
Binion, Benny 23, 29
Binion's 23, 29
Binion's Horseshoe veja Binion's
Bishop, Joey 29
Black Box Theater (UNLV) 141
Black Mountain Golf Course 149
Blackjack **154**
Block 16 21
Blue Man Group (Monte Carlo) 45, 134, 138, 139
Blue Martini 142, 143
Bocelli, Andrea 51
Bodies: The Exhibition (Luxor) 11, 12, 13, 44, 90
Body English (Hard Rock Hotel & Casino) 142, 143
Body Shop 128
Bogart, Humphrey 29
Bomba atômica **24**
Bonaly, Surya 29
Bonanza Gift Shop 133
Bonneville Transit Center 178, 179
Bonnie Springs Ranch 11, 13, 81, **83**
Borgnine, Ernest 31
Boulder City 21, 81, **84**
 Art in the Park 34
 como chegar 180
 restaurantes 123
Boulder Dam Hotel (Boulder City) 84
Boulder Dam veja Hoover Dam
Boulder Station 151
Boulevard Mall 127
Boyd Gaming 72
Brad Garret's Comedy Club (MGM Grand) 138, 139
Brigham Young Winter Home Historic Site (St. George) 107
Bright Angel Trail (Grand Canyon National Park) 99, 101, **103**
Bringhurst, William 20
Broadway, shows da **138**, 139
 veja também Shows
Brooklyn, ponte do (New York-New York) 45, 90
Brown, Gordie 138, 139
Bryce Canyon National Park 94-5, 96, **106**
 como chegar 97
 hotéis 117
 restaurantes 125
Budget (aluguel de carro) 181
Budget Suites 112, 113
Bufês 118-9
Bugsy Siegel veja Siegel, Bugsy
Busch, Série 32

C
Caça-níqueis **153**
Caché 128
Caesars Palace 10, 24, 38, 39, 41, **52**, 87, 116
 Absinthe 137, 139
 casamentos 52, 159
 Colosseum 52, 91, 140, 141
 Elton John – The Million Dollar Piano 139
 Fall of Atlantis, show de fontes 128
 Forum Shops 10, **128-9**
 passeios 91
Caiaque 146
Caixas eletrônicos 172
 cassinos 151
Calico 107
Calico Hills (Red Rock Canyon) 82
California Hotel 69, 70, **72**, 74, 114
Callaway Golf Center 148, 149
Caminhadas **146**
 Bright Angel Trail 99, 101, 102, **103**
 Jackson Hole Mountain Guides 146, 147
 monte Charleston 11, **83**, 146
 North Kaibab Trail 99, 101, 102, 103
 Pine Creek Canyon 82, 146
 procedimento de segurança 171
 Red Rock Canyon 11, **82**, 146
 Snow Canyon State Park (St. George) 107
Caminhadas **179**
Campanile Tower (Venetian) 60, 61, 91
Campings e estacionamentos para trailers **113**
 Grand Canyon National Park 100-1
 Lake Mead Recreational Area 84
Canoagem veja Esportes aquáticos
Canyon Blaster (Circus Circus) 67

Cape Royal (Grand Canyon National Park) 103
Cape Royal Drive (Grand Canyon National Park) 103
Capelas
  Chapel of the Bells 31
  Chapel in the Clouds (Stratosphere) 159
  Chapel of the Flowers 31
  Chapel of Love 35
  Graceland Wedding Chapel 31
  veja também Casamentos
Capone, Al 79
Carlini, Trent 65
Carnaval Court (Harrah's) 56, 58
Carnival Midway (Circus Circus) 11, 66
Carros antigos, exposição (LINQ Hotel and Casino) 53
Carros
  aluguel **181**
  como chegar de **177**
  dirigir em Las Vegas **179**
  regras de trânsito **180**
  viagem pelos arredores de Las Vegas **180-1**
Cartões de crédito 172
  aluguel de carro 181
  compras 126
  perda ou roubo 170, 171
Cartões de débito **172**
Cartões de recarga **172**
Cartões telefônicos 174
Casa das garrafas (Rhyolite) 107
Casamentos **158-61**
  aspectos legais 158
  capelas **30-1**
  cerimônias civis 158, 159
  Elvis 30, 31, 158, 160
  festanças ao ar livre 159
  festanças em ambientes fechados 158-9
  gays e lésbicas 161
  incomuns 160
  pacotes de casamento e lua de mel 159, 160-1
  planejamento 161
  rápidos 160
  sobre rodas 160
  temáticos 159
Casas de câmbio 172
Casas noturnas, lounges e bares **142-3**
  bares esportivos 143
  boates independentes 142
  em hotéis 142
  saloons 143
  ultralounges 142-3
Cassinos 24-5, 56, 150-7
  horários 168
  veja também Jogo
Cathedral Rock (monte Charleston) 83
Cedar Breaks National Monument (Cedar City) 106
Cedar City 96, **106**
  Cedar Breaks National Monument 106
  como chegar 97
  Igreja de Pedra Mórmon 97
Cédulas bancárias 173
Celebridades **29**
Celulares **174**
Centaur Art Galleries (Fashion Show Mall) 128
Centro e Fremont Street 16, **68-79**
  Arredores da Fremont Street: Rua a Rua 70-1
  hotéis 114, 117
  mapa 69
  restaurantes 123

Centros de compras *veja* Shopping centers
Chaos (Circus Circus) 67
Charles Vanda Master Series 141
Charleston Heights Arts Center 141
Charleston, monte 11, 81, **83**
  atrações ao ar livre 165
  caminhadas 11, 83, 146
  campings e estacionamentos para trailers 113
  códigos telefônicos 174
  esportes aquáticos 147
  Mount Charleston Ranger Station 11, 146, 147
Charlie's Las Vegas 145
Cheapo Vegas 169
Chefs famosos 118, 119
Chenoweth, Kristin 141
Chevalier, Maurice 29
Chihuly, Dale 41, 50
Chinatown Plaza 133
Chrysler Building (New York-New York) 45, 90
Chuva em Las Vegas 34
Ciclismo 146, 178, **179**
Cinco de Mayo 32
CineCon Convention 32
Circus Circus 11, 22, 24, 55, 57, **66-7**, 114
  Adventuredome 11, 13, 27, **66-7**, 163
  aulas de jogos 151
  Carnival Midway 11, 66
Cirque du Soleil 10, 27, **136**, 139
  CRISS ANGEL Believe (Luxor) 44
  KÀ (MGM Grand) 136, 139
  LOVE (Mirage) 136
  Michael Jackson One (Mandalay Bay) 136
  Mystère (TI) 17, 59, 134, 136, 139
  "O" (Bellagio) 50, 136, 139
  Zarkana (ARIA) 136
  Zumanity (New York-New York) 136, 139
CityCenter 25, 28, 39, 41, **49**
Clapton, Eric 140
Clark County Amphitheater 141
Clark County Library Theater 141
Clark County Marriage License Bureau 158, 161
Clark County, códigos telefônicos 174
Clark, William A. 21
Claude, Georges 71
Clima em Las Vegas 32-5
  chuva 34
  horas de sol 33
  quando ir 168
  temperatura 35
Clooney, Rosemary 29
Cloud (Fashion Show Mall) 59
Coast Casinos 162, 165
Códigos telefônicos 174
Cody, Buffalo Bill 73
Colorado, planalto do 98
Colorado, rio 84, 85, 98, 101
  pesca 147
Colosseum (Caesars Palace) 52, 91, 140, 141
Colter, Mary E. J. 102, 103
Comediantes e clubes de comédia 138, 139
Commercial Center 144, **145**
Commissioner of Civil Marriages 158, 161
Companhias aéreas 176, **177**

Compras **126-33**
  antiguidades **132**, 133
  arte e artesanato **133**
  bazares de troca 130, **131**
  casas de penhor 130, **131**
  eletrônicos **133**
  estacionamento 127
  Fora do Centro 127
  horário comercial 126
  hotéis 128-9
  impostos 126
  liquidações 126
  lojas de departamentos 127, 128
  lojas de descontos **131**
  lojas de fábrica 130-1
  lojas especializadas 132-3
  material para jogo **132**
  outlets 130-1
  pacotes para remessa 126-7
  pagamento 126
  presentes e suvenires **132-3**
  produtos asiáticos 133
  Roteiros em Las Vegas 10
  troca e devolução 126
  veja também Shopping centers
Comunicação e Mídia **174-5**
Con Arts 133
Condores-da-califórnia **103**
Conservatory (Bellagio) 12, 50, 91
Consulados 171
Consumer Electronic Show (CES) 35
Cools, Anthony 138, 139
Cooper, Gary 29
Copperfield, David 46, 136, 138, 139
Cordova, Eduardo 145
Corn Creek Field Station 147
Correio 175
Corrida *(jogging)* 146
Cosmopolitan of Las Vegas, The 25, 39, 41, **48**
  Marquee 142, 143
Costco 131
Country Superstars (Bally's) 137, 139
Courtyard 112, 113
Cowabunga Bay 165
Cox Pavilion (UNLV) 88
Craps **152**
Crawford, Joan 64
Crazy Girls (Riviera) 64, 137, 139
Creche *veja* Babá, serviços de
Crianças **162-5**
  atrações em hotéis 163-4
  creche e babás 162-3
  descontos 162
  esportes e atividades ao ar livre 165
  fontes de informações 162
  GameWorks 164
  museus 164-5
  tabus 163
  Um Dia em Família 11
  viagem com 162, 169
Crime 170
CRISS ANGEL Believe (Luxor) 44
Cromwell, The 25, 39, 41, **53**, 116
  Drai's 142, 143
  GIADA 41, 53, 121
Crystal Palace 165
Crystals, no CityCenter 49
CSI: The Experience (MGM Grand) 10, 13, 46

D

D Las Vegas 69, 71, **74**
  Marriage Can Be Murder 74
Dalí, Salvador 128
Dalitz, Morris "Moe" 22, 28
Dane, Taylor 140

Dante 109
Dante's View (Vale da Morte) 109
David Copperfield 46, 136, 138, 139
Davis Jr., Sammy 23, 29
De Angelo, Beverly 31
Death Valley National Park 107
Dentistas 171
Descontos
  compras *veja* Outlets
  crianças 134, **162**
  idosos 134, 169
  ingressos **134-5**
  veja também Eventos gratuitos
Desert Cab 179
Desert Inn 22, 23, 28, 56
Desert Research Institute (UNLV) 89
Desert View (Grand Canyon) 103
Desert View Drive (Grand Canyon) 98, 101, 102
DHL 127, 175
Dia em Família, Um 11
Diamond, Neil 137, 139
DiCaprio, Leonardo 28, 29
Dillard's 59, 127, 128
Diner's Club 172, 173
Dinheiro **172-3**
Dion, Celine 29
Dirigir
  em Las Vegas **179**
  Fuja da rua do neon 87, **92-3**
  nos arredores de Las Vegas **180-1**
  veja também Carros; Passeios
Discovery Children's Museum 69, **78-9**, 164, 165
Disk'O (Circus Circus) 67
Divas Starring Frank Marino (LINQ) 137, 139
Diversão **134-45**
  adultos 137, 139
  artistas permanentes **138**, 139
  balé e música clássica 141
  bares 142, 143
  casas noturnas, lounges e bares **142-3**
  Cirque du Soleil **136**, 139
  comédia 138, 139
  crianças **163-5**
  descontos em ingressos 134-5
  espetáculos em cassinos **136-9**
  eventos gratuitos 135
  gays e lésbicas **144-5**
  imitadores e ilusionistas 138, 139
  informações 134
  ingressos 134
  locais de apresentações teatrais **140-1**
  lounges 142-3
  mágica 138, 139
  música **140-1**
  musicais **136-7**
  pop e rock **140-1**
  portadores de deficiência 135, 168
  saloons 143
  shows da Broadway **138**, 139
  shows de variedades **138**
  teatro **141**
  teatro de revista 137, 139
Diversão para adultos **137**
Diversão para gays e lésbicas **144-5**
  a Strip 145
  Commercial Center 145
  Gay and Lesbian Community Center 144, 145
  Gay Quarter 144
  informações 144
  Lambda Business and Professional Association 144
Divórcios rápidos 21
Donna Beam Fine Arts Gallery (UNLV) 88-9

Donny and Marie (Flamingo Las Vegas) 138, 139
Downtown Cocktail Room 142, 143
Downtown Container Park 13, 69, **78**
Downtown Grand Las Vegas 69, **75**, 114
Downtown Summerlin 127, **128**
Drai, Victor 145
Drai's (The Cromwell) 142, 143
Dunas 22, 28
Dylan, Bob 140

E

Eagle 144, 145
Earth, Wind and Fire 140
Eastwood, Clint 30
Edwards Air Force Base 107
Einstein, Albert 89
El Cortez 69, 71, **78**, 114
El Loco (Circus Circus) 67
El Rancho Vegas 21, 28, 56
El Tovar Hotel (Grand Canyon) 102
Electric Daisy Carnival 33
Eletrônicos **133**
Elton John – The Million Dollar Piano (Caesars Palace) 139
Elvis, imitadores de 30, 31, 160
Embassy Suites 112, 113
Emergências 170, 171
Eminem 29
Empire State Building (New York-New York) 45, 90
Empresários **28**
Empresas de jogos
  Bally Gaming Corporation 53
  Barrick Corporation 72
  Boyd Gaming 72
  Coast Casinos 162, 165
  Station Casinos 162, 165
Enchentes 82, 170, 171, 180
Encore Las Vegas *veja* Wynn Encore
Encore Theater (Wynn Las Vegas) 63
EnGAYged 161
Esplanade (Wynn Las Vegas) *veja* Wynn Esplanade
Espetáculos em cassinos **136-7**, 139
Esportes e atividades ao ar livre **146-9**
  academias 146, 147
  caminhada e montanhismo 146, 147
  ciclismo 146
  corrida 146
  crianças 165
  esportes aquáticos 146-7
  esportes de inverno 147
  golfe 148-9
  observação de pássaros 147
  patinação 146
  pesca 147
  recreação em hotéis 146
  veja também Eventos esportivos
Esportes para apostar *veja* Apostas em corridas e esportes
Esportivas, personalidades **29**
Esqui 147
  cânion Lee 147
  monte Charleston 83
Estacionamento 179
Estátua da Liberdade (New York-New York) 40, 45, 90
Estudantes **169**
Estúdios *veja* Galerias de arte; Museus
Ethel M Chocolates (Henderson) 84
Eventos esportivos
  Big League Weekend 32
  Busch Series 32
  March Mayhem 32
  Mountain West Conference Basketball Tournament 88
  NASCAR Camping World Truck Series 33

Eventos esportivos (cont.)
  NASCAR Weekend 32
  National Finals Rodeo (UNLV) 34, 88
  Nextel Cup 32
  Pro Bull Riders Final (UNLV) 34
  Rock 'n' Roll Las Vegas Marathon 34
  Royal Purple Las Vegas Bowl 34
  Shriners Hospitals for Children Open 34, 149
  Super Bowl Weekend 35
  World Series of Poker 29, 33, 52, 155
Eventos gratuitos **135**
Everything Coca-Cola (Showcase Mall) 46
Excalibur 11, 25, 39, 40, **44**, 114
  aulas de jogo 151
  Australian Bee Gees Show 137, 139
  casamentos 160
  crianças 164
  Tournament of Kings 11, 162, 164
EXPRESS 128

F

Fall of Atlantis, show de fontes (Caesars Palace) 128
Famosos, visitantes e residentes **28-9**
Fantastic Indoor Swap Meet 131
Fantasy (Luxor) 137, 139
Fashion Outlets of Las Vegas **130**, 131
Fashion Show Mall 10, 16, 54, 55, 56, **59**, 126, 127, **128**, 129
Fator, Terry 138, 139
Fazio, Tom 149
Federal Express 175
Feriados 35
Festivais **32-5**
Fiesta Rancho 165
Fiori di Como (Chihuly) 50
Flamingo Las Vegas 8-9, 16, 19, 22, 28, 39, 41, **53**, 114
  casamentos 30, 159
  Donny and Marie 138, 139
  Legends in Concert 137, 139
Flashlight (Oldenburg) 89
Fontana di Trevi (Caesars Palace) 52
Fontana del Tritone (Caesars Palace) 52
Fontes do Bellagio 26, 27, 40, 51, 91, 135
Forever 21 59
Forum Shops (Caesars Palace) 10, 41, 52, **128-9**
Four Queens 69, 70, **73**, 114
Four Seasons 42
Fourth of July 33
Freezone 144, 145
Fremont East District 12, 69, 71, **75**
Fremont Hotel 24, 69, 70, **74**, 114
Fremont Street 22-3
  veja também Centro e Fremont Street
Fremont Street Experience 10, 12, 13, 17, 27, 69, 70, 71, **74-5**, 76-7
  SlotZilla Zipline 70, 75, 164
  Viva Vision Light Show 135
Fremont, John C. 20
Frontier Homestead State Park Museum (Cedar City) 106
Fry's Electronics 133
FunHog Ranch 144, 145
Funk House 132, 133
Furnace Creek (Vale da Morte) 109

G

Galerias de arte
  Arts Factory, The **78**
  Bellagio Gallery of Fine Art (Bellagio) 50, 91
  Centaur Art Galleries (Fashion Show Mall) 128
  Donna Beam Fine Arts Gallery 88-9
  horários de funcionamento 168

ÍNDICE GERAL | **191**

Galerias *veja* Galerias de arte, Museus
Galleria at Sunset 127
Gambler's Book Club 132, 133
Gamblers General Store 132, 133
Game Stop 128
GameWorks (Showcase Mall) 11, 128
Gângsteres e criminosos **28-9**
Garces, Francisco 19
Garden Arena (MGM Grand) 46, 140, 141
Garden of the Gods (Caesars Palace) 52
Gass, Octavius 20
Gaughan, Jackie 70, 72, 78
Gays e lésbicas 169
    casamentos 161
Gere, Richard 30
Get Booked 144, 145
ghostbar (Palms Casino Resort) 52, 142, 143
GIADA (The Cromwell) 41, 53, 121
Giancana, Sam 23
Gilley's Saloon (Treasure Island) 143
Glitter Gulch *veja* Fremont Street
Go-gos 140
Gold & Silver Pawn Shop 133
Gold Coast 165
    aulas de jogos 151
Golden Canyon (Vale da Morte) 109
Golden Gate Hotel 69, 70, **72**, 114
Golden Nugget 69, 70, **73**, 114
    aulas de jogos 151
    Gordie Brown 138, 139
GoldstarEvents 135
Golfe **148-9**
    clubes e campos 148-9
    informações 148
    preços 148
    Shriners Hospitals for Children Open 34, 149
    torneios 149
Gôndola, passeios de (Venetian) 27, 60, 135
Goodtimes Bar & Nightclub 144, 145
Gordie Brown (Golden Nugget) 138, 139
Graceland Wedding Chapel 31
Graf, Steffi 29
Grand Canal Shoppes (Venetian) 10, 91, **129**
Grand Canyon 27, 96, 97, **98-103**
    casamentos 160
    como chegar 97, 180
    hotéis 115
    North Rim 99, 100, **103**
    restaurantes 125
    roteiros 12, 13
    Skywalk 13, **99**
    South Rim 99, **102-3**
Grand Canyon Discount Flights and Ground Tours 181
Grand Canyon Lodge 100, 103
Grand Canyon National Park 98, **100-3**
    Bright Angel Trail 101, 102, **103**
    Desert View Drive 101, 102
    trilhas para caminhada 102-3
Grand Canyon Village **102**
Grande Canal (Venetian) 60
Grande Esfinge (Luxor) 44, 90
Grande Las Vegas, mapa 15
Grandview Point (Grand Canyon) 98, 102
Greek Food Festival 33
Green Valley Ranch Resort (Henderson) 84, 117
Green, Al 140
Greenbaum, Gus 22
Greyhound, ônibus da 70, 72, **177**
Ground Zero Theater (UNLV) 89
Grove, The, casamentos 159, 161

Guardian Angel Cathedral 30, 55, 57, **59**
Guess 128

H
H&M 128
Hakkasan (MGM Grand) 121, 142, 143
Halloween 34
Hard Rock Hotel & Casino 39, **47**, 117
    Body English 142, 143
    Joint 47, 140, 141
Harrah's 55, 56, **58**, 116
    Improv, The 58, 138, 139
    Rita Rudner 138, 139
Hartland Mansion 31, 92
Havasu Canyon 98
Havasupai, povo 98
Hawkins, Frank 93
Hayden, monte 101
Helicopter Weddings Las Vegas 160, 161
Helldorado Days 32
Henderson 81, **84**
    clubes e campos de golfe 149
    compras 127
    hotéis 115, 117
    restaurantes 123, 124, 125
Herbsts 93
Hermit Road (Grand Canyon National Park) 100, 102
Hermits Rest (Grand Canyon National Park) 100, 102
Hertz 181
Hidrelétrica, Hoover Dam 85
High Roller 12, 41, 53
Hilton, Paris 29
História de Las Vegas **18-25**
Hockney, David 91
Hoffa, Jimmy 22
Holiday Inn 23, 112, 113
Hollywood Theater (MGM Grand) 46
Hoover Dam 13, 21, 27, 80, 81, 84, **85**
    como chegar 180
Hoover Dam Museum (Boulder City) 84
Hopi House (Grand Canyon National Park) 102
Hopi Point (Grand Canyon National Park) 102
Hopi, índios 88, 102
Horários de funcionamento 168
    bancos 172
    cassinos 168
    museus e galerias 168
Hotéis **112-7**
    Arredores de Las Vegas 115, 117
    atrações para crianças 163-4
    Bryce Canyon 117
    casas noturnas 142, 143
    Centro e Fremont Street 114, 117
    compras 128-9
    despesas extras 113
    econômicos 114-5
    Fora do Centro 114-5, 117
    Grand Canyon 115
    Henderson 115, 117
    hotéis e motéis de rede 112-3, 115
    hotéis locais com cassino 112, 115
    luxuosos 116-7
    North Strip 114, 115-6
    recreação 146
    resorts e hotéis-cassino 112
    South Strip 114, 116
    tarifas 113
    temáticos *veja* Temáticos, hotéis e resorts
    Zion National Park 117
Hotéis de rede 112
HOTEL32 45

House of Blues (Mandalay Bay) 43, 140, 141, 143
Hughes, Howard 22, **23**, 24, 28, 83
Hull, Thomas 28
Huntridge Drug Store 92
Huntridge Theater 92
Hyatt Place 112, 113, 115
Hyde Bellagio 142, 143

I
Ice Box Canyon (Red Rock Canyon) 82
Idade para beber 163
Idosos **169**
    descontos em ingressos 134
Igreja de Pedra Mórmon (Cedar City) 96
Igrejas e catedrais
    Guardian Angel Cathedral **59**
    Igreja de Jesus Cristo dos Santos do Último Dia **107**
    Igreja de Pedra Mórmon (Cedar City) 97
Imitadores e ilusionistas 138, 139
Improv, The (Harrah's) 58, 138, 139
Índios antigos 19
Inferno (Dante) 109
Informação turística **168**
Ingressos **168**
    baratos 135
Insanity (Stratosphere) 65
Interestaduais, rodovias **180**
Interior do estado, como dirigir no 181
Internet **174**
Inverno em Las Vegas **34-5**, 168

J
Jackson Hole Mountain Guides 146, 147
Jackson, Michael 136
James, Etta 140
JCPenney 127
Jersey Boys (Palazzo) 136, 139
JJC Clocks & Antiques 132, 133
Jogo **150-7**
    anatomia de um cassino 151
    aulas 151
    bacará 157
    Big Six 154
    bingo 153
    blackjack 154
    caça-níqueis 153
    compras 132, 133
    corridas e esportes 157
    craps 152
    dicas 151
    etiqueta 151
    informação 150
    keno 157
    legalização 21
    máfia 22-3
    material para jogo **132**, 133
    pôquer 155-7
    roda da fortuna 154
    roleta 157
    World Series of Poker 33
    veja também Cassinos
John, Elton 29, 52, 136, 139, 140
Johnson, Albert 108
Joint (Hard Rock Hotel) 47, 140, 141
Jordan, Michael 30
Jornais **175**
Jubilee! (Bally's) 16, 53, 135, 137, 139
Judy Bayley Theater (UNLV) 89, 141
Juicy Couture 128
JW Marriott Hotel 117
    casamentos 159, 161

K
KÀ (MGM Grand) 136, 139

192 | ÍNDICE GERAL

Kaufman, Steve 128
Keno **157**
Kerkorian, Kirk 28
Keystone Thrust (Red Rock Canyon) 82
  caminhadas 146
Kids Quest 162, 165
King, B. B. 93
Kmart 131
Knight, Gladys 29
Kohl's 127
Kolb Studio (Grand Canyon National Park) 100, 103
Kolb, Ellsworth 100
Kolb, Emery 100

L

Lagasse Stadium (Palazzo) 122, 143
Lagos de Las Vegas 149
Lake Mead National Recreational Area 13, 21, 80, 81, **84**
  atrações ao ar livre 165
  campings e estacionamentos para trailers 113
  como chegar 180
  esportes aquáticos 146, 147
  Parade of Lights 34
  pesca 147
Lake of Dreams (Wynn Las Vegas) 62
Lambda Business and Professional Association 144, 145
Landmark, hotel 28
Las Vegas Academy 92
Las Vegas Age of Chivalry Renaissance Festival 34
Las Vegas Athletic Club 146, 147
Las Vegas Bass Pro Shops 147
Las Vegas Boat Harbor 147
Las Vegas Boulevard *veja* Strip, A
Las Vegas Civic Ballet 141
Las Vegas Convention and Visitors Authority (LVCVA) 134, 135, 168, 169
Las Vegas Convention Center 65
Las Vegas Cyclery 179
Las Vegas Golf and Tennis 148, 149
Las Vegas Hilton 23, 28, 29
Las Vegas Kids' Directory 162
Las Vegas Legends 45
Las Vegas Limousines 179
Las Vegas Little Theater 141
Las Vegas Lounge 145
Las Vegas Magazine 134
Las Vegas Main Post Office 175
Las Vegas Mini Gran Prix 165
Las Vegas Monorail 29, 178, 179
Las Vegas National Golf Club 148, 149
Las Vegas Natural History Museum 69, **79**, 164-5
Las Vegas Outlet Center **130**, 131
Las Vegas Paiute Golf Resort 148-9
Las Vegas Philharmonic Orchestra 140, 141
Las Vegas Premium Outlets 13, **130**, 131
Las Vegas Review Journal 175
Las Vegas Strip 28
Las Vegas Weddings 161
Las Vegas Weekly 134
Las Vegas
  Arredores de Las Vegas **94-109**
  atividades ao ar livre 146-9
  casamentos 158-61
  Centro e Fremont Street **68-79**
  clima 32-5
  códigos telefônicos 174
  compras 126-33
  crianças 162-5
  diversão 134-45
  esportes 146-9
  festivais 32-5
  Fora do Centro **80-5**

Las Vegas (cont.)
  história 18-25
  jogo 150-7
  mapa: Arredores de Las Vegas 96-7
  mapa: Centro de Las Vegas 16-7
  mapa: Fora do Centro 81
  mapa: Guia de Ruas 182-7
  mapa: Las Vegas Dentro do Mapa 14-5
  Neon **71**
  North Strip **54-67**
  South Strip **38-53**
Last Frontier 21
Lazer Blast (Circus Circus) 67
Le Boulevard (Paris Las Vegas) 129
Le Rêve (Wynn Las Vegas) 62-3, 137, 139
Lee, cânion para esqui 147
Legacy Chapel (MGM Grand) 159
Legacy Golf Club 149
Legends in Concert (Flamingo) 138, 139
Let it Ride, pôquer 156
Lewis, Jerry 29
Lewis, Ramsey 141
Liaison Nightclub 145
Liberace, Wladziu 29, 64
  Madame Tussaud's (Venetian) 17
  Walk of Stars 59
Lichtenstein, Roy 91
Lied Library (UNLV) 88
Life is Beautiful 34
Limites de velocidade 180
Limusines **179**
LINQ Hotel and Casino, The 12, 25, 39, 41, **53**, 116
  casamentos 160
  Divas Starring Frank Marino 137, 139
  exposição de carros antigos 53
  LINQ Promenade 10, 53
Lion Habitat Ranch (MGM Grand) 165
Little Church of the West 30
Little White Chapel 11, 160, 161
Livro de Mórmon **107**
Locais de apresentação *veja* Música e locais de apresentação
Lojas de departamentos 59, **127**, 128
Lojas de fábrica *veja* Outlets
Lojas especializadas **132-3**
  antiguidades **132**, 133
  arte e artesanato **133**
  eletrônicos **133**
  material para jogo **132**, 133
  presentes e suvenires **132-3**, 133
  produtos asiáticos 133
London Club, cassino (Planet Hollywood Resort & Casino) 48
Lookout Studio (Grand Canyon National Park) 102
Lost City Museum (Overton) 83
Louie Anderson (The Plaza) 138, 139
Lounges *veja* Casas noturnas, lounges e bares
LOVE (Mirage) 136
Luciano, Charles "Lucky" 79
Luxor 11, 12, 25, 39, 40, **44**, 90, 114
  aulas de jogo 151
  Bodies: The Exhibition 11, 12, 13, 44, 90
  CRISS ANGEL Believe 44, 139
  Fantasy 137, 139
  IMAX Theater 44
  Titanic: The Artifact Exhibition 12, 44, 90
Luzes e som, shows de
  Fall of Atlantis, show de fontes 128
  Fontes do Bellagio 26, 27, 40, 51, 91, 135
  Viva Vision Light Show (Fremont Street Experience) 10, 17, 71, 75, 76-7

M

M&M's World (Showcase Mall) 11, 46
Macy's 59, 127, 128
Madame Tussaud's (Venetian) 17, 61
Maddux, Greg 29
Máfia, ascensão e queda 22-3
Mágica, shows de 136, 138, 139
Main Street Station 69, 70, **72-3**, 110-1, 114
Main Street Station RV Park 113, 117
Mandalay Bay 11, 12, 13, 39, 40, **42-3**, 116
  aulas de jogo 151
  House of Blues 43, 140, 141, 143
  Michael Jackson One 136
  Minus 5 Ice Lounge 143
  Shark Reef 11, 12, 13, 27, 40, 42, **43**, 163
Mapas
  América do Norte 15
  Arredores de Las Vegas **96-7**
  capelas para casamento 30-1
  Centro de Las Vegas 16-7
  Centro e Fremont Street **69**
  Centro e Fremont Street: Rua a Rua 70-1
  Dois passeios a pé e um de carro 87
  Fora do Centro **81**
  Fuja da rua do neon 92-3
  Grand Canyon National Park 100-1
  Grande Las Vegas 15
  Guia de Ruas de Las Vegas 182-7
  Las Vegas Dentro do Mapa 14-5
  North Strip **55**
  North Strip: Rua a Rua 56-7
  Passeio de 90 minutos pela Universidade de Nevada, campus de Las Vegas (UNLV) 88-9
  Red Rock Canyon 82-3
  South Strip **38-9**
  South Strip: Rua a Rua 40-1
  transporte de Las Vegas *veja guarda posterior do livro*
  Vale da Morte 108-9
  Volta ao mundo a pé em duas horas 90-1
Marc Jacobs 128
Marc Savard Comedy Hypnosis 138, 139
March Madness 32
Mardi Gras 32
Maricopa Point (Grand Canyon National Park) 102
Marino, Frank 137, 139
Marquee (Cosmopolitan) 142, 143
Marriage Can Be Murder (D Las Vegas) 74
Marriott 112, 113
Martelo de Thor (Bryce Canyon National Park) 106
Martin, Dean 23, 29
Maryland Parkway 89
Masquerade Village (Rio) 52
Masquerade Village Shops (Rio) 129
Massacre do Dia de São Valentim (Chicago) 79
MasterCard 172, 173
Mastro's Ocean Club (Crystals Center) 49
Material para jogo **132**, 133
McCarran International Airport **176**, 177
  câmbio de moedas 172
McGuire, Phyllis 93
Média diária de horas de sol em Las Vegas 33
Médicas, emergências **170**
Medieval, castelo (Excalibur) 44
Memorial Day Weekend 32

Men's Apparel Guild in California (MAGIC) 33
Mentalist, The (Planet Hollywood) 138, 139
MGM Grand 10, 13, 23, 25, 28, 39, 40, **46**, 116
 Brad Garret's Comedy Club 138, 139
 casamentos 159
 CSI: The Experience 10, 13, 46
 David Copperfield 46, 136, 138, 139
 Garden Arena 46, 140, 141
 Hakkasan 121, 142, 143
 KÀ 136, 139
 Lion Habitat Ranch 165
Michael Jackson One (Mandalay Bay) 136
Mídia **174-5**
Mike O'Callaghan-Pat Tillman Memorial Bridge (Boulder City) 13, **84**
Miller, Johnny 148, 149
Minus 5 Ice Lounge (Mandalay Bay) 143
Miracle Mile (Planet Hollywood Hotel) 48, 129
Mirage, The 10, 12, 25, 55, 56, **58**, 117
 LOVE 136
 Siegfried & Roy's Secret Garden and Dolphin Habitat 10, 12, 13, 58, 164
Mitchell, cavernas (deserto de Mojave) 107
Mob Museum 12, 69, **79**
Moeda estrangeira, câmbio **172**
Moedas 173
Mohave, lago 147
Mojave, deserto de 93, 96, **107**
Moments to Cherish 161
Monet, Claude 50, 91
Monotrilho **178**, 179
Montanha-russa (New York-New York) 45
Montanhismo **146**
Monte Carlo 39, 40, **45**, 116
 aulas de jogo 151
 Blue Man Group 45, 134, 138, 139
 passeios 91
 Street of Dreams 91
Moody, Ernie 156
Morissette, Alanis 140
Mórmons 20, 79, 106, **107**
Morrish, Jay 149
Morro artificial (Wynn Las Vegas) 62
Moscow Grigorovich Ballet 141
Motéis **112**
Mountain West Conference de basquete 88
Muddy, rio 83
Museus
 Atomic Testing Museum (UNLV) 89
 Brigham Young Winter Home Historic Site 107
 Death Valley Museum (Vale da Morte) 109
 Discovery Children's Museum 69, **78-9**, 164, 165
 Frontier Homestead State Park Museum (Cedar City) 106
 Hoover Dam Museum (Boulder City) 84
 horários de funcionamento 168
 ingressos 168
 Las Vegas Natural History Museum **79**, 164-5
 Lost City Museum (Overton) 83
 Madame Tussaud's (Venetian) 61
 Mob Museum 12, 69, **79**
 Neon Museum 12, 69, **79**
 Nevada State Museum and Historical Society 93
 Tusayan Museum (Grand Canyon National Park) 101, 103
 UNLV Barrick Museum 39, **47**, 88

Música e artes performáticas **140-1**
 concertos 140-1
 música clássica e balé 141
 teatro 141
 veja também Teatros e outros palcos
Musicais e outros espetáculos **136-7**
Mystère (TI) 17, 58, 59, 134, 136, 139

N

NASCAR Camping World Truck Series 33
NASCAR Weekend 32
Natação 165
Natal 35
National Finals Rodeo 24, 34, 88
National Forest Service 113
National Park Service 169
Native American Arts Festival 32
Neil Diamond – The Tribute (Westgate) 137, 139
Neiman Marcus 16, 59, 127, 128
Neiman, LeRoy 128
Neon 175
Neon Museum 12, 69, **79**
Neon, letreiros de 16, **71**, 75
 antigos 68
 penas (Flamingo Las Vegas) 53
 Sassy Sally 71
 Vegas Vic 69
Neonopolis 71, 75
Nevada Ballet Theater 140, 141
Nevada Commission on Tourism 168, 169
Nevada Gay Rodeo Association 145
Nevada Highway Patrol 180, 181
Nevada State Museum and Historical Society 93
New Frontier 25
New York-New York 11, 13, 39, 40, **45**, 116
 Big Apple, The 13, **164**
 casamentos 160
 passeios 90
 Zumanity 136, 139
Newman, Paul 30
Newton, Wayne 29, 70, 74, 140
 Walk of Stars 59
Nextel Cup 32
Nicolas & Osvaldo 132, 133
Nordstrom 16, 59, 127, 128
North Kaibab Trail (Grand Canyon National Park) 99, 101, 102, 103
North Rim (Grand Canyon) 98, 99, 100, 102, **103**
North Strip **54-67**
 hotéis 114, 116-7
 mapa 55
 Mapa Rua a Rua 56-7
 restaurantes 122-3

O

"O" (Bellagio) 10, 50, 136, 139
Oakland Raiders 93
Old Las Vegas Mormon Fort 20, 69, **79**
Old Nevada 81, **83**
Oldenburg, Claes 89
Ônibus 177, 178, 179
Orleans Arena (The Orleans) 45
Orleans, The 17, 39, **45**
Osmond, Donny e Marie 138, 139
Outlets **130-1**
 bazares de troca **131**
 casas de penhor **131**
 Fashion Outlets of Las Vegas **130**, 131
 Las Vegas Outlet Center **130**, 131
 Las Vegas Premium Outlets 13, **130**, 131
 lojas de descontos **131**

Outono em Las Vegas 34
Overton 83

P

Pai gow, pôquer **156**
Painted Desert (Deserto Pintado) 101
Painted Desert, campo de golfe 149
Paiutes, índios 19, 20, 106
Palácio do Doge (Venetian) 60, 91
Palazzo, The 25, 55, 56, **58**
 aulas de jogo 151
 Jersey Boys 136, 139
 Lagasse Stadium 122, 143
Paleoamericanos 19
Paleta de Artista (Vale da Morte) 109
Palmer, Arnold 148
Palms Casino Resort 39, 52, 117
 ghostbar **52**, 142, 143
 Pearl Concert Theater 140
Parade of Lights (lago Mead) 34
Paradise Falls (Flamingo Las Vegas) 30
Parasol Up/Down, bares (Wynn Las Vegas) 63
Paria, rio 100
Paris Las Vegas 13, 39, 41, **48**, 116
 Anthony Cools 138, 139
 Le Boulevard 129
 passeios 91
Parques e jardins
 Springs Preserve 93
 Sunset Park 165
 Wetlands Park 165
Parques nacionais e estaduais
 Bryce Canyon National Park 94-5, 96, **106**
 Death Valley National Park 107, **108-9**
 Grand Canyon National Park 98, **100-3**
 Snow Canyon State Park (St. George) 107
 Spring Mountain Ranch State Park 13, 81, **83**
 Valley of Fire State Park 81, **83**
 Zion National Park 96, 104-5, **106**
Parton, Dolly 140
Passagens aéreas 177
Passaportes 168
 perda 170
Pássaros, observação de **147**
Passeios guiados **181**
Passeios
 Fuja da rua do neon 87, **92-3**
 Passeio de 90 minutos pela Universidade de Nevada, campus de Las Vegas (UNLV) 87, **88-9**
 Red Rock Canyon 81, **82**
 resorts temáticos **90-1**
 Vale da Morte **108-9**
 Volta ao mundo a pé em duas horas 87, **90-1**
 veja também Roteiros
Patinação 146
Paunsaugunt, planalto 106
Pavarotti, Luciano 51, 91
Pearl Concert Theater (Palms Casino Resort) 140
Pelé 31
Penhor, casas de **131**
Penn and Teller (Rio) 52, 138, 139
Penske-Wynn Ferrari Maserati Dealership (Wynn Esplanade) 63
Peregrinação mórmon 107
Performing Arts Center (UNLV) 89, 141
Perlman, Itshak 141
Pesca **147**
Petróglifos 19
Phantom Ranch (Grand Canyon) 101, 102

194 | ÍNDICE GERAL

Picasso, Pablo 91, 128
Pike's Pass (Circus Circus) 67
Pin Up (Stratosphere) 137, 139
Pine Creek Canyon (Red Rock Canyon) 82, 146
Pink Jeep Tours 181
Pirâmide (Luxor) 90
Piranha Nightclub 144, 145
Planet Hollywood Resort & Casino 39, 41, **48**, 116
   B – A Tribute to the Beatles 137, 139
   casamentos 159
   Marc Savard Comedy Hypnosis 138, 139
   Mentalist, The 138, 139
   Popovich Comedy Pet Theater 164
   Theater for the Performing Arts 140, 141
Plaza Hotel & Casino, The 69, 70, **72**, 114
   Louie Anderson 138, 139
Point Imperial (Grand Canyon National Park) 101, 103
Polícia, linha para não emergências 170, 171
Pop, música **140-1**
Popovich Comedy Pet Theater (Planet Hollywood) 164
Pôquer **155-7**
   World Poker Tour 155
   World Series of Poker 33, 52, 155
Pôquer caribenho **156**
Portadores de deficiência 119, 168-9
   ônibus da RTC 178
   restaurantes 119
   salas de espetáculos 135
Postos de gasolina e de serviços **181**
Potosi, monte 20
Precauções gerais **170**
Pré-pago, celular 174
Presentes e suvenires **132-3**
Presidential Limousines 179
Presley, Elvis 28, 29, 30
   casamentos 158, 159, 160
   Hartland Mansion 31, 92
   Love in Las Vegas 18
   Madam Tussaud's (Venetian) 17
   tributos a 65
Price, Leontyne 141
Primavera em Las Vegas 32
Priority Mail 175
Pro Bull Riders Final (UNLV) 34
Psychic Eye Bookshop 132, 133
PT's Pub 143
Puck, Wolfgang 129
Pueblos, índios 83, 101, 103

Q

Q Vegas 144, 145
Qua Baths and Spa (Caesars Palace) 52
Quando ir a Las Vegas 168

R

Rádio 175
Rafting 146
Rainbow Company 141
Ramada 112
Ramsey, sir William 71
Rancho Bel Air 93
Rancho Circle 93
Rat Pack, The 23, 24, 29
   Rat Pack is Back, The (Rio) 137, 139
   Walk of Stars 59
Red Rock Canyon 11, 13, 27, 81, **82**
   assentamentos indígenas 19
   caminhadas 146
   campings e estacionamentos para trailers 113
   hotéis 117
   passeios **82**

RED Valentino 128
Reed Whipple Cultural Center 141
Reeves, Dianne 141
Regional Flood Control District 171
Regional Transportation Commission (RTC) 178, 179
Regras de trânsito **180**
   veja também Carros; Dirigir
Reid, Tara 29
Reno 25
Renoir, Pierre-Auguste 91
Residence Inns 112, 113
Restaurantes **118-25**
   acessibilidade 119
   Arredores de Las Vegas 125
   Boulder City 123
   Bryce Canyon 125
   bufês 118-9
   Centro e Fremont Street 123
   cozinha étnica 118, 119
   crianças 119
   etiqueta 119
   fast-food 118
   Fora do Centro 123-5
   gorjeta 118
   Grand Canyon 125
   Henderson 123, 124, 125
   horários das refeições 118
   North Strip 122-3
   preços 118
   South Strip 120-2
   tipos de restaurante 118
   vegetarianos 119
   Zion National Park 125
Resurrection Festival (Rhyolite) 107
Retro Vegas 10, 132, 133
Revistas 175
Rhyolite 96, **107**
Rialto, ponte do (Venetian) 60, 61, 91
Richie, Lionel 140
Rio 11, 39, **52**
   Masquerade Village Shops 129
   Penn and Teller 138, 139
   Rat Pack is Back, The 137, 139
   VooDoo Zipline 11
   World Series of Poker 29, 33, 52, 155
Ripa, Kelly 31
Riscos naturais **171**
Rita Rudner (Harrah's) 138, 139
Rivera, Rafael 20
Riviera Hotel & Casino 22, 24, 55, 57, **64**, 114
   Crazy Girls 64, 137, 139
Riviera Comedy Club 64, 138, 139
Road Scholar 169
Rock 'n' Roll Las Vegas Marathon 34
Rock, música **140-1**
Roda da fortuna **154**
Rodovias nacionais e interestaduais **180**
Roleta **157**
Rolling Stones 140
Roman Plaza (Caesars Palace) 52
Rooney, Mickey 28, 29, 31
Roosevelt, Franklin D. 89
Roosevelt, Theodore 73
Roteiros
   2 Dias em Las Vegas **12**
   3 Dias em Las Vegas **12-3**
   5 Dias em Las Vegas **13**
   Beleza Natural **11**
   Compras e Atrações **10**
   Louco, Estranho e Maravilhoso **10-1**
   Um Dia em Família **11**
   veja também Passeios
Royal Links Golf Club 149
Royal Purple Las Vegas Bowl 34
Rudner, Rita 138, 139
Runnin' Rebels (UNLV) 88

S

Saddle N Spurs 143
Sahara 22, 28, 56
Saks Fifth Avenue 16, 59, 127, 128
Saloons 142, **143**
Salt Lake City 107
Salt Lake Railroad 21
Sam's Club 131
Sam's Town 165
Sam's Town RV Park 113
San Gennaro Feast and Street Fair 33
Sands Expo and Convention Center 58
Sands, cassino 22, 23, 24, 29, 56
Santa Fe, ferrovia 102
Santuário de Brahma (Caesars Palace) 52
Santuário do rock (Hard Rock Hotel) 47
Sassy Sally 71
Saúde **170-1**
Savard, Marc 138, 139
Scott, Walter **108**
Scotty, castelo de (Vale da Morte) **108**
Seagram, edifício (New York-New York) 45
Seal 140
Sears 127
Segurança **170-1**
Seguro de viagem **171**
Seinfeld, Jerry 140
Serviços postais **175**
Serviços telefônicos **174**
Seven-card stud, pôquer **155**
Shadow Creek Golf Club 149
Shakespearean Festival (Cedar City) 106, 180
Shark Reef (Mandalay Bay) 11, 12, 13, 27, 40, 42, **43**, 163
Shark Tank (Golden Nuggett) 73
Shopping centers **128-9**
   Boulevard Mall 127
   Crystals, no CityCenter 49
   Downtown Summerlin 127, **128**
   Fashion Outlets of Las Vegas **130**, 131
   Fashion Show Mall 54, 55, 56, 59, **59**, 127, 128, **128**, 129
   Forum Shops (Caesars Palace) 41, 52, **128-9**
   Galleria at Sunset 127
   Grand Canal Shoppes (Venetian) 10, 91, **129**
   Las Vegas Outlet Center **130**, 131
   Las Vegas Premium Outlets 13, **130**, 131
   Le Boulevard (Paris Las Vegas) 129
   LINQ Promenade 10, 53
   Masquerade Village Shops (Rio) 129
   Miracle Mile (Planet Hollywood Resort & Casino) 48, **129**
   Neonopolis 71, 75
   Showcase Mall 39, 40, **46**
   Street of Dreams (Monte Carlo) 91
   Tower Shops (Stratosphere) 129
   Town Square 127, **128**, 129
   Via Bellagio (Bellagio) 10, 51, 91, **129**
   Wynn Esplanade (Wynn Las Vegas) 63, **129**
Showcase Mall 39, 40, **46**
Shows
   Absinthe (Caesars Palace) **137**, 139
   adultos 137, 139
   Anthony Cools (Paris Las Vegas) 138, 139
   artistas permanentes 138, 139
   Australian Bee Gees Show (Excalibur) 137, 139
   B – A Tribute to the Beatles (Planet Hollywood) 137, 139
   Blue Man Group (Monte Carlo) 45, 134, 138, 139

ÍNDICE GERAL | **195**

Shows (cont.)
Broadway 138, 139
cassinos **136-9**
Cirque du Soleil **136**, 139
comédia 138, 139
Country Superstars (Bally's) 137, 139
Crazy Girls (Riviera) 64, 137, 139
CRISS ANGEL Believe (Luxor) 44, 139
David Copperfield 46, 136, 138, 139
Divas Starring Frank Marino (LINQ) 137, 139
Donny and Marie (Flamingo Las Vegas) 138, 139
Elton John – The Million Dollar Piano (Caesars Palace) 139
espetáculos **136-7**, 139
Fall of Atlantis, fontes (Caesar's Palace) 128
Fantasy (Luxor) 137, 139
Fontes do Bellagio 26, 27, 40, 51, 91, 135
Gordie Brown (Golden Nugget) 138, 139
gratuitos 135
imitadores e ilusionistas 138, 139
Jersey Boys (Palazzo) 136, 139
Jubilee! (Bally's) 16, 53, 137, 139
KÀ (MGM Grand) 136, 139
Le Rêve (Wynn Las Vegas) 62-3, 137, 139
Legends in Concert (Flamingo Las Vegas) 138, 139
Louie Anderson (The Plaza) 138, 139
LOVE (Mirage) 136
mágica 138, 139
Marc Savard Comedy Hypnosis (Planet Hollywood) 138, 139
Marriage Can Be Murder (D Las Vegas) 74
Mentalist, The (Planet Hollywood) 138, 139
Michael Jackson One (Mandalay Bay) 136
musicais **136-7**, 139
Mystère (Treasure Island) 17, 58, 59, 134, 136, 139
Neil Diamond – The Tribute (Westgate) 137, 139
"O" (Bellagio) 10, 50, 136, 139
Penn and Teller (Rio) 138, 139
Pin Up (Stratosphere) 137, 139
Rat Pack is Back, The (Rio) 137, 139
Rita Rudner (Harrah's) 138, 139
teatro de revista **137**, 139
Tony 'n' Tina's Wedding (Bally's) 138, 139
Tournament of Kings (Excalibur) 11, 162, 164
tributos 137, 139
variedades 138, 139
Viva Vision Light Show (Fremont Street Experience) 10, 17, 71, 75, 76-7
Zarkana (ARIA) 13, **136**
Zumanity (New York-New York) 136, 139
Shriners Hospitals for Children Open 34, 149
Siegel, Benjamin "Bugsy" 16, 19, 21, 22-3, 28, 39, 41, 53, 78, 79
Siegfried & Roy's Secret Garden and Dolphin Habitat (Mirage) 10, 12, 13, 58, 164
Siegfried e Roy 29
Walk of Stars 59
Silver Slipper, hotel 23
Sinalização de trânsito 180
Sinatra, Frank 23, 24, 28, 29, 64, 91
Madame Tussaud's (Venetian) 17, 61
Skywalk (Grand Canyon) 13, **99**

Sling Shot (Circus Circus) 67
SlotZilla Zipline (Fremont Street Experience) 70, 75, 164
SLS Las Vegas 25, 56, 57, **65**, 116
Smith Center for Performing Arts 12, 13, 138, 139, 140, 141
Smith, Jedediah 19, 20
Smith, Joseph 107
Snow Canyon State Park (St. George) 107
SoBe Ice Arena 164
Society for Accessible Travel & Hospitality 169
South Point, aulas de jogo 151
South Rim (Grand Canyon) 98, 99, 100, **102-3**
South Strip **38-53**
hotéis 114, 116
mapa 38-9
restaurantes 120-2
Mapa Rua a Rua 40-1
Spears, Britney 29, 30, 136, 158
Special Memory, A 160, 161
Spielberg, Steven 164
Spilotro, Anthony 23
Spinetti's Home Gaming Supplies 132, 133
Spotlight Lounge 145
Spring Mountain **83**
Spring Mountain Ranch State Park 13, 81, **83**
Springs Preserve 93
Sprint 174, 175
St. George 96, **107**
como chegar 180
St. Mark's Square (Venetian) 91, 129
St. Patrick's Day Parade 32
STA Travel 169
Starbucks 174, 175
Stardust 22, 28, 56
Station Casinos 162, 165
Stefani, Gwen 140
Stewart, Archibald 20-1
Stewart, Helen 20, 21, 79
Stewart, Rod 52, 140
Stoney's Rockin' Country 143
Stovepipe Village (Vale da Morte) 108
Stovepipe Wells (Vale da Morte) 108
Stratosphere 13, 55, 57, **65**, 114
aulas de jogo 151
Big Shot 65, 164
casamentos 159
crianças 162, 164
Insanity 65
Pin Up 137, 139
Stratosphere Tower 11, 25, 65
Tower Shops 129
X Scream 65
Street of Dreams (Monte Carlo) 91
Streisand, Barbra 29
Strip, A 16, 22-3, 24, 25
mapa 16-7
Styx 140
Sugarplums, etc. 132, 133
Suítes, hotéis com 112, 113
Summerlin Library Performing Arts Center 141
Sunset Park 165
Super Bowl Weekend 35
Super Pawn 131
Super Summer Theatre (Spring Mountain Ranch State Park) 83
Surrender (Encore Las Vegas) 143
Suvenires **132-3**

T

TAO (Venetian) 142-3
Target 131
Táxis **179**

Teatro amador, grupos de 141
Teatro de revista **137**
Teatros e outros palcos **140-1**
Artemus Ham Concert Hall (UNLV) 89, 141
Black Box Theater (UNLV) 141
Charleston Heights Arts Center 141
Clark County Amphitheater 141
Clark County Library Theater 141
Colosseum (Caesars Palace) 52, 140, 141
concertos 140-1
Garden Arena (MGM Grand) 46, 140, 141
Hollywood Theater (MGM Grand) 46
House of Blues (Mandalay Bay) 43, 140, 141, 143
Joint (Hard Rock Hotel & Casino) 47, 140, 141
Judy Bayley Theater (UNLV) 89, 141
Las Vegas Little Theater 141
música clássica e balé 141
Pearl Concert Theater (Palms Casino Resort) 140
Reed Whipple Cultural Center 141
Smith Center for Performing Arts 138, 139, 140, 141
Summerlin Library Performing Arts Center 141
teatro 141
Theater for the Performing Arts (Planet Hollywood Resort & Casino) 48, 140, 141
Thomas & Mack Center (UNLV) 88, 141
UNLV Performing Arts Center 89, 141
Telefones **174**
Telescope, pico (Vale da Morte) 109
Televisão **175**
Temáticos, hotéis e resorts 25, 40, 87, 90-1
Bellagio (Lombardia) 39, 40, 41, **50-1**, 91, 116
Caesars Palace (romano) 39, 41, **52**, 87, 91, 116
Circus Circus (circo) 55, 57, **66-7**, 114
Cosmopolitan of Las Vegas, The (oásis no deserto) 48
D Las Vegas (Detroit) 69, 71, **74**
Excalibur (medieval) 39, 40, **44**, 114
Hard Rock Hotel & Casino (rock 'n' roll) 39, **47**
Harrah's (carnaval) 55, 56, **58**, 116
Luxor (egípcio) 39, 40, **44**, 90, 114
Mandalay Bay (ilha tropical) 39, 40, **42-3**, 116
Mirage (ilha dos mares do sul) 55, 56, **58**, 117
Monte Carlo (europeu) 39, 40, **45**, 91, 116
New York-New York (Nova York) 39, 40, **45**, 90-1, 116
Orleans, The (cajun) 39, 45
Paris Las Vegas (Paris) 39, 40, 41, **48**, 91, 116
passeios **90-1**
Rio (brasileiro) 39, **52**
Tropicana Las Vegas (ilha tropical) 39, 40, **47**, 116
Venetian, The (Veneza) 55, 56, **60-1**, 86, 91, 117
Temperatura em Las Vegas 35
Templo mórmon (St. George) 107
Testes de armas nucleares em Nevada 24
Texas hold 'em, pôquer **155**
Theater for the Performing Arts (Planet Hollywood Resort & Casino) 48, 140, 141

Thomas & Mack Center (UNLV) 34, 88, 141
  National Finals Rodeo 34, 88
Thomas Cook 173
Thor's Hammer (Bryce Canyon National Park) 106
Thrifty Auto Rental 181
Ticketmaster 134, 135
Tickets and Tours 134, 135
Titanic: The Artifact Exhibition (Luxor) 12, 44, 90
Tix4Tonight 135
T-Mobile 174, 175
Toiyabe National Forest 11, 83
Tony 'n' Tina's Wedding (Bally's) 138, 139
Torre Eiffel (Paris Las Vegas) 13, 41, 48, 91
Tournament of Kings (Excalibur) 11, 162, 164
Tourneau Time Dome 127
Town Square 127, **128**
Tracfone 174, 175
Trailers, estacionamento para 113, 117
Trailview Overlook (Grand Canyon National Park) 102
Transporte público 178, 179
Transporte sustentável 178, **179**
Travelers cheques 170, 172
Treasure Island – TI 25, 55, 56, **58-9**, 117
  casamentos 159
  Gilley's Saloon 143
  Mystère 17, 58, 59, 134, 136, 139
Três cartas, pôquer de **157**
Tributo, shows de 137, 139
Trilha Espanhola 19, 20
Triple play draw, pôquer 156
Tropicana Las Vegas 39, 40, **47**, 116
Tryst (Wynn Las Vegas) 63, 142, 143
Tudor, casas em estilo 92
Turismo sustentável 169
Turner, Lana 28, 29
Turquoise Chief 133
Tusayan Museum (Grand Canyon National Park) 101, 103
Tusayan, ruína (Grand Canyon National Park) 101, 103

U

Ubehebe, cratera (Vale da Morte) 108
Ultralounges **142-3**
Union Pacific, primeira estação da ferrovia 70
Universidade de Nevada, Las Vegas (UNLV) 39, 86, 87
  Artemus Ham Concert Hall 141
  Black Box Theater 141
  Judy Bayley Theater 141
  passeios 88-9
  Performing Arts Center 141
  Pro Bull Riders Final 34
  teatro 141
  Thomas & Mack Center 34, 88, 141
  UNLV Barrick Museum 39, 47, 88
University Medical Center of Southern Nevada 171
US Bureau of Reclamation 146, 147
USA Today 175

V

Vale da Morte 96, **108-9**
  como chegar 97
Valentine's Day 35
Valley of Fire State Park 81, **83**
  assentamentos indígenas 19
  como chegar 180
Van Gogh, Vincent 91
Variedades, shows de **138**, 139
Vegas Seven 175
Vegas Vic 69
Vela 146
Venetian, The 10, 25, 54, 55, 56, **60-1**, 86, 117
  aulas de jogo 151
  casamentos 160
  gôndolas 27, 60, 135
  Grand Canal Shoppes 10, 91, **129**
  Madame Tussaud's 17, 61
  passeios 91
  TAO 142-3
Verão em Las Vegas 33, 168
Verizon 174, 175
Versace 128
Via Bellagio (Bellagio) 10, 51, 91, **129**
Viagem e transporte **176-81**
  aeroportos 176-7
  aluguel de carro 181
  arredores de Las Vegas 180-1
  bicicleta 179, 146, 178
  caminhadas **179**
  carro 177, 179, 180, 181
  como circular em Las Vegas 178-9
  como dirigir no interior do estado 180
  desembarque internacional 176
  dirigir 179
  estacionamento 179
  Greyhound, ônibus da 177
  limites de velocidade 180
  limusines 179
  monotrilho 178
  ônibus 177, 178, 179
  passaportes e vistos 176
  portadores de deficiência 135, 168-9
  postos de combustível e de serviços 181
  rodovias nacionais e interestaduais 180
  regras de trânsito 180
  sinalização de trânsito 180
  tarifas aéreas 177
  táxis 179
  transporte público 178-9
  voos 176-7
Viagem econômica **169**
Victoria's Secret 128
Videopôquer **156**
Vienna Chamber Orchestra 141
Virgin Atlantic 176, 177
Virgin, rio (Zion National Park) 106
VISA 172, 173
Vishnu Temple (Grand Canyon National Park) 103
Vista Encantada (Grand Canyon National Park) 103
Vistos 168
Viva Las Vegas Wedding Chapel 11, 160, 161

Viva Vision Light Show (Fremont Street Experience) 135
VooDoo Zipline (Rio) 11, 52
Vulcão (Mirage) 58

W

Walhalla, planalto 103
Walk of Stars 55, 56, **59**
Wal-Mart 131
Warhol, Andy 91
"Welcome to Fabulous Las Vegas", letreiro **44**
Westgate Las Vegas Resort 55, **65**, 115
  Neil Diamond – The Tribute 137, 139
Wet'n'Wild Las Vegas 165
Wetlands Park 165
What's On 134, 175
Where Magazine 175
Whittlesea Blue Cab 179
Wi-Fi 174, 175
Willis, Bruce 30
Willow Springs (Red Rock Canyon) 11, 82
Woods, Tiger 29, 148, 149
World Poker Tour 155
World Series of Poker (Rio) 29, 33, 52, 155
Wotans Throne (Grand Canyon National Park) 103
Wyndham 113
Wynn Encore 11, 55, **64**, 117
  Surrender 143
  XS 142, 143
Wynn Esplanade (Wynn Las Vegas) 63, 126, **129**
Wynn Las Vegas 25, 28, 55, 56, **62-3**, 64, 117
  casamentos 159
  cassino 62
  Encore Theater 63
  Golf Course and Country Club 149
  Le Rêve 62-3, 137, 139
  Tryst 63, 142, 143
  Wynn Esplanade 63, 126, **129**
  Wynn Theater 62-3
Wynn Theater (Wynn Las Vegas) 62-3, 64
Wynn, Steve 25, 28, 50, 62-3, 119, 149

X

X Scream (Stratosphere) 65
Xeric Garden (UNLV) 47, 88
XS (Encore Las Vegas) 142, 143
Xtreme Zone (Circus Circus) 67

Y

Yavapai Point (Grand Canyon) 99, 103
Yellow Checker Star Transportation 178, 179
Young, Brigham 20, 107

Z

Zabriskie Point (Vale da Morte) 109
Zarkana (ARIA) 13, **136**
Zion Canyon 106
Zion National Park 96, 104-5, **106**, 180
  hotéis 117
  restaurantes 125
Zumanity (New York-New York) 136, 139

Agradecimentos

Colaboradores Principais
David Stratton é redator autônomo e mora em Las Vegas. Ex-editor responsável de jornais em Las Vegas e no sul da Califórnia, David assinou vários guias de viagem de Las Vegas. Seus artigos sobre Las Vegas foram publicados no *Los Angeles Times*, na *National Geographic Traveler* na *Travel Agent*.

Conferência
Bob Barnes, Paul Franklin, Rebecca Ingram, Nancy Mikula.

Revisão
Word-by-Word.

Indexação
Jyoti Dhar.

Ilustrações Adicionais
Jo Cameron.

Fotos Adicionais
Demetrio Carrasco, Andy Crawford, Philip Gatwad, Alan Keohane, Dave King, Tim Mann, Clive Streeter, Scott Suchman, Mathew Ward, Stephen Whitehorn, Linda Whitwam, Francesca Yorke.

DK Londres
Diretor
Douglas Amrine.

Gerente Editorial
Lucinda Cooke.

Gerente de Arte
Kate Poole.

Designer Sênior
Tessa Bindloss.

Editor Sênior de Cartografia
Casper Morris.

Designer Sênior de Editoração Eletrônica
Jason Little.

Banco de Imagens DK
Martin Copeland, Hayley Smith, Romaine Werblow, Gemma Woodward.

Diretora de Produção
Louise Daly.

Assistência Gráfica e Editorial
Emma Anacootee, Bob Barnes, Nadia Bonomally, Louise Cleghorn, Conrad Van Dyk, Connie Emerson, Anna Freiberger, Rhiannon Furbear, Vinod Harish, Vicki Ingle, Claire Jones, Laura Jones, Delphine Lawrance, Jude Ledger, Carly Madden, Sam Merrell, Kate Molan, Catherine Palmi, Collette Sadler, Azeem A. Siddiqui, Susana Smith, Ros Walford.

Assistência Especial
A Dorling Kindersley agradece pela ajuda inestimável das seguintes pessoas e instituições: Debbie Munch, no Caesars Entertainment; Madeleine Weekley, da Harrah's Entertainment; Las Vegas Convention & Visitors Authority; Las Vegas News Bureau; Alan Feldman, do MGM Mirage; Nevada Commission on Tourism.

Licenças de Fotografias
A Dorling Kindersley agradece às seguintes pessoas e instituições a assistência e a gentil permissão de fotografar seus estabelecimentos:
Bill Johnson, do Atomic Research Museum (Desert Research Institute); Stacy Solovey, Deanna Pettit e Debbie Munch, da Caesars Entertainment Inc.; Antionette Correia, do Circus Circus, Las Vegas; Desert Inn; Fashion Show Mall; Nancy Archer, do Fremont Hotel & Casino; Lisa Robinson, da Fremont Street Experience; Susan Essex, do Gold Coast Hotel & Casino; Sylke Neal-Finnegan, do Golden Nugget Hotel; Deidra Duffy, da Graceland Wedding Chapel; Alissa Kelly, do Hard Rock Hotel & Casino, Las Vegas; Karen Cowen, do Hoover Dam Bureau of Reclamation; Jeremy Handel, do Imperial Palace Hotel & Casino; Las Vegas Natural History Museum; Alexandra Goranseon, do Las Vegas Outlet Center; Jamie James, do Liberace Museum; Madame Tussaud's, Londres; Main Street Station; Kimberly Barraclough, do Mandalay Resort Group; Teri McGeachy, do Marjorie Barrick Museum of Natural History; Christi Braginton, do MGM Mirage; Brandy Payne, do Neonopolis, Greta Brunschwyler, do Nevada State Museum; Nicole Favorito, do New Frontier Hotel & Casino; Brian Albertson, do Palms Hotel & Casino; Red Rock Canyon National Conservation Area; Lisa Sanders e Jim Sea-grave, do Stardust Resort & Casino; Lisa Keim, do Tropicana Resort & Casino; Martha Sandez, do The Venetian, Las Vegas; Ron DeCar, do Viva Las Vegas; Jeffrey M. Gloeb e Kimberley Ryan, do Wynn Las Vegas.

A Dorling Kindersley agradece também a igrejas, museus, hotéis, restaurantes, cafés, lojas, galerias, parques nacionais e estaduais e outras atrações, tão numerosas para citar individualmente, que nos auxiliaram em nossa parte fotográfica.

Créditos das Fotos
a = acima; b = abaixo; c = centro; f = afastado; e = esquerda; d = direita; t = topo.
As obras de arte foram reproduzidas sob licença dos seguintes detentores dos direitos autorais:
Cortesia de **The Museum of Church History and Art**: *The Handcart Pioneers*, de C.C.A. Christensen © by Intellectual Reserve, Inc. 20t; cortesia de **The Donna Beam Fine Art Gallery** "From the Studio of Tony Curtis Exhibition": 89bd.

Os editores agradecem às seguintes pessoas, empresas e bancos de imagens a autorização para reproduzir suas fotografias:
4Corners: Tim Draper 68.

AGRADECIMENTOS

Alamy: Yaacov Dagan 12td, 86; Ian Dagnall 177te; John Elk III 79tc; EuroStyle Graphics 35be; LH Images 57be; Ron Niebrugge 48bd; David Osborn 38; Susan Pease 56bd; Jack Sullivan 175cb; Lana Sundman 181te; SuperStock/Gunnar Kullenberg 49cb; Tim Gartside USA America 39tc, 175te; **AT&T Inc**: 174cb; **The Attic**: Sophye Wagner 132bc; **AWL Images**: Danita Delimont Stock 104-5.
Bank of the West: 172bc; **Blue Man Group**: Ken Howard 134be.
© **Caesars Entertainment, Inc.**: 16c, 30ca, 41bc, 48td, 52bd, 91bd, 112bd, 135te, 137te, 140b, 143te; **Chapel of the Flowers**: Adam Shane 31cdb; **Circus Circus Las Vegas**: 67te; © **Cirque Du Soleil Inc**: costumes Dominique Lemieux photo Al Seib © 1999 17ceb, © 2000 134cda, Tomasz Rossa 136bd; **Corbis**: 107td, 156tc; Tom Bean 96td, 99bd; Bettmann 21tc, 21bd, 22td, 22cea, 22ce, 22be, 23td, 23cdb, 23ceb, 24td, 24ceb, 24be, 28cea, 28bd, 29cb; D. Boone 155be; Sunset Boulevard 18; David Butow 163te; ChromoSohm/Joseph Sohm19bd; Richard Cummins71ca, 182ca; EPA/Julian Smith 29te; R1obert Essel 25cb; Chris Farina 28ceb, 32cda, 149cb; Eye Ubiquitos/Laurence Fordyce 34cda; Werner Forman 19be; Marc Garanger 108ce; Gunter Marx Photography 107bc; Ann Johansson 35cda, 160bd; Dewitt Jones 19ca; Catherine Karnow 51be; Richard Klune 43cd; Lake County Museum 21cdb, 21bc, 22–23c; Lester Lefkowitz 85be; James Marshall 34be; David Muench 101cda; Douglas Peebles 30be; Roger Ressmeyer 71bd; SABA David Butow 155cda; Scott T. Smith 97te; Ron Watts 98ce; Michael S. Yamashita 70cb; **Crazy Shirts Inc.**: 48c, 129c; **CVS Pharmacy**: 171ce.
Discovery Children's Museum: 78bd, 165te; **Dreamstime.com**: Amdizdarevic 80; Jeff Coleman 54; Jerry Coli 114bc; Kobby Dagan 8-9, 76-7, 135b, 138bc, 145te; Jerryway 12bd; Nohead Lam 110-1; Littleny 36-7; Martinmark 94-5; Derrick Neill 138te; Nicknickko 46te; Peanutroaster 166-7; Pixy2000 106bd; Anthony Aneese Totah Jr 53bc.
El Cortez Hotel & Casino: Erin O'Boyle 78te;
EMS Entertainment/CSI The Experience : Ethan Miller 46bd; **Excalibur Hotel & Casino**: 44td, 153cl, 162be.
Paul Franklin: 100bd, 103td; **Fremont Street Experience**: David and Lori Tingey 75td; **Furnace Creek Resort**: 125td. Cortesia de **Get Booked**: 144bd; **Getty Images**: Alan Copson 2-3; Mitchell Funk 26; © **Gold Coast Hotel & Casino**: 153bd; Cortesia de **Golden Nugget Las Vegas**: 73td, 168bd; **Greyhound Lines, Inc**: 177be.
Hard Rock Hotel: 140ce; **Harrah's Entertainment**: 16be; **Hoover Dam**: 27bc; **Hertz**: 181c; **Sean Hunter**: 97bc.

Kirvin Doak Communications: The D Las Vegas 71be, 74td. **Las Vegas News Bureau/lvcva**: 11td, 23bc, 27cdb, 45bd, 58te, 65ac, 66te, 99cda, 118ce, 126ce, 127te, 127be, 130ce, 130bd, 151te, 158ce, 160te, 160c, 161te, 164te, Bob Brye 56td; Darrin Bush 17bd; Brian Jones 137bd; Glenn Pinkerton 178cea, 178bd, 179ce; **Leonardo Mediabank**: 49cea, 49cda, 169c; **Lonely Planet Images**: Richard Cummins 31td, 42td; Ray Laskowitz 83tc, 144cea, 147bd.
© **Mandalay Resort Group**: 11bd, 40cea; **Marché Bacchus**: 124bc; **McCarran International Airport**: 176cea; Cortesia de **MGM Mirage**: 10bd, 27cea, 30ce, 35c, 50td, 50be,50ceb, 56ca, 136ce, 142ce, 158b, 159te, 159bc;. **MGM Resorts International**: 49cdb, 49be, 58be; 501 Studios/Shannon Keene 40bc; ARIA 123bd, The Park - Henry Moore *Formas ligadas reclinadas*, 1969-1974 Reproduzida com a permissão da Henry Moore Foundation (Arquivo grande) 11-22-50 41be; Bissell Photography/O'Gara 116td; Scott Frances 121td; Al Powers 67be, 113te, 115td, 120bc; **Monte Carlo Resort & Casino**: 154td.
Oscar Einzig Photography: 33b; **Palms Las Vegas**: 119te; **Peter Newark Pictures**: 20bc; **Photolibrary.com**: 153cb; **Pink Jeep Tours**: 180cea, 181be; **Pizza Rock**: 118bd.
Steve Reyes: 170ceb; **Riviera Hotel and Casino**: 57cb, 64be; **Reuters**: Ethan Miller 32be.
Stations Casinos: 117bd; **Superstock**: 174be.
© **Tropicana Resort & Casino**: 47t.
UNLV Photo Services: Geri Kodey, 141ae; UNLV Special Collection 20c.
Venetian: 60td; Jeff Green 112cea.
Wells Fargo Bank: 172cea; **Wynn Las Vegas**: Ferrari of North America 63cd; Robert Miller 62td, 64te; Bill Milne 62b, 63td; Bettie Grace Miner 119bd, 122td.

Guarda da Frente
4Corners: Tim Draper Rtd, **Alamy Images**: David Osborn Dbd, **Dreamstime.com**: Amdizdarevic Ebe, Jeff Coleman Dcd, Martinmark Ece.

Mapa Desdobrável
Getty Images: Mitchell Funk.

Capa
Frente: **Dorling Kindersley**: Rough Guides/Greg Ward be; Contracapa: **Getty Images**: Mitchell Funk.

Todas as outras imagens © **Dorling Kindersley**
Para mais informações, acesse www.DKimages.com

LAS VEGAS ÁREA POR ÁREA | **81**

FORA DO CENTRO

Para lá dos neons do centro e das atrações nos cassinos da Strip há uma terra de diversidades cheia de tesouros naturais e históricos. Cânions, montanhas, desertos e alguns dos mais belos campos dos EUA podem ser vistos em praticamente qualquer direção logo depois das luzes ofuscantes de Vegas, em um contraste gritante com as maravilhas artificiais da cidade. A curta distância veem-se as florestas alpinas exuberantes e os picos nevados do monte Charleston, ravinas profundas, gargantas com pinheiros e as escarpas de arenito do Red Rock Canyon e do Valley of Fire State Park, e a extensa orla e o esplendor azul do lago Mead. Os admiradores da arquitetura moderna devem ver o prodígio da Hoover Dam. Destino turístico muito procurado e tido como triunfo da engenharia, a represa tem um centro de visitantes que propicia vistas magníficas dos arredores desérticos. A uma distância cômoda de Las Vegas há duas cidades convidativas bem planejadas – Henderson e Boulder City –, cada qual com personalidade própria. A maioria dessas viagens aos arredores da cidade pode ser feita em poucas horas ou em excursão de um dia, e todas são uma boa oportunidade para renovar o corpo e o espírito.

Principais Atrações

Regiões de Beleza Natural
1 Red Rock Canyon Tour p. 82
2 Spring Mountain Ranch State Park
4 Monte Charleston
5 Valley of Fire State Park
6 Lake Mead National Recreation Area

Cidades Históricas
7 Boulder City
8 Henderson

Marcos Históricos
9 Hoover Dam p. 85

Diversão
3 Bonnie Springs Ranch/Old Nevada

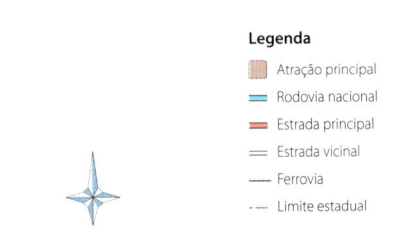

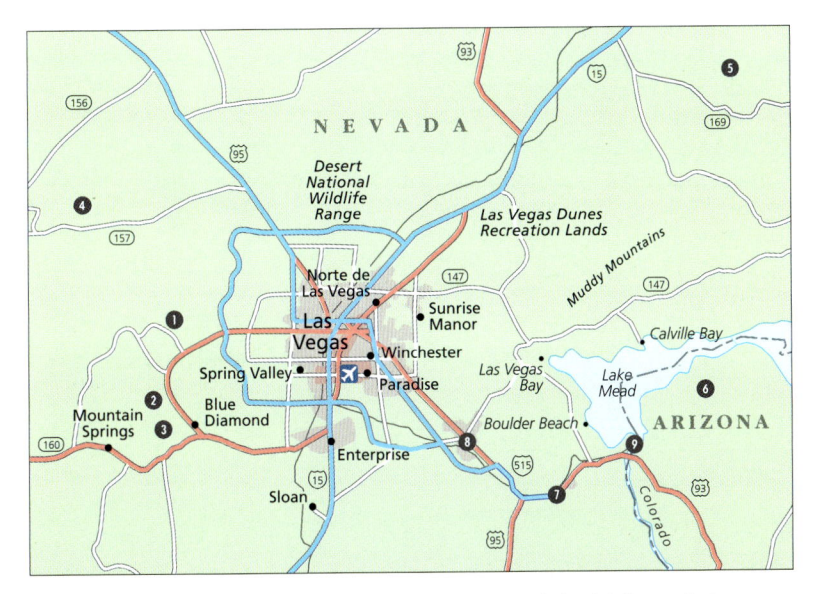

Legenda
▨ Atração principal
─ Rodovia nacional
─ Estrada principal
═ Estrada vicinal
─ Ferrovia
-·- Limite estadual

◀ Hoover Dam   **Legenda dos símbolos** *na orelha da contracapa*

ND# ❶ Passeio pelo Red Rock Canyon

O ponto central do Red Rock Canyon é uma escarpa de arenito amarelo e vermelho sulcada por cânions profundos durante anos de erosão. Essas formações são o efeito geológico da falha de acavalamento de Keystone, em que as placas tectônicas terrestres colidiram com tal força que uma se sobrepôs à outra. As primaveras duradouras estimulam uma vegetação exuberante em lugares à sombra, contrastando com o solo árido do deserto.

Dicas para o Passeio

Extensão: 21km.
Como chegar: 27km a oeste do Charleston Blvd (rodovia 159) em Las Vegas.
Quando ir: O Scenic Loop Drive diariam 6h-19h mar e out; 6h-20h abr-set; 6h-17h nov-fev. Tempo bom o ano inteiro, exceto quando há enchentes.

③ Falha de Keystone
Essa fratura na crosta terrestre ressalta o nítido contraste entre o calcário cinza mais antigo e as rochas de arenito vermelho mais jovens, revelando onde ocorreu o choque entre as placas tectônicas.

④ Willow Springs
Logo após a metade do percurso, esse é um ponto idílico para piquenique e também bom para ver entalhes antigos nas rochas.

② Calico Hills
Os dois mirantes das montanhas oferecem lindas vistas panorâmicas dos penhascos de arenito alaranjados.

⑤ Ice Box Canyon
Essa trilha popular tem enormes penhascos verticais e três cascatas que refrescam o lugar o ano inteiro.

⑥ Pine Creek Canyon
Esse cânion tem algumas das melhores trilhas de Red Rock. Fileiras de pinheiros-touro e um riacho claro e sinuoso aumentam a beleza serena da região.

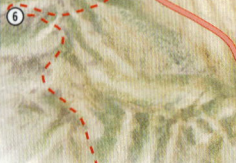

⑦ Red Rock Overlook
Esse mirante não faz parte do Scenic Loop, mas dá uma vista excelente do cânion.

① Centro de Visitantes
Tendo ao fundo penhascos de arenito, o centro fornece mapas e informação sobre geologia, vida silvestre e história da região.

Legenda
— Percurso do passeio
- - - Trilha para caminhada
— Rodovia

0 km 2
0 milhas 2